音楽療法の現在

The Edge of Music Therapy

国立音楽大学音楽研究所
音楽療法研究部門 ● 編著

人間と歴史社

刊行に寄せて

村井靖児
Yasuji Murai

　平成元年4月、24問年勤めた千葉にある国立の精神療養所を辞し、長年憧れであった音楽大学で教鞭をとる仕事に転向した。担当科目は音楽心理学だった。それから12年、長くて短い国立（くにたち）音楽大学での大学教員生活であったが、その最後の2年間を、私は大学付属の音楽研究所長の役を務め、音楽療法研究部門を開設した。その時の仲間たちが、今回本を出版するということで、序文を書くように依頼を受けた。

　当時の思い出を書いて欲しいというスタッフからの言葉だったが、書き出してみると記憶が定かでなく、なかなか難しい。ただ私の音楽療法人生の中では、ゆったりとしたよい時期であり、多くの交友も得た。いろいろなことが脈絡なく思い浮かぶが、当時の音楽療法の状況なども折り込みながら、昭和末から平成12年までを振り返ることにした。

　昭和64年までの療養所勤務時代の私の音楽療法は、どちらかといえば研究者としてのスタンスだった。毎週別の施設で音楽療法に携わりながら、残りの5日間は精神病院の患者に接し、治療と精神病理の研究に明け暮れた。そんな中で、時に任せて心と音楽という自分の関心事について思考を巡らした。国立音楽大学から「音楽心理学の教官を求む」という公募があったとき、これは自分にもできる仕事だと考え応募した。

　音大に移った当時というのは、それまで地味に音楽療法活動をしていた日本の音楽療法の実践家たちが、世の中に羽ばたき始めた時期で、昭和61年には、現在の「日本音楽療法学会」の母体になった「バイオミュージック学会」が発足し、それに負けじと全国あちこちに音楽療法の研究会が立ち上がり、音楽療法への関心が急速に高まっていった時期である。音楽療法に参加するものたちは、未来の日本の音楽療法地図を描きながら、少しずつ組織化への動きを見せ始めていた。

　しかし、音楽療法の教育は、まだ正式には国内で始まっていなかった。少しずつ外国帰りの音楽療法士が増えつつあったが、音楽療法を教えることのできる教師はほんの一握りほどでしかなかった。私の国立での教員生活も、最初の数年間は『音楽心理学』の最後に形ばかりの音楽療法の紹介を含めるだけだった。音楽療法の話題が加わったことで格別学生たちの目が輝くわけでもなかった。

　『音楽心理学』の講義は、間違いなく13年間そのままの形で続けられた。それが何年目からだったか、あいにく手元に資料がないのだが、突然、大学側から『音楽心理学』のほかに『音楽療法』の講義を音大生の一般教養科目として開講して欲しいという依頼を受けた。それが私の国立での音楽療法の講義の始まりである。こうやって大学の中に音楽療法が少しずつ認められていくことになる。

　音楽療法の授業を一人でやろうとすると、それは膨大な守備範囲になる。健常者から病者まで、新生児から高齢者までくまなく扱わなければ全体像は見渡せない。『音楽療法』の講義を始めて間もなく、誰かを呼ばなくては到底私一人ではやりきれないと考えるようになり、そのことを真剣に考え始めた。特に私

刊行に寄せて

が専門でない児童の音楽療法の専門家を、どこかからどうしても探して来なければならない。適任者は一人しかいなかった。すでにその道では押しも押されぬ実力を持つ遠山文吉先生だ。そんなことで先生をお呼びすることを具体的に大学に掛け合うことになった。このことは案外容易に実現した。遠山先生が国立音大の音楽教育学科でも望まれていたからである。そんな訳で、音楽療法教育は、片や一般教育の教員である私と、片や音楽教育の教員である遠山先生の両人が、成人と児童を分担して学生たちに教える形が作られた。

遠山先生が赴任してから、音楽教育学科の中に「音楽療法ゼミ」が開講し、そのゼミに私も参加するようになった。それまで250人ほどの学生に向かって授業をしてきた私にとっては、5～10人という少人数の授業は、とても新鮮で且つ楽しかった。目が届くし、個々の学生の個性がよく見えてくる。それらの学生の中には『音楽療法』をテーマに論文を書きたいと言う者も何人かいた。そのうちの何人かが、卒論指導を受けるようになった。こう書いてくると、結構いろいろなことが身辺に起こっていたことがわかる。

そのうちに大学院でも教鞭を取るようになった。作曲の学生、声楽科の学生、ピアノ科の学生らが、「音楽と心」の関係の講義を聴きに来てくれた。若い、しかも知識欲に燃えた大学院生を前にして、かねてより望んでいた授業ができているという感慨でいっぱいだった。翌年、二人の優秀な音楽療法専攻学生が大学院に入学した。2年間、彼らの修士論文をお手伝いすることができたことは、私にとってとてもよい勉強になった。

さて、ここでやっと音楽研究所の話題になる。前々から国立音大には音楽研究所があり、『音楽学』や『音楽教育学』などの研究が行なわれていた。ここに音楽療法の研究部門を立ち上げさせることができれば、それほど願ったり叶ったりのことはない。申請の1年後、首尾よく「音楽療法研究部門」が認可された。そしてその上、音楽研究所長の役まで拝命したのである。

推測するに、大学当局もゆくゆくは音楽療法を一つの音楽専門領域と考え、コースは作らないまでも、希望者に音楽療法の研鑽を継続させる何らかの手立てを講じる必要を考えていたのだという気がする。音楽療法関係の楽器を買い揃えたり、その保管場所を大学当局に掛け合ったり、大学院の修士に音楽療法専攻の学生が入学したり、あるいは大学の新聞や同窓会報などに音楽療法の話題を掲載したりしたことが、少しずつ音楽大学教育の中での音楽療法の必要性を認知させていったのではないかと考える。

この頃の国内の『音楽療法』の情勢は、平成7（1995）年に日本全国の音楽療法団体が統合されて「全日本音楽療法連盟」が結成されたこと、また翌々年の平成9年には第1回「認定音楽療法士」の認定が行なわれたことなどである。いまや音楽療法を職業として考えることは夢物語ではなくなり、職業としての音楽療法を学ぶ新しい時期の到来が全国規模で始まっていたことを意味する。

音楽研究所での音楽療法研究部門の第1年目は、今後ある程度続くと思われる、その研究活動の基礎固

めをすることに精力を集中した。一つ目は、優秀な研究スタッフを集めることであった。研究所には学外から研究員を動員することができる特典があった。できるだけアカデミックな活動をしている人たちに来てもらうことを考え、国立精神・神経センター武蔵病院の阪上正巳先生、武蔵野中央病院の院長で音楽学者でもある牧野英一郎先生、慶應義塾大学精神科医局員で作曲家でもある馬場存先生、岐阜県音楽療法研究所所長の門間陽子先生ら錚々たるメンバーと、修士OBの中野万里子氏、図書館員の屋部操氏らに参加してもらった。

　二つ目は、研修生の養成である。研究所には研修生の養成の仕事が認められていた。養成コースができていない音大の中で、音楽療法を唯一教えられる方法は、この研修生制度を利用することが考えられた。そして、研修生の募集要領の作成に取り掛かった。

　三つ目は、研究会の開催と外国からの講師の招聘である。1年に1人ずつ招聘する企画を立て、まず第一年目として、ニューヨーク大学から、バーバラ・ヘッサー教授を呼び、アメリカでの音楽療法士教育とコンピテンシー・ベースド・カリキュラムについての講演を依頼することにした。

　四つ目は、研究所の音楽療法蔵書の形成と音楽療法楽器の収集である。将来音楽療法コースが誕生したときのことを想定して、できるだけ多くの本と楽器を揃えることにした。

　第2年目は、研修生プログラムで開始された。研修生には、音楽教育科、ピアノ科、声楽科など様々な人たちが集まった。私の役割は彼女たちに音楽療法についての講義をし、病院実習への引率と実習指導を行なうことだった。遠山先生にもお願いして、児童の音楽療法と実習を担当してもらった。外国からの講師招聘は、『音楽療法を定義する』の著者、ケネス・E・ブルーシア氏を招いた。音楽療法の基礎的理論と事例の紹介をしてもらった。

　音楽研究所長時代は、私にとっては定年退職までの最後の2年間を占めている。その中でも特に第2年目は、講義をしたり、精神病院や老人病棟の音楽療法に連れ出したり、授業の傍ら汗水流して研修の仕事に当たった、あっという間の1年間だった。今思い出せば、とても懐かしい充実した日々の連続である。そういう思い出を作ってくれたスタッフや研修生諸氏にいまさらながら感謝の気持ちでいっぱいである。いくつかの研究を共同で行なうことができたことも、有能な研究員がいなければ決して成し得なかった仕事である。そのことについても、いくら感謝しても感謝しきれない思いである。

　そしてとうとう定年で国立音大を去ることになった。後任には、阪上正巳先生を推薦した。この度、その時の仲間たちが本を出版することになった。心からお喜びする次第である。

平成19年2月吉日

はじめに

遠山文吉
Bunkichi Toyama

　私の記憶では、今から8年ほど前のことだったと思う。ある日、村井靖児先生から電話があった。先生は突然、「遠山さんいいよね」とおっしゃった。私には何がなんだかさっぱり分からず、「先生、何のことですか？」とお尋ねした。すると先生が、「所員だよ。研究所の所員だよ」とおっしゃった。お話を伺っているうちに少しずつ理解できた。つまり、村井先生が音楽研究所の所長になられたこと、研究所に音楽療法研究部門が立ち上げられたということ、私もその部門の所員の一人に加えてくださるということであった。長年、障害児の施設や養護学校等の保育・教育現場に勤務してきた私は「研究」という言葉にいささかの不安を感じたが、せっかくのお話なのでお受けすることにした。

　その時から音楽研究所の様々な仕事に携わることになった。音楽療法研究部門の主な仕事は、①音楽療法に関する研究を進めること（それぞれの関係者が自分の持分の研究を推し進める）、②音楽療法に関する情報収集に当たること、③研究の成果を「国立音楽大学音楽研究所年報」を通して報告すること、④年間数回の外部講師による音楽療法に関する講演会を開催すること、⑤音楽療法を学ぶ研修生の指導に当たること等々である。

　音楽療法研究部門は、所員・客員所員・研究員のそれぞれ複数名によって構成されている。皆さん音楽療法に深くかかわっておられる方々で、我が国の音楽療法界の発展に寄与しておられる。音楽療法研究部門では、毎年幾つかの研究テーマを設定し、それに基づいて研究活動を進めてきた。

　それらは、①音楽療法の臨床研究、②音楽療法の教育システムに関する研究、③日本文化と音楽療法のかかわりに関する研究、④音楽療法関連文献の研究等である。また、それぞれに個人のテーマを持って実践・研究に取り組んできた。この方々のご協力を得て、本研究部門はレヴェルの高い研究活動が進められたのである。

　　これまでに当研究部門関係では、次の方々が所属した。
　　・客員所員：井上勢津氏、岡崎香奈氏、牧野英一郎氏、門間陽子氏
　　・所　　員：阪上正巳氏、遠山文吉、馬場　存氏、村井靖児氏
　　・研 究 員：中野万里子氏、屋部　操氏

　前述のように音楽療法研究部門では、毎年3〜4名の外部講師を招いて音楽療法に関する講演会を開催してきた。これまでにお招きした日本人講師は、どなたも我が国を代表する音楽療法の実践、研究、教育に携わる方々で、誠に素晴しい内容のお話を頂戴した。講演は、次の方々にお願いした。

　有賀誠門氏、稲田雅美氏、井上勢津氏、宇佐川浩氏、岡崎香奈氏、折山もと子氏、北本福美氏、栗林文雄氏、小島美子氏、古平孝子氏、谷口高士氏、林　庸二氏、真壁宏幹氏、牧野英一郎氏、若尾　裕氏。

　また、ドイツ、アメリカ、ノルウェー等でご活躍の方々にもご講演をいただいた。

　　キャロライン・ケニー氏、ケネス・E・ブルーシア氏、多田・フォン・トゥビッケル 房代氏、バーバ

はじめに

ラ・ヘッサー氏、ブリュンユルフ・スティーゲ氏をお招きしての講演会で、私たちは世界の音楽療法に触れる貴重な時間を頂戴した。いずれも世界に名だたる方々をお招きしての講演会であり、本校の学生はもとより、卒業生を含む多くの外部の方の参加を得て、毎回大変充実したひとときになった。何とも贅沢で至福の時間であった。

これらの講演会を通して私は、音楽療法には本当に沢山の考え方や方法があるということを学ぶことができた。実に多くの方々が音楽療法に取り組んでいらっしゃることも知った。また、音楽療法の実際に臨む際の厳しさにも触れた。自分の姿勢、心構えを省みるよい時間でもあった。

さて、1999年4月から始まった「国立音楽大学音楽研究所音楽療法研究部門」も、2007年3月末日で8年間の活動の幕を閉じることになった。この機会に、記念論文集『音楽療法の現在』を発行しようということになり、これまで本研究部門で研究に取り組まれた方々、講演をしてくださった方々にお願いして論文をお寄せいただいた。中には、講演当日の記録を原稿に起こして使わせていただくことで了解をいただいたものもある。また、研究所の研究年報に掲載されたものをもとに新たな原稿を作成したものもある。いずれも今後の我が国の音楽療法の発展に貢献する貴重な論文である。

本論文集は三部からなる。第一部『臨床と教育』、第二部『音楽療法研究』、第三部『講演』としてまとめ、それぞれご専門の内容をご執筆いただいた。結果として、膨大な量の論文を抱える記念論文集になった。我が国で音楽療法に従事する方々、音楽療法を研究されている方々、および音楽療法士養成のための教育に携わっていらっしゃる方々にとって、有意義な情報の提供になれば、これ以上に嬉しいことはない。

この論文集を発行するにあたって快く論文を提供してくださった多くの方々に、心よりお礼を申し上げる。また、出版に当たってご理解とご協力を頂戴した「人間と歴史社」社長の佐々木久夫氏に衷心より感謝申し上げる。社長は、この分厚い論文集を世に生み出すために多大なる時間と労力を割いてくださった。

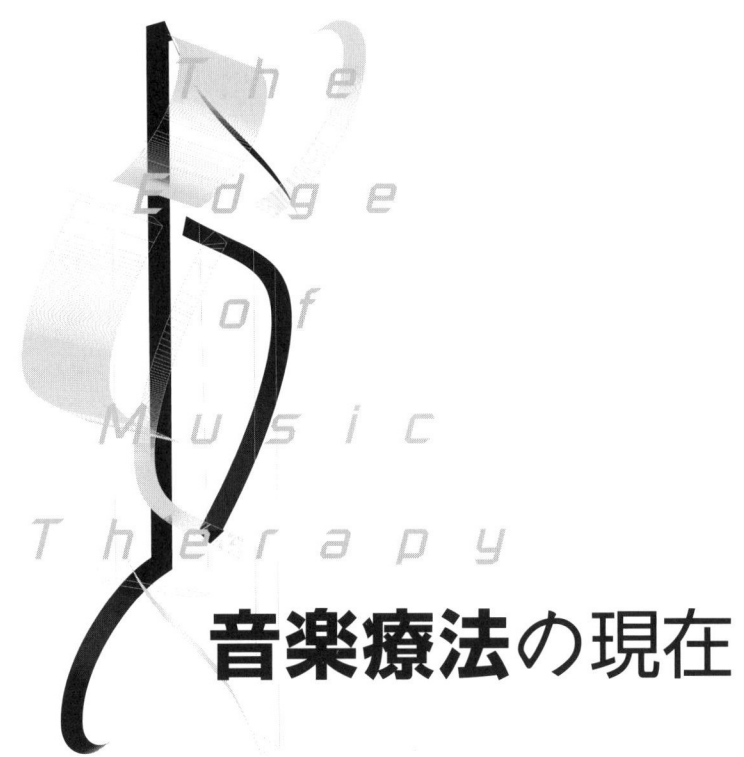

音楽療法の現在

音楽療法の現在
The Edge of Music Therapy — CONTENTS

　　　刊行に寄せて　村井靖児　*1*
　　　はじめに　遠山文吉　*5*

I. 臨床と教育　*13*

chapter 1　沈黙に寄り添う音楽とともに——音楽的対話の源を求めて
13　　稲田雅美

chapter 2　子どもの音楽療法——「対象の理解」と「目標の設定」に焦点をあてて
25　　遠山文吉

chapter 3　内面性の諸現象と分析的音楽療法
53　　——20代女子学生へのアプローチ
　　　　古平孝子

chapter 4　音楽療法セッションにおける「場」
77　　——統合失調症患者への音楽のアウトリーチ
　　　　中野万里子

chapter 5　精神科の音楽療法における音楽について
87　　馬場 存

chapter 6　高齢者領域の音楽療法のねらいはどこにあるのか
109　　——岐阜県音楽療法士の事例集を通した考察
　　　　門間陽子

chapter 7　音楽療法士が「自分と音楽との関係」を見直すこと
127　　——感性化トレーニング体験記から
　　　　岡崎香奈・羽田喜子

II. 音楽療法研究　*149*

chapter 8　"Therapy"の語源から見た音楽療法
149　　林 庸二

chapter 9　「臨床音楽学」の可能性——音楽療法の基礎学として
161　　阪上正巳

chapter 10 音楽療法において心理学的方法論を
183 どのように生かすか
── 臨床実践の外から見た音楽療法
谷口高士

chapter 11 ドゥルーズ＋ガタリの音楽論と音楽療法
199 若尾 裕

chapter 12 「シンボル感の生成」としての美的経験
211 ── バウハウスにおける「音楽教育」をめぐって
真壁宏幹

chapter 13 「替え歌」から「つくり歌」と「歌掛け」へ
239 ── 多くの日本人に受け入れられる療法モデルを求めて
牧野英一郎

chapter 14 音楽雑誌にみる音楽療法関連文献
265 屋部 操

III. 講演 281

chapter 15 音楽療法とは何か
281 ケネス・E・ブルーシア

chapter 16 音楽療法臨床における即興
301 ケネス・E・ブルーシア

chapter 17 音楽療法士になるために何を学んだらよいか
319 バーバラ・ヘッサー

chapter 18 音楽療法と審美性── The Field of Play
333 キャロライン・ケニー

chapter 19 音楽療法とコミュニティ
347 ブリュンユルフ・スティーゲ

chapter 20 ノルウェーの音楽療法事情
361 井上勢津

あとがき 阪上正巳 371

音楽療法の現在
The Edge of Music Therapy　著者略歴

稲田雅美(いなだ・まさみ)
同志社女子大学学芸学部音楽学科卒業。英国ギルドホール音楽演劇大学音楽療法ポストディプロマ課程修了。関西学院大学大学院社会学研究科博士前期課程修了(社会福祉学専攻)。現在、同志社女子大学学芸学部教授。著書:『音楽心理学の研究』(共著、ナカニシヤ出版、1996)、『音は心の中で音楽になる』(共著、北大路書房、2000)、『異文化との出会い！　子どもの音楽と心理』(共著、ブレーン出版、2002)、『ミュージックセラピィ:対話のエチュード』(ミネルヴァ書房、2003)、『高齢者の心のケア』(共著、金剛出版、2006)、『音楽文化学のすすめ:いま、ここにある音楽を理解するために』(共著、ナカニシヤ出版、2007)など。訳書:『音楽療法:ことばを超えた対話』(ミネルヴァ書房、1996)、『実践:発達障害児のための音楽療法』(共訳、人間と歴史社、2003)、『子どもとつくる音楽:発達支援のための音楽療法入門』(共訳、クリエイツかもがわ、2005)。

遠山文吉(とおやま・ぶんきち)
東京芸術大学音楽学部声楽科卒業。東京教育大学盲教育部特設教員養成コース普通科卒業。東京芸術大学大学院音楽教育学研究科修士課程修了。埼玉県所沢市「かしの木学園」(小規模通園施設)、国立久里浜養護学校、宇都宮大学教育学部附属養護学校、国立音楽大学勤務を経て現在に至る。国立音楽大学教授、東京芸術大学大学院非常勤講師。日本音楽療法学会認定音楽療法士。著書:『知的障害のある子どもへの音楽療法──子どもを生き生きさせる音楽の力』(遠山文吉編著、明治図書、2005)ほか。

古平孝子(こだいら・たかこ)
M. A.、NRMT、AMT、JMT。聖徳大学音楽療法コース専任講師。ニューヨーク大学大学院音楽療法学科修士課程修了。ノードフ=ロビンズ音楽療法士。分析的音楽療法士。ニューヨーク市内の病院(小児病棟)にて常勤音楽療法士として勤務。帰国後は、障害児者施設、ホスピス、個人開業にて健常者とのセッションを行なう。即興音楽を通じて表現される人間の無意識を探求している。訳書:『分析的音楽療法とは何か』(共訳、音楽之友社、2003)、『音楽療法ケーススタディ』(共訳、音楽之友社、2004)。

中野万里子(なかの・まりこ)
日本音楽療法学会認定音楽療法士。精神保健福祉士。上野学園大学音楽学部ピアノ科卒。国立音楽大学音楽教育研究科修士課程修了。修士(音楽)。ピアノ教師を経て、現在精神科診療所デイケアのスタッフとして従事。2006年度より本学音楽療法(コース)課程において学外臨床実習の担当をしている。1999年〜2006年、音楽研究所音楽療法研究部門研究員。

馬場 存(ばば・あきら)
慶應義塾大学医学部卒業、慶應義塾大学大学院博士課程修了。音楽幻覚の研究の後、村井靖児氏のもとで音楽療法を学ぶ。都内病院およびクリニック等で精神科医療と音楽療法を行なっている。医学部在学中よりTV・ラジオのBGM等の作曲・演奏に従事し、2003年ピアノソロCD「re*me〜リ・ミー〜」(SONY MUSIC)をリリースし、CM曲の作曲やライブ等も行なう。国立音楽大学、聖徳大学非常勤講師等を経て、現在、東邦音楽大学特任准教授、東京音楽大学講師。精神科医。精神保健指定医。医学博士。日本音楽療法学会認定音楽療法士。

門間陽子(もんま・ようこ)
宮城学院女子大学学芸学部音楽科卒業。宮城学院中・高校教員(音楽)、東京武蔵野病院、回生堂病院、至誠老人ホーム、特養・リバーパレス青梅、特養・喜久松苑、東京女子医大精神科、調布市総合福祉センター、長谷川病院スチューデントハイツ「精神科中間施設」、長谷川病院老人病棟、けやきの苑西原等の勤務を経て、1994年より社会福祉法人岐阜県福祉事業団(1999年よりの所管は財団法人・岐阜県研究開発財団)・岐阜県音楽療法研究所所長。岐阜大学医学部看護学科非常勤講師。日本音楽療法学会認定音楽療法士。著書:『音楽療法〜ある奇跡〜』(岐阜県音楽療法研究所編、中央法規出版、2000)、『新・痴呆症高齢者の理解とケア』(共著、メディカルレビュー社、2004)など。

岡崎香奈(おかざき・かな)
米国・英国認定音楽療法士、日本音楽療法学会認定音楽療法士。英国王立音楽院ピアノ科卒。1989年ロンドン、ノードフ・ロビンズ音楽療法センター卒。1998年秋よりニューヨーク大学大学院音楽療法学科博士課

程在籍。大学院専任助手として勤務し、同大学院修士課程において教鞭を取る。現在、洗足学園音楽大学准教授。日本音楽療法学会評議員、世界音楽療法連盟・養成教育コミッティー委員。著書：『音楽療法のための即興演奏ハンドブック』（共著、音楽之友社、1996）、『新しい音楽療法──実践現場よりの提言』（共著、音楽之友社、2001）。訳書：『障害児教育におけるグループ音楽療法』（共訳、人間と歴史社、1998）、『即興音楽療法の諸理論・上巻』（共訳、人間と歴史社、1999）、『音楽療法ケーススタディー上巻』（共訳、音楽之友社、2004）など。

林 庸二（はやし・ようじ）

上智大学外国語学部英語学科および文学部教育学科卒業。同大学大学院文学研究科博士課程（心理学専攻）単位取得満期退学。現在、日本大学芸術学部教授、江原学園東京音楽療法専門学校講師。日本音楽心理学音楽療法懇話会運営委員、Associate of the Nordoff-Robbins Center for Music Therapy。著書：『音楽療法入門』（共著、芸術現代社、1978）、『音楽療法研究──第一線からの報告』（共著、音楽之友社、1996）。訳書：『障害児教育におけるグループ音楽療法』（監訳、人間と歴史社、1998）、『即興音楽療法の諸理論（上）』（監訳、人間と歴史社、1999）、『実践・発達障害児のための音楽療法』（共訳、人間と歴史社、2003）など。

阪上正巳（さかうえ・まさみ）

金沢大学医学部卒業。1989-1990年ウィーン大学精神医学教室に留学。同時にウィーン国立音楽大学音楽療法学科聴講生として学ぶ。国立精神・神経センター武蔵病院医長を経て現在、国立音楽大学教授。医学博士。論文・著書：「音楽療法の現況と展望──ドイツ語圏を中心にして──（その1～その4）」（『臨床精神医学』第24巻、1995）、『精神の病いと音楽』（廣済堂出版、2003）、『芸術療法実践講座4　音楽療法』（共編著、岩崎学術出版社、2004）など。訳書：『音楽療法事典［新訂版］』（共訳、人間と歴史社、2004）。

谷口髙士（たにぐち・たかし）

京都大学大学院教育学研究科博士後期課程修了、博士（教育学）。現在、大阪学院大学情報学部教授。所属学会：日本心理学会、日本音楽知覚認知学会、日本感情心理学会など。専門分野：認知心理学、感情心理学、音楽心理学、教育心理学など。研究課題：感情と認知のインタラクション、音・音楽や映像の感性情報。著書：『音楽と感情』（北大路書房、1998）、『音は心の中で音楽になる』（北大路書房、2000）、『感情と心理学』（北大路書房、2002）、『音楽心理学の研究』（ナカニシヤ出版、1996）、『感情現象の諸相』（ナカニシヤ出版、2007）、『心理学実習　基礎編』（培風館、2006）。訳書：『音楽の認知心理学』（誠信書房、1998）など。

若尾 裕（わかお・ゆう）

東京芸術大学大学院修士課程作曲専攻修了。広島大学を経て現在、神戸大学大学院人間発達環境学研究科教授。専門は即興演奏、音楽療法学、サウンドスケープ論。著書：『音楽療法のための即興演奏ハンドブック』（共著、音楽之友社、1996）、『音楽療法を考える』（音楽之友社、2006）など。CDにジョエル・レアンドルとの「千変万歌」（メゾスティクス）など。

真壁宏幹（まかべ・ひろもと）

慶応義塾大学社会学研究科教育学専攻博士課程単位取得退学。1995-1997年ゲッティンゲン大学社会科学部教育学ゼミナールに留学。芸術・音楽教育および音楽療法の理論と歴史の研究に従事する。現在、慶応義塾大学文学部教育学専攻教授。専攻：ドイツ教育思想史、人間形成論。主論文：「Erziehung zur Mündigkeit in Japan」（in: Bildung und Erziehung, 50. Jg. Heft 2/1997）、「音楽療法との対話──『音楽の力』についての一試論」（佐藤学・今井康雄編『子どもたちの想像力を育む──アート教育の思想と実践』、東京大学出版会、2003）、「美的経験・教育・自己形成」（田中克佳編著『「教育」を問う教育学』慶應義塾出版会、2006）。訳書：『音楽療法事典［新訂版］』（共訳、人間と歴史社、2004）、『子どもは美をどう経験するか』（共訳、玉川大学出版部、2001）など。

牧野英一郎（まきの・えいいちろう）

慶應義塾大学医学部卒業、東京芸術大学音楽学部楽理科卒業、同大学院修了。精神保健指定医、介護支援専門員、芸術学修士。武蔵野中央病院院長。国立音楽大学音楽研究所客員所員。研究テーマ：「日本

音楽療法の現在
The Edge of Music Therapy　著者略歴

文化と音楽療法」——日本文化から音楽療法を問い直す、多くの日本人に受け入れられる音楽療法モデルを伝統文化から探る。著述：「日本人のための音楽療法——伝統的な音との関わり方を出発点として」（日本バイオミュージック研究会誌、第6巻、1991）、「『神戸復興節』をめぐって」（日本バイオミュージック学会誌、第14巻1号、1996）、「日本的音楽療法試論」（国立音楽大学音楽研究所年報、第14集、2000）など。

屋部 操（やべ・みさお）
国立音楽大学附属図書館勤務。1999-2006年度、同大学音楽研究所に設けられた音楽療法研究部門研究員を兼務。この間、図書館員として音楽療法分野の国内文献の組織化および音楽療法を専攻する学生・研修生への文献探索指導を行なう。研究員としての在任中、音楽療法の文献に関して4編を発表。現在ホームページ（http://www.ri.kunitachi.ac.jp/mt/index.htm）の文献リストを担当。

ケネス・ブルーシア（Kenneth Bruscia）
米国認定音楽療法士、Ph. D. テンプル大学音楽療法科教授。元アメリカ音楽療法協会（AAMT）会長（1974-1983）。ブルンスウィック精神医療センター、ウッドハヴン知的障害者センターなどの音楽療法士を経て、現在はGIMの個人実践などを行なう。音楽療法に関する著書多数。邦訳書に『音楽療法を定義する』（生野里花訳、東海大学出版会）、『即興音楽療法の諸理論（上）』（林庸二訳、人間と歴史社）、『音楽療法ケーススタディ上・下』（酒井智華他訳、音楽之友社）がある。

バーバラ・ヘッサー（Barbara Hesser）
米国認定音楽療法士、MA. ニューヨーク大学大学院音楽療法科教授。同大学ノードフ・ロビンズ音楽療法センター・プログラムディレクター。元アメリカ音楽療法協会（AAMT）会長、世界音楽療法連盟創設メンバーなどを経て、現在はGIMのフェローでもある。K. ブルーシア、E. ボクシルとの共著である"Essential Competencies for the Practice of Music Therapy"は、旧アメリカ音楽療法協会（AAMT）やカナダ音楽療法協会（CMTA）で使われており、現在は米国音楽療法協会（AMTA）の標準コンピテンシーとなっている。

キャロライン・ケニー（Carolyn Kenny）
米国・カナダ認定音楽療法士、Ph. D. サイモン・フレーザー大学助教授、カリフォルニア大学研究員を経て、現在、アンティオーク大学博士課程教授（発達学および先住民族研究）。大学で教鞭をとるかたわら音楽心理療法の実践をカリフォルニア州サンタ・バーバラで行なっている。音楽療法の電子ジャーナル『Voices：音楽療法のための世界フォーラム』編集長（ブリュンユルフ・スティーゲとの共同編集）。音楽療法や先住民族に関する著書多数。邦訳に『フィールド・オブ・プレイ：音楽療法の「体験の場」で起こっていること』（近藤里美訳、春秋社）がある。

ブリュンユルフ・スティーゲ（Brynjulf Stige）
ノルウェー認定音楽療法士、Ph. D. ソグン・フィヨルダーネ大学（ノルウェー）音楽療法教育プログラム初代コーディネーターを経て現在、ベルン大学音楽療法科準教授およびコースリーダー。「コミュニティ音楽療法」という概念の創始者の一人であり、「文化」や「共同体」をキーワードにいわゆる「エコロジカルな実践」を行なっている。『北欧音楽療法誌』（Nordic Journal of Music Therapy）編集主幹。音楽療法の電子ジャーナル『Voices：音楽療法のための世界フォーラム』編集長（キャロライン・ケニーとの共同編集）。邦訳『文化中心音楽療法』（阪上正巳監訳、音楽之友社、近刊）。

井上勢津（いのうえ・せつ）
学習院大学文学部哲学科卒業。東京音楽大学を経て、ノルウェー歌曲研究のため、ノルウェー国立音楽大学に留学。ソグン・フィヨルダーネ大学音楽療法コース修了。ノルウェー政府認定音楽療法士。東邦大学非常勤講師。2005年から2年間、国立音楽大学音楽研究所音楽療法部門客員研究員を務めた。

沈黙に寄り添う音楽とともに
——音楽的対話の源を求めて

稲田雅美
Masami Inada

はじめに

　日本において音楽療法が知られるようになった一つの重要な契機は、1960年代にジュリエット・アルヴァン（Alvin, 1975, 1991）の著書二冊が相次いで翻訳出版され、「音楽療法」という言葉が活字で認知されたことにあると思われる。以後、今日に至るまで日本の音楽療法は、治療的風土や文化的背景との適応を模索しつつ、多様な形態により展開されている。音楽療法はいかなる臨床状況においても単独で実施される治療法ではなく、包括的な治療目標のもとにあってその目標達成を援助する一手段にすぎない。従って、それぞれの現場における実際的なニーズに適応していくことが求められる。現在、そのニーズはセラピー対象者を元気づけることや彼らに自己表現を促すこと、また対象者が子どもの場合なら仲間と一緒にプレイできるようになること、といったものが多い。そこには必然的にさまざまな音楽が駆り出され、治療空間が音で充満する。音楽は無条件に存在しなければならないかのようである。

　しかし、半世紀近く前に著された上述のアルヴァンの「古典」を読み直してみると、その中に記述される音楽療法の場には、今日、日本の多くの現場に見られるほどには音楽が頻繁に登場していない印象を受ける。もちろん、時代が違う、国が違う、文化が違う、対象者が違うなどの事情で、音楽活動の様態や音楽の使われ方が異なるのは当然である。しかしいま一度、音楽療法における音楽とは何かということについて、実践者がそれぞれに考えを深め、自分なりの答えをもちつつ治療者としての役割を担っていかなければ、音楽療法の本質を了解することがどんどん先送りになり、ただ刹那的に周囲に期待される活動を繰り返すだけになっていくのではないだろうか。また、社会の個々のニーズに適応しすぎることによって、かえって音楽療法に対する社会の共通理解が遅れたり混乱したりするという矛盾した事態が起こることも否めない。

　本稿では、アルヴァンの影響を受けた音楽療法が総じて極めて静かな活動であることを心に抱きつつ、音楽療法における音楽の意味をセラピストの役割と交差させながら、改めて問い直してみたいと思う。音と活気に満ちた空間をつくることが求められる一般的風潮からわずかなりとも距離をとって、音楽療法の根本原理を探っていきたい。

音楽療法における音楽とは何か

　近代の「ミュージックセラピー」（music therapy）の概念が日本に紹介されて「音楽療法」となったとき、その訳語はまったく正しいものであった。しかし、社会一般が認識する「音楽」と音楽療法という名称が内包する「音楽」との意味の隔たりは、おそらく気づかれながらも修正のしようがなかったのだろう。筆者はかつてミュージックセラピーの「ミュージック」は、日本語の「音楽」とイコールではない（稲田, 2003）と記したことがある。論点を簡潔にくり返せば、ミュージックという単語は、「音」と「音楽」の両方の意味を含んでいるということである。どんなにかすかで聞きづらい音であっても、あるいは音楽とは認識できないような散逸的な音の連なりであっても、それらが人と人との間を行き交う音であるかぎり、あらゆる音はミュージックと呼ばれる価値がある。ミュージックセラピーはこの共通認識が自然に存在するところに成り立っている。

　また、「ミュージックセラピー」は文脈上、「ミュージック・メイキング」（music-making）と言い換えられることがある。ミュージック・メイキングは、即時的に音楽をつくる作業、すなわち「即興演奏」と同義である。従って、英語圏世界では暗黙のうちに「音楽療法＝即興演奏」の等式が成立している。もちろん、ミュージックが「音楽」である以上、さまざまなジャンルの既成の音楽を活用することや、第三者から芸術作品と評価されるような音楽を作曲することもミュージックセラピーの活動の内に含まれる。従って、音楽療法における音楽とは何かという問題は、使用する音楽の種類について議論することではない。音や音楽が浮かび上がる根拠や音楽の使われ方こそが、音楽活動の場がセラピューティックかどうかを決定づけるのである。

　音楽療法が日本に広がり始めてから、鑑賞を目的とする「受動的音楽療法」と合奏や歌唱を導入する「能動的音楽療法」という区分をもって、音楽療法の種類を紹介されることが一般的になった。しかしこの二分法的発想はいかにも表層的であり、セラピー自体に関する発展的意義もない。例えば、既成の楽曲を用いることは、オリジナルなミュージックを生み出さないという点では、歌うことであろうと器楽演奏をすることであろうと受動的な行為である。受動的と能動的という分類が無効であるとしたら、音楽療法はどのように捉え直せばよいのだろうか。

　方向性の一つとして考えられるのは、音楽がどこに存在もしくは位置するかを確認することである。すなわち、音楽がセラピストとクライエントの間にすでに存在しているという前提のもとに行なわれる音楽療法と、音楽はセラピストとクライエントの間から生まれるもので最初は存在していないという前提のもとに行なわれる音楽療法という観点から音楽療法の性質を捉え直すのである。前者には計画に沿ってプログラムが進行する活動や、構造的な即興演奏によって展開される活動が該当

する。後者は、セラピストとクライエントの相互作用において生じるすべての音楽的事象をセラピストが受容し対応する心理療法的な音楽療法である。

音楽療法における音楽の存在

　音楽はどこにあるのか、どこから生じるのか。このシンプルな問いこそが音楽療法の本質への問いかけである。上述の捉え直しの方法に沿って、セラピーセッションの開始点において、音楽がセラピストとクライエントの間にすでに「ある」状況（第一の状況）と「まだない」状況（第二の状況）という二つの視点からこの問いについて考えていきたい。なお、以下の文脈における音楽は上述の「ミュージック」を意味している。

　さて、第一の状況、つまり音楽はセラピーの前提として「ある」状況というのは、既成の楽曲がすでに用意されている情景がすぐに思い浮かぶが、それだけではない。すぐ後に見るように、ある形態の即興演奏においても音楽はすでに準備されていると言える。既成の楽曲としては、鑑賞するための音楽、歌うための音楽、演奏するための音楽がある。それらはCDや楽譜の形で物理的に用意されていることもあれば、セラピストのアイデアとして、セラピーの進行とともに提案されることもある。いずれの場合も、音楽はセラピー関係の仲介を託されている対象であって、セラピストとクライエントは音楽を介してつながっている。
　それでは即興演奏の場合はどうか。即興演奏は通常、何もないところから生まれるからこそ即興的と言えるわけであって、即興演奏において音楽がすでに存在しているというのは矛盾した見解かもしれない。しかし、例えばセラピストが打楽器で安定した基本拍を叩き、その上にクライエントが自由にリズムなりメロディなりを乗せていく即興活動を考えてみよう。このようにセラピストが何らかの伴奏形態を維持することによって進められる即興演奏は、安定した枠組みがあるという意味で構造的な即興演奏と称することができる（稲田, 2003）。構造的な即興演奏では、セラピストの安定した拍子は最初から存在する音楽である。これらは、クライエントが依存することのできる構造が用意されているという点において、既成の楽曲がもつ役割とほとんど変わるところはない。
　このような状況におけるセラピストの役割について、ルードヴィッヒ・クラーゲスの「リズム論」（稲田, 2001, 2004 ; Klages, 1944）が補足してくれるだろう。クラーゲスは、「拍子」とは、直観像を加工（Verarbeitung）する精神の所産であると言う。そして分かりやすい例として、時計の音の聴取における私たちの精神作業をあげて次の様に説明する。客観的には同一音の連続である時計の刻み音を、私たちは強弱・強弱、弱強・弱強、あるいは強弱強・弱強弱といった音群の反復として聞こえるように動機づけられている。拍子はこのように精神作業によって意図的に境

界づけられるものであり、私たちから生まれるものではない。このクラーゲスの見解に即すると、私たちがクライエントの音楽的反応をより多く、より多様に引き出そうとするすべての働きかけは、精神作業としての拍子感を強化するものであって、音楽を創造することに積極的に関与しているのではないと言わざるを得ない。拍子の数や速さがどのように即興的に決められていくものであろうと、音はすでに「ある」のである。

次に、第二の、セラピストとクライエントの間に音楽が「まだない」状況とはいかなるものであろうか。「まだない」ということは、音楽はこれから生まれることを、しかも、セラピストとクライエントの関係の中から生まれることを期待されている。具体的には、回想法的な対話から自然に思い出される歌、クライエント自らが歌いたいと意思表示する歌、クライエントの内面から立ちのぼる声や音などである。当然のことながら、このうち前二つは既成の音楽に関連し、三つ目の例は即興演奏的な現象である。これらの音楽すべてに共通していることは、それらは沈黙から湧きあがってきて、また沈黙へと帰っていくような響きがあるということである。響きが生まれ消えていく様子は、波が寄せて引くさまを思い起こさせる。このような状況を再びクラーゲスの言及に託してみよう。

クラーゲス（Klages, 1944）によると、リズムは拍子とは異なり、直観像の生産（Hervorbringung）であり、反復するのではなく更新するものであるという。リズムの生成は拍子をつくるときのような精神作業によるものではない。従ってリズムにおいては、同一のリズムが反復実現するのではなく、生命事象として類似したものが更新するというのである。その具体的な例としてクラーゲスは水波をあげている。波の一つ一つは他のものの模像ではなく、推移のうちにくり返される新しいものであると述べている。私たちが臨床の場で出会う、「まだない」ところから更新的に生じるつたない音の一つ一つは、クラーゲス的な意味でのリズムが生成されるための萌芽的現象であると考えることができるだろう。

昨今の時流のなかで音楽療法に期待されることの多くは、おそらく第一の状況において音楽を十分に使いこなすということになるのだろう。もっとも音楽が「すでにある」ところでは、クライエントはセラピストから直接に心理的、治療的介入は受けないのだという安心感をもつことができる。クライエントは、音楽に自己の感情や意志を託せば、それ以上自己を表出する必要も相手と交流する必要もない。また、このようなセラピストとクライエントのいわば間接的なかかわりは、音楽を介して互いの役割を明らかにする。セラピストは音楽の力を借りてクライエントをリードし、クライエントは音楽にフックオンする（なじむ、くっつく）ことによってセラピストに和する。音楽の流れに乗ることさえできれば、セラピーは半ば自動的に展開する。音楽がセラピストとクライエントの関係をとり結んでくれ、共感という気持ちも時間を共有する感覚も、音楽の流れのなかから自然に生まれるのである。

しかし、音楽がすでに存在する前提で成り立つセラピーでは、その音楽が一時的にせよ存在しなくなれば、セラピーを支えている基盤が消滅することになる。音楽が鳴り止めば意識的、無意識的な不安が現れる。次の歌が直ちに選ばれなければ不安になり、強迫的に音楽を見つけ出す行為がセラピストにもクライエントにも起こるかもしれない。あるいは、即興演奏においてセラピストとクライエントのどちらからも音が発せられない瞬間が生じると、音楽の流れの裂け目に吸い込まれるような不安が両者に起こることもあるだろう。このような状況では、私たちが音楽を使うのではなく、音楽が私たちの主人となってしまう。

私たちが目指すべきところはどこにあるのだろうか。答えは二つあると思う。一つは第一の状況において、音楽をセラピストとクライエントの間の架け橋として機能させることである。しかし、既成の音楽に依存する場合、音楽をセラピストとクライエントの間の防護壁として利用し、互いの領域を守り合い、関係の発展を停滞させてしまうこともある。セラピーにおいて既成の音楽を使用することが極力控えられなければならない理由はこの点にある。一方、構造的な即興演奏においては、音楽の橋渡しの機能は十分に発揮されるだろう。ただし、これはクライエントがクラーゲス的な意味でのリズムを生成するように、セラピストが援助できる場合においてのみである。

クラーゲスは、拍子は時としてリズムの効果を高めることがあり、拍子とリズムは必ずしも対立する概念ではないと述べている。「内面的リズムが弱々しい場合に、拍子を保持し、またその拍子によってリズムを保持するためには、できるだけ整った拍子が必要とされる」（邦訳, p.88）というクラーゲスの言及は、私たちが即興演奏において行なうべきことにそのまま通じる。つまり、セラピストの役割はクライエントの弱々しいリズム、あるいはまだリズムとは呼べないリズムに拍子を加えることによってリズム価を高めていくことである。ここでセラピストの拍子提供機能は、徐々にクライエントに内在化されていかなければならない。自己の内部で拍子とリズムが融合されたとき、クライエントは自己統合への手掛かりをつかむことができるからである。

目指すべき方向の二つ目は、音楽療法の本質に到達する道でもある。それは第二の状況において、クライエント主体のセラピーを導くこと、すなわち「音楽が生まれる」セラピーを導くことである。第二の状況における前提は、セラピストとクライエント両者の根底に沈黙があるということである。私たちはその沈黙を共有しているからこそ、クライエントの細やかな情緒が凝縮され、一つの音となって立ちのぼることを共に期待し、その瞬間の感動をも共有できるのである。アルヴァンによる音楽療法の真髄は、すべての音楽が沈黙から生まれるこのような状況にあるのだろう。沈黙ということについて、さらに考察を深めるために、次節ではマックス・ピカートの叙述を検討してみたい。

沈黙の世界と音楽

　ピカートは『沈黙の世界』という著書（Picard, 1948）において、言葉の立ち現れや自然の変化が、すべて沈黙の世界から生じることを詩的な表現で綴っている。この著書は半世紀以上も前に書かれたものであるだけに、内容的には古き良き時代の香りが漂う。例えば、ラジオから流れる声や音すら、騒音を議論する際の対象となっている（ただし、ピカート独特の意味あいをもつ表現としての「騒音」ではある）。しかし、ピカートの叙述は町中に溢れる不要なアナウンスやBGMに慣れきってしまった現代の私たちの弛んだ感性を生き返らせるために手助けを惜しまない。そして音楽を使うことに対して常に慎重な態度をとることができるように、私たちの音楽療法の行く手に光をかざしてくれるのである。

　まず、ピカートが、幼児の言葉の例をあげているところを吟味したい。幼児が言葉を発する状況の言及は、音楽療法においてようやく楽器の音を自発的に奏し始めるときのクライエントの様子と重なる。

「言葉が幼児の沈黙から立ち現われてくるのは、容易なことではない。ちょうど、幼児が母親に手をひかれて歩くように、沈黙によって言葉は口の縁（へり）まで連れてこられるように思われる。そして、言葉はしっかりと沈黙によって支え保たれているから、一音一音がいちいち沈黙から解き放されねばならないかのようなのだ。幼児の言葉によって外部へ出てくるのは、音声よりも寧ろ沈黙である。幼児の言葉によって、本来の言葉よりもむしろ沈黙が、人間へとうごいてくるのである。

　幼児のかたる言葉は一直線をなして経過するのではなく、あたかも沈黙のなかへふたたび帰ろうとしているかのように、一つの弧を描いて経過する。幼児の言葉はゆっくり他の人々へと伸びてゆく。そして他の人々のところに達すると、一瞬、もう一度沈黙へ帰るべきか、あるいは人々のもとに止るべきかと躊躇うのである。幼児は、ちょうど彼が投げあげたボールを、それが空中で消えてしまいはすまいかと眼で追うように、自分の言葉を見送るのだ。」（邦訳, pp.132-133）

　言葉を発しようとする幼児と、それに心待ちにして耳を傾ける大人の双方に緊張と喜びがあるように、クライエントから音がまさに出（い）でようとしているとき、クライエントとセラピストにも同種の緊張と喜びがある。セラピーにおいては、いったん発せられた音はセラピストによって受け止められるのか、再び沈黙へと戻って次なる音の誕生が待たれるのか、どちらがふさわしいのだろうか。その選択はクライエントからもセラピストからもなされず、両者の間に浮かびあがっている沈黙の様相によって決められるのであろう。ピカートの叙述の続きを見てみよう。

「幼児は、やっとのことで沈黙から取り出してきた一つの言葉を、他の言葉で置きかえることが出来ない。幼児は名詞の場所へ代名詞を置くことは出来ない。何故なら、それぞれの言葉は、今はじめて生れ出たもののようだからである。そして、初めて生れて来たもの、新しいものは、とどまろうとするのである。それは他のものでもって置き代えられることを肯じない。自分自身についてさえ、幼児は「わたし」とは言わないで、自分の名前を言う、……「アンドレアスがするんだ。」もしも自分の名前を代名詞で置きかえたりすれば、幼児は―この、たったいま言葉とともに沈黙から生れて来て、今はじめてのように新鮮に存在しているものは―自分が消えうせるような気持ちになることであろう。」(邦訳, pp.132-133)

重要なことはクライエントから生まれ出た音が、とどまろうとする場所を特定することではなく、とどまろうとする状態を壊さないことである。幼児の発する言葉が、幼児自身によってさえ取り代えの利かない繊細なものであるのと同様に、クライエントから発せられる音も、セラピストによってすぐに模倣的に応答されたり色づけされたりすることに果たして耐えられるだろうか。もし耐えられたとしても、それが再び沈黙へと戻って、新たな音の生成の契機として沈殿することができるだろうか。クライエントがやっとの思いで発した音一つ、ようやく口からこぼれ出た歌一曲に対して十分な配慮を払い、それらがやがて二人の底を流れる沈黙へと戻るのを見届けなければならない。

次に、ピカートの「騒音語（Wortgeraeusch）」についての言及を取り上げてみたい。ピカートは騒音と喧騒の違いについて明らかにし、騒音としての言葉を騒音語という用語で表現している。解釈の余地のない彼の端的な叙述を再度味わってみよう。

「喧騒と騒音のあいだには一つの相違がある。というのは、喧騒は沈黙の敵であり、喧騒は沈黙に対置されている。……ところが、騒音語は沈黙に対置されているのではない。それどころか、騒音語は、かつては一つの沈黙が存在していたことを忘却させるのである。実際、騒音語は一連の音声学的現象ですらない。騒音語の音声学的要素、つまり絶え間のない唸りは、実はあらゆる空間と時間とがそれによって充たされていることの一種の徴（しるし）にすぎないのである。

それに反して、喧騒は限界づけられており、一つの対象を告げ知らせながら、その対象の近くにつながれている。たとえばお祭りの喧騒、農夫の音楽の喧騒は、沈黙によって縁どられており、それが喧騒を際立たせる。沈黙が喧騒の端で立ちどまり、ふたたび出現するのを待っているのだ。ところが、騒音語の末端にあるのは、それにつづく真空の縁（へり）、他ならぬ空無なのである。」(邦訳, p.202)

ピカートにとって、どこにでも流れているような音楽や言葉はすべて騒音である。

彼は沈黙から立ちのぼり、沈黙へと帰っていく音楽や言葉のみが、私たちの生（せい）を生き生きとしたものにすると考える。お祭りも農夫の音楽も、きっと何時の時代もにぎやかなことであろう。しかし、それらは喧騒である限り沈黙がある。喧騒は沈黙へと戻り、また新たな喧騒の機会を粛々と待つのである。翻って、音楽療法における音楽は正しい喧騒となっているであろうか。帰るべき沈黙が存在するだろうか。平板な文字通り騒がしい音の連なりになっていないであろうか。ピカートの叙述をもう一つ取り上げたい。ここでは、クラーゲスがリズムについて語っているのとほとんど同じ意味のことが、言葉について語られている。

「言葉は—何時もおなじ繰りかえしである場合でさえ—それが沈黙から生じ来たるやいなや、常に新しいものとして現われることが出来る。だから、何時もかわらぬ同じ言葉で述べられる真理も、決してそのことによって硬化したりはしない。」（邦訳, p.35）

音楽にはその構造として、リズム（音楽用語としての）やメロディフレーズの反復がある。この音楽の形式は、空間に広がった音を呼び戻し、回収する役目を担っている。ピカートはくり返しのメロディによって、音楽と共にさ迷い出た人間の魂が安全に連れ戻されるという。くり返しの機能がこのようなものであるからこそ、音楽は魂に一つの広さを与え、この広さのなかでは魂は何の不安もなく、安心していることができるというわけである。つまり、これらのくり返しはクラーゲスの言う精神作業としての反復ではなく、生命事象としてのリズムの更新であるべきものである。

言葉も音楽も外見的には反復と更新の違いの見分けがつきにくい。どこから来てどこに帰るかということのみが、反復と更新の違いとなるのである。私たちが沈黙という存在に支えられているときには、構造的即興演奏において私たち自身が反復的な伴奏をクライエントに提供したり、クライエントが反復的なフレーズをお気に入りの楽器で試すことに対して、過度に戸惑う必要はないのかもしれない。くり返しが単なる反復であるか、生命的な更新であるかということは、私たちの魂のあり様が決めることなのだろう。

真の音楽療法の実践に向けて

沈黙をやや理念的に捉えたいま、再び音楽療法の実際に戻ることにしよう。沈黙という基盤を音楽療法の方向性と重ね合わせると、セラピストの役割が見えてくる。それらはおおよそ三つにまとめられるだろう。

第一に、セラピストは「存在し続ける」存在であることをクライエントに了解さ

れることである。セラピストが存在し続けることによって、クライエントは自分が環境にしっかり抱えられていることを了解し、他の対象にしがみつくことや、外部からの侵襲に対して脅威を抱く必要がなくなるのである。そして沈黙という事態は暗黒ではなく、セラピストの存在に並行して寄り添っているすべての支えの基盤であることにも気づく。セラピストの機能とは、まさにドナルド・ウィニコット（Winnicott, 1971）の「抱える環境（holding environment）」である。

　第二は、セラピストがクライエントを受け止めるそのあり方である。セラピストはクライエントの音に対して必ずしも音で応答する必要はない。音楽療法における相互作用とは単なる音のやりとりではない。ここでダニエル・スターン（Stern, 1985）の「情動調律（affect attunement）」を思い出してみよう。母親が子どもの情緒を共有するとき、母親は子どもの行動様式を単に模倣するのではない。子どもの行動の根本にある、力強さ、かたち、輪郭などを母親が全感覚で受けとめ、子どもに対して別の様式で応答する。このようにして子どもの情緒を共有するのが情動調律である。音楽療法においてクライエントの情動は、すべてセラピストによって受け止められる。クライエントは時として自分でもちこたえられなくなった感情をセラピストに排出する。不安や恐怖が入り混じったこれらの感情は、セラピストの内部で消化されてからクライエントに返されなければならない。もしも、セラピストがクライエントの発する行動様式と同じ様式で模倣的に応答すると、クライエントは自己の感情を受け止められずに跳ね返されたように感じるかもしれない。

　セラピストがクライエントの音を内的に消化することは、ウィルフレッド・ビオン（Bion, 1962 ; Grinberg, Sor and Bianchedi, 1977）によって「夢想（reverie）」と称されている機能である。夢想とは、母親またはセラピストが子どもまたはクライエントの情緒を沈黙の世界へといざない、沈黙の世界から新たな情動を生成することと言い換えられるのではないだろうか。沈黙の世界には無限の様式の可能性があるだろう。母親またはセラピストはそこから一つ、もっともふさわしい様式を選び取って、子どもまたはクライエントに送り返すのである。ある時にはその選び取られたものは、沈黙の世界の中から選ばれた沈黙のひとかけらであるかもしれない。私たちはそれを静寂と呼んでもよいだろう。そしてその静寂には、笑みやかすかなしぐさが付帯しているかもしれない。

　第三として、セラピストは、クライエントが音楽を通して自己の内的な対話を始められるように仕向けていくことである。即興演奏においてクライエントが強迫的に音を出し続けるときや、他者と音を重ねる時にしか不安を払拭または軽減することができない場合、そのクライエントはおそらく沈黙に呑み込まれるような恐怖をもっているのだろう。常に音や外的な対象物に頼らないと自分を保つことができないでいるのである。しかし、セラピストが存在し続けること、そしてクライエントの情動が受け損なわれないことが保証されるとき、クライエントはセラピストの機能を内在化し、沈黙の世界を一人で享受することができる。クライエントはいまや音の隙間に落ちていく恐怖を感じることなく、沈黙と対話をすることさえできる。

ここにはウィニコット（Winnicott, 1965）の「一人でいられる能力（capacity to be alone）」がある。一人でいられる能力とは子どもが母親の機能を内在化して、一人でいながら二人、二人でいながら一人という逆説の中にとどまれるようになることである。さらに母親を内在化するということは、子どもが一人で沈黙の世界と、音やことばの世界とを行き来し始めるということでもあるのだろう。

おわりに

　音楽療法に求められる根本的な基盤は沈黙である。それは無音の状態というより、私たちのこころの静けさというものである。音楽療法を真に実践するためには、私たち自身がまず沈黙の世界に親しみ、沈黙に呑み込まれる恐怖から解き放たれていなければならない。

　沈黙はつくられるものではない。沈黙は私たちの生命を支えるエネルギーの根源である。したがって少し視点を変えると、沈黙は時として響きのなかにもあり、反対に無音の状態でも沈黙とは呼べないものもある。リズムは沈黙に寄り添いながら生成される。リズムは沈黙の呼吸であると言えるかもしれない。私たちがある種の響きを沈黙と同じほどに、もしくは沈黙よりも厳かで静寂感があるように経験をすることがある。これは決して錯覚ではなく、沈黙が息づいているのを確かに感じる瞬間なのである。一方、無音であっても沈黙ではない状態とは、音がないことに対して不安に駆られる、私たちのこころのあり様のことである。

　音楽療法においてセラピストに支えられながら、クライエントが沈黙の世界を経験するとき、彼らは沈黙の中から自己の感情の様式を音として選び取ることができる。彼らはもはや暗闇に落ちることも自己消失することもない。セラピストとの音楽的かかわりは、ここにおいて真の創造活動を開始する。すなわち、クライエントの情緒は音楽の上に焦点を結び、他者に共有されながら芸術的営為として開かれていく。そして私たちもまた、クライエントの情緒の移ろいに音楽的に応答しながら、創造芸術の世界を享受するのである。ピカートは四季の移り変わりも、それぞれすべて沈黙から始まると言う。私たちは皆、沈黙に親しむことをすでに無意識にできているのだ。

　　　おとなしくして居ると
　　　花花が咲くのねって　桃子が言う
　　　　　　　　　　　　　　　（八木, 1968）

　この八木重吉の詩を筆者は以前にも引用しているが（稲田, 2003）、このような感性は私たちにも確かに宿っている。ピカートの沈黙について考察したのちにこの詩を再び味わうと、この短い2行詩にセラピストのあり方のすべてが込められている

ことを改めて確信する。

=== 参考文献

Alvin, J. (1975). Music therapy. Revised paperback edition, (originally published in 1966), London: John Clare Books.（櫻林 仁・貫 行子訳：音楽療法．音楽之友社　1969）

Alvin, J. (1991). Music for the handicapped child. Second Edition, (originally published in 1965), Oxford University Press.（山松質文,谷嘉代子訳:心身障害児のための音楽療法．岩崎学術出版社　1968）

Bion,W. (1962). Learning from experience. London: Heinemann.（福本修訳：経験から学ぶこと『精神分析の方法Ⅰ〈セブン・サーヴァンツ〉』所収　法政大学出版局　1999）

Grinberg, L., Sor, D. and Bianchedi, E. T. (1977). Introduction to the work of Bion. NJ: Jason Aronson.（高橋哲郎訳：ビオン入門．岩崎学術出版社　1982）

Klages, L. (1944). Vom Wesen des Rhythmus. Zurich: Gropengiesser.（杉浦実訳：リズムの本質．みすず書房　1971）

Picard, M. (1948). Die Welt des Schweigens. Zurich: Eugen Rentsch.（佐野利勝訳：沈黙の世界．みすず書房　1964）

Stern, D. (1985). The interpersonal world of the infant: A view from psychoanalysis and developmental psychology. NY: Basic Books.（小此木啓吾,丸田俊彦監訳：乳児の対人世界　理論編・臨床編．岩崎学術出版社　1989, 1991）

Winnicott, D.W. (1965). The maturational processes and the facilitating environment. London: Hogarth Press.（牛島定信訳：情緒発達の精神分析理論．岩崎学術出版社　1977）

Winnicott, D. W. (1971). Playing and reality. London: Tavistock Publications.（橋本雅雄訳：遊ぶことと現実．岩崎学術出版社　1979）

稲田雅美（2001）．コフート理論とその〈背景音楽〉．同志社女子大学学術研究年報，52(2), pp.95-119.

稲田雅美（2003）．ミュージックセラピィ：対話のエチュード．ミネルヴァ書房

稲田雅美（2004）．クラーゲスのリズム論から内省的意味の生成へ：経験の構成過程から見る、ミュージックセラピィについての理論的一考察．同志社女子大学学術研究年報，54(1), pp.83-105.

八木重吉（1968）．花．日本の詩歌23．中央公論社

子どもの音楽療法
── 「対象の理解」と「目標の設定」に焦点をあてて

遠山文吉
Bunkichi Toyama

はじめに

　心身に障害のある子どもを対象とする音楽療法の実践を進める際の基本には様々なものがある。その中で私が特に意識している事柄は、「対象の理解」とそれに基づいた「目標の設定」である。

　一口に「理解」と言っても、それは決して容易なことではない。対象児の何を、どのようにして、そしてどの程度まで理解する必要があるかを考えなくてはならない。それは、ただ闇雲に情報を集めることではない。「音楽療法を実践する上で必要な範囲」の理解を深めることが大切なのである。また、理解された実態を基本として対象児の問題点や課題を認識する。そうした課題等に対して音楽は何をなし得るかを考え、音楽療法の目標を設定する。適切な目標を設定することもまた大変な仕事である。目標を遂行するためには、音楽が人間に与える影響（音楽の機能）を良く理解していなければならない。このことについては、文献等を通して理論を学ぶだけでなく、長年の体験から導き出される知見も重要である。

　本論では、最初に「理解」の観点で「音楽療法における、対象を理解することの重要性」（遠山, 2004）を紹介し、考察する。これはある発達支援センターにおける知的障害幼児を対象とした音楽療法に関するものである。このセンターで音楽療法の任に当たる音楽療法士からのアドヴァイスの依頼を受けて、VTRに記録された2度のセッションを分析し、対象児の実態を理解するように努めた。その結果を基に、私自身も本児に対するかかわりを持った。その上で、この体験から得た知見を整理した。特に重度の障害を有する子どもの場合、極めて丁寧な（微細な観点での）観察が必要である。また、現実に目の当たりにする状況（行動等）だけを見つめるのでなく、その背景にあるものを推察・洞察しながら、何故そうした状況が生まれるのかを理解するように努めることも大切である。さらには、様々な問題点を克服させ、生活に必要な諸能力の発達を促進するために、どのような働きかけをするとよいか、ということについても考えをめぐらせることも大切なのである。

　次に、「目標の設定」という観点で「重度知的障害者に対する個人音楽療法─物にかかわる手、人にかかわる手の育成を目指して─」（遠山, 2003）を紹介し、考察する。これはある重度・重複障害者のデイケア施設で行なった個人音楽療法からの

学びをまとめたものである。対象は、重度知的障害及び脳性麻痺による体幹機能障害のある男子青年である。行動観察の結果、様々な課題が浮上したが、私は彼の手の問題に着目した。彼は日常生活の中では、ほとんど有意味な手の活用が見られなかった。ただ、下駄箱から靴を引き落として、その紐を指でいじる行動のみが印象深かった。そこで、手の機能を高めることを目標と定め、個人音楽療法を開始した。このテーマは、彼の手の機能が高まり、物や人にかかわる体験が積み重なるうちに、事物・事象への意識が向上するとともに注意の集中力も増すのではないか、という仮説から考えて設定したものである。音楽療法の目標は、単に「～ができるようにする」「～を改善する」というような単純なものではなく、そのことに付随して起こり得る様々な出来事をも想定して設定することが肝要である。この事例では、楽器の活用、ダンス、歌等の様々な音楽活動を通して、彼の手の状態が徐々に変化した経緯を紹介している。この対象者は、物や人にかかわる手へと発達しただけでなく、スプーンやフォークを使って食事をする手、拒絶や要求をも含んでの意思を表現する手、探索する手へと様々な発達を見せた。

　以上、二つの拙稿を通して子どもを対象とする音楽療法の基本の一部に関する考えを整理する。

音楽療法における、対象を理解することの重要性

1.「対象の理解」の意義

　音楽療法士の重要な仕事の一つに「対象の理解」がある。対象者のことが理解できなくして音楽療法は成り立たない。しかし、このあまりにも当然の事柄が、実は極めて難しい仕事でもあるのである。対象者の何を理解すればよいのか、どの程度の理解が必要なのか、どのようにして理解を深めればよいのか等、実際場面に身を置いて取り組むうちに、その難しさを痛感するのである。音楽療法の対象が心身に何らかの障害のある子どもの場合、どのような内容の理解が求められるのであろうか。障害状況か？　発達の状態か？　それとも音や音楽に対する好き嫌いか？　勿論、これらはいずれも重要な理解の観点である。こうした観点をさらに細かく切り刻んで見つめていくことで理解が深まっていく。しかも、その上で対象者の総体的な実態の理解をしなければならない。大切なのは、そうした理解に基づいて「音楽療法は何をなし得るか」を考えることである。対象者の理解は、常に音楽療法に直結していなければならない。かつて、ある自閉症の男児に対する指導をまとめて論文の執筆を試みたことがある。その際、ご多分に漏れず私はその子どもの実態を多岐にわたり非常に細かく調べて整理し、文章化した。これに対して、ある研究者から「この論文を執筆するにあたって、このように細かく実態を追及することの必要性はどこにあるのか？」と問われて非常に困惑した記憶がある。「指導を進める上で必要な内容、かつ最小限の実態把握でよい。過剰な取組みの必要性はない」と言

われたのである。対象の理解の意義を考えて見ると、それには様々な事柄が関与していることが分かる。例として幾つかを取り上げてみよう。

1) 音楽療法を行なうことの必要性を考える上での基本となる。
　その子どもにとって、音楽療法は何故必要なのかを考える際に実態に関する情報が基本となる。
2) 音楽療法は、その子どもに何をなし得るかを考える材料となる。
　実態に基づいて、その子どもの抱える問題点や課題等を浮かび上がらせる。その上で、そうした課題等に対して音楽療法が有効に関与できる部分を確認することができる。（音楽療法の目標設定につながる）
3) 音楽療法の進行や展開を検討する際の、大切な情報となる。
　セッションの中に取り入れる活動の検討、展開をする際の細かい計画、働きかけの内容や方法、あるいは配慮等に対する大切な情報となる。
4) 子どもの行動の記録や評価に深く関係する。
　音楽療法では、対象者に対して短期的な目標及び中・長期的な目標が設定される場合が多い。その上で、音楽療法が何をもたらしたかを評価する必要がある。また、その対象者にとって音楽療法が適切であったかどうか、さらには音楽療法士の働きかけの適正についても評価する。これらは、毎回のセッションの記録の積み重ねに基づく。当然記録は、その対象者の実態の変化にも及ぶ。音楽療法士は、刻々と変化する子どもについての理解を深めていかなければならない。

2. 実態の理解の時期及び方法

　対象者の実態は、いつ、どのようにして捉えたらよいのだろうか。これについては様々な考え方があると思われるが、私は次の観点を大切にしている。

1) 音楽療法を開始する前に、事前に様々な情報を得る。
　①対象児を取り巻く関係者から、その子どもについての情報をいただく。たとえば、家族（主に母親）、保母、学校の教師等からの情報はとても大切である。
　②機会が得られれば、何らかの発達検査等を行なって、その子どもの発達状況を確認する。
　③インテークセッションを実施し、音・音楽や働きかけ等に対する反応を観察する。
2) 音楽療法のセッション中の参加状況、反応・行動等を観察する。
　①場面への反応、他者に対する反応を観察する。
　②音や音楽に対する反応を観察する。
　③楽器へのかかわり状況を観察する。
　④様々な能力の発達状況を観察する。
　⑤その子どもの表現の内容・方法等を観察する。

⑥その他
3) セッション終了後の様子を観察する。
4) 事後の様子を関係者に尋ねる。

3.【事例】

　障害幼児を対象とする某発達支援センター（以後センターとする）での体験から一事例を取り上げて、本研究のテーマに沿った論及を試みる。このセンターでは、幾つかの小集団及び個人に対する音楽療法が実施されている。外部の複数の音楽療法士が実践を担当している。それぞれのセッションは、月に一度ずつ行なわれている。回数は少ないのだが、音楽療法に参加する子どもたちの成長は目覚ましく、音楽療法の有効性が確認されている。今回取り上げる「事例」は、5歳の知的障害児A児に対する個人音楽療法の体験に基づくものである。対象児の実態の把握と、それに基づいたデモンストレーションとしてのセッションの実施についての報告である。

　ある時、センターで音楽療法を担当している音楽療法士から、難しい事例についての相談があった。そこで、何らかのアドヴァイスができればと思い、VTRに記録されたその方のセッションを拝見することにした。そこから得た対象児についての情報を基に、デモンストレーションとしてのセッションを試みることにした。対象児の理解と、それに基づくセッションの計画、実施のプロセスを示し、少しでも参考になるものがあればと願ってのことであった。私は、2回のセッションのVTR記録を通して、対象児について様々な情報を得ることができた。ここで、どのような理解があったかを記載してみたい。なお、文中「Th」とあるのは音楽療法担当のセラピストの意味である。

1) 対象児A児の実態（予め頂戴した資料及びVTRを通して観察した事柄等）
　①年齢：5歳4か月
　②障害状況：結節性硬化症（知的障害、運動遅滞）
　③行動特徴等（資料より）
　　・いろいろな発声がある。
　　・ドアや音の出るものを好む。
　　・左手優位。
　　・手しゃぶりが多く、よだれがある。
　④VTRを通して観察された実態等

《第1回目のセッション（4月）》
　　・右手をしゃぶる。
　　・手、足、身体全体が細かく動く。（落ち着きがない）
　　・身体を動かしながらも、ギターが取り出される間ちらちらと見る。

I. 臨床と教育

- ギターの音が提示されると、しばらく見ていたが左腕を伸ばして楽器に触れる。
- 良く楽器を見ている。(楽器が提示されると、動きが激しくなる)
- 発声がある。
- 右足で楽器に触れる。
- イスに座ったまま身体を前屈みにしながらギターに近づき、右手で弦をはじく。(こする)
- アルペジオの演奏が始まると、聴く態勢に入る。
- しばらく「こんにちは」の歌を聴いているが、立ち上がる。
- 右手に握手を求められると、左手でThの手を押し返す。
- 窓際に歩み寄りカーテンを開ける。
- Thが近寄り、右手を握る。この時、しばらくの間手は口から離れる。
- Th「おんまはみんな」を歌いかける中で、本児は母親の膝で揺すられる。
- かなり大きな声が出る。(手を口に入れたまま、何度か声を発する)
- 歌が終わると、両足を突っ張らせる。(発声もある)
- この活動の2回目には、母親から逃れ、窓際に歩み寄る。
- Thが「Aちゃん」と呼びかけると、そちらを見る。
- Thがイスに座らせようとして手をとると、払いのける。
- Thがツリーチャイムを取り出すと、それを見て声を発しながらThに近寄り、背中に触れる。
- Thが音を提示すると、楽器に近寄って左手で触れる。
- 床にしゃがんだ姿勢で楽器に触れる。
- 楽器を良く見て、活発に手を出して触れる。(はじく、押す、引っ張る等、様々な働きかけを試みている)
- チャイムで膝に刺激を与える間、手をしゃぶる行動が消える。
- 右手が口から離れている状態で、左手で楽器に触れる。この時、右手を使う様子が見られない。左手を動かす間、さかんに右足が動く[*1]。
- 楽器から視線が外れると、すぐに姿勢が崩れ(移動の準備?)、手が口に入る。
- Thがツリーチャイムを片づけている間に、室内を歩きまわるが、このとき発声あり。手は口から離れている。
- パドルドラムが提示されると、立ったままの姿勢で左手で楽器に触れる。目は楽器を良く見ている。
- イスに座らせると、左手で楽器の柄を握ることができる。
- 左手を使う時に、身体を右に傾けながら右手で保持する。
- 左手でドラムを持つことができるが、動きをコントロールすることは難しい。
- Thが右手をとってドラムを叩かせると、そのまま叩く行動を続ける。(指を立てて、表面を突くようにしながら叩く)

*1
右手を口に入れる行動は、バランスの保持にも関係があるか? 右手が口から離れた状態で左手を活動させると、右足を使ってバランスを保持しているのではないか?

- パドルドラムに触れている間、右足でThの膝に触れる。
- バチを渡されると、いったん受け取ったがすぐに捨てる。
- 母親の働きかけで、バチを渡されるとそれを受け取って太鼓に当てて叩く。（バチの保持は難しく、適切に柄を握って保つことはできない。柄を握る手で叩いている）
- 立ち上りながらバチをなめる。なめる行動に執着する。（この時、右手は口から離れる）
- レインスティックが提示されると良く見る。発声が多くなる。楽器に触れる*2。
- セッションの終了が伝えられる。リズムのある発声が多い。
- ギターに触れさせて「ハトポッポ」を歌いかけると、積極的に弦をはじく。
- Thは、母親の膝に乗って左右に揺らされている児に対して「さようなら」を歌いかける。本児は母親に触れられること、束縛されることに対する抵抗が強く母親の膝であっても抵抗を示す。

*2
レインスティックに対する関心は強い。良く注視し、積極的に触れようとする。声も多く、感情が表現されているように思われる。

《第2回目のセッション（6月）》

使用するイスに変化があった。対象児の身体を包むようなアームのついたイスである*3。

- イスに座った状態で、前屈みになりながら積極的にギターに触れる。
- 左手で弦をこする動作の時に、右手の反動を利用している。
- 「こんにちは」の歌いかけの間、Thから視線をそらしている。
- 右手を取って握手をしようと働きかけるが、その手を振り解こうとする。
- 右手に触れられることを嫌がっているようにも見える。
- ギターを近づけると、左手ではじく。
- 離席し、うつぶせになって寝転ぶ。ほふく前進をする。
- ハンドドラムが提示されると、近寄って左手の人指し指で突くようにして叩く。（積極的に叩く、時々声が出る）
- ドラムを回転させるこの時は、とてもよく見ている。
- Thの手を取って、ドラムの表面に触れさせる。
- Thが「おしまいにするよ」と言い聴かせると、一緒に立ち上がる。
- 母親がイスに座らせたところでツリーチャイムを提示すると、すぐに左手で触れる。
- チャイムを手で押して、床に置かせようとする。
- 足に刺激を与えると抵抗を示し、離席する。
- 前回ほどこの楽器に興味を示していないように思われる。左手で激しく楽器に触れながら、右手を口に入れる。
- 何度も楽器を床に置かせようとする。（発声がある）
- ハンドベルを提示されると、すぐに受け取って鳴らす。少し鳴らしたあとに楽器を床に置く。

*3
今回は、右手を口に入れる場面が極端に少ない。

・ベルの舌に興味を示し、引っ張り出そうとする。
・楽器を投げ出す。
・バナナのマラカスを手渡されると、受け取るが、すぐに手離す。
・小さなマラカスは、柄を握って振る。離席しながらも握っている。
・母親が座らせ、マラカスを手渡すと、捨てる。
・母親の膝の上で「おんまはみんな」の歌に乗って揺すられる。（積極的な反応が生まれていない）
・母親と向き合って「ビスケットを焼きましょう」の活動に入る。
・手を取られることを嫌がり、逃げようとする。
・くすぐられることに、身をよじって反応する。
・2度目の働きかけでは予測性が生まれたのか、最初から身をよじる。
・母親の膝の上で「ぶらんこ」の歌に合わせて左右に揺すられる。
・身をまかせている。この時は、左手が口に入る。
・「さようなら」の歌いかけの場面で、すぐに離席し、うろうろ歩く。

2）VTRを通して見た実態から考えられること
　(1) 身体的な特徴
　　①右半身に軽いまひがあるのではないか[*4]。
　　②歩行におけるバランスの悪い状況が見られる。時々尖足になる。
　　③興味のある刺激の場合には、視覚と手の協応が生まれている。
　　④物とのかかわりに於いては、主として左手が使われているが、左手の動きもあまりスムーズではない。（握る、たたく、振る、こする等の動きを見ると、まだスムーズであるとは言えない）
　　⑤身体の姿勢を保持したり、左手を活用したりする際のバランス保持のために、右手が使われている場合もあるのではないか。
　(2) 感覚の使われ方について
　　①特に右手に触れられることに対する抵抗が強いように思われる。
　　②抱き締められたり、身体を揺すられたりする刺激は、あまり好みでないように思われる。
　　③視覚は比較的良く使われており、提示される刺激物を注視する場面が多く見られた。（注視、追視ができる）
　　④提示される音の刺激に対して、良く耳を使っている。細かい音の変化にも注意を向けている場面があった。（ギターの提示に声を加えた場面で、すぐにセラピストの顔を見るような様子が見られた）
　(3) コミュニケーション状況・対人関係について
　　①音声の活用に興味深い反応が見られる。音声の種類、声の強さやリズム等に変化をつけながら応答している様子が多く観察された。
　　②セラピストの手を取ってギターに触れさせたり、セラピストの身体に触

*4
この時点では、まだ医療関係者の診断を受けていないので、明確な情報はない。

れたりする場面が観察された。要求表現が明瞭に示されている場面であった。

③場からの逃れ、セラピストの働きかけへの抵抗、母親の働きかけからの回避等、様々な拒否的行動が出現しており、自己表現の一つとして評価したい。

(4) 認知の能力について

①ギターの弦を垂直にこすって鳴らすことができた。

②「ビスケットを焼きましょう」の2回目の働きかけ（くすぐり）に対して、予測性をもって身をよじる行動が見られた。

③指をしゃぶったり、バチをしゃぶったりするなど、口唇で情報を受容しようとする状況が見られる。

3) 本児の学習課題

以上の情報を総合的に見た上で、本児の学習課題を検討した。現在の本児にとって特に必要と思われた課題は、次の4点である。

(1) 感覚の活用

・特に触覚的な刺激の受容能力を育むこと。（触れられることへの抵抗を少なくすることが大切である）

・視覚、聴覚への集中・持続の能力を育むこと。

(2) 運動能力の発達促進

・右手の活用能力の育成。物に関わる右手、人に関わる右手へと育むことが大切である。

(3) 姿勢の保持能力を育むこと。

(4) 自己表現能力の向上

・音声の活用、楽器とのかかわりを通しての表現、身体の動きを通しての表現等の力を育成することが必要である。

4) 音楽セッションを組み立てるにあたって

上記の課題を遂行するために、どのような音楽療法のセッションを行なったらよいかを検討した。

(1) 姿勢への配慮

・2回目のセッションで使われたアームのついたイスを使用する。

・場面によっては、床に座った状況で活動させる。

・立位での活動も取り入れる。（上下、左右に揺する、歩く等）

(2) 対象児とセラピストの距離について

・できるだけ対象児の近くで働きかけるようにする。

(3) 母親の位置について

・活動の展開場面で、離席しようとする状況が生まれたら、そっと刺激を与え

て席から立ち上がらないようにしていただく。(「待ってて！」と語りかけていただく)
  (4) 楽器だけでなく、声を使った働きかけをする。
  (5) メタルホーンの活用を検討する。(この楽器は机の使用につながる要素がある)

5) 音楽セッションのプログラム
  目安としてのプログラム。対象児を見ながら変更させる場合もある。
  (1) 静かなかかわり (音・楽器等を媒介としない「かかわりの時間」を作る)
  (2) 歌いかけ (小さな声で歌いかけ、様子を観察しながら変化させる)
  (3) 手をつないで歩く (本児が嫌がらない程度に手をつないでみる。また、歌いかけながら歩く。歩き方等を見ながら、速度などに変化をつける。もし可能であれば、跳ねる、回る等の刺激を含める)
  (4) トーンチャイム
    ・楽器を見せる
    ・CとGの2音を聴かせる
    ・触れさせる
    ・音を鳴らしながら即興的にうたいかける
  (5) メタルホーンの活動
    ・音を出して聴かせる
    ・自由に触れさせる
    ・一緒に鳴らす
    ・いずれにしても、対象児の様子を観察しながら進める。
  (6) セミーヤを使っての歌いかけ
    ・セミーヤを提示する
    ・触れさせる
    ・音を鳴らしながら即興的にうたいかける
  (7) ギターの伴奏で歌いかける。(「さようなら」)

6) セッションを進める際に配慮すること
  (1) 常に対象児主体のセッションにすることを考える。
  (2) 対象児の行動や表情の変化等を可能な限り細かく観察し続ける。
  (3) 決して無理矢理参加させない。
  (4) 対象児の疲労状況を見て、短時間で終了させることもあり得る。
  (5) 状況を見て、臨機応変に対応する。
  (6) 母親にも活動に参加していただく。

7) セッションの展開と本児の参加状況等

当日、初めて出会いを持った本児に対して、予定していたプログラムで進行しようとしたが、展開をする中で予想外の行動や反応が数多く観察されたので、臨機応変に対応した。その場で取り入れることを考えたオーシャンドラムへの関心が高く、長時間取り組んだので、予定を大きく変えてセミーヤの活用をやめた。ギターの提示を多少多くした。最初は、初めて出会う人間に対する緊張感が漂っていたが、徐々に慣れて表情も和らぎ、様々な活動に積極的に取り組む様子をみせるようになった。ここで、セッションへの参加状況や働きかけに対する反応等を整理してみたい。なお、次の文中のTh（セラピスト）は、遠山である。また（〇分〇秒〜〇分〇秒）とあるのは、セッション開始からの時間経過を示している。なお、楽器の準備等に要した時間は省いてある。

(1) 歌いかけ（00分00秒〜03分05秒）
　・本児は、イスに座った状態で左手の指を口に入れながら、首を左右に振る。
　・Th：小さな声で歌いかける。
　・児：「ウ唱」→Tの顔を見ながら声を発する。良く注視している。
　・児：「ラ唱」→一緒に声を出す。音が小さくなると動きが静まり、大きくすると右手を高く挙げながら大きな声を発する。
　・Th：両手を挙げる。
　・児：声を出しながらThの右手の親指を握る。
　・Th：小さな声で「ウ唱」を聴かせる。
　・児：笑い声を発しながら、じっとThの顔を見る。（注視する）
　・Th：リズミカルに歌いかける。
　・児：動きが活発になり、立ち上がる。座らせて静かに歌いかけると、声を伴った笑いを見せながら、良く注視する。

(2) 移動（03分06秒〜04分20秒）
　・Th：手をとって立たせる。歌いかけながら一緒に歩く。
　・児：「ル唱」「トトロの散歩」→尖足状態で歩く。Thの手に身体をまかせるようにしながら歩く。
　・児：腰が引けている状態である。
　・児：移動しながら、良く声を出す。
　・児：1分ほど歩くと疲れが生じて座りこもうとする。

(3) オーシャンドラム（04分38秒〜09分50秒）
　・Th：箱に入ったままの楽器を提示する。
　・児：すぐに興味を示し、左手で箱に触れる。覗き込もうとしたり、左手の親指で箱を開けようとしたりする。
　・Th：ゆっくり楽器を箱から引っ張り出して提示する。

・児：楽器が現われるとすぐに左手で触れる。（右手はいすのアームを握って身体のバランスをとっている）
・Th：太鼓を本児の膝の上に置く。
・児：すぐに左手の人差指で強く叩く。
・Th：本児の叩く様子を真似て叩き返す。
・児：上目遣いに楽器やTを見ながら、叩く。何げなく楽器をひっくり返した時にザーッと音がしたのを聴いて、同じ行動を何度も繰り返した。
・Th：右手を使うように働きかける。
・児：右手を使うことはなかった。代わりに、左手の拳で太鼓を叩く。
・Th：両手に太鼓の縁を握らせて（手の上から支えて握らせる）太鼓を動かし、手指に振動を与える。
・児：しばらくじっとしている。（振動を感じ取っている様子が見られる）
・Th：本児が叩いた音を受け取って、新しいリズムを作って聴かせる。
・児：声を発しながら、太鼓をひっくり返す動作を繰り返す。
・Th：楽器を高く掲げて提示する。
・児：しばらく見上げているが、やがて左手を挙げて高い位置の太鼓を叩く。

(4) メタルフォーン（10分05秒〜16分26秒）
・Th：楽器の提示
・児：すぐに手を出して触れる。左手で叩いて音を出す。
・Th：児の姿勢に配慮し、楽器の位置を決める。両手で叩いて色々な音を創り出して聴かせる。
・児：鍵盤を外そうと試みる。
・Th：鍵盤を抑えて、外せないようにする。
・児：その後は鍵盤を外そうとする行為をしない。手で叩いて音を出し続ける。[*5, 6]
・Th：バチで叩いて聴かせる。
・児：すぐに左手でバチを取る。左手をしっかりと伸ばしてバチで叩く。Thの音をとても良く聴いている。特に高い音に集中する様子が見られる。
・Th：右手にもバチを持たせようと試みるが、持とうとしない。
・児：「はい」と言うような発声をする。
・Th：様々な音を聴かせる。
・児：Thの音の合間に音を出す。またThの音をじっと聴く様子が見られる。バチの位置が変わり、叩きにくくなると身体に柄を当てて手を移動させ、握り直して再び叩き出す。
・Th：共鳴体の部分を叩いて聴かせる。
・児：動きを止めてじっと聴き入る。
・Th：高音域の音を聴かせる。
・児：顔をそちらに向けて、注視しながらじっと聴く。音がなくなると再度叩

*5
右手を楽器の上に乗せて身体を支えながら、左手で叩く。

*6
Thが音を提示している間は動作を止め、叩くのを止めると再び取組み始める。

き出すが、再度バチの柄を身体に当てて叩きやすい状況にする。
- Th：「上手にできた」と称賛の言葉をかけ、拍手を送る。
- 児：Thの顔をじっと見つめる。
- Th：この活動を終了させるために「頂戴」といって手を差し出し、バチの返還を求める。
- 児：直接手渡して返そうとはしないが、しばらくして楽器の上にバチを置く。

(5) トーンチャイム（16分43秒〜19分50秒）
- Th：楽器を示し、手渡す。
- 児：すぐに受け取る。声を出す*7。
- Th：低い音のチャイムを出して聴かせる。
- 児：音が出た瞬間、ビクッと反応する。（原始反射が残っている？）
- Th：音を鳴らしながら楽器を動かして見せる。
- 児：楽器の動きを追視しながら、左手を伸ばして受け取る。
- Th：手渡した楽器が児には大きすぎたので、小さなものに変えさせようとした。
- 児：Thの働きかけを一度は拒否し、「カー」と発声をする。その後受け取る。振って音を出すことができた。音を出しながら、さかんに「アン」と声を発する。
- Th：児の声を真似て歌いかける。
- 児：Thの声を良く聴き、顔を見つめ笑う。さかんに声を出す。

*7 この楽器の場面での発声がとても多い。

(6) ギター、歌「さようなら」（19分55秒〜27分19秒）
- Th：ケース毎楽器を提示する。
- 児：左手でケースを叩く。
- Th：児の行動を受けて、同じようにしてケースを叩き、様々なリズムを提示する。
- 児：両手をケースに乗せて音や振動を感じ取っている様子が見られる。
- Th：母親に依頼して、イスから降ろして床に座らせる。その後、ケースを開けて楽器を見せる。
- 児：すぐに手で触れて弦を弾こうとする*8。
- Th：ケースからギターを取り出して楽器と音を提示する。
- 児：弦を叩いて音を出す。
- Th：児の手を取って弦を弾かせる。
- 児：偶然に弦を弾いて音を出すことができた。声を出す。
- Th：さらにギターを近づけて鳴らしながら、即興的に歌いかける。
- 児：Thの顔を覗き込んだり注視したりしながら、さかんに声を発する。時々手で弦を弾いて音を出す。

*8 右手を床に着いて身体のバランスを取ろうとするために、左手もうまく使えない。そこで、再度イスに座らせる。

・Th：テンポとヴォリウムを上げて歌いかける。
・児：多少興奮気味に身体を動かし、声を発する。右手の動きが激しくなる。
・Th：音量を下げ、静かに歌いかけるようにしながら働きかけを変化させる。
・児：少しずつ動きが静まり、音を良く聴くようになる。
・Th：ギターのボディを叩いてリズムを提示する。
・児：叩いているThの手元を見つめる。その後疲れが出たのか、2度あくびをする。
・Th：「さようなら」の歌を歌いかける。
・児：ギターの糸巻部分に興味を示し、さかんに触れようとする。
・Th：セッションを終了させ、母親に児の優れた能力や今後の課題等を説明する。

8) 本事例から学んだこと

この事例から音楽療法の基礎になる多くの事柄を学ぶことができた。重要と思われる学びをいくつか取り上げて整理してみたい。

(1) 音楽療法のセッションを計画し、実践するためには、対象者についてできるだけ細かく実態を捉え、理解を深めておくことが大切である。今回は、担当のセラピストがそれまでにかかわりを持った2度のセッションから、ビデオ記録を通して対象児の理解を深めることができた。できるだけ細かい視点で記録を見直し、詳細に行動等を見つめることで、対象児がどのような能力を持っているのか、問題点は何か、課題となる事柄にはどのようなものがあるのかを考えるよい機会になった。

対象児Aは、口唇で触れて身の回りの事物に関する情報を受容しようとするような初期の発達状態を示しているかと思えば、手に持ったバチの柄を身体に当てて持ち直すようなレベルの高い能力を示している。楽器に対する手の操作性の高さにも驚かされた。つまり、アンバランスな発達状況にあることが分かったのである。

(2) A児は、活動の合間に頻繁に離席し、集中できなくなる場面が数多く見られたが、そうした状況は刺激の種類や内容、提示方法、場面の設定等によって異なることが分かった。事前の情報に基づいて、使用するイスの選択やセラピストの位置、母親の協力等によってずいぶん改善できるということが分かった。

(3) A児の自己表現の手段の一つに「声」があることが分かった。特定の場面で多くの発声があったことから、本児がいつ、どのような場面で多く声を発しているか、声にはどのような種類があるのか等を深く探って行くと、それを媒介とするコミュニケーション能力の発達を促進することができるのではないかと思われる。声に特徴があることに注目したい。対象者の得意とする表現を知ることで、かかわりの在り方が変わる。

（4）前掲のことと関連するが、A児の注意の集中を促し、働きかけに対する気づきや反応を引き出す有力な方法にセラピストの「声」の活用がある。A児は、声に良く集中して聴こうとする。セラピストは、小さな声、柔らかい声、強い声、大きな声、徐々に変化する声等、様々なニュアンスの声を駆使して対象児に働きかけることが大切であると思われた。「ル唱」で即興的に歌いかけるとA児は顔を近づけてきて聴くことがあった。「ラ唱」で歌いかけると、セラピストの声のヴォリュームが増し、エネルギーの強さを感じるようで、身体の動きが活発になり、自分の発声も多くなる。A児には、声を通しての働きかけが大きな意味を持つことが分かった。

（5）音楽活動に参加させる際に、対象者の姿勢に注目することの大切さを学んだ。A児は、姿勢保持のために多くの場面で右手を活用している。うまく姿勢が保持できている場面では、左手の機能は高くなるし、注意の集中力も増す。イスの状態や楽器の位置等によって姿勢が崩れると、手の活用はとても不安定になる。この意味でもイスの選択に注意を払うこと、楽器を提示する際には高さや傾け方等にも配慮をすることが大切である。

（6）そのセッションが対象児にとって、どのような意味を持ったかを考えてみることも大切である。今回、A児はセッションの終了後、積極的に遠山へ接近してきた。私の働きかけに対する抵抗も少なくなり、良く受容する様子を見せた。行動も安定しているように思われた。A児にとってセッションがもたらした心理的な影響が大きかったのではないかと思われた。

母親の変化も大切な観点である。最初緊張して表情が硬かったが、セッションが進むにつれて少しずつ柔らいでいく様子が観察された。母親が、積極的に音楽活動に取り組む我が子の姿を見ることで、子どもの見方を変え、働き掛け方を変えると、それは当然子どもにも良い影響を与える。これが、親子に対する音楽療法の大切な役割でもある。

音楽療法では「対象の理解」が重要である。音楽療法士には、理解の能力は勿論のこと、理解した事柄をどのように生かしていくか、その活用の能力が問われる。かかわりの工夫、臨機応変の取組み等を加えながら対象者のニーズに対応していく必要がある。前述のように「理解をすること」は決して容易なことではなく、とても厳しいものである。音楽療法士は、対象を良く見つめ、そこから理解を深めていく必要がある。その上で、目の前に起こる現象だけをとらえるのではなく、行動の背景にある意味を考える能力も求められる。対象が子どもの場合は、特に発達との関連で検討することも重要である。私は、今回の事例を通して「対象の理解は、対象者から学ぶことによって生まれるものである」ということの再認識をした。

重度知的障害者に対する個人音楽療法
——物にかかわる手、人とかかわる手の育成を目指して

　これまで筆者は、「人の手は、様々な必要性に対応するために活躍している」と考えてきた。例えば、身体のバランスを保持するための手、触れて物の違いを感じ取る手、物にかかわる手（操作する、作る、物を移動させる、物を変化させる等）、受け取る手、差し出す手、事物・事象を差し示す手、要求や欲求等自己の気持を表現する手、感情を表す手、人とかかわる手、他者の気持や行動をコントロールする手、危険に対して自己を防衛しようとする手等々、数え挙げれば限りなく多くの働きを、手は持っている。これら様々な機能を持つ手は、その人の日常生活を安全で豊かなものに導く働きをしていると言うこともできよう。

　心身に様々な障害のある人々の中には、手の機能が十分に働いていない状況にある場合が少なくない。日常生活において、自分の手で身辺の事柄を処理することが難しい人がいる。筆者は、食事・排泄・衣服の着脱など、最も基本となる諸動作にも手が適切に使われていない状況を見てきた。その背景にはいろいろな原因が考えられる。例えば、障害そのものが原因である場合、微細運動能力の発達が不十分な場合、経験の不足による場合等、様々な条件が念頭に浮かぶ。他に、意欲の問題も関係してくるし、生活習慣の問題も関与する。また、その人にとって手を使う必要性がなければ、手の発達は得られない。手を使わなくても済んでしまうような周囲の環境が原因となる場合もあろう。筆者は、このような状況にある方々とかかわりながら、「手」の状態に注目してきた。そして、可能性が少しでもあるのならば、より自発的に、そしてより活発に手が使われるようになることを願ってきた。ここでは、ある重度知的障害の青年とのかかわりを通して観察された「手」の使われ方の変化と、それを導いた楽器等を使った音楽療法について報告する。

1. 対象者A氏について

　A氏は、重度知的障害及び脳性麻痺による体幹機能障害のある重複障害者である。てんかんの発作あり。抗てんかん薬服用。身体障害者手帳2級。2002年12月現在22歳の男子青年である。1998年に、デイケア施設Cに入所し、様々なサービスを受けることになった。筆者が初めてA氏に出会った時、彼は日常生活の極めて多くの場面で支援を必要とする状況であった。以下に当初のA氏の状況等を簡単に述べる。

1)「認知」

　A氏の認知能力がどの程度のものかは、発達検査等の実施記録が得られないので正確には理解できていない。A氏は、時折施設内の絵やポスター等の展示物等に近寄ってじっとみつめている様子が見られる。何を見ているのか、何に興味を持って

いるのか、また内容の理解がどの程度なのかは分からないが、視覚的な刺激に対する集中の状況は観察できる。また、多くの写真が掲載されているカタログ雑誌等への視覚的集中も高い。

2)「粗大運動」

歩行は可能であったが、うまくバランスが取れずに多くの場面でふらつく様子が見られた。手をとって移動させる場合でも、ゆっくりした速度にしなければ不安が生じた。支援しながらゆっくり回転させると、体幹の回旋が滑らかでなかったり、足がもつれたりしてバランスを崩しやすい状況であった。

3)「微細運動」

左手に麻痺が残っているためか、内側に強く屈曲させた状態が見られ、日常生活の中ではほとんど活用されている状況を見ない。指示と支援を与えて手の平を伸展させれば、多少その状態を保持することができるが、すぐに屈曲してしまう。幾つかの場面で、右手の活用が観察される。例えばカタログ等のページをめくる、靴の紐に触れて動かす、衣服を指にからめる等の行動に手指が使われている。

4)「情動」

A氏は、比較的穏やかな情動の状態が保たれているが、時々情動の乱れが観察される。そのような場面では、奇声を発する、手を噛む（特に左手に噛みダコができている）、他者に近寄って挑みかかるような行動を示す等の状態が生じる。こうした情動の乱れが、どのような条件の元に生じるのか、なかなか理解ができない。ただ、発汗によって不快感が増したと思われる時に情動の乱れが生じる場合が多く見られた。また、当初は離席が多く見られ、立ち歩く姿が観察された。

5)「日常生活の基本動作」

食事場面では、偏食が激しく、舌先で味を感じた瞬間にそれを払い除けたり、顔をそむけたりする場面が多く見られた。食べ物の摂取量も少ない。自分の手でスプーン等を持つこともなく、ほとんどが職員に食べさせてもらう状況であった。衣服の着脱は、ほとんど自力でできるものはなく、全面的な支援が必要であった。排泄についても、職員が時間や本人の様子等を見計らってトイレに連れていく必要があった。

6)「言語・コミュニケーション」

意味のある音声言語は聞かれない。時折、奇声、笑い声等の音声が聞かれるが、意図的な発声は、ほとんど聞く機会がない。言語のみの指示に従う様子は見られない。身振りと言語を伴う簡単な内容の指示（立って、座って、おいで等）には従う様子が見られるが、意味を理解しての行動かどうかは分からない。

このように、日常生活のほとんどの場面で多くの援助が必要な状態であった。

2. A氏に対する音楽療法の実践

このようなA氏に対して、2000年度当初は他のメンバー（知的障害者）と二人を対象とするセッションを実施したが、二人の状況の違いが大きいことやもう一人

のメンバーが他の施設に移動したこと等によって、途中（2001年度から）個人音楽療法へと切り替えることになった。音楽療法を実施する際の条件は、以下の通りである。

1）A氏に対する音楽療法の目標

既述のような実態にあるA氏にとって課題は山積していると思われるが、その中でも重要視したいことがらには次のものがある。

(1) 視覚、聴覚、触覚、前庭感覚、固有感覚等の感覚のさらなる活用を図り、外界からの情報を受容できる力を育む。
(2) 刺激等に対する注意の集中・持続力を高める。
(3) 手指の活用能力を高める。

以上の中でも、特に（3）の手指の活用能力の向上は、重要であると考えた。物にかかわり、人にかかわることのできる手を育むことによって、日常生活に積極性と潤いをもたらすことができると考えたからである。

2）音楽療法を進める際の諸条件

(1) 個人音楽療法である。
(2) 一回のセッション時間を約20分とする[*9]。
(3) セッションを行なう場所を固定し、大きく変化させない[*10]。
(4) その日の担当職員が一人入室し、VTRで記録する[*11]。
(5) プログラムは、その日のA氏の様子を見ながら決定することとするが、基本的にはできるだけ同じ内容を繰り返すようにする。また、A氏の状況の変化等に基づいて使用する楽器や働きかけの内容等を変えることもある。
(6) 他者によるセッションの見学は、集中がそがれる、精神的に不安定な状況が生じる等の理由から、必要最小限にとどめる。

*9
注意の集中時間、疲労等を考慮する。

*10
必要以上の視覚的、聴覚的な刺激を整理し、セラピストの働きかけに集中できるようにする。

*11
セッション終了後、その職員とその日のA氏の様子等に関する情報交換、意見交換を行なう。

3）音楽療法の展開

基本的に1回20分のセッションを行なったが、この中に幾つかの活動を組み込んで展開させた。活動は、歌（即興、筆者の作品によるオリジナルな曲、既成の曲）、身体への接触（歌に乗せて身体に働きかける）、楽器（ギター等の弦楽器、打楽器、笛、鈴等）によって組み合わせた。活動は、その日のA氏の状況に沿って決定し、実践した。以下に、活動の一例を示す。

(1) 歌：「音楽はじまりの歌」（オリジナル）
　①A氏の名前を織り込んで歌いかける。②握手を求める。
(2) 歌：「空を見上げて」（既成の曲）
　①歌いかける。②歌に乗せてリズムを示しながら働きかける。
(3) ギター

①音を聴かせる。②ギターの伴奏で歌って聴かせる。③A氏に触れさせる。
(4) ジャンベ
①楽器を提示する。②様々な音色やリズムを聴かせる。③A氏に触れさせる。
(5) オーシャンドラム
①楽器を提示する。②様々な音色やリズムを聴かせる。③A氏に触れさせる。
(6) 歌：「海」
①歌って聴かせる。
(7) 歌：「さようなら」
①A氏の名前を織り込んで歌いかける。②握手を求める。③セッションの終わりを告げる。

以上は、ある日のセッションを一例として示したが、概ねこのような流れを持ちながら、A氏の状況に応じて少しずつ変化させていった。曲や使用する楽器は、できるだけ繰り返すようにした。上記の例のほかに、セミーヤ、ツリーチャイム、コンガ、ミニトランペット、フレームドラム、キーボード、チャイナドラ、シンバル、タンブリン、擬音笛等を活用した。

4) A氏の参加状況等について
　A氏に対する音楽療法の目標を念頭に置いて、特に感覚と手の使われ方に焦点を当ててセッションの中で観察された状況等を抜粋して表示する。（右頁参照・表中の太字は、特に大切に受け止めたい事柄である）

3. 手の発達を意識した働きかけの具体的な方法について
　既述のように、A氏に対する音楽療法の目標は、感覚への働きかけを通して外界の情報を受容できる力を育むことと、手指の発達を促進することにある。こうした目標を念頭に置いて、A氏には様々な方法での働きかけを試みた。その具体的な方法や配慮事項等の幾つかを整理する。

1) 様々な楽器や音具等を通して視覚に働きかける
　使用する楽器を、ていねいに、時間をかけてゆっくりと提示し、A氏がそれを注視する場面を設定する。時には、楽器を静かに移動させて、追視を促す。その際、楽器の位置や高さ、向き等に気をつけて、A氏が見る行動を生起し、またその行動を持続しやすいように配慮する。

2) 声（歌）、楽器、音具等を通して、聴覚に働きかける
　声（歌）、楽器、音具などには、それぞれ独自の性質がある。こうした特性を考

I. 臨床と教育

実施日	活動内容	A氏の感覚の使われ方，手の働き，その他の様子
2000.6.1	セミーヤ	自分で音を出すことはなかったが，楽器に触れた。
	ギター	指を伸ばしたままで弦に触れるために音は出ないが，**ギターを傾けることで多少音を出せた**。
2000.6.22	ツリーチャイム	A氏の手の掌の上を擦るように楽器を移動させると，良く注視した。楽器を差し出すと，**自分から手を伸ばして触れた**（初めての行動）。
	コンガ	マレットを渡すと，**受け取るがすぐに離してしまう**。
	シャボン玉	手を差し出してシャボン玉に触れようとした。
	ミニトランペット	口にくわえさせようとすると，右手で払い除けようとする。
2000.9.14	ギター	ギターを差し出すと，すぐに右手を出して弦に触れる。後半は，両手で弦に触れて音を出すことができた。
	ツリーチャイム	楽器を差し出すと，**右手の掌を広げて少し前に出した**。
	セミーヤ	右手の指を楽器の紐に絡ませる。
2000.10.19	小鳥の笛	**右手に持った笛を左手に持ち替える**（初めて見せた行動）。この楽器を最後まで持ち続ける。
	ギター	右手人さし指の先に少しずつ力がついてきて，弦に触れた時に音が聞こえるようになった。
2001.2.8	フレームドラム	楽器を提示すると，一度は手を乗せて触れるが，**振動を感じてすぐに手をひっこめる**。
	ツリーチャイム	すぐに手を出して楽器を掴む。手を差し出すように指示を与えると掌を広げて前に出し，楽器の刺激を受容した。
2001.4.26	歌「わかば」	歌に合わせて本人の手の掌をたたきながらリズムを示すと，時々手をひっこめる動きがあったが，**全体的には受容できていた**。次に，手→膝への働きかけをしたが，じっと動かずにその刺激を受容していた。
	キッズ・ジャンベ	ジャンベの振動を手や足，膝等で感じ取っている様子が見られた。楽器に触れると，**指をはじくように動かして音を出すことができた**。
2001.5.10	歌「茶つみ」	手をとってリズムを与えながら歌いかけると，時々反射的に手を引っ込めることがあったが，全体的にその働きかけを良く受容できた。
	（終了後）	セッションの終了後も席を離れようとせず，最後には**セラピストの肩に手をかけて抱きついてきた**。
2001.5.24	ツリーチャイム	上方に楽器を移動させると，楽器の動きを追視し，自から手を伸ばして触れようとする。しかし，**長時間手を伸ばしていられないので**，肘を支えて腕を上げさせる援助が必要であった。
	（終了後）	セッションが終わると，すぐに立ち上がって室内から出て行こうとした。その際，**自分一人で横開きのドアを開けて出ることができた**。
2001.5.31	オーシャンドラム	楽器を提示すると，驚いたようにじっと見つめ，自発的に手を差し出して触れようとした。**最初は援助しながら両手で楽器を持たせたが，その後には，直接的な援助を外しても，両手で持ち続けることができた**。
	歌「茶つみ」	本人の両手を広げて膝の上に保持させながら，手にリズムを与えると，**曲が終了するまでその状態を保持することができた**。 2回めにテンポを速くして歌いかけると，声を上げて笑った。
2001.6.21	（全体的に）	この回には，笑顔が多く見られた。小さな声で歌いかける場面で，A氏はセラピストの額まで顔を近づけて聴こうとする様子が見られた。
	ギター	**指先に力を込めて弦を弾いたので，しっかりした音を出すことができた**。今回は，繰り返し取り組む様子が見られた。
	フレームドラム	ドラムを膝に乗せると，すぐに自分から**楽器に手を乗せて指を立てたり押しつけたりしながら，振動を感じ取っている**様子が見られた。右手にバチを持たせると，1～2度手を動かして音を出すことができた。
	歌「茶つみ」	今回は，セラピストが働きかける間，膝から離して空間で手を保持することができた。
2001.8.2	歌「空を見上げて」	歌に乗って両手にリズミカルな働きかけをすると，良く受容する。セラピストが手を広げて差し出すと，**右手で数回たたき返した**。
2001.10.4	ギター	楽器を提示すると，すぐに両手を出して楽器に触れる。左右両方の手に力がこもり，これまでになく大きな音をだすことができた。
	フレームドラム	右手にばちを握らせて援助しながらたたかせると，セラピストの働きかけを良く受容し，離すことなく身をまかせている。

2001.10.18	キッズ・ジャンベ	A氏の膝に挟んで音を出すと，振動を感じ取って笑う。自ら手を出して楽器に触れたが，長時間活動を続けたために，途中で**手で楽器を払い除けた**。
2001.11.8	ギター	両手を出して積極的に楽器に触れる。楽器を膝の上に置いて触れさせようとしたところ，**弾き方に変化をつけながら**，良く集中してその行動を持続させた。
2001.11.29	ギター	楽器を抱えるようにさせると，**親指と人さし指でつまむようにして弦を弾く**。
	フレームドラム	膝の上に置いて触れさせると，**人さし指で擦るようにしながら音をだすことができた**。
2002.1.10	歌「空を見上げて」	両手を広げて膝の上に置かせ，歌に乗せて手をたたくと，一番が終わるまで，その姿勢を保持することができた。
	（終了後）	いすに座ったまま「立って」と言葉をかけながら手でサインを提示すると，すくっと立ち上がることができた。
2002.1.31	（開始時）	入室後，興奮気味で奇声を発したり，セラピストの胸ぐらを掴んだりする。貧乏揺すりも非常に多い。このような状態のA氏に対して，静かな雰囲気の即興曲で歌いかけると，徐々に気持ちが落ち着き，笑顔になる。
	ギター	楽器を抱えるようにさせると，**右手の人さし指，薬指で第3弦，4弦を弾く**。この行動を繰り返しながら声を上げて笑う。
	フレームドラム	両手で意図的に擦る。**右手にマレットを渡すと，握って強く何度もたたく**。
2002.2.28	ギター	ギターを抱えさせるようにして，左手で楽器のボディーを抑えさせるようにすると，右手の動きが安定し，行動がスムーズになる。
2002.4.26	ヴィブラスラップ	楽器を提示していると，自発的に手を差し出して触れようとする。球の部分を握ってしまうために音を出すことができない。繰り返し働きかけていると，**楽器を受け取って床に置く**。その後いすから立ち上がって出て行こうとする。(不快？)
	フレームドラム	膝の上に置くと，右足の貧乏揺すりによって楽器に付いている小さな鈴が音をたてることに気づいたのか，それに興味を示して両足を揺すって音を出す。ばちを渡すと，かなり強い力でたたいて音を出す。
2002.5.31	ギター	楽器を抱えさせると，左手の人さし指で強く弦を弾いて音を出す。しばらくこの行動を続けさせると，**楽器を押し返して終了の意思表示をする**。
	キーボード	初めてこの楽器を使用した。人さし指で鍵盤を弾くようにしていろいろな音を出すが，興味は持続しない。
	チャイナ・ドラ	楽器を提示すると，覗き込むようにして楽器に書かれた文字を見つめる。手の掌に乗せてたたくと，振動を感じ取ってじっとしている。
2002.8.30	ギター	開放弦の単音やアルペジオなどのような静かな音にはにこにこして聴いているが，強い音やリズミカルで速い音に対していらつく様子が見られた。
	セミーヤ	にこにこしながら楽器を受け取り，**すぐに床に置く**。3度同じ状況で床に置いた。この楽器は，あまり好まないものかと思われた。
	音具（カランコロン*）	右手の掌に乗せて揺すると，振動が伝わるためか，じっとしている。両手で持たせると，にこにこしながらしばらくの間その状態を保つ。
2002.9.20	フレームドラム	A氏の膝の上に置いて手でたたいて聴かせると，すぐに両手を楽器に乗せて振動を感じ取っている様子が見られる。彼の手をとって両手でたたかせながら「みんなで作ろう」を歌いかけると，抵抗することもなく，最後まで身をまかせていた。
2002.10.4	音具（カランコロン）	とても良く音を聴いている。音具を動かすと追視する。手に持たせると，**両手で握ってねじるような動作を示す**。(初めて見せた行動である)
2002.10.18	フレームドラム	ティンパニーのマレットを差し出すと，すぐに右手で受け取る。支援してたたかせるとその働きを受容している。**左手でも握らせたが，それに対する抵抗はなかった**。手首を支援してたたかせる。
2003.1.31	タンブリン	この楽器に対する集中度は高い。楽器を近づけると，自発的に触れた。一人で音を出すことはできない。
	シンバル	直径20cmのシンバルで音を提示すると，良く集中して聴く。シンバルの皮を握らせながら音を出すと，手に振動が伝わり，それを感じ取っている様子が見られた。
	（終了後）	セッションの終了後いすから立ち上がろうとせず，不満の様子を示した。もっと続けたかったのかと思われた。立たせると**セラピストに強く抱き付いて，しばらく離れようとしない**。

＊音具（カランコロン）とは，高さ8cm，直径5cmの円柱の玩具。乳幼児用の玩具「起き上がりこぼし」のようなカランコロンと美しい音を作り出すチャイムである。手の掌に乗せて揺すると，振動が伝わってくる。

慮に入れながら、対象者にいろいろな音を提示し、聴く体験を積ませる。音に注意を集中して聴く状況を作り出すことによって、音の変化や独自の音色等を感じ取り聞き分けるように導く。

　対象者が、しっかりと音に集中できるようにするために、音と共にある沈黙の提示を重視する。つまり、音を提示する際には、音が生まれる前の沈黙と、音が消え入る先の沈黙にも聴き入らせるように配慮する。これによって、対象者の「聴く」能力は向上すると考えている。

3) 楽器、音具、身体への接触等を通して、触覚に働きかける

　触覚は、外界の情報を直接的に受容できる感覚である。筆者は、これまでの体験から、障害の重い対象者には、触覚への働きかけが重要な意味を持つことを確認してきた。音楽療法の場面では、楽器や音具を通して、あるいは直接身体に触れる働きかけを通して対象者の触覚に刺激を与える。楽器や音具には、それぞれに独自の触感がある。様々な素材に触れることによって、そうした感触を体験させる。また、多くの楽器は、音と共に振動がある。振動に触れる体験は、身体に新たな感覚を呼び覚ますことにつながる。

　触覚に働きかける際には、対象者の刺激の受容状況を細かく観察しながら、ていねいに進める必要がある。特に直接的な刺激に対する抵抗や恐れが生まれる場合もあるので、細かい配慮が重要である。刺激の大きさ（強さ）、変化等に対する対象者の反応を良く観察しながら、働きかけるようにする。

4) 手の活動を促すために働きかける

　筆者は、対象者A氏への音楽療法において、手の発達を最重点課題とした。筆者は、A氏は、脳性麻痺の後遺症と経験の不足、日常生活における手の活用の必然性の不足等から、手の発達に遅れがあると考えた。そこで、様々な機会を作って手指を活用させる場面を設定してきた。それらは、楽器を通しての働きかけ、手に直接触れる働きかけ等による。実践の場で取り入れた方法の幾つかを取り上げて、A氏の様子を含めて検討してみたい。

　(1)「ギター」

　2000.6.1の記録にもあるように、A氏に対するギターを通しての働きかけは、最初のセッションから始まった。A氏に楽器を近づけて触れることを促すと、最初は意味の理解が得られず躊躇していたが、さらに促されて右手を伸ばして触れた。当初は、指を伸ばしたままで接していたために弦を弾くことができず、ほとんど音を出すことはできなかった。その後A氏の手を取って弦の弾き方を繰り返し指導するうちに、徐々に指に力をこめたり曲げて弦を弾いたりして、音を出すことができるようになった。さらに、2001.11.29の記録に見られるように、楽器を抱えさせたところ、親指と人さし指でつまむようにして弦を弾く様子が見られた。

(2)「ツリーチャイム」

　キラキラ光るこの楽器に対する関心は、最初から高かった。当初は、A氏の手を取って楽器を擦らせて音を出す体験を積ませた。この方法で繰り返しかかわりを続けるうちに、楽器を差し出すようにして提示するとすぐに自分から手を伸ばして触れようとする様子が見られるようになった。A氏の手の掌の上でチャイムを転がして触覚に働きかけるようにすると、その刺激を積極的に受容するようになった。その後、右手でパイプの部分を握る行動も出てきた。

(3)「コンガ、キッズ・ジャンベ」

　これらの楽器は、A氏の身体に触れさせるようにしながら叩いて音を提示したところ、伝わってくる振動を受容して、その反応として両手で楽器に触れる場面が多くなっていった。ティンパニーのマレットを使って音を出して聴かせた後、A氏にマレットを渡すと、受け取って数回叩く場面も生まれた。

(4)「フレームドラム」

　このドラムはインドの楽器で、裏側に小さな鈴が7～8個付いている。手で叩いたりティンパニーのマレットで叩いたりして音を提示した。特にA氏とセラピストの膝の上に置いて叩くと、大きな振動が身体に伝わったために、A氏は積極的な反応・行動を示した。楽器を膝に乗せると、A氏はすぐに両手を乗せて振動を感じ取ろうとする様子が多く見られた。2001.11.29の記録にあるように、人さし指で擦るようにしながら音を出す場面も見られた。また、2002.1.31には、渡されたマレットを握って強く何度も叩く行動が見られた。道具の活用場面とも言える。

(5)「オーシャンドラム」

　筆者が使用したオーシャンドラムは、両面に動物の皮を張ったもので、中の細かい鉛の玉は見えない。左右に揺すると海の波音が作り出せるが、鉛の玉が動く時に非常に大きな振動が生まれ、手に伝わってくる。A氏はこの楽器に大変強く興味を示し、自発的に手を差し出して触れようとした。2001.5.31の記録にあるように、両手でフレームを握らせて音を出すと、指先に伝わってくる振動を感じ取っている様子が見られたので、支援の手を外してみたところ、自分の両手でフレームを支え続けることができた。

(6)「茶つみ」「わかば」「空を見上げて」等の曲を歌いかけながら、膝の上に置かせたA氏の手の掌に触れてリズミカルに働きかけた。最初A氏は、左手を広げて刺激を受容し続けることができなかったが、テンポを変えたり、刺激の強さに変化を与えたりしながら働きかけたところ、徐々に手の掌を広げる行動を持続することができるようになった。さらには、膝から離して空間で手を保って刺激を受容す

ることも可能になりつつある。

4. A氏から学んだこと

　A氏に対するセッションを通して、たくさんの貴重な学びを得た。それらの中から、特に大切に受けとめたい事柄をまとめておく。

1) 継続して体験を積み重ねさせることによって、対象者に大きな変化が生まれる
　たとえ最初の取り組みが消極的であったとしても、継続して活動を続けていくうちに、理解が生まれてくる。A氏にとっては、繰り返しの働きかけが重要であった。継続して体験することによって、様々な能力が身について行くということが分かった。

2) 触覚刺激への受容能力が、外界との関係を生み出す上で重要な意味を持つ
　重度の知的障害者であるA氏は、様々な感覚を通して外界を認知することが難しい状況にあると思われた。このA氏にとって直接的な情報受容の窓口である触覚の活用は、大変重要であると考えられた。身の周りにある事物に直接触れることによって、そこから得られる情報をキャッチし、理解につなげていくことが大切であり、A氏は様々な楽器との接触やセラピストとの触れ合いによって、多くのことを学んだのではないかと思われる。それは物との関わり方の変化、自己表現の変化、対人関係の変化に表れている。

3) 自己の身体についての意識が高まることが、自己表現につながる
　A氏には、自分の手を意識させたいと考えて様々な働きかけをした。その働きかけを受けてA氏は、徐々に自分の手に対する意識を高めていった。楽器が提示されると積極的に手で触れようとしたり、握手を求められると適切な間合いで右手を差し出して応じるようになった。手の活用が活発になると、次には道具の活用へと能力は向上していく。A氏の手は、まだ道具を活用できる状況まで発達したとは思えないが、ティンパニーのマレットを握って力強くフレームドラムを叩いたり、オーシャンドラムを両手で持ち続けたりすることができるようになりつつある。

4) 手に対する意識が高まり、機能が向上するにつれて、自己の意思を表現できるようになり、さらにそれは情動の安定にもつながる
　A氏は、好きでない楽器や音に対して手で払い除けたり、楽器を床に置くというような形で拒否行動を示すこともあった。また、嫌な音が続いたり長時間同じような働きかけをすると、そこで使われている楽器を手で払い除ける行動に出た場合もあった。このように、手の活用を通して自己の気持ちを表現できるようになることで、不安定になりがちな情動を安定させることもできるのではないかと思われる。

5) 身辺の情報が円滑に受容できるようになり、外界に対して意思が表出できるようになることによって、良い対人関係も生まれてくるものと思われる

　人間は、相互に理解し合えるようになって、初めて良い関係を生み出すことができる。A氏は、音楽の活動を通してセラピストである筆者との関係を作り上げていった。様々な感覚を通して情報をキャッチし、それに対する意味理解が進むにつれて、自己の行動をコントロールできるようになった。目の前にいるセラピストが提供する快い刺激、興味を引く働きかけを受容できるようになり、自己の感情を表出して相手に受けとめられるということが理解できた時に、相互の信頼関係が生まれてくるという状況を見せてくれた。

6) 対象者の良好な健康状態の時に、音楽療法は力を発揮することができる

　あまりにも当然のことではあるが、対象者の健康が優れない時には音楽療法の効果は得にくい。A氏も時々体調を崩し、イライラした状態でセッションに臨んだ。しかし、このような時には音や音楽、あるいはセラピストの働きかけが不快感を呼び起こし、さらにイライラを募らせていった。体調不良の際には、決して無理をせず、セッションを短時間にするか、思い切って中止することを考える必要があると学んだ。

　2年前に初めて出会った時のA氏は、線の細い、神経質な感じを抱かせる青年であった。うまく他者との関係を持てずに、自己の世界に閉じこもっているような姿を見せていた。日常生活の、非常に多くの場面で他者の支援を必要としているように思われた。そのA氏が、ある時、「立って」という言語指示と身振りサインを与えられて、速やかにイスから立ち上がってセッションの部屋から出て行った。言われていることへの意味理解と、それに対応する行動を起こすことができた貴重な一瞬であった。今は、自らの手で横開きのドアを開けて部屋を出て行くことができる。偏食が激しく、食べる量も極めて少なかった当初に比べて、摂取量も増加し、しかも自分の手でスプーンを握って食事をしているA氏の姿は、とても逞しく思える。「最近は、いつの間にかドアを開けてトイレに入っている」という職員の報告から、A氏の成長を確認することができる。最近、音楽療法のセッションが終了すると、力強く筆者に抱きついてくる等の様子が多く見られる。対人関係の成長も確認することができる場面である。初めに述べたように、A氏が豊かで安全な生活を送れるようになるためには、たくさんの課題が山積している。しかし、たとえ歩みはゆっくりしたものであっても、一歩一歩成長していって欲しいと心から願っている。A氏には、可能な限り自分の力を発揮して生きていって欲しいと思う。今回のA氏に対する音楽療法は、その初めの一歩である。

おわりに

　音楽療法におけるプロセスの中から、「対象の理解」と「目標の設定」に目を向けた二つの拙稿を紹介した。いずれも、実践を通して対象者からの学びを得ながら考えを整理したものである。最近、改めて考えを深めていることがある。それは、あまりにも当然のことで、今さら取り上げる内容ではないが、音楽療法の対象者に向かう根本的な視点であり、常に意識すべき心構えでもある。多くの場合、このことは当たり前すぎて、対象者にかかわる際に意識の外に置いてしまっているが、音楽療法に取り組むために再認識しておきたい。つまり、次のような「問い」と「答え」である。

1) 音楽療法のすべての対象者が持っている「同じ」ものは何か？
　── 答えは、「命」である。つまり、すべての対象者は生命を持ち、生きている存在である。
2) 音楽療法のすべての対象者が持っている「異なる」ものは何か？
　── 答えは、「個性」である。つまり、すべての対象者は一人一人が違うということである。

　音楽療法は、この二つに向き合う分野である。音楽療法士は、常にこのことを意識していなければならない。例えば、音楽療法の対象が大きな集団であればあるほど、「個性」は切り捨てられていく。音楽療法が、個々の対象者の抱える問題点や課題に対応する分野であることは承知されていても、現実には「個」に目を向けにくい状況があり、大きな課題を抱えている。なぜならば、「個」に対応できないものは音楽療法とは言えないからである。音楽療法は、「個」に対応する仕事である。本論で取り上げた事例は、いずれも個人音楽療法である。したがって、細かい視点での観察が可能であり、その意味では「個」に向き合いやすい条件の下にあった。いずれはここから得た知見を小集団（大集団ではない）での音楽療法に還元させることが研究されなければならない。本稿において筆者はもう一度初心に帰って音楽療法の最も基本的な課題である「対象の理解」と「目標の設定」に注目して私見を述べた。ここで、音楽療法を展開する際のプロセスを整理しておく。音楽療法は、次のようなプロセスを経て計画・実践される。

　　プロセス－１：対象の理解
　音楽療法の対象者一人一人の実態を、できるだけ適切に掌握する。それによって、個々の抱える問題点や課題を理解する。
　　プロセス－２：音楽療法の目標設定
　実態から得られた問題点や課題に対して、音楽は何をなし得るかを検討し、個々

に音楽療法の目標を設定する。適切な目標が設定されないと音楽療法は焦点化できなくなり、漠然としたものに終始することになる。

　プロセス－3：セッション内容や方法の検討

　セッションをどのように進めるか、活動の内容や展開の方法等を検討する。活動の配置、時間設定、配慮等、プログラムの検討である。ただしそれは、あくまでも目安としてのプログラムであり、対象者の状況に応じて臨機応変に対応できるような心構えが大切である。

　プロセス－4：実践と観察

　常に個々の対象者の参加状況を細かく観察しながら、働きかけを進める。

　プロセス－5：記録

　音楽療法の目標を念頭に置いて記録をし、それを整理する。自分なりの記録方法を検討し、必要に応じてセッションの合間に小さなメモ用紙に書き込む場合もある。

　プロセス－6：評価

　音楽が対象者の心身に与える影響は計り知れない。しかし、それらは目に見えない部分が多く、音楽療法の評価は、困難極まりない。しかし評価に取り組まなければ音楽療法は成立しないのである。音楽療法の目標に評価の観点を定めて、達成状況や残った課題等を確認するために活用する。

　プロセス－7：次回のセッション計画

　評価、反省等に基づいて、次回のセッションをどのように進めるか検討する。

　以上からも分かるように音楽療法の実践においては、まず対象の理解が出発点となる。しかし、この対象の理解はセッションの開始に当たって取り組むだけの作業ではない。実践の合間にも常に作業をし続けるものである。それは、対象者を観察することによる。論文－1（「子どもの音楽療法」）の中で示したように、音や音楽・楽器・セラピスト等にかかわる子どもの一挙手一投足に気を配り、細かく観察を続けることから理解が深まる。時々刻々と変化する子どもの状況を見つめることが重要な作業なのである。つまり、対象者から学ぶことで実態等の理解が進むのである。

　音楽療法の目標は、対象者の重点的な課題に焦点を当てて設定されることが必要である。論文－2（「重度障害者に対する個人音楽療法」）では、対象者が抱える様々な課題の中から「手」の発達促進に目を向けてセッションを展開させた。この対象者の場合、手の発達が彼の日常生活を充実させるであろうことが予測できた。そこで「物にかかわる手、人にかかわる手の育成」を音楽療法の目標に掲げ、様々な楽器の活用を通して働きかけた。その結果、手で楽器に触れる行動が得られたばかりでなく、積極的なセラピストへの接触も生まれた。また、日常生活においても自分でドアを開ける行動やスプーンで食物を口に運ぶなどの行動もできるようになった。この意味で、音楽療法の目標は達成できたと受け止めてもよいのであろう。

音楽療法の目標は、できるだけ焦点化し具体的な内容にすべきである。それが評価にも関係してくるからである。なぜなら、抽象的な目標では評価が曖昧にならざるを得ないからである。

本論では、音楽療法の基礎として「対象の理解」と「目標の設定」に焦点を当てて論じた。いずれも一筋縄ではいかない難問をはらんでいる。音楽療法士は、常に前掲のプロセスを追って、それぞれの関連性を確認しながら実践に取り組む必要がある。音楽療法士には、瞬時の判断とそれに対応できる能力、および巨視的な視点に基づく対応能力が求められている。私は、これらの能力は「対象に学びながら身に付くものである」と確信している。

参考文献

アルヴァン・ジュリエット（1969）．音楽療法．櫻林 仁，貫 行子（共訳），音楽之友社．

宇佐川浩（1985）．感覚と運動の初期発達と療育—手先の発達指導を中心として—．全国心身障害児福祉財団

宇佐川浩（1998）．障害児の発達臨床とその課題—感覚と運動の高次化の視点から—．学苑社．

小林芳文編著（1986）．乳幼児と障害児の発達指導ステップガイド．日本文化科学社．

清野茂博，田中道治編著（1995）．障害児の発達と学習．コレール社．

高野 陽（1987）．からだの発達．大畑祥子，川上清文，遠山文吉（編）子どもと音楽第2巻「子どもの発達と音楽」，同朋舎．

遠山文吉（1983）．自閉症児と音楽．小学校音楽教育講座第5巻「障害児と音楽」，音楽之友社．

遠山文吉（1984）．障害児にとって音（音楽）とは何か—音楽療法の原点を考える—．「障害児の成長と音楽」，音楽之友社．

遠山文吉（1991）．障害児への音楽療法．日本臨床心理研究所編「音楽療法」．

遠山文吉（1992）．障害児への音楽療法（2）．日本臨床心理研究所編「音楽療法」．

遠山文吉（1997）．子どもを対象とした音楽療法を進める際にもっとも重要視している事柄—《子どもに沿う》こと—．臨床音楽療法協会編「音楽療法研究」第2号．

遠山文吉編著（2005）．知的障害のある子どもへの音楽療法—子どもを生き生きさせる音楽の力—．明治図書．

山内宏太郎（1997）．人間の発達を考える（胎児から青年まで）．北樹出版．

養護訓練指導研究会編著（1982）．障害児のための手の使い方の指導．第一法規出版社．

内面性の諸現象と分析的音楽療法
――20代女子学生へのアプローチ

古平孝子
Takako Kodaira

はじめに

　太陽に照らされた、この上なく明るい湖水の中を覗き込むと、人は、まるでその湖の底に手で触ることができるかのように、湖の底を全くすぐ近くにあるものと思いこんでしまうものである。けれどもギリシア芸術が私たちに教えたところによれば、恐ろしい深みなしには、真に美しい表面は存在しないのである（渡邊, 1998: p.130）

　冒頭の言葉はフリードリヒ・ヴィルヘルム・ニーチェが、友人であった「悲劇の誕生」のリヒャルト・ワーグナー宛に送った最初の序言草稿（結果的には廃棄された草稿）の一部である。分析的音楽療法士である筆者としては、この極めて印象深い言葉に強い共感を抱かずにはいられない。なぜなら人格の再構築を目指す分析的音楽療法では、従来の日本で多く見受けられる歌唱中心の音楽療法のような「楽しい」だけの体験にとどまらず、むしろ困難や傷みといった感情体験を伴う場合が多いからである。冒頭のニーチェの文言を分析的音楽療法士的視点から言えば、湖水上の表面の美しさは、100％純粋な透明性だけではなく、その根底に隠れ潜む深淵も含まれて存在していることを忘れてはならないと解釈できる。彼の言葉を引用するならば「恐ろしい深み（schreckliche Tiefe）なしには、真に美しい表面（wahrhaft schöne Fläche）は存在しない」ことを意味しているのではなかろうか。

　これはジクムント・フロイトの精神分析で言えば無意識であり、カール・グスタフ・ユングの心理分析で言えば影に相当するだろう。つまりニーチェは哲学的な視点から、フロイトとユングは心理学的視点から人間の心と存在そのものを解明しようとしている。彼らによれば人間が美しく輝くことはまさしく「生きている」ことであり、外見あるいは内面の表層を美しく飾り作ることではない。それはその人間の最も深い内面、例えば生きることに伴って生まれ出ずる悩みや感情など内奥の本質があるからこそ、そしてそれに向き合い超えようとしていくからこそ、つまりは「生きぬいていくこと」がその個人を輝かすのだと示唆しているのではないだろうか？

　一方、筆者は数年前から現代の日本人が抱える本質的問題として、自分を見つめる作業とそれを消化しながら排出（表現）することが、教育あるいは文化的に欠け

ているのではないかという疑問を持ち続けている。これを「裏表体質」とでも呼ぶべきか、あるいは「内面空洞体質」と呼べばいいのか筆者にはわからない。いずれにしても、2002年の米国からの帰国以来、筆者は多くの10〜20代の若者たちと出会ってきたが、彼らの多くは自分の手では処理しがたい未来への恐れや、日常的に感ずる悩みなどの心の不安定な蠢（うごめ）きを持っていた。さらに驚くことには、分析的音楽療法の講演をすればその先々でセラピーを受けたいと申し出てくれる希望者が何人もいた。「驚くことに」というのは、一般的にこれまで日本人は心の内面を表に出すことを美徳としてこなかったにも拘わらずということに対してである。

　従って、本論では2002年6月に国立音楽大学で講演を行なった内容をもとに分析的音楽療法の概要を述べ、臨床家としての筆者が出会った2人の女子学生クライエントの事例を紹介する。また、このようなテーマを論述するにあたっては、クライエントたちにセラピーへ通うことを決意させた心の内実と、我が国の日本人としての国民性における関係性への言及は避けることはできない。この点は分析的音楽療法に対して懐疑的印象を抱く方に特に興味深いことだろう。本論のねらいは、分析的音楽療法は内面性の現象を主観に陥ることなく捉え、一人の人間が生きることを完遂するために自らを省察できるように導く効果的手段であることを明らかにすることである。

問題提起

　冒頭でも述べたが筆者はここ数年、教育者および臨床家として数多くの20代前半の若い女性たちと出会ってきた。彼女たちの背景は音楽療法を目指す者、音楽大学とは全く関係のない分野を専攻している者、高校を卒業してすぐに就職した者、自分の道が決められずに何度も職を変える者など実にさまざまであった。彼女たちがセラピーに通うきっかけとなった理由のほとんどは、
・なぜ、いつも同じような人間関係で悩むのだろうか
・自分の生きる道はこれで正しいのか
・自分に自信がない
・自分で自分のことがわからず信じることができない
・両親や家族との関係について

など、一見、誰もが日々悩み抱えているようなことがらである。これらの問題は生きている限り誰もが日々悩み抱えていることとして見過ごしてしまっても問題ないものだろうか？　彼女たちは、精神科や心療内科に通うほど追いつめられているわけではなく、また処方箋を必要としているわけでもない。そのうえ社会的な生活機能も十分果たしている。彼女たちのような人間でさえ自分自身では問題を解決しきれない時、あるいはその問題を今の自分を取り囲む人間関係のなかでは十分な答

えが見つけられない時は、そのままその問題を放っておけば時間が解決してくれるのだろうか。事の大きさによっては時間が解決していくこともあるかもしれない。しかし、それらは概して別の機会に同じような問題として再びめぐってくるのではないだろうか？　彼女たちは自分たちにこれらの問いを投げかけてはみるが、解決の先が見えないジレンマや不安が返ってくるばかりなのだ。これが彼女たちの心の不安定な蠢きになるのではなかろうか？

　我われ日本人は、表現をしないことを美徳としてきた（土居, 1985; Roland, 1996）。聖徳太子の憲法十七条にある「和を似って貴しとなし、さからうことなきを宗とせよ」にみるように、日本人は長年にわたって自分よりも他人の気持ち、つまり調和や融合を重んじてきた。そのためか自分自身に対する心配りが不足してしまう。挙げ句の果てには無理を重ねた状態が辛くなり、今まで抑えてきた感情を何かしらの方法で最後の最後に出し、そして救いを求める。こうしたパターンがクライエントたちに共通して見受けられる。

　これはなにも今の20代に限ったことではなく、30〜60代の日本人にも心当たりがある人も少なくないだろう。例えば、ある50代前半のクライエントは「子育てのために家庭に入ることを暗黙の了解ののちに強いられ、気がつけば妻・母としての人生はあるものの、一人の人間としてのキャリアが消滅してしまった。そして自分は家族の犠牲になってしまった怒りを夫にぶつけてしまい、夫婦関係に溝ができた。本当はもっと早くに自分の気持ちを伝えるべきだった」と私に話した。彼女の音楽は初期の段階では遠慮がちで、しかも表面的には音楽の美しさを何とか作ろうとする姿勢がみられたのだが、次第にそれは夫への怒りへと変わっていったのである。

　ここまで述べてきたところで本論の問題が明らかになった。まず、第一の問題は「人間が自らを省察する必要性」である。さらに、この問題からは「自らを省みて得たその答えを自分はどのように使うのか？」「誰かに伝えるのか、それともその答えに蓋をして見なかったことにするのか？」といった疑問が生まれる。これらは第二の問題として「内面を表現する必要性」を提起する。そして、この問題はもっと根本的な第三の問題へと続く。すなわち、「分析的音楽療法が日本人社会に問いかけるものとは何か」という問題である。我われが日本人である限り、我われの身体には個よりも和を重要視する概念が遺伝子レベルで根付いているはずだ。それはまさに第二の問題の「内面を表現する必要性」と対極にある。したがって、三つめの問題については分析的音楽療法から日本人社会へのメッセージを考える必要がある。これらの問題を考える手がかりとして、まずは分析的音楽療法の内容について詳しく見ていくこととする。

分析的音楽療法について

　現在、世界で行なわれている音楽療法は、「音楽そのものが治療になっている（music as therapy）」療法と「音楽が治療の中で使われている（music in therapy）」療法という二つの考え方に大きく分けられる[*1]。前者はノードフ・ロビンズによる創造的音楽療法に代表され、後者には分析的音楽療法やGIM（Guided Imagery and Musicイメージ誘導法音楽療法）などがある。この中で、分析的音楽療法は治療の中で音楽が個人の内面を映し出すメディアとして捉えられる。その人間が抱える本質的な問題を精神分析的な視点から洞察し、音楽という手段を利用してその個人の内面を意識化するのである。以下ではこのアプローチを（1）歴史と定義、（2）臨床場面の実際、（3）治療のメカニズムの三点から考察する。

(1) 歴史と定義

　分析的音楽療法は、英国人音楽療法士のメアリー・プリーストリー（Priestley, 1994）によって1970年代に考案された。その背景は彼女を取り巻く環境に大いに関係している。プリーストリーはスイスのジュネーヴ音楽学院を卒業後、ロンドンのギルドホール音楽院にて音楽療法先駆者であり、我が国の音楽療法にも大いなる遺産を遺してくれたチェリストのジュリエット・アルヴァンに音楽療法を学ぶ。その後、同市内にあるセント・バーナード精神病院にて20年以上音楽療法士として携わった。しかしその間、彼女のプライベート・ライフに大きな変化が生じ離婚を経験した。それに伴い精神を患ったことからプリーストリーはクライン学派の精神分析を受けた。その後、同僚の音楽療法士2人もユング派の心理療法を受けていたことから、プリーストリーは分析的な視点で音楽と人間の心を結びつけ、彼らが担当する患者たちの要求に応じるために形作られていったものがこの分析的音楽療法である。分析的音楽療法の定義だが、プリーストリーは「（定義づけることは）言葉というスチール写真の中に押し込んでしまうようなもの」（Priestley, 1994: p.324）であり、その途端に命を失った鈍感なものへと変化してしまうと言った上で、次のように定義している。

　「分析的音楽療法とは、音楽療法士およびクライエントによる即興音楽を分析的に意味づけることによって象徴的に使用する療法」であり、それは「クライエントの内面生活を探求する創造的な手段として使用され、患者の成長や、より優れた自覚を促す」（Priestley, 1994: p.3）

　つまり、分析的音楽療法とはセラピストとクライエントが共に音の表現によって無意識を探検する方法なのだ。奏でられた音はその音を創り出している張本人の内面性の象徴として解釈される。つまり、ここで表出された内的象徴である音楽を無意識、影、自我、超自我、防衛、連想、退行、転移、逆転移、投影、同一視、昇華

[*1] Bruscia（1989）は著書"Defining music therapy"の中で音楽療法における音楽の使い方をmusic as therapy（セラピーとしての音楽）とmusic in therapy（セラピーのなかの音楽）と分類している。この考え方と表現は音楽療法界では世界的に認められ使用されている。

といった分析的理論によって解析していく（Bruscia, 1987; Priestley, 1994）。プリーストリーは、このセラピー一環の体験内容を初期の著書『Music Therapy in Action』の中で次のように表している。

> 「（分析音楽療法は）自己を知る一つの方法であり、恐らく、それはすでに自分が悟っている以上の大きな自己との巡り会いかもしれない。その、いわば新しい発見による大きな自己の一部の存在を認めること、そしてそれらが、かつて自分が他人のなかに嫌ったり妬んでいたりした醜い部分であることを悟るのは非常に苦痛かもしれない。さらには、大きな自己のべつの部分の挑戦を受け入れることはとても恐ろしいだろう。分析的音楽療法は、抑圧的な防衛機構から解放された活力を統合させ、音のなかでのリハーサル行動をとおして新しい指標を与えてくれるのだ。」（Priestley, 1975: p.32）

このプリーストリーの言葉は、冒頭のニーチェの引用文に共通するものがある。音楽という媒体は、鏡に映る一次元の自分よりもさらなる多次元の姿を映してしまうため（Kodaira, 2000）、その人間が歩んできた道、人間関係、生きる上での哲学などいわゆる言葉では汲み尽くせない現在の自分以上の己がそこには映る。それにより今まで自らが避けてきた部分、抑制されてきた部分、あるいは気がつかない振りをしてきた部分など、新たに自己発見することによって苦悩する場合もあるかもしれない。音楽を奏でることでその人間の存在の真実（いわゆるこれがニーチェの深淵であろう）に触れさせ、己の過去を受け入れ、これからの自分が生きていくうえで大切なことはなにか、どのように生き抜けばよいのかなどについて、自ら主体的に人生の舵取りをしていくことに重要性を置いているのが分析的音楽療法である。

ここまで分析的音楽療法の歴史と定義を述べてきたが、理論的背景に関していくつか付記しなければならないことがある。分析的音楽療法とは心理療法で行なわれる精神分析・心理分析とは異なる。この治療法の中心は音楽にあり、分析的心理学はあくまでもこの治療法を支える理論であるということだ。そしてこのアプローチがフロイト、クライン、ユング系の論理だけで固められているわけではなく、発案者プリーストリーの治療哲学にはヒューマニスティック心理学、トランスパーソナル心理学、ゲシュタルト療法などの要素もところどころに加わっていることを忘れてはならない（Priestley, 2003: p.24）。さらに現在ではプリーストリーが育てた分析的音楽療法士たちが、彼ら各々のセラピー哲学および技法を織り交ぜてセッションを行なっている。従って分析的音楽療法＝Aという決まった公式ではなく、Aプラスαという展開形がドイツ、フランス、デンマーク、アメリカ、日本などにいる分析的音楽療法士によって行なわれていると理解していただきたい。

(2) 臨床場面の実際

　ここで実際のセッションがどのように進行していくか説明する。ここに記述するものはあくまでも本論を進めるにあたり必要不可欠だからであって、決してマニュアル化された決められた手順でないことはご承知願いたい。先にも述べたが、分析的音楽療法は、いわゆるレクリエーション的な楽しみを追求するものでもなければ、短期間で効果を出すものでもない。クライエントの非常に深いパーソナルな領域にまで踏み込むアプローチである。そのため単発的なセッションは無いに等しい。人間の精神現象やその現れといえる行動は、社会的・心理的・生物的な要因を抱え、それらが力的因果関係として結びついているという精神分析的・力動的理論に基づいてこの音楽療法が行なわれている。セラピーに通うまでに達してしまったクライエントの精神状態は一朝一夕に魔法の杖で解決できるようなものではないのだ。そのような精神状態で作られるクライエントの即興音楽は、彼らの内面の象徴と解釈される。それらは大概、クライエント本人は予測さえしていなかった情動が表出する場合が多い。そのため、わずか60分、週1回のセッションでは解決の方向性を見いだすには至らず、専門のトレーニングを受けたセラピストが治療の最後まで的確なフォローをする。従って、原則的にセッションは1週間に1度、45～60分、できる限り同じ時間帯、同じ場所という環境設定のなかで継続的に治療が行なわれる。

　図1は分析的音楽療法における1回の臨床場面の実際の進行例である。言うまでもなく対象となるクライエントの障害、疾患、精神状態、性別、年齢、生活環境、生育歴、およびニーズによってセッション内容は異なる。

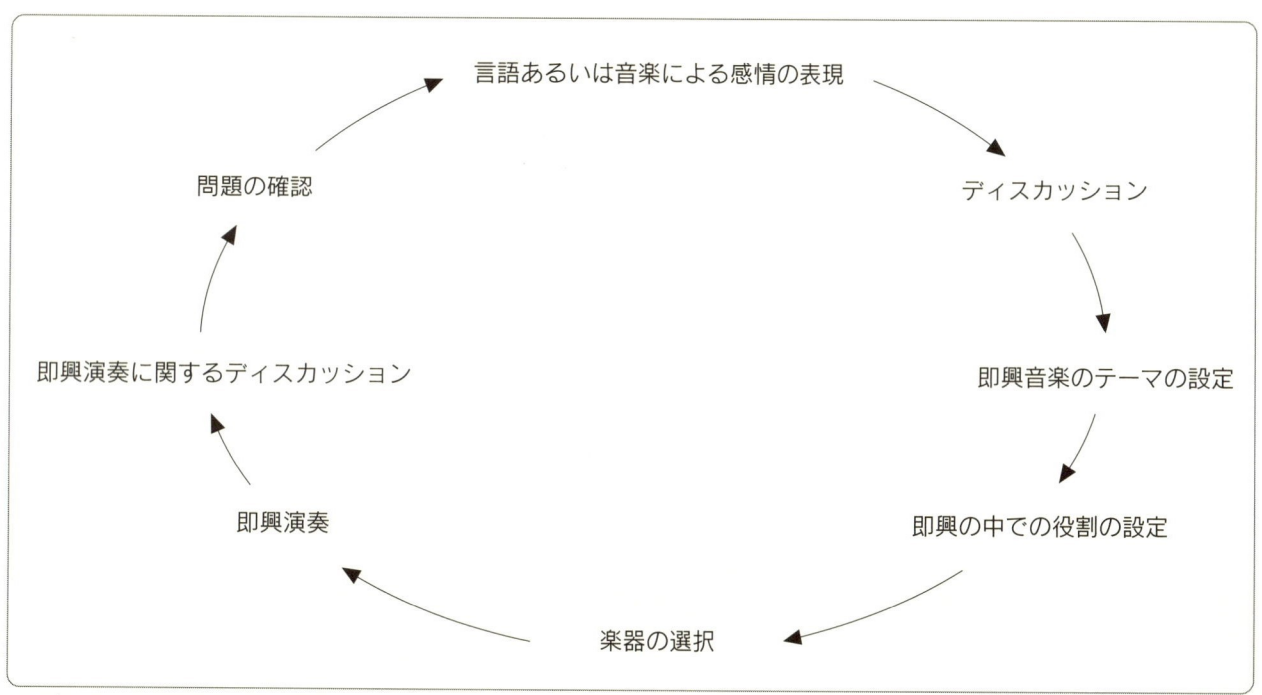

図1◆分析的音楽療法での1回のセッション進行例

（循環図：問題の確認 → 言語あるいは音楽による感情の表現 → ディスカッション → 即興音楽のテーマの設定 → 即興の中での役割の設定 → 楽器の選択 → 即興演奏 → 即興演奏に関するディスカッション → 問題の確認）

例えば、あるクライエントはセッション室に入るやいなや、挨拶もせずにツリーチャイムをけたたましく鳴らし、気が済んだところで自分の話を始める者もいる。また、あるクライエントはセッションに来る途中の出来事について朗々と話し続ける。分析的音楽療法士はそのクライエントの言語、あるいは音楽の表現からその者が抱える本質的な問題を見極め、その問題となるエッセンスを抽出し、セッションの中で取り扱う。繰り返し言うが、この図のようなサイクルが一巡りするのが典型ではなく、時間が許す限り、またその必要性に応じて繰り返し行なうこともあれば、たった1度の場合もある。

言語的に不自由でなくとも、言葉で内面を語ることを意図的に避けるクライエントも多く見受けられるが、反対に言葉以上に心の微細な動きまで表わしてしまう音楽による表現を避けるクライエントもいる。特に音楽大学出身者や楽器演奏を学んだことのあるクライエントは、音楽を用いることに抵抗を示し、初期の段階では言語的な表現を多用する場合が多い。

これらが一般的な分析的音楽療法の進行例である。毎週のセッションの中で音楽、あるいは言語を用いながらセラピストとクライエントが共に今、抱えている問題あるいはその問題の根底にある本質的な源泉について確認し合いながら療法を進めていく。すると次第にクライエントは、どうすれば今抱えている問題を乗り越えることができるのかを自分自身で考え始めるようになる。つまり、セッションを重ねるごとに自己探索力が増し、自らの手で乗り越えていこうとする主体的な姿勢（いわば自己治癒力とも言えるだろう）を育てていくのだ。

(3) 治療のメカニズム

さて、ここで分析的音楽療法が音楽という媒体によって個人の内面を映すことに意義を持つことについて確認したい。前にも述べたが、このアプローチは自分自身に「なにが起こっているのか」という内面の動きを感じられる、あるいはセラピストの手助けによってそれを感じ得ることを可能にする。

図2（次頁）は1回のセッションの中に詰まっているクライエントのさまざまな情報をまとめたものである。ここで、セラピストの視点からクライエントの言語・音楽表現にはどのようなインフォメーションが存在しているのかを説明する。

分析的音楽療法のセッションでは主にクライエントの感情を即興的に音楽で表す。クライエントが鳴らす音はその瞬間偶発的に生まれた音ではなく、胸中を代弁したものであり、それが意図的なものであったとしても、その「意図」を超えたクライエントの心の深層部からの音であると解釈される。また、音楽というのは、リズム、メロディー、ハーモニー、トーンなど役割の異なる構成要素が存在しているため、奏でているその人間の内面性が何らかの形で表れてしまう。一方、言葉の場合、例えば日本語は語彙数があまりに数多くあるため、自分を語る際にかえって中心部から離れた説明になってしまうことがある。

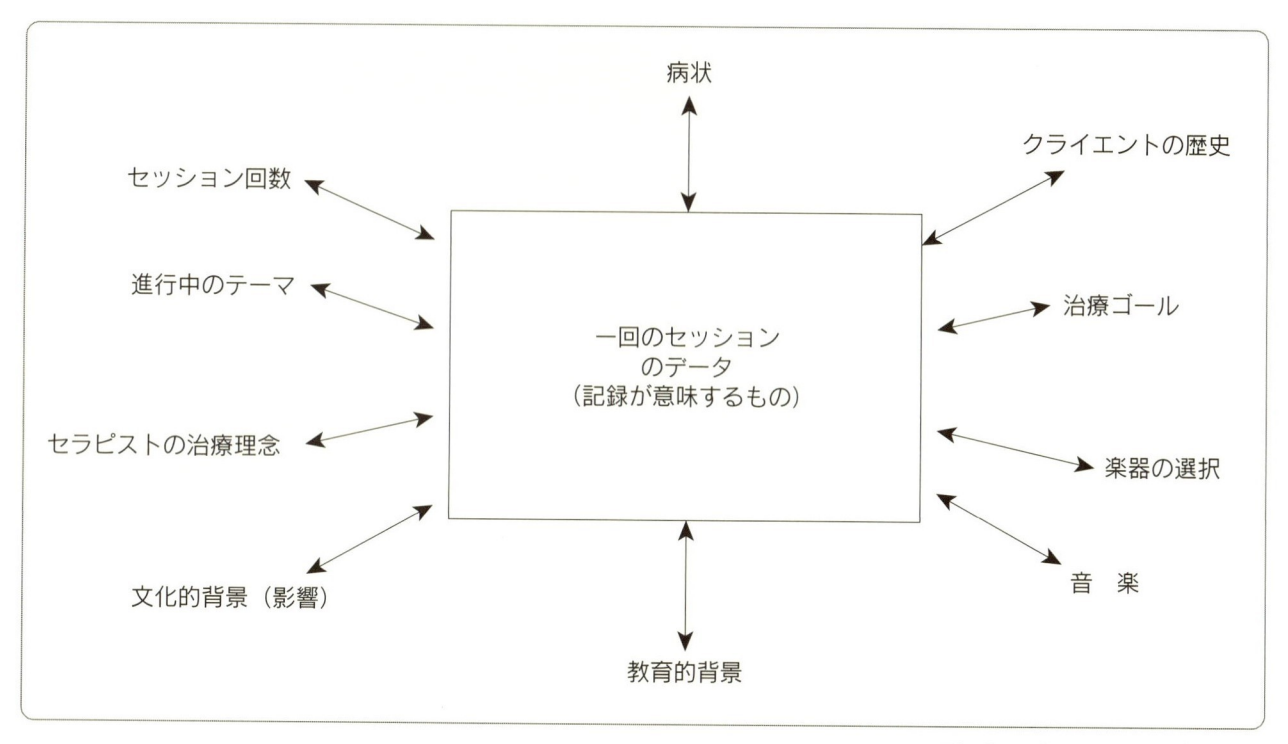

```
                              病状
                               ↕
  セッション回数 ←                        → クライエントの歴史

  進行中のテーマ ←        ┌─────────┐      → 治療ゴール
                          │ 一回のセッション │
                          │  のデータ     │
  セラピストの治療理念 ←    │(記録が意味するもの)│  → 楽器の選択
                          └─────────┘
                                                → 音 楽
  文化的背景(影響) ←
                               ↕
                            教育的背景
```

図2◆セッションのなかで表現される即興音楽が意味する内容

　イギリスの音楽療法士であり、音楽学研究者でもあるゲリー・アンスデル（Ansdell, 1995）は自著『Music for life』の中で、アメリカの哲学者スーザン・K・ランガー（1957）の言葉を引用し、「音楽は、我われが感じていなかった感情や気分、それまで気づきもしなかった情感を表すことができる（p.126）」と述べている。また、世界的に有名な民族音楽学者ジョーン・ブラッキング（Blacking, 1995）もまた前出のランガーの言葉を引用し、「音楽は言葉で近づくことのできない細かな感情や真実といった人間の本質をあらわにさせることができるものだ（p.36）」と記している。そして、分析的音楽療法とある種の共通概念を持つアナロジー的音楽療法のコンセプトを生み出したハンク・スマイスタース（2004）は、「音楽の構成要素（メロディー、音、リズム、ダイナミクス、形式）は、われわれの思考、感情、行為の様態のアナロジーであり、即興のなかには、われわれがどのように考え、どのように感じ、どのようにふるまうかが表現されてくる（I. Frohne-Hagemann）（p.211）」と断言している。

　表1は分析的音楽療法士が分析する主なエリアである。ここでもA＝Bというようなマニュアル化されたテキストはない。トレーニングされたセラピストは、クライエントが「何の楽器を、どのように使用したか」に注目する。クライエントの内面は形なきものではあるが、これらの音楽構成要素を通して感知可能な形なきものの形を表すことになる。敢えて言うならば、音楽は内面性の現象学といっても過言ではない。

音楽的側面	身体面(即興の前中後含む)	その他
楽器選択 楽器の置き方 演奏時の弾き方 メロディー リズム ハーモニー テンポ ピッチ トーン 形式 ダイナミクス 音域 音階 声色	表情(緊張、弛緩度を含む) 動作 視線 話し方 雰囲気 姿勢	即興中に浮かんだイメージ、物語、記憶、あるいはセッション終了後から次回まで間にクライエントがみた夢の内容 登場人物 雰囲気 色彩 印象に残るシーン 夢中、後の感情

表1◆分析的音楽療法における主な分析エリア

臨床事例

　分析的音楽療法はほかの音楽療法アプローチ同様に、個人セッションと集団セッションがある。ここでは個人セッション、および集団セッションの中の一人に焦点をあてた事例を2つ紹介したい。ただし、クライエントのプライバシーを守るため個人情報を一部変更していることをご了承願いたい（当然ながらここに登場するクライエントにはすでに了解を得ている）。

【事例－1】個人セッション：K.U. 22歳．大学生．女性．

　クライエントは都内某大学に通う女子学生。精神科および心療内科への通院歴はないが、本人曰く「マイナス思考」で、何事にも「自分が達成できるわけない」「失敗をするのではないか」という不安が慢性的に存在するという。就職活動を前にしてこの思考パターンから抜け出したい気持ちがきっかけでセラピーに通い始める。ピアノ経験は有る（幼少時よりクラシックピアノを習っている）。この日のKは2回目のセッションであった。入室早々に「就職活動に必要な履歴書が書けない」と話し始めた。企業から大学側にきている推薦に応募するための履歴書であるが、1枚書けばよいものを何十枚書いても必ず誤字脱字に気づいたり、自分の文字が気にくわず作業が進まないというのだ。彼女は、なぜ何十枚も履歴書を無駄にするようなことになってしまうのかが自分では分からないのだと話す。私は彼女の本質的な部分を探るために二人で「今の気持ち」というタイトルで即興することを提案した。Kはピアノを選んだ。そして、ピアノの椅子に座るやいなや猛スピードで即興し始めた。

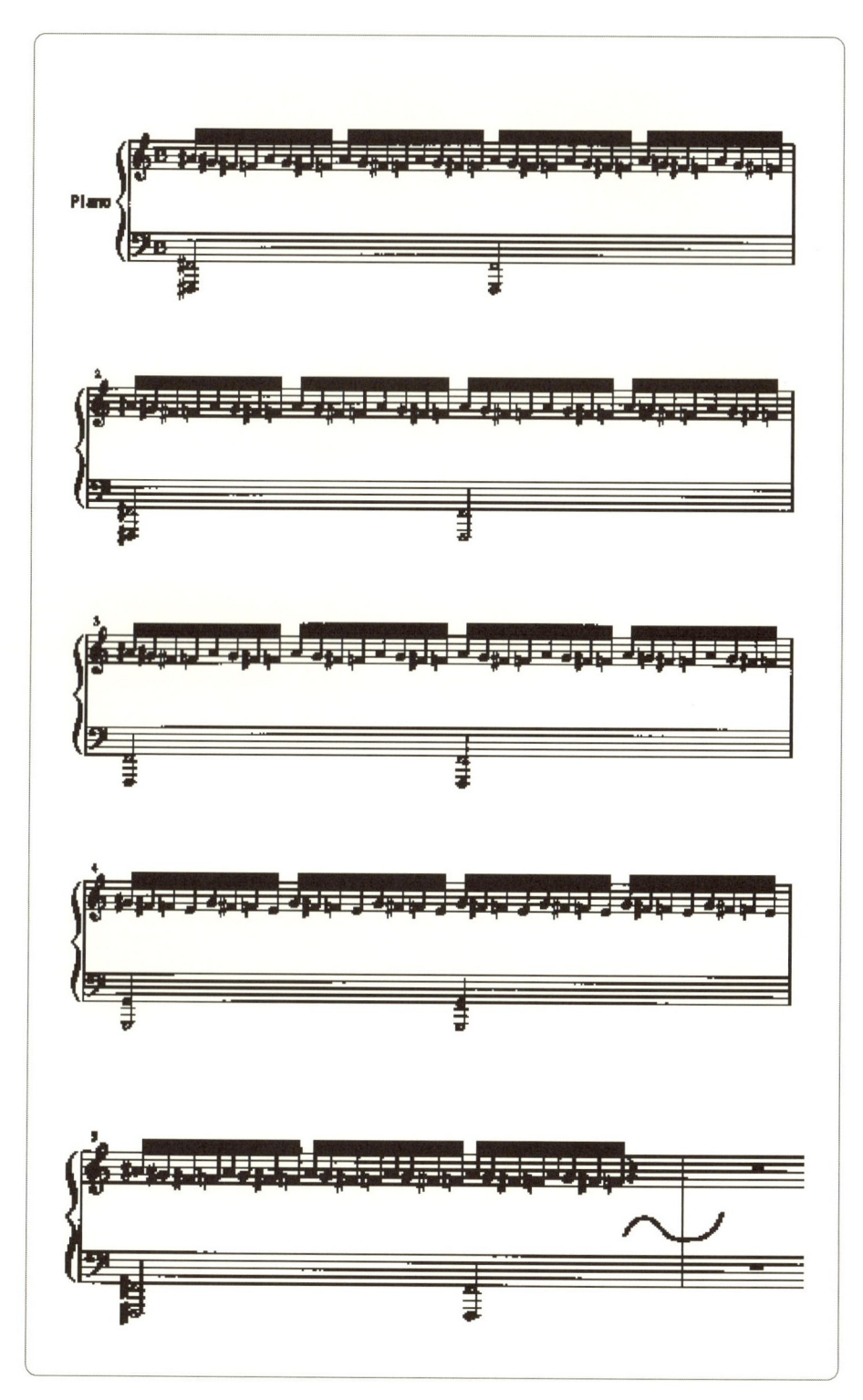

図3◆臨床事例　譜1　K.U.

　筆者は途中からドラムを大きな音で叩き、ドラムの存在に気づかせるよう促した。しかし、彼女は筆者の声がまったく聞こえないかのように、変わることのないスピードで約5分間、ほとんど図3にある旋律から動かない音楽を弾き続けた。Kは即興を終えると、

K：今の気持ちを弾くって考えていたら、こんな音楽になってしまいました。
筆者：こんな音楽とは？
K：指が動かせなかった。音を変えたくても何をきっかけに変えればいいのか分からなかった。ドラムの音も最初は気づきませんでした。途中から、（ピアノ以外の音が）鳴っていると思いましたが、自分のピアノのスピードを変えることができなかった。

上記のKの言葉から、彼女が音楽と自分の間で何が起きたかについては、自らの耳を通して気づいていることがわかる。筆者はKに即興前に聞いた履歴書の話題と、たった今彼女が弾いた音楽の関連性について聞いてみた。Kはしばらく考えたあと、ハッとして次のように話した。

K：わけもわからず流されていたのかもしれない。周りが内定を決めていくなか、私も決めなきゃという焦りがあった。（その学校推薦対象の企業の）仕事の内容よりも何でもいいから決めるべきだと思っていました。……（沈黙）……今のピアノもグルグル目が回るほど焦って前もよく見ずに走っているようでしたね。……（沈黙）……私には、本当は憧れの職業があるのです。それを親にも誰にも言えないでここに来てしまいました。言い出すのが怖かった。反対されるような気がして。今の私のピアノと同じですね。自分から変えようとしなかった。

Kは「履歴書が書けない」という何気ない疑問から、即興音楽を通して自分の内なる真実の声に気づいていったのだ。「履歴書が書けない」のは、自分の中で本来は進みたい道が別にあったからである。また、88鍵もあるピアノの鍵盤上で、最初に手を置いた鍵盤あるいは音域からほとんど動かせない自分の姿に気づき、今の自分が音楽上でも現実の生活でも同じ場所でもがいていることを結びつけた。そして自分の人生であるにも関わらず、自らが切り開いて行こうとしていないことを明察している。Kはこの後、自分の本心を思い切って両親に告げ彼らの理解のもと現在は海外で自分の夢の実現途中にいる。

【事例2】集団セッション：M. Z. 21歳．大学生．女性．

この事例は、私が関係している大学の中で自己認識（self-awareness）を高めるための授業[*2]として行なった集団セッションの一部である。授業の対象者は全員音楽療法コース専攻である。グループ構成は学部3年生5人（構成メンバーはコース内同学年よりランダムに選定）、毎回60分間、隔週のペースで行なわれた。この集団セッションは将来の音楽療法士の卵である学生たちの音楽療法という、特殊な専門分野における資質・能力を磨くためだけに行なったというよりは、むしろ20歳を過ぎたばかりの学生たちに、「自分探し」をしてほしいとの考えから行なわれた。つまり、他人に流されて自分を見失うのではなく、自分が何を愛し、何を信じ、

[*2] この授業は筆者が音楽療法の修士課程を学んだニューヨーク大学大学院音楽療法コースにて取り入れられているクラスをモデルとしたもので、音楽療法を学ぶ学生たち自らがクライエントとして参加する。グループは、"here and now（いま、ここ）"に焦点をあて、その日その時の自分を音楽や言葉で表現することを通して自己を知り、音楽療法士である前に一人の人間としての生き様を問う、maturity（精神の成熟性）やawareness（内および外に対する気づき）向上のための授業。日本では、筆者の知る限り、同じくニューヨーク大学大学院出身の岡崎が実践および研究を行なっている。その研究論文は参考文献欄に記載。

何を正とし悪とするのか、音楽を通して自分を洞察することを狙いとして設定した。そのための最初の段階として自分と音楽がつながるという体験が必要になってくる。音楽は楽譜に起こされているから音楽ではないし、美しく演奏されたものだけが音楽というわけでもない。筆者は学生たちに、演奏している音楽のなかのさまざまな要素を媒体として、自分が現れ出てくるということを感じ取って欲しかった。ここでは論旨の拡散を避けるために、特に一人の学生に焦点をあてて彼女の変化のみを追ってみる。従って、グループプロセスおよびグループダイナミクスについては敢えて本論では触れていないことをご了承願いたい。それらについては別の機会にご紹介したいと思う。

《セッション♯5》
このセッションでは、"here and now（いま、ここ）"に焦点をあて、自分がそのときに「これだ！」と思う楽器を選び、即興的に音楽を作っていくことを筆者が指示した。その後、自分たちが作った音楽から得たイメージをクレヨンと画用紙を用い、絵に描いてみるように指示した。ここでのねらいは彼女たちが、楽譜も決まりもない即興音楽について感じたイメージを画用紙上にアウトプットすることにより、それぞれの内面をできるだけ具象化することだった。なぜならその絵を見ながら、自らが他のメンバーに絵の意味と音楽のつながりを説明することで自己洞察力が育てられると考えたからである。

Mはツリーチャイムを選び、他の学生たちは音積み木、テンプル・ブロック、メタロフォン、タンバリンをそれぞれ選んだ。初めの段階で筆者は自分がどの楽器を選ぶか定めずに学生たちの演奏する音楽の様子を聴き、その成り行きにもとづきピアノを選ぶことにした。音楽はテンプル・ブロックの暖かみのある、快活なリズム感あふれる音でリードされ、タンバリンの華やかな拍子感をより強める音で音楽のフォームが出来上がっていった。メタロフォンと音積み木が次第に緩やかなメロディーを創り出し、静かな音楽へと変わっていった。その静かな音楽の流れのなかで、時折ツリーチャイムがキラキラとメロディーに装飾するように鳴っていた。誰が合図を送ることもなかったが、次第に音楽は小さくなり終わった。

図4（右頁）は演奏後にMが描いたものである。夜空に星がいくつも輝いているのだが、星に注目して欲しい。この絵を見て、別のメンバーが「なぜ星の上に黒い靄がかかっているのか？」とMに質問した。Mは、「演奏した音楽から最初に連想したのが星だったのだが、描いているうちに夜空という背景を描きたいと思ったのでまわりを黒く塗り始めた。そのときになぜか大切な星の上も夜空で覆ってしまったことに気づいた」と答えた。

Mはそれまではグループの中でも非常に控えめな学生であった。彼女は全く意見を言わないわけではないのだが、何か意見を言うときはとてもマイルドな物言いをしていた。そして常に「他人が幸せであれば自分も幸せなのだ」と「公然と」語

図4◆

っていた。それゆえ筆者もMの描いた「靄に隠れる星」については注目した。なぜなら分析的音楽療法士として筆者はMのこれまでの楽器の選択（常にタンバリンやツリー・チャイムのような旋律を奏でることができない楽器を選び続けていた）や、演奏・役割状況（自分から音楽を開始することはなく、常に後手にまわって流れている音楽に合うような演奏をする）、彼女のグループ内での発言内容から判断して、Mは自分を配慮する気持ちが不足しているのではないだろうかと考えていたからだ。従って筆者はMの「靄に隠れる星」の絵で一番大切なもの星＝M（自分）が周囲の背景（他人）を気にするあまり、主役であるはずの星が背景色に塗られ存在感が薄まってしまっているのだと解釈した。

《セッション♯6》

前回のセッションの件については誰も触れず、ある学生が「今日の自分は明るい気分なので、今回は楽しい音楽を作りたい」と言い始めた。他のメンバーはその案に賛同する形となって、それぞれが楽器を選んで即興的な"dance music"のような弾んだ音楽を奏でる。音楽が終わった後、ある一人の学生が「楽しい音楽だと思ったが、それは自分が楽しんでいるかどうかとは別物だ」と言った。するとMは、「私はとても楽しかったが、このグループの誰か一人でも楽しくないと思う人がいるならば、それは楽しいとは言えないのではないか？」と言い出した。それを受けて、別の学生が「自分が楽しいと思うことが大切なのであって、なぜそうやって他人の意見に振り回されるのか？　Mは自分よりも他人が大切なのか？」と異議を唱えた。するとMは涙を目にいっぱいためて、自分が小学校から中学校にかけての5年間、クラスメイトにいじめられてきた経験を語り始めた。彼女が自分よりも

他人を気遣ってしまうゆえんはその体験にあると言った。そして彼女の5年間の孤独、絶望、恨みについて開示し、最後に「私がなぜ他人を大切にするのか、それは私じゃなきゃわからないと思う。私はずっと友だちに大切にされてこなかったから、自分以外の人のどんな小さな意見でも大切にしたい」と言って言葉を結んだ。以下は、M本人によるその日のログ（私的記録）である。

「あの事実をいつ言おうか言うまいか、グループが始まった時から悩んでいたが、とうとう話してしまった。話せば（グループのメンバーたちに）嫌われるかもしれない、と思っていた。このことを隠しているために、選ぶ楽器、作りたいメロディー、リズムさえも本心とは違うものを選ばざるをえなかった。勇気を出して心の中をはき出すより、嘘をついて隠し通すことのほうが、ずっと辛い。毎週、今日は自分の心のうちを不意につかれるのだろうかと恐怖と不安でいっぱいだった。あんなに大勢の前で泣いたことは初めてだった。泣くことじたい久しぶりだった。時間が経つにつれて、みんなの前で言えて良かったと思った。」

Mの勇気ある自己開示は、隠し通す必要性がなくなった心の軽さを実感させるだけでなく、その他のメンバーが彼女を理解する上で非常に重要な役割となった。以降のセッションでMは自ら再度その話に触れ、グループの中でどのように受け止められていたかを話すまでに至った。彼女は「あの日、自分よりも他人を大切にしたいと言った。半分はそのとおりだが半分は自分を守るためだったのかもしれない」と言った。Mは自分自身の内面の最も深層部にあった部分を客観的に見つめることができたのだ。

本論を書くにあたって再度Mの話を聞くことができたので付記することとする。はじめに断っておくが、このインタビューに関して筆者の立場や本研究についての遠慮や思慮は一切無用で、Mの本音を聞かせてほしいと伝えた。Mは、「自己開示したことを悔いてもいなければ恥ずかしいことだったとも思っていません。むしろ、あのような機会がなければ一生私は心に重いものを引きずって生きていっていたかもしれないと思うと、そのほうが恐ろしいです。あの日を境に、徐々にですが私は変わっていっているなと思います。自分で生活を変えていけるように積極的になりましたし、人とのコミュニケーションも驚くくらいオープンになりました。本当は誰よりもみんなに自分をわかってほしい、みんなと話したいって思っていたのに、オープンになる前に『どうせ、私が話したところで』と、いつも自分を否定していたことにも気がつきました。自分を理解してほしいと思うなら、自分からオープンになる必要があるのだとわかりました」と明るく話してくれた。

本事例において、音楽はMに自分自身の奥深い内面に耳を傾けさせ、自らが発する言葉や音楽は自分自身の過去とつながっていることを認識させた。自分は自分

に変わりはなく、その経験が有るからこそ今の自分がある、という等身大の自己を受け入れるところまで導いたと考えられるだろう。

考察—人間が成長していくために—

「問題定義」の項で提示された三つの問題、(1)「人間が自らを省察する必要性」、(2)「内面を表現する必要性」、(3)「分析的音楽療法が日本人の文化社会に問いかけるもの」は、日本人、特にこれから社会を担っていく20代の若者が人間的に成長していくために必要な項目であると筆者は考えた。また、ここまで書いたところで、これらの問題が単なる人間の成長にとどまらず、音楽療法士（あるいは目指す者）への成長のkeyでもあると確信した。したがって、これらを考えていくにあたり、音楽療法士が成長していくためにという観点からもあわせて言説していく。

(1)「人間が自らを省察する必要性」

人間は長い間生きていくなかで個人個人がさまざまな経験をする。それら一つ一つの経験は「楽しい」とか「苦しい」というようなある種の感情と結びつき、地層のように我われの心に積もり重なっていく。そして自分という人間を形成する重要な要素へと変化していくのである。しかし、やっかいなのは血や肉と違い、それらが目に見えないため、どの経験がどの程度どんなふうに心に積もっているのか、また影響しているのか見当をつけるのが困難だということだろう。しかし、自分の意識の中ではとうに過ぎたこと、あるいは無かったことと扱われていた経験も我われを形成する「要素」となった時には、決して風化することはないと筆者は考える。これを説明するには分析的音楽療法の背景理論である、分析学の所論を述べるのがよいだろう。フロイトは初期の研究で人間の心が「無意識」・「前意識」・「意識」から成るとし、後に「自我」・「超自我」・「エス」という三層から成るという考えに修正した（フロイト, 1983）。また、ユングは、フロイトのいう意識・無意識を「個人的意識」・「個人的無意識」と言い換え、さらに個人的無意識を支える「集合的無意識（元型）」という「全ての人に共通したイメージを生み出すもの」（ユング, 2002）があると考えた（本論では詳細は割愛させてもらうが、この元型には、自分が忌み嫌う部分として扱われる「影」が含まれている）。

筆者の言わんとすることは、意識とか超自我とか元型とか、そのような学術用語や専門知識を頭に刻み込めということではなく、我われ人間の心には想像以上の中身が存在しているのだから、いろいろな疑問や思いが交差して当然だということだ。そして、その疑問や思いを自分に問うてみることが必要だ。それらの問いを考えることにより、自分の中で何が起きているのか頭と心を整理することができる。そして、その後はどうすればいいのか、生に対する主体的な姿勢をとることができるからだ。精神科医の神谷は、自著『こころの旅』の中で人間性の開花について次のよ

うに述べている。「(青年期は) 人間が生まれて初めて充分に発達した意識をもって自己のからだとこころに対面し、世界と社会の中における自己の位置と役割をしかとみさだめるところにあると思われる」(神谷, 1989: p.83)。また、精神分析家のアンソニー・ストー (2002) は、「人間を理解するためにはその人間自身から情報を得ることが必要」と記している。

自分自身の省察の必要性を説くのは狭義の精神医学や心理学だけではない。哲学者の渡辺は、「汝自身を知れ、という言葉は、永遠の言葉である。哲学の根本問題は、おのれを知ることにある。おのれとは何であり、すなわち、おのれへと生成し、おのれとして主体的に態度を採る、このおのれの生そのもの、そこにおいて一切のものがその姿を呈示してくれるこのおのれの生の生成そのもの、それが何であるかを見、このものの中に立ち現れてくるロゴスを見ることこそが、そして、それにもとづいておのれであることを全うすることが、哲学の根本の問題である」(渡辺, 1988: p.30) と述べている。彼の文中「哲学の根本問題」の「哲学」を「人間」あるいは「音楽療法」とすると、本論の本質的な支柱になるのが興味深い。

音楽療法士育成の立場からすれば、プリーストリーはユング (1958) の言葉を引用し、「影とそれに直面する意思は、自己実現に必要な条件である」(Priestley, 2003: p.196) とし、自らの言葉で「影への意識に欠けた場合、行動は無意識へ突然転じてしまうことも多い。対立するものどうしの緊張感から行動が作り出されるなら、それは真の進歩を意味している」(Priestley, 2003: p.237) と記している。また、音楽療法士であり、その分野の教育者でもある岡崎は、バーバラ・ヘッサー (2000) の言葉を引用し、「(療法士が) 自分自身の人生の旅路に深く関われば関わるほど、他者の様々な状況に共感でき、それをより深く理解することが可能になる。この旅路は、芸術作品のように、生きながら (歩きながら) 創られていくものなのである」(岡崎, 2003: p.57) と音楽療法士にとっての必要な資質要素を挙げている。

繰り返すが、我われ人間の心は一元的な単純構造ではなく、さまざまな面を持つ多元的なものである。したがってストー (2002) の言葉を借りれば、「人間の行動がときおり揺れ動いていたり優柔不断であったりするとしても、驚くべきことではない」のである。人間が人間として生きていくうえで心の揺れ動きは避けられないのである。自分のなかで少しでも腑に落ちないことや疑問を持ったら、自分の内面を省察することだ。それがなによりも自分を納得させる答えを与えてくれるだろう。そして、それらは気が付かない間に自らを成長へと導いてくれることを忘れてはならない。

(2)「内面を表現する必要性」

前セクションでは、内面の省察の必要性を説いたが、この後はそのままでよいのだろうか？ 内面の省察は、いわば「内なる作業」である。その作業においては、現在の自分が認識している以上の自分が見えてくるだろう。それらをそのまま放っておくことは不完全ではないだろうか？ 全ての物事は裏表あるいは内外のように

	Ⅱ 盲点の窓 「他人のみが気づいている自己」 (blind self)	Ⅳ 未知の窓 「誰からもまだ知られていない自己」 (unknown self)
他人が知っている自分	Ⅰ 開放の窓 「公開された自己」 (open self)	Ⅲ 秘密の窓 「隠された自己」 (hidden self)

自分が知っている自分 ←――――→

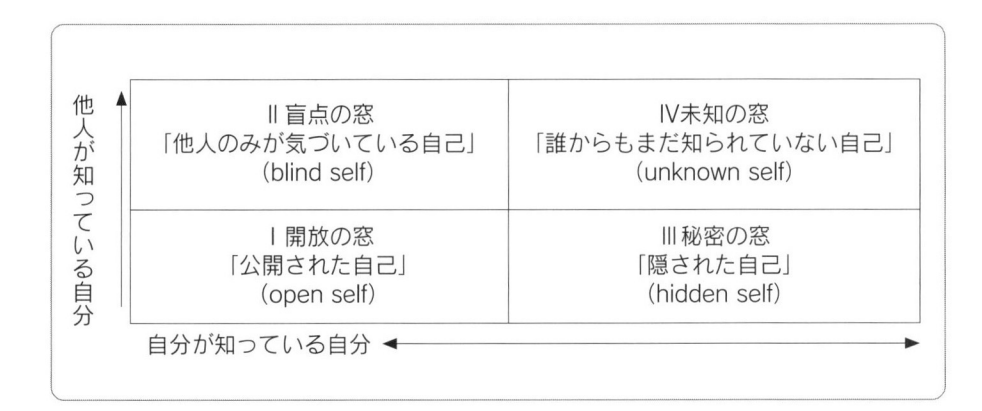

図5◆ジョハリの窓

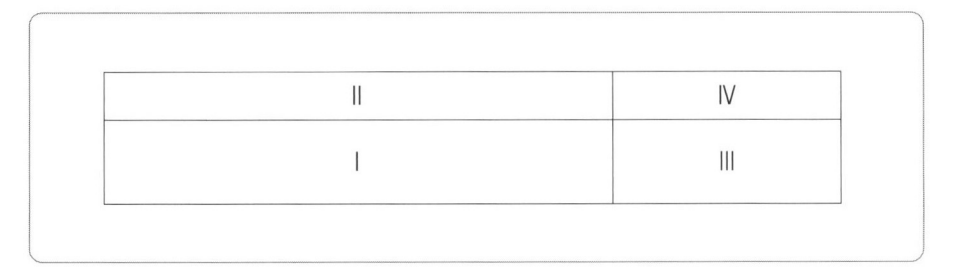

Ⅱ	Ⅳ
Ⅰ	Ⅲ

図6◆開放の窓「公開された自己」の部分が大きい人

両極性を備えている。この「内なる作業」を一方の極とすれば、もう片方は表に出すこと、つまり「外にむかう作業」になるだろう。この場合の「外」とは、自分の外、つまり他人にむけての表現という意味だ。この重要性ついては、ジョハリの窓の理論を用いて説明しよう。この理論は、アメリカのコミュニケーション心理学者であるジョセフ・ルフトとハリー・インガムの二人により考案された「自己開示と他人とのコミュニケーションの関係性」(Luft, 1969) である。

　図5にもとづきながら「自己開示と他人とのコミュニケーションの関係性」を簡単に説明すると、下の横軸を「自分」、それに垂直な左の縦軸を「他人」とする。表中の「自己」とは4つ全てにおいて、自分の感情、行動、やる気など、自分を形成する要素である。双方の軸に接触しているⅠの窓は「公開された自己」、つまり自分も他人もよく知っている自分である。その上のⅡの窓は縦の他人軸には接しているが、横軸である自分からは離れているのでこれを「他人のみが気づいている自己」という。さらに、右下のⅢの窓は横軸の自分に接していても、縦軸の他人とは離れているため「隠された自己（別名秘密の自己）」という。最後に右上Ⅳの窓は、双方の軸とも離れているため「誰からもまだ知られていない自己」と呼ばれている。

　一見、この理論は前に述べた第1の問題「自己省察の必要性」と同様に我われ人間の心の多元性を表している。筆者が敢えてここでこれを挙げたのは、この4つの窓の中心線は個人の性格によって変化する点に注目したいからだ。つまり、他人に対して非常にオープンに自分を表すタイプの人は、図6のようにⅠの窓枠が大きくなり、そのぶん他が小さくなる。これが意味するものは他人と円滑なコミュニケーションを行なう場合が多い。

II	IV
I	III

図7◆秘密の窓「隠された自己」の部分が大きい人

　反対にIIIの秘密にしている自己が大きい場合は、図7のように他人に対して自分の考えを明らかにしないため、他人から理解しづらい人だと思われる。そして自分でも話せないことがありすぎると、何を話していいのかわからずコミュニケーション自体とることが難しくなったりする。先ほどの臨床事例2の、集団セッションのなかの女子学生Mのケースを思い出してほしい。彼女はIIIの窓が大きかったため、自分で何を話せばいいのかわからず、積極的になれなかったと語っていた。まさしくこの例と同じことを言っている。

　ここで別の角度から表現することの意味を確認したい。人間は誰しも他人に知られたくない過去や秘密はあるだろう。筆者も全てを誰かに打ち明ける必要があるとは考えていない。しかし、だからといって自己開示をする必要はないとは言い切れない。人が表現をしないとき、そのほとんどが自分を何かから守るための手段として心の窓を閉めている。「この話をしたらAさんから嫌われるだろう」あるいは「この話をしたら軽蔑されるかもしれない」など、嫌われないように、軽蔑されないように、口を閉ざし自分を守ろうとするのだ。しかし、ここには大きな落とし穴が存在する。自分が自分を守っているように思えても、実際のところ自分は他人から見た自分を守ろうとしているのではないか。つまり、自分の人生の主人公は自分自身で、人生と己は1本の軸の上に重なっているはずなのに、いつのまにか他人を気にするあまりその軸は他人のほうへずれてしまう。あるいは、自分が信じる自分と他人が考えている自分の2つの場所に軸が存在するともいえる。すなわち、わかりやすく例えれば、己の人生という舞台の上に自分は立っているにも拘わらず、それを演出しているのはステージの外にいる観客ということになるのだ。

　表現することとは自分の内側から何かを出すということだ。つまり、そこにはある種「出そう」という自分自身とのコミットメントが存在すると考えられる。コミットメントが存在することは、さらに自分に責任を覚悟させることに導く。「表に出そう」という意味は、これから「表現されたもの」は自分の責任下にあるものだとの意味に捉えられる。つまり、自分の意志を持ち、自分の責任において表現することは、人間の精神の自立性すなわち精神の成熟性をあらわすのではないだろうか。裏を返せば、表現しないことは責任をともなわない甘え、あるいは依存といった現れではないだろうか？　繰り返すが、筆者は内面の全てを誰彼かまわずに露呈しろと言っているのではないし、秘密を持つことが悪いことだとも言ってない。ましてや、自分が意識してしまった自らの醜い部分、あるいは隠しておきたい過去を意図

的な下心を持って（それらを手段として利用して）、相手に近づくなどの策略的自己開示は論外である。無条件の全面的自己開示ではなく、自分が日々生きて行くなかで何か困難に出会ったとき、そして到底自分一人ではその出口が見つからなかったときに、素直に正直にその思いを適材適所で表現する必要があることを強く言いたいのだ。

　人間は自分自身を知っているようで知らない。「まだ我慢できる」とか「まだ平気だろう」と思っていても、あるいは頭では考えないようにしていても、心の奥の「引っ掛かり」は自然にほどけない。自分自身がその「引っ掛かり」を隠しながら周りを取り繕って生きていくことは、またべつのところに生じた歪みを取り繕うことになる。そして以前の取り繕いにともなって産まれた、新たな歪みを取り繕うことの繰り返しになることは安易に予想できる。先の臨床事例2のクライエントが言った通り、その場の取り繕いの人生は心に錘をつけて生きていくようなもので、自分を困難へと導くことにつながるのだ。年齢を重ねていけばいくほど、その困難は大きくなっていくだろう。音楽療法士という視点から言えば、セラピストをする本人が己の自己開示の経験なくしてクライエントに自己開示を求めるのはどうか。精神科医であり臨床心理士の山中は「（表現は）真の意味での心の叫びであり、人間の心の深淵からの、まさに直接のメッセージ」（山中, 2000: p.49）だと言う。セラピストが己の内面のメッセージを発したことがないのに、クライエントのメッセージが受け取れるのだろうか？　人間が表現することの意味は深いのだ。

(3) 「分析的音楽療法が日本社会に問いかけるもの」

　最後に3つめの問題についてだが、この問題は第2の問題から派生されたものと筆者は考えており、ある程度の結論は見えているので簡潔に述べることとする。分析的音楽療法が、音楽という媒体を使う性質上、個人の生き様を反映することはすでに本論の前半部分で述べた。この音楽に映し出される個人の生き様とは、その個人が関係する社会さえも含まれている。しかし、その社会から影響を受けているクライエントたちは、意外にもそのことに気づいていない。セラピーへ通うきっかけとなった理由やそこに付随する問題の多くの根元は、日本人特有の国民性「表と裏（建前と本音）」（土居, 1985）から発生していると筆者は考える。この国民性が分析的音楽療法の中でクライエントを介して、さまざまな形へと変容して姿を現す。

　例えば、この日本人の裏表体質に「個人よりも和を重視」するという文化的思想傾向が加わると、セッションのなかでクライエントは、自分の素直な気持ちを表す音楽や言葉を抱いていたとしても、周囲を気にするあまり自分の抱いているものを出さずに引っ込めてしまうといったことがある。この場合、協調性はあったとしても、自律という意味での個人的主張が不得意であったりする。そして「教員と生徒、上司と部下、先輩と後輩などの階級組織」という、強烈な年功序列的な組織体系が浸透されている感覚が加われば「セラピストが楽器を選べというまで選べない」と思い込んでしまい、自分の本当の声を出そうとしない。また、「自由よりも常識や

道徳観」に縛られれば、豊かな独自の発想に蓋をすることになり、その他大勢に右倣いしてしまうことになる。これらはほんの一例だが、分析的音楽療法の臨床現場では日本社会の縮図の一部を垣間見ることができるのだ。

　誤解を避けるためにも明記するが、筆者は分析的音楽療法のなかに現れる日本文化を、非難しているのでもなければ蔑んでいるわけでもない。筆者が音楽療法を米国で学んだゆえに西洋的思考パターンに傾倒しているわけでもない。むしろ、日本を意識することになり、その歴史の深さや西洋との相違を改めて感じるところである。本論でも繰り返し記しているが、自分の創り出す音楽に耳を傾け、その音楽から自分を知ることが自己成長への大きな鍵となる。分析的音楽療法のセッションの中で日本人の国民性を自分が持ち合わせていることが判明したとしてもそれは当然のことであり、それを嘆き悲しむ必要性はないのだ。なぜならドイツ人はドイツ人の、デンマーク人はデンマーク人の、そしてアメリカ人はアメリカ人の国民性が現れるのだから。

　大切なことは、日本人としての国民性や思考傾向が紛れもなく自分の身体の中には存在し、良きにつけ悪しきにつけ影響を受けていることを知ることにある。これらを認めることで、自分に不足している自分の部分を補強することが可能になるだろう。また、単に認めるだけでも、今まで自分が悩み苦しんだ人間関係や思考パターンを理解し、解決する糸口が見つけられることもある。自らが日本人として受け継いでいる性質（例えば協調性や心配りや奥ゆかしさなど）を深めながらも、自分にとって大切な場面では自分自身を表現していくことが必要ではないだろうか？分析的音楽療法は、我われ日本人に日本人であることを教えてくれるだろう。そして、そこから自らを紐解いていくことはそれぞれ個人がどのように生きていけばいいのか、そして果敢な姿勢で人生に向きあうことを教えてくれるのだ。

おわりに

　我われ人間は生きていく上でさまざまな経験をする。その中には未消化・未解決な問題が心に存在していても不思議ではないし、むしろそちらのほうが自然である。しかし、筆者がここで問題にしたかったのは、その未消化・未解決な部分は実は生きていく上で本質的な問題であり、それらは人生のさまざまな場面で姿を変えて自分たちに問うてくるため、いつかはその本質の部分に自らがメスを入れ自分の目で、あるいは手でその問題を見すえ処理をし、答えを見つける必要があるということだ。哲学者の渡邊は、「問うことは、問われるものが既にそこにあるから、起こるのである。問われるものが、むしろ、われわれに問いを課してくるのである。謎を課してくるのである」（渡邊, 1988: p.47）と言っている。分析的音楽療法の一連のプロセスは、心の中のその形なき問いを音楽という媒体を利用して形にし、自らが主体となってその問いの答えを求めていく積極的な生き方へと導いてくれる。

本論中でも繰り返し触れたが、我われ日本人はDNAレベルで受け継ぐ国民性を指摘した「表と裏」あるいは「沈黙は金、雄弁は銀」といった諺にも見られるように、表現しないことを善（美しきもの）とする傾向を持ち合わせている。これはまさに、本音を出さない、あるいは出せない文化を意味しているだろう。筆者はこの文化のある一面が、今の若い世代に歪んだ形で影響しているのではないかと考える。本音と建前の文化は心の闇を作り、それが病みへと変化し、結果的に昨今で頻繁に耳にするような犯罪（子どもによる実の親への殺害、あるいは家庭内もしくは第三者への暴力、監禁、放火など）の増加へとつながっているのではないだろうか。

　分析的音楽療法は、従来の日本で多く見られるような楽しいだけの音楽活動ではない。存在の真実に触れさせるためのシリアスな音楽療法である。しかし、同時に、分析的音楽療法は音楽を媒体として自分を表すゆえ、言語を主とする一般的な精神分析や心理療法のようにある種の敷居の高さを感じさせない療法でもある。これは児童・青少年の問題を抱える教育現場では、彼らを理解するために非常に画期的な手段となるはずだ。一見、楽しいだけの無意味と思われる音の羅列やメロディーや楽器選択が、彼らの心の叫びであるS.O.Sサインなのであるから、まさに革命的な療法といっても過言ではないだろう。

　本論にて紹介したクライエントたちは、たまたま音楽とは親密な関係にあったわけだが、分析的音楽療法、あるいはそのほかの音楽療法でもセラピー前の段階でクライエントに音楽技術の必要性を問うことはない。むしろ、音楽に関わってきた者よりも何も経験のない、例えばドレミファの位置も音もわからないくらいのほうが音楽そのものに対して無防備であり、素のままの自分自身を表現しやすいだろう。音楽療法は音楽教育でもなければ、即興技術を上げるための個人レッスンでもないのだ。

　クライエントが創り出し、表現する全ては彼らを理解するための重要な非言語的インフォメーションである。セラピストはそれらを意味あるものと解釈し、クライエントを成長へと導く。したがって、クライエントへの音楽技能に対する要求はなくとも、セラピストへの人間性および精神性への成熟度や臨床的に方向づけるための音楽能力、あるいは感性といった資質への要求は絶対である。

　また、ここで扱った主題は音楽療法以外の哲学、現象学、文化人類学、教育学、あるいは社会学といった非常に膨大な範囲でも議論可能な深さだったと思う。あまりの内容の大きさに表面的な触れにとどまった部分もあり、十分な記述が果たせなかった。特に音楽療法士養成に関しては、近年の世界音楽療法学術大会やアメリカ音楽療法学術大会でもメイン・トピックになっており、今後、日本でもさらに深い論議が必要とされるだろう。

　本論がきっかけとなって、日本人が必要としている日本人のための音楽療法を真剣に考えていくことになればと願うばかりである。最後にニーチェの言葉で結びたい。

「芸術を通じて、生がおのれ自身を救うのである」（渡邊, 1988: p.147）

謝辞

本研究にあたり、貴重な資料の提供に快く応じてくださったクライエントおよび聖徳大学音楽療法コースの学生たちに深く感謝申し上げます。

参考文献

Ansdell, G. (1995). Music for life. London&Bristol, PA: Jessica Kingsley Publishers.
Blacking, J. (1973). How musical is man? Seattle, WA: The University of Washington Press.
Blacking, J. (1995). Music, culture, experience: selected papers of John Blacking. R. Byron(ed.), Chicago, IL: University of Chicago Press.
Bruscia, K. (1987). Improvisational models of music therapy. Springfield, IL: Charls C Thomas Publishers.
Bruscia, K. (1989). Defining music therapy. Springfield, IL: Charls C Thomas Publishers.
Hesser, B. (2000). Important Qualities of a music therapist. Lecture at Kunitachi music college. March.
Jung, G. C. (1958). The collected works of C. G. Jung. H. Read, M. Fordham & G. Adler(ed.), London: Routledge & Kegan Paul.
Jung, G. C. (2002). 分析心理学．小川捷之（訳）．東京：みすず書房．
Kodaira, T. (2000). Music: Through the therapist to the client. Unpublished master's thesis. NY: New York University
Langer, K. S. (1993). Philosophy in a new key: A study in the symbolism of reason, rite, and art. Cambridge, MA: Harvard University Press.
Luft, Joseph. (1969). Of Human Interaction. The National Press. Palo Alto, CA.
Priestley, M. (1975). Music Therapy in action. London: Constable.
Priestley, M. (1994). Essays an analytical music therapy. Phoenixville, PA: Barcelona Publishers.
Priestley, M. (2003). 分析的音楽療法とは何か．若尾裕，多治見陽子，古平孝子，沼田里依（共訳）東京：音楽之友社．
Roland, A. (1996). Cultural pluralism and psychoanalysis-The Asian and North American experience. NY: Routledge.
Scheiby, B. (1990). Mia's fourteenth-The symphony of fate: Psychodynamic improvisation therapy with a music therapy student in training. K. Bruscia(ed.), Case studies in music therapy. Gilsum, NH: Barcelona Publishers.（ミアの運命の交響曲：音楽療法学生との精神力動的即興演奏によるセラピー．酒井戸智華，よしだじゅんこ（共訳）『音楽療法ケーススタディー（下巻）』東京：音楽之友社　pp.10-32. 2004）
Smeijsters, H. (1996). Methoden der psychotherapeutishen Musiktherapie,

Lexikon Musiktherapie. D.Voigt, H. Helmut, et al(eds.). Gottingen: Horgrefe-Verlag GmbH&Co.（心理療法的音楽療法の諸方法．阪上正巳，加藤美知子，齋藤考由，真壁宏幹，水野美紀（共訳）『音楽療法事典 新訂版』東京：人間と歴史社　pp.206-214. 2004)

神谷美恵子（1989）．こころの旅．東京：みすず書房．

木村 敏（1972）．人と人との間：精神病理学的日本論．東京：弘文堂

木村 敏（1991）．形なきものの形：音楽・ことば・精神医学．東京：弘文堂

古平孝子（2003）．『音楽の中に映し出される無意識を聴く―分析的音楽療法の視点から―』聖徳大学人文学部研究紀要　第14号　pp.33-38.

古平孝子（2004）．『分析的音楽療法における転移の重要性』聖徳大学人文学部音楽文化研究会紀要　第4号　pp.23-32.

ストー，アンソニー（1994）．フロイト．鈴木晶（訳），東京：講談社．

土居健郎（1985）．表と裏．弘文堂：東京．

羽田喜子，岡崎香奈（2003）．『音楽療法研修生のための感性化トレーニング体験―体験記をもとにした一考察』国立音楽大学音楽研究所年報　第17集 pp.47-60.

フロイト，ジクムント（1983）．フロイト著作集　第9巻．小此木啓吾（訳），京都：人文書院．

山中康裕（2000）．心理臨床と表現療法．東京：金剛出版．

渡邊二郎（1998）．芸術の哲学．東京・筑摩書房，p.130.

渡邊二郎（1985）．ニヒリズム―内面性の現象学．東京：東京大学出版会．

聖徳大学音楽療法コース学生個人体験記

音楽療法セッションにおける「場」
——統合失調症患者への音楽のアウトリーチ

中野万里子
Mariko Nakano

はじめに

　音楽療法が実際に行なわれるシチュエーションはさまざまで、「音楽療法の定義は音楽療法士の数ほど沢山ある」「音楽療法は信じ難いほど多様である」（Bruscia, 2001）とも言われているほどである。クライエントの抱える問題やセラピストが受けてきた教育、音楽療法観あるいは方法、背景にある民族意識・文化・社会構造・経済的状況・法制度など、すべてが個々の事例において少しずつ異なる。このために共通する部分を探すほうが困難であるとも言える。しかし、そのように多種多様なセッションであっても、それらを構成する基本的な枠組みは共通している。音楽療法の枠組みを構成する要素にはどんなものがあるかを考えると、「対象者（クライエント）」や「セラピスト」を始め、「場所」「時間」「道具（楽器）」「音楽」「ニーズ（必要性）」「料金」などが挙げられよう。以上のどれが欠けても音楽療法として成り立たないであろうし、それぞれに大切な役割があり、またそれぞれが各々のセッションの中で重要な意味を持つ。音楽療法について考えるとき、これらの要素を抜きにして明確に論じることはできない。

　筆者は統合失調症者（女性）の自宅を訪問して音楽セッションをするという機会をたまたま与えられ、隔週のペースで定期的に伺うようになって数年になる。この訪問は二人の音楽療法士によって行なわれており、筆者が精神保健福祉士、もう一人は臨床心理士を兼任している。当初は、戸別訪問先でセッションを行なうこと自体が初めての経験であった。さらにクライエントのご家族との面識もなく、どのような反応が返ってくるのか全く予想もつかず、筆者と同行する臨床心理士ともども「恐る恐る始めてみた」というのが正直な実感であった。精神科における訪問サービスでは、対象者とのコミュニケーション形成を主軸とする。しかし、同居する家族・親族がいれば当然ながら彼らとのコミュニケーションも大切なものとなる。なぜなら家族を含めた環境そのものが対象者の病状に反映するからである。

　これまでの音楽療法に関する文献では、「人と音楽」あるいは「コミュニケーション手段としての音楽」「使用した楽器の音色や音楽の質」というような、この療法の要となる「音楽」にまつわる事柄を中心に書かれているものや、対象者の障害の在りようやそれに伴う苦悩、心の動きなどをセラピストの視点から掘り下げて論じているものが多い。また音楽療法のセッションが行なわれる「場」としては、老人ホームや精神科病院、あるいは学校といった施設内で行われるもの、その他には

障害児を対象とした自主グループや個人セッション用に公共施設の一室で行なわれる音楽療法がそのほとんどである。

　訪問による音楽療法を扱ったものは僅かではあるが、引きこもりをするクライエントへの訪問カウンセリングに音楽療法を取り入れたケース（渡辺, 1997）や急激退行を示すダウン症女児に訪問音楽療法を行なったケース（三川, 2004）がある。渡辺（渡辺, 1997）は「彼らとのコミュニケーションの出発点は、時間と空間を共有すること」と述べており、事例には家の間取りや家族の動線についても報告されている。それらの描写により、クライエントの輪郭が更にくっきりと浮かんでくるように思う。クライエントの日常生活場面でのセッションの利点は施設での観察よりも、より正確に家族の現実を反映することである（水野, 2004）。音楽療法のセッションにおいて「場」がどのように作用するのか、より正確に観察をして理解を深めることで、セラピストやクライエントにとってどんなメリットがあるのかを考えてみたい。

セッションにおける「場」とは何か

音が共鳴する空間

　音楽を演奏するには、楽器や人の体から出る音が共鳴をする空間（space）が必要である。コンサートが催される場合も、ホールの広さや形状、内装の材質等の違いがそこで繰り広げられる演奏の質に深く関係している。さらにそこに聴衆がおり、演奏者が舞台に立ち、演奏が始まって初めてコンサートが成立する。コンサート会場の違いによって演奏される音楽の響きやテンポは異なり、聴衆の数や彼らの示す反応によってもそこで奏でられる音楽に違いが出てくる。もしかすると、演奏者と聴衆の間に目に見えないレベルの微妙なやりとりも生まれ、それがさらにその場の演奏に影響を与えるかもしれない。このように、ホールという空間の違いや、そこにいる（ある）ものの存在、あるいはそれらが変化することの結果として「場」が作られる。

　では、空間とは何であるのか。空間とは個々の物が占有する場所であり、「通常はいっさいの事物の生起する舞台もしくは容器のごとき役割を果たすと考えられている。時間を止めたとき、世界がそこにおいて存在するものとも言える」（平凡社：世界大百科事典）。西欧の空間に関する概念は古くはギリシャのプラトン、アリストテレスに始まり、アイザック・ニュートンの「絶対空間」、それに対するゴットフリート・ヴィルヘルム・ライプニッツの「関係主義的解釈」などさまざまな解釈がこれまで問われてきた。また、イマヌエル・カントは時間と空間を認識（知的に把握する）の形式であると考えた（小牧, 1988）。そして人間には、感覚器官を通して知覚された混沌とした感覚を「いま、ここで」「いつか、どこかに」あるものとして統一する働き、つまり時間・空間というまとめ方の能力が、あらかじめ備

わっていると考えた。それは時間・空間という形式によって感覚を統一していく＝感覚的直観（感性）の能力であり、これによって統一された対象はすべての人間にとって客観的であるとした。

日本独特の「間」

時間・空間を一つにまとめたものを、日本では「間（ま）」と呼んでいる。「間」には文字通り、物と物の間という意味もあれば、隙間や部屋といった「空間」に相当する意味、また音楽の休拍や余韻を残すための無言の時という「時間」的な意味が含まれており、非常に便利で豊かな言葉である。音楽の休拍には、西洋音楽にも休止（pause）や休止符（rest）があり、そのリズム表現において重要な働きをある程度はするものの、それが音楽の中心的存在ではない。一方、日本の伝統芸能における「間」は、例えば能楽などの鼓を打つタイミングや独特の間合いに代表されるように、それ自体に大きな存在感を日本人は感じる。その「間」の取り方によっては音楽の出来不出来が左右されることもあるほど、「間」の感覚は日本人にとって特別な存在であるように思われる。

日本語には「間がいい」「間を伺う」「間が悪い」「間が抜ける」など、「間」を使った表現には枚挙にいとまがない。西洋音楽の休符が旋律を強調し、音を浮き立たせるために溜め込む時間であるのに対し、日本のそれはあたかも無音の時を堪能し、「間」を形づくる音が無音の時を打ち破るかのような印象を与えているようにも見える。また、空間的意味を持つ「間」は、居間、客間、寝間、床の間などというように、文字通り空間であることを指す。筆者の印象であるが、こういった空間に対しても、例えば茶室のように、その部屋の目的に応じたしつらい、色調などを大切にするところに日本人ならではの「間」（＝休止・無言の時間）の美学が存在するように思う。たとえそこに人の存在が無いような空間にもこの間の美学は存在する。

空間が「場」になるとき

茶室に人が入室したとする。そこでは主人が客人を迎え入れ、双方が挨拶をかわして所定の位置に座す。そうするとまず入室した時点で室内の空気が動く。それから主人と客人の座る位置、会話する人の声などでそれまで無人だった茶室に何らかの作用が生まれる。それは気配とでも表されるであろうか。ここで「場」（field）の理論に眼を向けてみたい。「場」とは、もともとは物理学の領域における重力場、電磁場という理論に基づく概念が出発点であり、次第にそれが心理学や哲学などのそれぞれ特有の考え方へ転化されるようになった。平凡社世界大百科事ではこの「場」を「一般には、空間そのものが何らかの作用（物理的、心理的）をもち、そこに現象を生じさせると考えられるとき、その空間を『場』と呼んでいる」と定義している。この定義にもとづけば、物理的・心理的に我々が感じる気配とは、この何らかの作用を生み出す空間の歪みであると考えられるのではないだろうか。

心理学の分野ではクルト・レヴィンが彼の「生活空間」の概念の中で、心理的過

程とは生活体に影響を与えているそのときの全体的状況により理解され、部分の変化は全体の構造を変化させるとしている。このような考え方は、その後のグループ・ダイナミクス理論における集団の凝集性、集団の構造的特性、集団圧力、リーダーシップなどの研究にも応用された。このようなグループ・ダイナミクス理論における「場」とは、人が生きる空間であり、その空間は時代背景や社会共同体による影響を受けてさまざまに形を変えていくものと捉えている。一方、音楽療法のセッションにおける「場」とは、セラピストとクライエントがいる、まさにその空間のことをいう。彼らの周辺の空気が動くとき、セラピストとクライエントはお互いの気配を意識的にせよ無意識にせよ、その時々で感じている。二人の周辺に楽器や音響機器などがあればそれらの存在は勿論のこと、部屋の照明や窓の大きさや太陽光線の入り具合、また他に同席の者がいればその人数や顔ぶれなども、そのときの状況に即した作用を生み、さらに違った「場」へと変化していくだろう。セッションにおける「場」とは、クライエントとセラピストの間に交わされる相互作用の行方に、大きな影響を与える重要な要素である。

訪問セッションにおける「場」

家族の営みを紡ぎ出す空間

　精神科の外来には、患者の自宅を訪問して面接をするという活動を実施しているところも多い。筆者が訪問してセッションを実施している事例は、クライエントの父親が主治医に相談する中で、ごく自然に主治医から提案されて、それを父親が希望し、彼女への訪問セッションが開始されることになった。開始するにあたって、クライエントの音楽好きをよく知る筆者は、セッションに音楽療法を取り入れること、また可能ならばクライエントだけでなく家族との面談も実施したいと考えた。家族は個人が経験する最初の社会であり、個人を育みながら個人の性格や性質を特徴づける。セッション自体は、セラピストとクライエントの相互作用的関係を中心に推移していくにしても、訪問セッションの場合には、セラピストとクライエントの家族構成員との関わりが新たに加わる。訪問とはクライエントの日常生活場面にセラピストが一時的に侵入することである。しかし、セラピストが訪問することとは関係なく、そこにはその家族なりの空間があり、日常生活を営みながら家族構成員間の力動が延々と繰り返される「場」がある。

　筆者が初めてクライエント（仮称Aさん）の家を訪問した際は、まず、Aさんと彼女の両親が出迎えてくれた。そして居間に通されて、そこで筆者と同行の臨床心理士と5人で座卓を囲み対面した。建物は伝統的な日本の民家の造りで玄関を入り、そこから廊下をつたっていくと、左手に階段、右手に居間がある。居間は6畳と4畳半の和室の続き間で、襖を開け放して使っており、半間の床の間には花が活

けられ、整理ダンスの上にテレビが置かれていた。部屋はきれいに片付いて手入れも行き届いていた。6畳間の真ん中には座卓が置かれており、筆者は窓を背にする形で心理士と並んでそこに座って面談を開始した。筆者の正面には、クライエントと父親、クライエントを挟んで少し離れた位置に母親が座った。その後のセッションも全員がほぼ同じ位置に座り、父親が不在の時でもそれは変わることはなかった。

このような形で家族と面談をした後は、Aさんと筆者、臨床心理士は彼女の自室に移動して音楽を中心としたセッションを開始する。自室には勉強机と椅子、小さな座卓が置かれてあり、おもちゃ、折り紙といった類の雑貨の他に、アップライトピアノ、アコーディオンなどの楽器も室内に置かれていて、彼女の好きな音楽を利用したセッションがすぐにでもできるような環境であった。セッションの前半を家族療法に、後半を音楽療法に充てるというパターンは初回から変わっていない。場所を移動することで、家族全員を交えた面談とクライエントとの個人療法の二つの異なるセッションを、クライエント自身が混乱することなく、自然な雰囲気で気持ちを切り替えることができていると思われる。

ホスト役の心地よさ

訪問セッションの利点をまず一つ挙げるとすれば、自宅におけるクライエントの自然な振る舞いをセラピスト自身の眼で見ることができる点である。クライエントにとってそこは勝手知ったる我が家であり、わざわざ外出の用意をして医療機関や施設に出向くときとは違い、彼らが感じる心理的圧力はかなり少なくなるからだ。このときはセラピストが訪問者という立場になる。よく言われることだが、訪問者の常として、まず謙虚でなければいけない。そしてクライエントはいわばホストであり、訪問するセラピストに対してある種の主導権を持つことができる。

金田（水野, 2004）は訪問によるセッションについて、「当事者と援助者主体の実践を行なうためには、彼らがより主導的な役割を担える場や機能を提供することが重要になる」と述べている。クライエントが主導的役割を担える場とは、彼らの自宅であることに間違いはない。実際、初回時に訪問した際のAさんの表情は満面の笑みを浮かべ、母親と共に我々を居間に招き入れ、まるで来客をもてなすように接してくれた。こういう状況というのは、クライエントに診療所という「こちら側」に来てもらう場合には到底見ることができないような、彼らの生活場面での様子を知ることができる貴重な機会である。それはクライエントの自宅という「あちら側」にセラピストが出向くことにより、二者間の役割配分が幾らか移動するということもあるかも知れない。

なぜ「場」が重要なのか

集団療法の「場」

　Aさんに対する訪問セッションの実施後、彼女が登録している精神科デイケアへ参加する回数が大幅に増えた。デイケアとは集団療法の一種であり、医療機関に付属して設けられており、しかもスタッフや患者という他者の大勢いる空間である。また集団療法の枠で言えば、そこは自由参加でかつ途中出入りの自由な「開かれた集団（Open group）」であり、さまざまな症状を持つ患者が参加する「異なる精神病理の集団」であり、利用期限のない「継続的集団」である。このように比較的自由な集団療法の「場」には、参加する人々の個人的交流もあれば、時としてスタッフや患者同士のぶつかり合いやもめごとが出てくるため、特に統合失調症圏の参加者にとって被害的感情や妄想を誘発させやすい環境にもなる。Aさんはデイケアに登録はしてあるものの、たまに勇気を振り絞って参加しても小一時間と保たず、自宅へ帰ってしまうのが常であった。それに対して訪問セッションの「場」は、クライエントが日常生活を営んでいる場所であり、家庭でもある。家族間の軋轢や葛藤はあるにしても、そのようなことを全てひっくるめたものがクライエントの「これまでと変わりない世界」である。仮にクライエントに向かって家族の誰かが批判的な発言をすることがある場合でも、それが身近に感じる家族の気配であろう。

統合失調症のリハビリテーション

　統合失調症圏の患者さんたちにとってデイケアは、よくも悪くも刺激的で疲労度が増す、少々やっかいなところでもある。このような患者さんたちの特徴の一つに、元来が集団に溶け込むことが苦手で、集団の特性に対して順応性が低いということがある。したがって、そういう人たちをデイケアという集団療法に参加させるということ自体、時として有害な影響を与えることもある。始めのうちは最大限に勇気を出して集団の隅っこに席を取り、緊張が極まってどうにもならなくなる前にその場を抜けるのが通常である。それを何度も繰り返しているうちに、次第に慣れてきて定期的に参加するようになる。彼らが大変な思いをしながらもそうするのは、集団に対する苦手意識を持つ反面、集団に帰属したい欲求もあるというアンビバレントな心情からくるものではないだろうか。

　統合失調症は、その発病初期の急性期から徐々に状態が軽快した後、疲労して何もできなくなる状態を経て「安定期」に入ると言われている。しかし、その安定した状態というのは非常に移ろいやすく、再発・再燃しやすい。たとえ、初発時のストレス要因より小さなストレスであっても再発のリスクは初発時より高くなる。そのようにストレス耐性の低い人たちの治療の「場」には、侵入性がより少ない保護的で支持的な環境を整えることが大切である。確かに彼らが地域社会に戻っていく過程の、階段の踊り場的な役割をデイケアが果たしていることは事実である。しか

し、そこが人間の生きる「場」である以上、同じ時間・空間を過ごす人たちの間にさまざまな集団力動が働き、時には刺激の強い環境に変化することもある。そのような「場」への恐怖感が先に立ち、継続的な参加がどうしても困難なクライエントには、自宅への訪問セッションを実施することにより、デイケアという集団療法よりも安全で脅かされることの少ない「場」が確保できる。それがデイケアの「場」に慣れる前の助走部分の役割を果たしているようにも思われる。

「共有体験」としての音楽

音楽をする必然性

　あるものを「共有」しているという時、複数の人間であるものを所有している状況を言う。音楽療法における「場」では、クライエントとセラピストは音楽を共有しているというよりは、むしろ音楽の体験を「共有」していると言うほうが自然である。Aさんとの音楽療法を始めるとき、いつも彼女の口から出るのは「今日も一緒に遊ぼうね」という呼びかけの言葉である。まるで小さな子どもが友だちに声を掛けるようなこの呼びかけは、彼女との音楽活動の方向性を象徴している。Aさんが「今日も一緒に遊ぼうね」というのは、「ピアノを弾く」「グロッケンとピアノで合奏する」「ミュージックベルを三人でする」というように、他者と音楽活動をすることである。谷口（高橋, 谷口, 2002）は即興による能動的音楽療法について次のように述べている。

　　「音楽は、芸術としてそれ自体が目的であるのではなく、感情表出や意思伝達の手段として用いられる。クライエントとセラピストがともに音楽を創造しながら自分の感情や意思を伝え合うことで、共有体験が生まれる。主体はあくまでクライエントである。療法の中で音楽を使用することが先にあるのではない。症状や障害の診断名によって一義的に使用が定まるのでもない。クライエントとの相互作用において音楽を用いることに必然性があるから、音楽療法を行なうのである。」

　Aさんとの音楽療法で使用するのは既成の曲がほとんどであるので、谷口がここで述べている能動的音楽療法とは若干異なるかもしれない。全く枠のない自由な表現をするという行為は、統合失調症圏の人たちから見れば、どうやって取り組んだらいいのか分からない上に少々しんどい仕事である。このため彼らの多くはそういったことを苦手とする。Aさんも即興演奏は嫌がり、彼女を一時困惑させてしまったことがあった。そのとき以来、セッションでは既成曲のみを使用するようにしている。彼女にとっての音楽とは、幼い頃からの大好きな遊びであったり、情感に添って自然に出てくる身体の動きであったり、自分を慰めてくれるものであったりす

る。しかし、それはこころの内面を自由な即興演奏で表現することとは少し違うようである。彼女にとっての音楽は、既に知っているお気に入りの曲を使いながら、他者と積極的に関わることができる、能動的に行動できる時間なのではないかと筆者は考える。勝手知ったる我が家で主体的に他者と交流する時間が、Aさんにとって心地よい「場」を作っているのだと思われる。彼女が音楽をする必然性はどんなところにあるのだろう。音楽の体験こそが、彼女が他者と共有することのできる楽しいひとときになるからではないだろうか。

非言語的な媒体

言語は人間のコミュニケーションには欠かせない道具であるが、明解に語られる言葉は時として誤解を招き、人を疑心暗鬼に陥らせたり、感情の行き違いで他者を傷つける攻撃の道具にもなる。また、表情やしぐさ、服装、姿勢、身体の一部が触れるなどの非言語的なものの役割は、言葉で語られるものを補完する働きや逆にその攻撃性を和らげる働きもする。音楽は人とのコミュニケーションにおいて非言語的な役割を果たす媒体と言えるが、言語を補完したり和らげるというよりもむしろ、言語から少し離れた位置でコミュニケーションを構築できる道具であると思う。神田橋（神田橋, 2003）は治療場面における関係の育成について次のように述べる。

「患者サポートの方法の二種とは、非言語レベルと言語レベルとである。この両者は同時におこなわれ、協力しあい作用する。協力関係がちぐはぐであると効果が相殺されたりする。－中略－サポートに関しては、非言語レベルで伝えられるものは、暖かさ、やさしさであり、言語レベルでは、的確さである。言語内容で伝えられる暖かさややさしさは、時に不信を増大させることがある。」

また、笠原（笠原, 1998）は統合失調症患者の治療について次のように述べている。

「こういう人への心と心の療法は、一週間に時間を決めて深層心理を探求するといった治療法ではありません。必要なのは、おそらく、人間どうしの間で窮極的に可能な、もっとも微妙なたぐいの心の交流でしょう。それはたぶん、治療技術のいろいろをこえたところで展開されるものだという気がします。」

Aさんと一緒にピアノを弾くとき、彼女が弾くグロッケンと合奏をするとき、あるいはミュージックベルを鳴らすとき、そこにいるクライエントとセラピストの三人は音楽の体験を共有する。それは音楽を使って何かを表現するとか会話を交わすということではない。音楽はただ音楽でしかなく、その音楽をすることを楽しんでいるに過ぎない。Aさんに対する訪問セッションは二つの「場」を筆者に提供してくれた。一つは彼女を含めた家族との関係を築きつつ理解を深め、その折に相談を

受ける問題を共有しながら話し合いを進めていく家族療法の「場」であり、もう一つは音楽を媒体に純粋に楽しむ時間を共有する音楽療法という二つの「場」である。

　Aさんとの訪問セッションを始める当初は、まだ見ぬ場所であるAさんの自宅をセッションの「場」にすることで、セッション中のセラピストである筆者の身の置き所——クライエントとの適切な距離の具合——が脅かされるのではないかという不安があり、筆者は「恐る恐る」行動を起こすという気持ちにさせられた。Aさんとの会話は彼女の被害的感情や妄想的な思考に妨げられることが多く、時には言語が空中をさまよっているような感覚に筆者はとらわれることがある。ところが音楽療法場面において音楽を共に体験しているとき、彼女が向かい合っている音楽と筆者の向かい合っている音楽は一つである。言語のように意図する内容がずれるということもなく、まっすぐに音楽に向かって気持ちが届く。それはそこで奏でられる音楽に対する気持ちの共有ではなく、音楽を体験することの共有なのである。

おわりに

　精神障害者が施設から地域へと生活の拠点を移していくのに従い、精神医療も従来の施設処遇から地域生活支援へと大きく変換しようとしている。そのような流れの中で、アウトリーチ（outreach）という言葉に代表される「こちらから出向いていく治療、サービス」が注目されるようになった。アウトリーチとは、もともとは19世紀の主として教会において使われるようになった言葉であり、「出掛けることの困難な人々の家へ出向いてサービスをする活動」を指す（The New Shorter Oxford English Dictionary, 1993）。Aさんに対する訪問セッションは医療機関で実施される「精神科訪問看護・指導」として行なわれた。訪問看護は英米圏において、第二次世界大戦後の地域ケア運動の一環として始められて現在に至っている。日本でも、訪問看護は診療報酬の点数化がされており、最近はその重要性が再認識されるようになっている。このような一連の動向を背景としてAさんへの訪問セッションは始められた。

　セッションを実施するにあたって我々セラピストが注意すべき点は、個々のクライエントのニーズに合わせた形を取ることであろう。訪問セッションの最大のポイントは、既存のセラピー・セッションの形態ではなかなか満たすことのできないクライエントのニーズに、クライエントの自宅を訪問することや音楽をセッションに取り入れることによって答えることができるということである。Aさんのケースにおいても、クライエントとセラピストの間に「音楽をする必然性がある」からこそ、音楽療法を通してクライエントとの良好な関係を維持できていると思われる。また、訪問セッションには病棟やデイケアなどの集団を前提とする治療の場では分かり得なかった側面が見えてきて、クライエントをよりよく理解できるという利点がある。またセラピストが訪問することにより、クライエントとその家族だけの閉塞的な関

係に少なからず変化が起きていると感じられる。音楽は人と人とのコミュニケーションを構築する上で大切な非言語的媒体であるが、訪問によるセッションにおいてもクライエントとセラピストの相互作用にすぐれた働きをする。訪問によるセッションは音楽療法の新しい可能性を示すものの一つであると言えるだろう。

参考文献

Bruscia, K. E. (2001). 音楽療法を定義する．生野里花（訳），東海大学出版会．東京．

Madeleine, D. and Wallbridge, D. (1984). 情緒発達の境界と空間—ウィニコット理論入門，猪股丈二（監訳）．星和書店．東京．

Ruud, E. (1995). 音楽療法—理論と背景—．村井靖児（訳），ユリシス・出版部．東京．

上田 敏（2001）．科学としてのリハビリテーション医学．医学書院．東京．

上田 敏（2004）．リハビリテーションの思想（増補版）．医学書院．東京．

笠原 嘉（1998）．精神病．岩波新書．東京．

神田橋條治（2003）．追補 精神科診断面接のコツ．岩崎学術出版社．東京．

小牧 治（1988）．カント（人と思想15）．清水書院．東京．

近藤喬一，鈴木純一（1999）．集団精神療法ハンドブック．金剛出版．東京．

酒木 保（2000）．遊戯療法と相互承認的空間論．日本遊戯療法研究会編，『遊戯療法の研究』．誠心書房．東京．

佐藤圭子（1996）．訪問看護における「音楽療法」の展開．日本バイオミュージック学会誌，Vol.13, No.2, 日本バイオミュージック学会．東京．

新宮一成，角谷慶子（2002）．精神障害とこれからの社会．ミネルヴァ書房．京都．

高橋雅延，谷口高士（2002）．感情と心理学．北大路書房．京都．

中居久夫（1992）．精神医学の経験・個人とその家族（中居久夫著作集6巻）．岩崎学術出版社．東京．

中野万里子（2004）．精神科における訪問音楽療法．国立音楽大学音楽研究所年報，第17集．

三川美幸（2004）．個人訪問音楽療法についての一考察．音楽療法，Vol.14, 日本臨床心理研究所，山梨．

水野雅文，村上雅昭，佐久間 啓（2004）．精神科地域ケアの新展開—OTPの理論と実際．星和書店．東京．

渡辺 健（1997）．訪問カウンセリングにおける音楽療法の実際．日本バイオミュージック学会誌，Vol.15, No.2, 日本バイオミュージック学会．東京．

精神科の音楽療法における音楽について

馬場 存
Akira Baba

はじめに

　精神科領域の音楽療法に関する報告や総説などは、近年の音楽療法の隆盛に伴って増加傾向にある。しかし、その有効性を高めるには、そこで用いられる音楽を精神障害の病態と音楽の特性の両者を理解した上で有機的に用いる必要があり、様々な困難を伴うことが多く未だ議論の洗練の求められている分野である。本論の目的は、音楽と精神障害の両者の特性を必要に応じて振り返りながら、音楽療法の有効性を高めるための試論を提示することにある。精神医学的な知見や現場での臨床体験を基に、若干の考察を加えた仮説にすぎないが、精神科領域の音楽療法の発展に何らかの寄与がもたらされることを期待したい。なお、本文中ではschizophreniaの訳語は主に「統合失調症」を用いるが、引用文献において「(精神) 分裂病」とある場合にはそのまま用いている。

1. 音楽の起源との関連

　精神科医であるアンソニー・ストーは、音楽の起源について有用な考察を行なっておりまずその一部を参照したい。論旨が拡散しないよう音楽療法との関連の窺われる面にのみ簡略に触れる。ストー (Storr, 1992) は、たとえば「音楽は最初の一年間に母親と赤ん坊の間で交わされる儀式化された言葉のやりとりに源を発する」というディサーナーヤカ (Dissanayake) の議論を紹介し、乳児期の母子の交流では情報伝達よりも感情表現が重要であるとしている。すなわち、韻律、拍子、高さ、大きさ、母音の引き延ばし、声の調子等すべてが発声の仕方を特徴づけており、詩と非常に共通するものがあるとして「人の脳はまず声の感情／抑揚の面に反応するよう構成もしくはプログラムされている」とした上で、強勢、高低、音量、語勢や感情的意味合いを伝えるその他の特徴は、言語学的分析上は文法構造や字義から区別され、韻律的コミュニケーションと音楽の間には多くの類似点があることを指摘している。また、ジャン＝ジャック・ルソーが「人は最初自らの強い感情を表すために言葉を交わしていた。初期は歌と話し言葉の区別はなかった。原始人は、自分の考えを表明するために話し合うようになる以前から、自分の気持ちを表すために歌い交わしていた。」と述べたことを踏まえ、話すでも歌うでもない原始的な言語

の共通の起源から話し言葉と音楽が発したと推測している。さらに「音楽は主に調子（音階）と長さ（リズム）によって構音を保ち、言語は主に音色（母音と子音）によって構音を保った。言語は合理的な考えを伝える手段になり、音楽の方は我々には決して推し量れない抽象体系を持つ無意識界の象徴言語になった」というエーレンツヴァイク（Ehrenzweig）の議論を参照して、当初は歌と話し言葉がもっと密接に結びついていて、それから別々に分かれていったとすればそれぞれの機能における差異がはっきりするとしている。

これらの議論をふまえストーは「もともと言語と音楽は今日よりもずっと密接に結びついていて、客観的情報の伝達や考えの交換に先立ち、他の人間とコミュニケーションしたいという主観的・主情的な要求から生まれたもの」として音楽をとらえるのが妥当であるとまとめている。

また、音楽の起源とは直接の関連はないが、ルード（Ruud, 1980）は、音楽を6つの要素①発信者②受信者③メッセージ④コンテクスト⑤コンタクト（接触）⑥コード（メッセージを構成する共有される意味の組織）に分けて情報工学的な観点から考察し、音楽が体系化されたコミュニケーションツールの一つであることを示している。

周知のように音楽の起源には諸説があり慎重な考察を要するとしても、音楽は、言語では伝達困難な情報を担い、質的には言語に匹敵する体系をなすコミュニケーション手段であることに疑問の余地はなさそうである。精神障害では、不適切な防衛機制の反復や思考障害、認知障害など様々な理由で適切に言語を用いることのできない病態が多く、精神科領域において非言語的コミュニケーション手段としての音楽を有効に用いることの意味は大きい。すなわち音楽療法を行なう者には、音楽を言語と同様なコミュニケーションツールとして自在に扱える能力が必要となるであろう。

2. 音楽・言語の分化と日本音楽

ところで、音楽と言語が分化しそれぞれ独自の役割を担うに至ったという前項の議論は、西洋音楽の発展に依拠するものだが、日本では西洋のそれほど明確には言語と音楽に分化していないとする見方がある。牧野（1991）は、日本では音を用いる雅楽、声明、琵琶楽、能楽、尺八楽、箏曲、浄瑠璃、長唄などの芸能が「音楽」という言葉で呼ばれるようになったのは明治以降で、それ以前は「音楽」とは呼ばず「あそび」「うたまい」等と呼ばれていたことや、日本の芸術の流れは西洋のそれに反し、分化よりも統合に進み、歌も舞も伴わない純粋な器楽は大変少なかったことを指摘し、日本独自の音楽療法のあり方に提言を示している。

日本の音楽療法の実態に目を向けると、厳密な比較は困難であるが欧米諸国に比べ歌唱を主とするセッションの割合が高いことが窺われる。村井らの報告（2000）

によると、日本の精神科領域全体では歌唱の用いられる割合が最多であり（23.2％）、障害別にみても、歌唱は統合失調症（29.0％）、躁うつ病（45.2％）において最多、神経症（22.2％）において2番目に多い手段となっており、即興演奏などが重視される欧米の傾向（村井, 2001）とは異なる。これは、医療経済的な側面や、音楽療法士の教育・育成の問題などのさまざまな要素の関与が考えられるが、日本の音楽が、西洋のそれに比し言語と明確に分化しなかったことの反映である可能性もあり、日本独自の音楽療法のあり方を考察する上で有用かもしれないことを付言しておく。

3. 音楽／言語の比率と病態水準

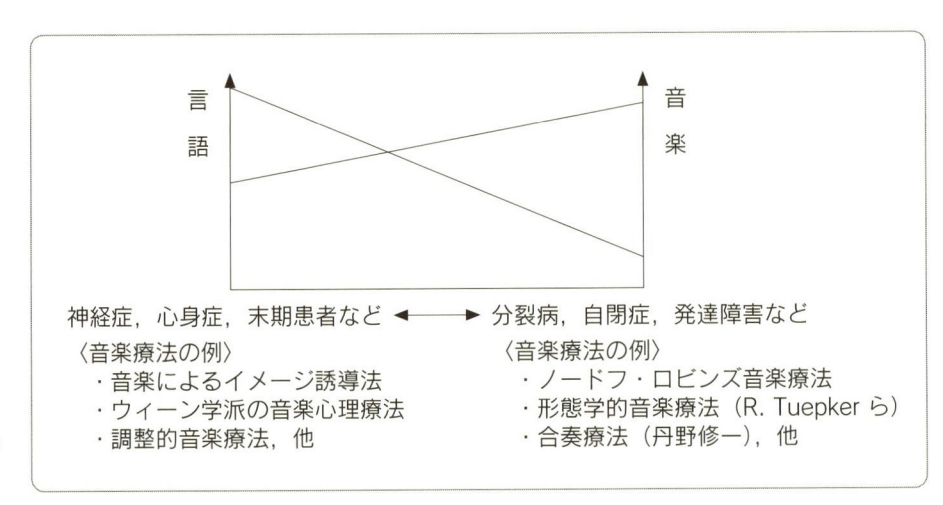

図1◆音楽療法における言語使用のスペクトラム

神経症，心身症，末期患者など ←→ 分裂病，自閉症，発達障害など
〈音楽療法の例〉
・音楽によるイメージ誘導法
・ウィーン学派の音楽心理療法
・調整的音楽療法，他

〈音楽療法の例〉
・ノードフ・ロビンズ音楽療法
・形態学的音楽療法（R. Tuepker ら）
・合奏療法（丹野修一），他

　次に音楽療法における音楽と言語の関係をみてみると、一般にはその音楽と言語使用のスペクトラムについては**図1**（阪上, 2001）のように理解される。図によると、神経症や心身症などではセッション中の言語の用いられる比率が高く、統合失調症、自閉症、発達障害などにおいては音楽の用いられる比率が高く言語の比率は低いことが示されているが、精神医学領域の疾患・障害に限ってみると、これらは病態水準との関連で考えることができる。すなわち、神経症や心身症などの病態水準がそれほど低下しておらず、内省や内面の言語化などの能力が比較的保たれている障害を対象とした音楽療法では言語に重きが置かれ、病態水準が低下し内面の言語化の困難な統合失調症などに対しては、言語に比し音楽が重視される傾向を見いだすことができる。勿論、統合失調症も軽微な例や軽快した例では病態水準は回復し内省の能力が再び高まることもあり、障害の種類によって一律にこの比率が決定されるわけではない。そこで、音楽療法における音楽について、病態水準を大きく二つに分けて考察してみる。まず神経症圏（健常者〜神経症水準）を対象とした音楽療法、すなわち療法中で言語の比率の高いものと、主に精神病圏を対象としたも

のすなわち音楽の比率の高いものの二つについてである。前者では、臨床場面で用いられる音楽療法の具体的な技法は枚挙に暇がないが、即興演奏が中心をなす概念の一つと考えられるので、キース・ジャレットが即興演奏について語る内容を踏まえ心理療法的な側面から考察し、後者では精神病圏の疾患の中核である統合失調症の病態や認知障害、精神病理学的観点等を踏まえて議論する。

4. 健常者、神経症圏の音楽療法における音楽

キース・ジャレットは、自らの即興演奏のプロセスを言語化している（Jarrett, 1989）が、それらを本人の言葉のまま引用してみる。

「僕にとって音楽というのは、目覚めた状態、覚醒状態に自分を置き、その知覚、意識、覚醒を認知し続けることにかかわったものだ。だから演奏をする時、インプロヴィゼーションをする時は、自分が覚醒した状態かどうか、すぐに、即座にわかる。自分が覚醒していないなと思った場合、もうこれはすでに覚醒しているということだ。覚醒していないと分かっていて、『あっ覚醒していないな』と感じることは覚醒した状態にあるということなんだよ。これらは同じことだ。自分で覚醒していると思っていても、実際覚醒していなければ、眠った状態にあるということ。でも、『どうもうまく行かないなあ。意識が希薄なのかなあ』と思っているということは、すでに意識が働いている、この状態が見えているから意識が働き始めているということなんだ。」

音楽療法では、クライエントの演奏に職業音楽家の演奏と同等の完成度が要求されるわけではないが、完成度という点を除けば、このキースのいう「覚醒した状態」に至って音楽を奏でることが確固たる存在理由があって真に意味を持つ即興演奏の必要条件であろう。

「ミュージシャンに演奏能力があり、彼の指を動かすことができる。これが第1段階。次に第2段階は、そのミュージシャンが自分の指が弾いているのを聴く。この2つのことはずいぶん違うことだね。そして、この2つの段階、これが基礎段階だ。ミュージシャンである彼の指が音を出している、演奏している。そして、彼は自分の演奏に耳を傾けている。［…中略…］だからそういう意味で、即興演奏というのは、覚醒した状態にいる、唯一の、確実に覚醒した状態にいるための唯一の手段だ。自分の指が弾いている音を聞いている。最初はたぶん機械のようにね。そう、それから音楽が聴こえてくる。ここまでが最初の2つの段階。第3段階は指がどのように音を出しているかに耳を傾けること。強く、弱く、あるいはそれらがどんなふうにサウンドしているか、タッチ、きみの持っているのはど

んな種類のタッチか、バランスはどうだろう、これらのことを聴きとるのが第3段階だ。そうすると、最も大切な、と言うかぼくにとっての芸術の始まり、まさに第一歩がやってくる。それは、自分の指にどんなふうに音楽をプレイさせたいかが自分に聴こえてくる時なんだ。まさにその時こそ自分にとっての芸術が始まる。」

「まず第一に聴く、すると気に入らないものも聴こえる、そしてどうしたいかが頭の中で鳴るわけだ。そこで、自分の欲しいものが聴こえてくると、"こうしたい、欲しい"という言葉の方向へ動いてくる。何かが欲しくなる、でもいったいなぜなんだろう？　いったいなぜぼくはこれが欲しいのだろう？　［…中略…］このこと、このwantとwhyからすべてが始まるんだ。『どうしてこれが欲しいのだろう？』とか、『なぜこうしたいのかなあ？』なんて考えないだろう？　欲しいから欲しいし、こうしたいからこうしたいと言うほかないじゃない？　こういうふうに考えてみるといい。まず、きみは演奏することができる。これはたしかなことだ。でも今度は、ただ演奏することができるだけでなく、きみが何を演奏したいかということ、演奏したいものが聴こえてくる。つまり、きみはこの欲望を経験している。」

「覚醒した状態にあるなら自分の知るべきことはすべて目に見えてくる。」

　これらのキースの発言は、おおむね二点に要約可能である。すなわち、一つは即興演奏が生み出されるための3つの段階から成るプロセスであり、もう一つはそのプロセスの成立のために、それ以上遡及不可能な「欲望」にたどり着くことの重要性である。前者は、まず音を出し、その自分の出す音に耳を傾け、その結果真に自分の発したい音のイメージが内面から湧き出てくるといった、自らの内面を真に反映した即興演奏に辿り着くための音楽的なプロセスである。これは内面を反映させる上で必須と思われる。単なる譜面の再生や音楽的な整合性ばかりを念頭に置いていたのではこのプロセスは動き出しようがない。後者は、内面を反映した即興演奏が成立するためには、それが理由の説明の不可能な「欲望」に基づいていることに気づく必要があるということだが、心理学的な視点からの補足を試みると、たとえばジークムント・フロイト（Freud, 1940）はリビドーを「欲動を発現させる力」としており、これが類似した概念の一つとして挙げられるかもしれない。勿論リビドーはキースのいう「欲望」と同一のものではないが、フロイトが「神経症症状は無意識的なリビドーの願望充足の様々なゆがみを受けた派生物」としたように、神経症圏の病態では症状形成がその抑圧に依るとされているのは周知の通りであり、神経症圏のクライエントを対象とした音楽療法では即興演奏の原動力となる「欲望」を、リビドーを象徴するものもしくは抑圧されている心的エネルギーと類縁のものとして扱うことになるであろう。たとえばメアリー・プリーストリーの分析的音楽

第5章　精神科の音楽療法における音楽について

療法では、クライエントは、即興は抑制なく感情を表現する安全な手段であり内面世界と外界との架け橋であることを関知することが必要とされ、標題を付した即興演奏を行ないその後にその演奏について語り合うことが原則とされるものの、言語的に防衛的なクライエントの場合は、題を付けない即興演奏を試みるのが一般的な方法であるという。言語的に防衛的であるのは神経症圏の病態の特徴であり、このような誤った防衛機制に気づき修正してゆくプロセスは心理療法上言うまでもなく重要である。そのような目で見てみると、キースの語る内容はそのまま、不適切な防衛機制を解いてゆくプロセスにも見えてくる。

「たとえばぼくが今Aマイナーのコードを弾いているとしよう。聴衆は、あれ、キースはこれからどこへ行くのかなと考える。でもぼくもその聴衆の1人なんだ。ぼくは弾いているけれど、聴いてもいる。だからぼくも同じ疑問を抱いている。『オレはここからどこへ行くんだろう？』ってね。そこで気がつくのだけれど、『待てよ、それは眠った状態にあるときに浮かぶ疑問だ』もし覚醒した状態にあれば、『いったいほんとうにぼくはどこかに行くべきなのだろうか？　それは今か？』という疑問が浮かんでくるはずだ。どこかへ行くべきではないのならば、Aマイナーのままとどまっているべきだ。これは眠った状態、覚醒状態の違いを表すよい例だと思う。眠った状態にあるミュージシャンなら『さて今度はどうしよう』と考える。演奏していて自分も飽きてきたから、何か面白くしようというわけ。退屈なのかもしれない。『なぜAマイナーを弾いていると退屈なのかな？』と考える。こう考え始めるということは、目覚め始めて、覚醒状態に入った証拠だ。なぜAマイナーを弾いていると退屈なのか？　Aマイナーでは何も変化がないから、だから退屈なのか？　ホールによっては、またはそこのピアノによってはAマイナーに特別な響きがあるかもしれない。つまり、もしそこで何かがハプニングしているのだとすれば、そこで『さて次に行かなくては』と考えることは、そのAマイナーのハプニングした状態をこわしてしまうことになる。その状態が、どこか未知の世界へ連れていってくれるかもしれない。それをこわしてしまう。つまりぼくと聴衆が分かち合っている経験を文字通り物理的にこわしてしまうことになるわけだ。」

「演奏していて、何かが起こり始めている、他に言い方が考えられないんだけど、何かが起ころうとしている。すると、ぼくは、それをそのままに放っておくことができる。意識的に続けさせることはできるんだけれど、それよりもっと難しいのは、それをそのままになるがままにさせるということだ。これは意識的に持続させることよりずっと困難だ。そのまま、なるがままに放っておく。［…中略…］覚醒した状態で、それを維持するためにしなければならないことの中には、このようになるがままにさせるといった、言わば否定的なこと、つまり単なる自分の意志から離れることも含まれるということだ。」

この項で述べられている、たとえば「覚醒状態を壊してしまうことが、聴衆と分かち合っている経験を物理的に壊してしまう」という部分は、即興演奏場面での奏者と聴衆の本質的な関係が記されており、これを音楽療法場面に置き換えるならば、クライエントと治療者（奏者に相当するのがクライエントもしくは治療者のどちらもありえるであろう）の関係において、意図が入り込むとその相互作用が中座してしまうということに相当するのであろう。即興音楽療法において「演奏の最中には、感じ、音楽になりきり、行動しなければならない。それは音楽を通じた関係という芸術の形をとった、禅のようなものだ。このような場で思考を入れることは、うまく行かなくするブレーキをかけるようなものだ」(Bruscia, 1987) とされていることも近い。

　一般の心理療法においてもこれに類した概念があり、そのひとつとして 'negative capability' を挙げることができる。詳細は森山の解説（2001）などに譲るが、それは

「他者の内的体験に接近するには、どのようなことから始めればよいか？　共感的な探究のためには、終結するのを保留しておく創造的な能力が要求される。」

「フッサールやフロイトは『早合点』に警告していた。平静に注意を浮遊させ続け、世界を保留しておくためには、'negative capability'、『わからなければならない』という生来の意向に反してゆく能力が要求される。『知りたいというのを我慢して宙ぶらりんにしておく能力』」

「もっとも成功するケースは、いわば、何の目的ももくろまずに進行し、それらの中に起きたあらゆる新しい発展への驚きに身をゆだね、それらを常に開かれた心を持って迎え、あらゆる推定や予想から自由な状態でいることである（Sigmund Freud: Recommendations to physicians practicing psychoanalysis (1912))。」

などと表現される（Margulies, 1984）。心理治療に携わったことのある者ならば「結論を下したくなる」「解釈を成立させたくなる」欲望に抗することの重要さは一度ならず感じたことがあるであろう。この「あるがまま」「成されるがまま」の状態を保つ 'negative capability' は、心理療法において意図の介入を排し真の洞察に至る上での鍵となる。即興音楽療法においてもその重要性は全く同じで、この概念が音楽療法にそのまま当てはまるのは興味深く、音楽療法の精神療法としての特性を象徴しているようにも思える。そして、キースの言葉で「なるがままにさせるといった、言わば否定的なこと、つまり単なる自分の意志から離れること」と表現されるこの音楽行為は、即興演奏のみでなくすべての療法的な音楽場面において必要なのかもしれない。心理療法的音楽療法として挙げられる諸技法（Smeijsters,

1999）においても、依拠する理論や立場を問わず療法音楽が意味を成すためには、演奏し、自分の出す音に耳を傾け、真に自分の発したい音のイメージを内面から沸き上がらせるプロセスと、音の表出の源となる遡及不可能な「欲望」にたどり着くこと、それに 'negative capability' を保ち不要な意図を排して音楽行為と一体となること等が必要で、そのような音楽のあり方に到達して初めて、セッションでの言語もまた一層意義を持つことになるのであろう。すなわちこのような音楽のあり方に到達することは心理療法としての音楽療法には必須でもあり、その上で、音楽療法士は、音楽が言語と対等に位置づけられるコミュニケーション手段であることを基本に据え、音楽を「聴き、理解し、語りかける」能力を駆使して治療の進むべき方向を定めてゆくことが要求されるであろう。

5. 精神病圏の音楽療法における音楽

(1) 陰性症状と音楽療法

次に、神経症水準よりも更に病態水準の低下した、精神病圏の音楽療法における音楽について考察する。前述したように代表として統合失調症を挙げる。音楽療法が用いられるのは主に急性期を過ぎて幻覚や妄想などの陽性症状が消退し、自閉や感情鈍麻、興味・関心の喪失などの陰性症状が前景となる慢性期・残遺状態であることが多いようである（馬場他, 2002, 2001; 村井他, 2000; Tang, et al, 1994）。これは統合失調症を対象とした音楽療法が慢性期でのみ有効ということではなく、たとえば拒絶が著しい急性期の例において打楽器での関わりを契機に回復に至ったという報告なども紹介されている（馬場他, 2001）。本論では、時に有効性の指摘される（Gold, et al, 2005）陰性症状に焦点を絞るが、それは実際に行なわれる音楽療法が陰性症状を対象とすることが多いという事実に基づくのみでなく、陰性症状は統合失調症の基本障害に密接なつながりを持つことがその理由の一つでもある。たとえば、Eyの器質力動論に言及している、陰性症状についての古茶の総説（古茶, 濱田, 2000）を参照すると、自閉とは正常時に存在する機能の弱化または消失に後続する、残存水準での再統合された機能の自立的な発展であり、その結果による空想世界への逃避が自閉であるという。自閉とは内面生活の相対的、絶対的優位を伴う現実からの遊離であり、外界の働きかけが患者にとっては敵対的なものと認知されて生じることや、内的緊張との関連を強く持つことは従来指摘されており（Bleuler, 1911; 村井, 1984）、言語的接近が時に内的緊張を増悪させることは臨床の現場ではしばしば体験される。しかし音楽は言語的接近と異なり、統合失調症患者にとって他の方法に比し非侵襲的で緊張感を増悪させずコミュニケーションを可能にする手段（Berruti, et al, 1993; Kortegaard, 1993）の一つであり、自閉という形しか取り得ない状況を変化させうる（村井, 1998）。言語的交流が可能ならば言語を介した様々な治療法によって陰性症状の改善が期待できる（浅野, 2000）が、病態水準が低下し

た例では言語的交流が困難なことが多く音楽療法のさらなる効果が期待される。また阪上（2001）は、統合失調症患者の音楽表現や作曲に関する文献を展望し、陰性症状としての統合失調症の基本障害を重篤に呈する病像においては、音楽表現の病的な形式変化が著明であり、病態の軽快と共に軽減することを指摘している。このように統合失調症患者の音楽特性が基本障害との関連を持つならば、音楽を介した治療的行為は、音楽特性の変化を来すことで統合失調症の基本障害の改善に寄与するであろう。そこで、まず統合失調症の音楽特性と認知障害に言及し、症例を呈示した後に音楽体験と基本障害に関連した精神病理学的議論を進めてみたい。

(2) 統合失調症の音楽特性と認知障害

統合失調症の病態と音楽との関連を議論している文献を簡略に展望すると、たとえばR. スタインバーグら（Steinberg and Raith, 1985）は、'a short polarity profile' の11項目によって統合失調症患者の音楽特性などを調査し、そのうち「熱がこもり緊張に満ちているか、非表現的で退屈でつまらないか」「プロ的か、アマチュア的か」「論理的で秩序立ちむらがないか、矛盾し偶発的で崩壊的か」の3項目で有意に特徴的であるとしている。すなわち統合失調症患者の音楽表現は、非表現的で退屈、よりアマチュア的で、矛盾し偶発的で崩壊的な傾向が見られ、不適切な感情表現や音楽論理・秩序に反する表現が多いという。また、M. パヴリチェヴィックら（Pavlicevic and Trevarthen, 1989）らは、統合失調症患者においては、即興の音楽表現の中での相互コミュニケーションが、うつ病患者に比べ確立しにくいことを報告している。レベル1（接触不能）、レベル2（一方的接触：患者は反応しない）、レベル3（微妙な反応を伴う接触）からレベル6（確立された相互接触）までの6段階で評価すると、統合失調症ではレベル1～2が多いとした。阪上（2001）は、患者の即興演奏の特徴を「音楽の有機的かつ自然な論理、および秩序の次元における変化」「反復、連続、簡素化の傾向と、無方向化、混沌化の傾向」「単なる形態上の変化にとどまらない、音楽的世界の位相変化」「すでに習得し、コード化された音楽能力の保持」の4点に集約し、さらに微小的演奏、融合的演奏、集中的演奏、反復的演奏の4つに分類して、認知論的、感情論的、および現象学的視点から考察している。ここではまず認知障害と音楽の関連についての若干の議論を試みる。

統合失調症の認知障害として指摘できるのは、フィルター障害仮説、セグメンタル・セット理論、コンテクスト利用の困難さ、近接仮説などである（木村他, 1990）。フィルター障害仮説とは、感覚系から入力される多量の情報のうち、特定の感覚チャンネルからの情報に対して選択的に注意を振り向ける能力の障害であり、この結果、反応のヒエラルキーの崩壊あるいは関連のあるものとないものの差異の消失によるゲシュタルトの崩壊というような認知の構造の解体した事態が考えられるという。ゲシュタルトとは要素に分割できず全体としてまとまりを持つ構造のことを指し（濱田, 1994）、音楽はまさにゲシュタルト性状を内包しており統合失調症の療法音楽を検討する際に重要な観点となる。次にセグメンタル・セット理論に触れると、

「セット」とは、ある反応に対する身構え、思考や知覚の方向付け、特定の対象に対する注意などの生体の準備状態を表す幅の広い概念であり、大別すると「メジャー・セット major set」と「セグメンタル・セット segmental set」に分けることができるという。「メジャー・セット」とは刺激全体に対する統合されたいわば健常な構えのことで、「セグメンタル・セット」とは一貫性がなく周縁的な刺激にとらわれやすい構えのことを指し、統合失調症患者では、メジャー・セットの維持が困難でセグメンタル・セットの侵入を受けやすいとしている。この結果統合失調症患者は、外部あるいは内部からの刺激に対して適切な構えを取ることが困難で、反応すべき刺激に焦点を合わせることができないとされ、D. シャコウはそのため統合失調症患者は外界及び内界を寸断する欲求があるとした。そしてコンテクスト利用の困難さとはL. J. チャップマンらが呈示した概念で、統合失調症患者は、言語的側面において語の優位な意味に反応し、コンテクストをうまく利用できないことが認められるという。さらにK. ザルツィンガーは、統合失調症患者の発語の規定するコンテクストが短いことを提示し、その行動は空間的・時間的に最も近い刺激に反応するものであるとして「近接仮説」を提唱した。

　これらの概念が患者の音楽体験と密接なつながりを持つことは直感できるであろう。しかしそれぞれの認知障害がどのような音楽的特性に対応しているのかを厳密に評価するのは大変困難である。そこで、2症例を呈示して、前項で触れた陰性症状との関連に触れながら認知障害と音楽特性の関連を浮かび上がらせることを試み、さらに精神病理学的観点を付加して音楽療法における音楽のあり方を考察する。なお、学術目的の病歴呈示については本人より許諾を得ているが、患者のプライバシーに配慮し論旨に影響のない範囲で改変してある。

(3) 症例呈示
〈症例1〉男性

　42歳頃より「体の全体的な違和感」や体のだるさや疼痛が生じ内科を受診したが異常はなかった。「違和感」は「何らかの病気のせい」と確信しており納得できなかった。徐々に閉居し始め、さらに「楽しい」感覚がなくなり不眠、胸腹部の疼痛、不安、体がだるい等が強まり自らの希望でX年（56歳）にA病院に入院した。しかし数週後本人は躊躇するも家族に退院を強く促され退院したが、退院翌日、自宅で大量服薬し救急病院に搬送された後A病院閉鎖病棟に転入院。

　身なりは不整で終日臥床し表情も硬く、質問にも短い返答しかなく緊迫感があった。運動療法や作業療法等への参加は拒否し棟外へ出ようとしなかった。種々の薬物を試みたが変化なかった。

　X+3年4月以降「体が重い」訴えが一層増悪したので、他の手段の心理社会的治療法の導入を検討しX+3年10月より個人音楽療法セッションを月に約2回の頻度で開始した。十数年前の流行歌を中心に3〜4曲を選曲し、筆者のピアノ伴奏で歌唱を行なった。

当初は機械的に1曲につき1回ずつ小声で歌うのみで歌唱以外の発語はほとんどなかったが、X+4年1月頃より「気持ちが明るくなってきた」と訴えた。運動療法をすすめると拒否せず開始、しかし開放病棟への転棟は拒否。2月のセッションでは声も大きくリズムも正確になり、歌曲の希望を挙げ「もう一度歌いたい」と口にするなど積極的で歌も上手になった。4月にはメロディを弾かない伴奏を試みたが可能となった。1番2番で誤っていたリズムを3番で自発的に修正して歌うなどの応用力も出現。5月「気力がでてきた」と訴え、6月には病棟のグループ買い物に参加し「懐かしかった、楽しかった」と喜びを表出、7月には開放病棟へ転棟。8月「2年前は体全体が重かったが、今は足が重い」と訴えが変化。淡々と歌唱するのみではなく、伴奏に即興的なブレイクやカウンターメロディを挿入するとそれに歌い方を変えて反応を示し、歌詞に関連して元気だった頃やスポーツの体験、自らの内面、時節の話題などを語るようになった。10月棟外の作業療法に参加、「体の重さ」は「前ほどマイナスに考えないようになって元気が出てきた」と訴え自ら単独で外出し、電車に乗って買い物に出かけ「電車は4年ぶりに乗った」と笑顔で語り、「テレビも前は集中して見られなかったが今は夢中になれる」と楽しそうに語っていた。

〈症例2〉男性
　家業手伝いをしていたが徐々に自閉的となり無為となった。Y年（60歳）10月家族が本人を連れてB病院を受診し同日入院。着衣は汚れ身なりは不整で、発症から相当経過した統合失調症と診断された。入浴も拒否し著しく無為・自閉的で作業療法や病院の行事への参加は拒否。薬物は種々変更を試みたが変化はなかった。Y+5年5月に母親が死去した際も特に興味を示さなかった。
　しかし、音楽の話題になると「音楽は好き」「10人くらい好きな歌手がいる」などと断片的に語るので詳しく聞いたところ、歌手や歌曲の題名は挙げられないが問いかけに答える形で「美空ひばり、村田英雄は好き」「『上を向いて歩こう』は好きじゃない」「『北国の春』は好き」等の返答が得られるので、発動性の向上を目指し同年4月より個人音楽療法を開始した。
　Y+7年4月の初回セッションでは十数～数十年前の流行歌などを選び、筆者の伴奏で歌ってもらう形態をとった。ごく小さな声で歌い、1曲ごとに感想を問うと「この曲は良いですね」「これは好きじゃない」という程度の返答があった。4月中の誘いは拒否し、5月に再度誘うと拒否しなかった。以降しばらくは歌うことはほとんどなかったが、演奏に合わせて歌詞を眺め1番2番……と曲の進行に沿って自らページをめくることはあり、演奏終了後「良いねえ」と満面の笑みを浮かべることもあった。7月、第6回のセッション時に唐突に「ピアノくらいは弾けるようになりたい」と自ら発言、左手（左利き）人差し指でF_4～B_4の鍵盤を弾き始めた。家族によるとピアノ演奏の経験はないという。8月、第7回時にも自らピアノを弾こうとするので『黒田節』のメロディと歌詞を並べて記入した紙を用意し、鍵盤に

第5章　精神科の音楽療法における音楽について

音名を記したシールを貼って練習を開始。並行して歌曲の歌詞を用意し筆者が演奏することも続けた。ピアノの練習に対する関心の強さには変動があったが徐々に最初の4小節程度は『黒田節』のメロディを弾けるようになった。11月第11回、ピアノ練習中突然「他の曲はないですか？」と言い、自発的に指一本でピアノを即興で弾き始めたので、ギターで伴奏をつけた。患者の弾く簡単なメロディがギターの伴奏のリズムと合う瞬間もあった。12月の第13回のセッションまでは、ピアノの練習や即興、歌曲のピアノ演奏の聴取を並行して行なったが、楽しそうで積極的な様子が見られた。筆者の都合により、その後約1ヶ月セッションの予定が空いた。

Y+8年2月〜3月、第14回のセッションに数回誘ったが「気乗りがしない」と拒否した。ピアノを弾かなければいけないと考え負担を感じる様子があったため「聴きに来るだけでかまわない」と何度も説明したが理解に時間を要した。4月にも数週前から「27日にセッションをやりましょう」と何度か伝えていたが、同日に他の用件が入り中止となり、その旨を直接伝えたところ不満そうな様子が見られたので「楽しみにしていたのか？」と問うと小さくうなずいた。5月、歌曲を数曲用意し「聴いているだけで良い」旨を繰り返して第14回のセッションを開始した。

1曲目『人生劇場』を弾いたがあまり関心を向けず周囲を気にし、終了後も感情の表出が乏しかったため、演奏でコミュニケートすることを意識し表情豊かな演奏を目指した。2曲目『別れの一本杉』を、平易さと正確なリズム、グルーブ感などの音楽の生き生きとした要素を重視し感情のコミュニケートを意図しながら弾いたところ少し集中して聴いていた。3曲目『影を慕いて』が終わると表情が穏やかになり笑顔の表出が増えた。「兄の子が、自己流って言うんですか、何でも（ピアノで）弾いちゃうんですよ」と自発的に話し出した。4曲目『岸壁の母』では、自ら歌詞を手に取り目で追っていた。「よく歌番組を見ていた」と自発的な発言もあった。「いつ頃？」「どんな歌を聴いた？」などの質問には答えられないが終始笑顔であった。5曲目『銀座の恋の物語』では、曲名はあまり知らない様子であったが弾き出すとよく聴いていて終わると満面の笑みを表出した。6曲目『影を慕いて』を再演奏後、やはり満面の笑み。「もう一度何か弾きますか？」と問うと、『岸壁の母』を自ら即座に挙げた。7曲目、2度目の『岸壁の母』の後もやはり同様の反応を示して「聴くのは簡単だけど、弾くのは難しい」と繰り返し、弾けるようになりたい気持ちが窺えた。「もう一度何か弾きますか」と問うと「やっぱり人生劇場」と即座に自発的に挙げた。8曲目『人生劇場』終了後満足した様子を見せ「退院したいんだよね」と笑顔で語っていた。

この時期は、曲に関連した話題であっても本人の話したい方向と少しでも違うと黙ってしまうが、本人の思考の進む方向と合うと表出が増加するようであった。9月（第18回）には「しばらく会ってないと会いたくなっちゃうね」と家族のことをぽつりと話題にし、10月（第20回）には「両親いないと寂しいね」と初めての寂しさの表出がみられた。この頃よりピアノ及びCD聴取が活動の中心になり、徐々に歌唱も行なうようになった。

Y+9年3月（第27回）には『岸壁の母』CD聴取中に少し泣き、聴取後両親の話を自発的にし始め、視線が合い話したがる様子がみられた。5月の第31回では『岸壁の母』（CD聴取）後明らかに流涙し「両親亡くなって寂しい」と明瞭に述べ、「感動する」「じーんとくる」などと笑顔で語った。同年の秋頃、今の季節を問うと「秋」（春夏秋冬のどれか？　という問いに）と答えた。それまでは、季節を問うと「わからない」という返答が多かった。

Y+10年7月（第65回）には到着するなり聴取開始し音楽に夢中でしっかりした声で歌唱を行ない、8月（第68回）には「音楽を聴いている間はつまらないことを考えなくなる。聴いて戻るとまたつまらないことが浮かんでくる」と繰り返すので、つまらないこととは何かと問うと「人とどうやってしゃべったらいいか、とか」と具体的に表現した。この頃には、拒否されないよう特段の配慮をもって会話をすすめる必要は既になくなっていた。9月（第71回）には「私はこだわる癖があって、人に何かいやなことを言われると頭から離れないんですよ。それが気分が変わる」と、対人場面での緊迫感の生じるプロセスについての発言も初めてみられた。面接時には「誰かと話したいな、と思う。年配者の方が気が合うんだよね。」「前は思わなかった。最近（その気持ちが）強くなった」と語った。同時期、看護者によると、他患に頼まれ背中を拭いてあげる場面が見られたという。10月には、音楽療法を始めて数年経つが変わったところはあるか？　と問うと「物事に積極的になった。今まではおっくうで。」と答えた。

(4) 考察

症例1は、数年の前駆症の後、体感異常と心気妄想が増悪し、それらが残存したまま人格変化を来し残遺状態へ移行した統合失調症と思われる。抑うつ気分に乏しい発動性低下を認め、自らの人格変化に対する主観的苦痛もある。興味・関心の低下が著しく快楽消失を来し、易疲労感や集中力低下も強く、一部はG. フーバーら (Huber, et al, 1979) のいう基底症状や純粋欠陥にも重なる。内的緊張がうかがわれ自閉的で、作業療法や運動療法も拒否し薬物も奏功せず、病像は固定しつつあるようにもみえた。しかし音楽療法の導入以降、音楽場面での変化と並行して拒絶傾向の軽減、情動や表情の豊かさの回復、発動性の向上、体感異常に対する苦痛の軽減など、諸症状の改善がみられた。音楽療法の導入以外には、薬物の変更もなく他の新規な治療技法の導入もない。音楽療法場面の変化と諸症状の改善が並行していることからも、音楽療法が病状の改善に有効であった可能性が高い。これらの症状の一部に対しては、近年では非定型抗精神病薬の効果が認められつつあるが、未だに薬物が奏効しにくく音楽療法のさらなる可能性が期待される側面である。ちなみに、フーバーらも受容的・支持的な心理社会的治療による純粋欠陥・基底症状の改善の可能性に言及している。

この例の療法場面での歌唱を振り返ると、当初はただ機械的に、小声で歌詞を「唱える」様な歌い方であり、しかも用意した歌曲を律儀に1番2番……の順に辿

るのみで決して途中で止めたり戻ったりはせず、一度歌った歌曲は同一セッションでは二度と歌わないなど病的合理主義を彷彿させた。その歌唱の単調さは、歌曲が本来持つ情緒的な要素が失われ、抑揚や起承転結のようないわば音楽的なコンテクストが無視されており、ゲシュタルトが完全に崩壊しているわけではないにしても音楽としては特異な形態を成していた。それがセッションを繰り返すにつれ、歌われるメロディが生き生きとし始めリズムの応用力がつき適切な感情移入がなされ、伴奏の即興的な変化にも反応がみられるなど音楽表現が豊かになっていった。すなわち、表現される歌唱が歌曲としてのゲシュタルトを取り戻し、音楽的な文脈が再現されるなど前述した認知障害の反映の窺われる音楽特性が変化してきており、並行して陰性症状を中心とした病像が改善されてきている。音楽的プロセスが当該疾患の治癒のプロセスを表しているとみることも可能で、アナロジー（Smeijsters, 1999）を成しているともいえる。臨床観察上は、厳密には認知よりも表出を中心に変化がみられたわけであり、認知障害の改善を指摘するのは困難だが、音楽表出に対する認知障害の影響が皆無ではあり得ずむしろ密接な関連を持つと思われ、認知が変化した可能性は検討に値するかもしれない。

　本人は寡言でなかなか内面を語らないが、後にセッション時にどのような気持ちで歌唱に臨んでいたかを問うと「若い頃にスナックで歌ったことがあるが、その時とは違う感じだった。」「伴奏に負けないよう頑張って歌おう、という気持ちになった。」「勇気が出てきた。」などと表現した。一方で筆者の伴奏にも患者の歌唱に合わせた変遷があったように思う。当初はなるべく単純に平易に、しかし患者のそのままのあり方を受容し肯定する気持ちを込めて伴奏した。そして患者の歌唱の表現が徐々に豊かになるにつれ、それに相応して患者の音楽的レベルの少し上の技量を要する表現を随時引き出そうとし、意図せずともカウンターメロディやブレイクなどの音楽的な遊びを取り入れたり、より生き生きとした音楽を仕上げるよう和声やリズム、グルーブなどを工夫していった。

　簡略にまとめると、当初は内的緊張が強く拒絶的で接触が困難であった例が、音楽療法によって内的緊張の増悪をきたさずにコミュニケーションが可能になり、音楽行為を介して自発性や自信と「勇気」を取り戻し、健康な側面が回復していったということのようである。このように、他のコミュニケーション手段では接近の困難な統合失調症例に対し音楽がコミュニケーションを成立させ、それを機に内的緊張が低下して自閉が解かれて諸症状が変化して行く過程は、統合失調症を対象とした音楽療法によってもたらされる典型的なプロセスの一つかもしれない。また別の視点でみると、患者の陰性症状や内的緊張に配慮し受容と肯定の姿勢を貫きつつも一部には無理なく乗り越えられる課題を呈示してゆき、「できているところを賞賛する」という慢性障害のリハビリテーションの基本的なスタンスを踏まえ、そのコンセプトを音楽に翻訳しながら進められた側面もある。なお、この例は発動性の向上が達成され種々の社会機能が再獲得されたため約2年間の活動をもって音楽療法は終結しその後退院した。

症例2はやはり強い陰性症状が前景の統合失調症の患者である。思考内容が著しく貧困で無為や自閉、興味・関心の低下もきわめて強く重症度が高い。症例1と同様に作業療法などのあらゆる接近を拒否したが、音楽には一抹の興味を抱いておりかろうじて音楽療法につながった。この点は症例1と同様で、陰性症状・内的緊張の強い患者にとって音楽が侵襲的でないメッセージになりえたようである。しかし症例1よりも病前の社会適応も低く諸機能の低下が著しく、変動も強く意欲にむらがあり飽きやすく、音楽に注意を集中するのが困難な場面も多く一定の頻度や構造でのセッションを継続することが困難であった。それでも、セッションを繰り返すにつれ緊迫感が軽減し発語が増え、表情が豊かになり内面を語るようになり、積極性の増大を自覚し始めた。また、季節やセッションの日時についての質問などに正答するようになり、根底に意識障害や見当識障害があったわけではないので、自閉の軽減と同時に時間への指向性が回復したようにもみえる。

　この例の音楽的側面に言及すると、初期には、たとえば歌曲の前奏や間奏を原曲の構成・長さの通りに弾くと、その途中で明らかに関心が薄れたり、筆者が音楽的な豊かさを求めて（結果としては表面的であったのだが）間奏で一時的に転調を行なうなどすると容易に混乱する様子があった。また、たとえば健常者ではメロディの3度上もしくは下の音を同時に奏するなどのハーモニーを付加しても、ほとんどの場合は惑わされることなく主旋律を認知できるが、この例ではよく覚えている歌曲でもメロディの3度下の音を付加して演奏すると容易に混乱を来しストレスとなりすぐに飽きてしまうようであった。これらの、音楽への集中ができず周囲の刺激などにも容易に反応する様子や、主旋律など音楽の「意味」を成す要素に注意が集中できないなどの選択的な注意の移ろいやすさ、メジャー・セットが維持できず楽曲の全体像を捉えることの困難さ、前奏や間奏、転調などの音楽的コンテクストの理解の困難さ、3度下のありふれたハーモニーが付加されるとその近接の刺激にも反応し容易にメロディが認知できなくなる様子などの音楽体験は、前述した認知障害を照合して考察すると理解が深まるようにみえる。

　転機となったのは症例呈示中に触れた第14回のセッションであると思う。それまで約5ヶ月間セッションを拒否しながらも一部にはセッションに対する関心が残っており、かろうじて音楽を介した症例とのつながりが保たれていた。その空白の期間筆者は、それまでとは何かを変えたセッションを行なわなければこの患者の心は離れてしまうのでは、という懸念を終始抱き続け、意図せずとも考察を進めていたようである。しかしたとえば物理的に会場を飾り立てるなどの「仕掛け」をしようという考えは生じなかった。統合失調症患者は治療者の皮相的な意図は大変鋭敏に察知し、かえって拒絶を強めることも多いからでもある。筆者はまず無意識に、前述のような認知障害を追体験し始めたように思う。一般に統合失調症の患者に接する時、患者の主観的体験をありありと心に描き可能な範囲で追体験し、安全保障感を付与しつつ簡潔明瞭にポイントを絞って言葉をかけることなどが原則であるが、それらを踏まえながら、その病態や認知障害に配慮し患者が混乱を来たさない

ように過剰な情報や複雑な音楽的文脈を避け、簡潔明瞭な演奏を試みた。そしてその自閉を生じさせている内的緊張に配慮し、音楽が肯定的なメッセージとなり心理的負荷を感じずにコミュニケーションが成立するよう心掛けた。このセッション以降、徐々に音楽療法参加の意欲が高まり、変動はあるも特段の配慮がなくともセッションが自然に進行するようになり、並行して諸症状の軽減がみられた。

統合失調症の、生物学的・心理学的・実存的次元で複合して形成された病態を突破して音楽を患者の心に届けるには、まずは第一義的に、情報処理が追いつかず入力刺激の取捨選択が不得手な病態を理解して、接近や関わりが侵襲的なものとならないよう簡潔明瞭な伝達を行なうことが重要なのは自明であろう。しかしそれは、たとえば子供の音楽教育で用いられる平易な歌曲や単純な和音を用いるというものとは質的に異なる。患者の個性や病態、音楽歴などに応じて、複雑な和声を適宜避け簡潔明瞭な音楽表現を用いることもあれば逆に必要に応じて音楽的に修飾を施したり、和音に一層の音楽的豊かさを付与する厳選された一音（それがある瞬間には7thや9th、13thであったりなど様々であろう）を加えるなど、患者の反応に相応して臨機応変に表現を変化させられる音楽的な深みや独創性が要求される。

それに加えて根底に必要なのは、たとえ音楽的には簡潔明瞭であっても、ある種の強さや美しさに貫かれていなければいけないということである。これは症例2の第14回のセッション場面をはじめとして呈示した症例などから感じえたことでもある。いうなれば演奏・伴奏の「気合い」「コミュニケートするんだ、伝えるんだ」というような気持ちの強さが非常に重要な意味を持つように思う。すなわち、そういった強い気持ちのこもった音楽を介して初めてコミュニケーションが成立し、それを糸口にまるで細い糸をたぐるようにわずかに残された思考経路をたどって行くと、感情の表出や自発的な発言が増えたり演奏に興味を示す発言がみられるようになる。それは、他の手段では動かなかったにもかかわらず、音楽がストレートに患者の心の中心にある core のようなものに届いて患者の中で何かが動き出すというプロセスであり、このようなプロセスが統合失調症の音楽療法の核心の一つをなしているようである。

この点についての議論は音楽の審美性にもつながりがあると思われるので、まず阪上の議論を参照する。阪上は、丹野の合奏療法における患者の変化について、それが「審美的な音楽体験の中で起こっている」ことを強調し、音楽療法においてそのような審美的体験が治療の中心にあるとしている（阪上, 1998）。そして審美的という意味は、たんに「美しく共鳴した音楽」や「リズム的にノッた音楽」ではなくそこで展開されている音楽が〈自らの生きている感覚にきわめてリアルに触れるもの〉であり、たとえ聴取的な方法においても患者自身の音楽聴取体験の〈生きている度合い〉が治療の成否を決定するとしている。 また、音楽療法においては、音楽が本来的にもつこのような「言語を絶する次元」が核心的意義を担うものとし、音楽療法がその方法の中心に〈音楽〉をもつ以上、このような音楽本来の「語りえない力」は、つねに治療プロセスのなかで枢要な位置を占めているはずとした（阪

上, 2001)。本論で呈示した症例の音楽療法における筆者の伴奏・演奏、音楽体験が、阪上の指摘するような「語りえない力」を持っていたかどうかはわからないが、療法場面でそういった音楽の強さ・美しさが必要だと直感し、強く、毅然とした美しさを持った表現を志向したのは事実である。やはり音楽を用いる以上、言語化不可能な音楽の「語りえない力」としか言いようのない要素が重要なのは疑いの余地はなく、これは、比喩的に表現すると音楽が「命」を持っていなければならないということでもある。芸術音楽の世界では「命」を持たない音楽は存在しえないであろうが、それは療法音楽でも全く同様である。

こういった音楽体験の審美性やその迫真性の、統合失調症の病態への影響についての検討は非常に重要だが未だ不明な点が多く、前述した音楽特性や認知障害のみで語り尽くせるわけではない。そこでさらに、統合失調症の基本障害に関する精神病理学的観点と音楽心理学的知見を参照して今少し議論を進める。ここではW. ブランケンブルグの「自然な自明性の喪失」（Blankenburg, 1971）および木村敏の「アンテ・フェストゥム的意識」（木村, 1982）とL. B. マイヤー（Meyer, 1956, 再録 1994）の音楽心理学的議論を参照し考察してみたい。

自然な自明性の喪失については、ブランケンブルグが症例アンネを基に「アンネは、朝がやってくるたびに《いつもなにもかもがまるで違って》感じるのだと訴えていた。……個々の物事が変化しているわけではないし、前の日のいろいろな出来事はよく覚えているのに、ただこれらすべてのものがそこにおさまっている枠組が毎朝別のものになってしまうのだという。彼女は明らかに、過去との連続性の欠如を、しかも右に述べたような特別なあり方での連続性の欠如を来しているのである。」と記している。彼はこれを「現存在の連続性を作り出す契機が、つまり《現存在が、何事もなくその日その日を生きていくことにおいて、彼の毎日の継続の中で「時間的に」伸展しているということ》（ハイデッガー）が脅かされており、このことだけですでに世界の世界性の変化を意味している。」としている。いわば日常生活での体験が、程度の差はあれすべて初めての経験であるかのような不安、緊張や恐怖を伴うものとなっている。統合失調症のクライエントと関わる際に、程度の差はあれ根底にこのような障害を想定すると共感が幾分か容易になることは実感されるであろう。また、木村敏のいう「アンテ・フェストゥム的意識」も類似の病態を指すようである。長くなるが一部を引用すると、

「分裂病の患者は、常に未来を先取りし、現在よりも一歩先を読もうとしている。……そして『自己性とは、実存論的には《本来的に自己自身でありうること》』であり、『現存在が自己自身で《ありうる》という仕方で自己自身へと到来する、その到来』が、『将来』という時間様態の意味なのである。……自己は自己であり続けるためには、そのつど新たに自己にならねばならぬ。この『自己になる』という契機を可能にしているのが、将来的未来ともいうべきこの時間様態なのである。しかし、未来がこのようにして将来的未来であり続けるためには、つまり

未来が『自己自身へ到来すること』の意味を持ちうるためには、そのような自己への到来に先立って、つねにあらかじめ自己が自己でなくてはならないだろう。……分裂病者においてうまく行っていないのは、『そのつどすでにそのようにあった』被投性ないし事実性を引き受けるということなのである。だから分裂病者においては、『自己自身に先立つこと』が十分に『自己自身に到来すること』としての将来的な意味をもってこない。分裂病者のアンテ・フェストゥム的未来が真の実存的自己実現に結実しえないのは、それが将来性を失った未来にとどまるからだ、といってもよいだろう。」

等と記されている。平易な表現を試みれば、時間体験の連続性が希薄になり自我意識の障害がもたらされ「将来に何が待ち受けているのか予測不可能」な状態が持続されるといったような体験であろうか。

ここで音楽心理学的論考を参照すると、マイヤーはまず、音楽体験に限定されない感情一般の心理学的論考を展開し

「将来のコースがわからない状態が始まると、それを明らかにしたいという強い心理的傾向が生じ、それは直ちに感情になる。それにもかかわらずわからない状態が続けば、人は疑いを持ち、確信のない状態へと投げ込まれることになる。その人は自分が状況をコントロールできないと感じ始め、自分が持っていると思いこんでいた知識に基づいた行動が出来なくなる。要するに不安、あるいは恐怖をすら感じ始める（もっとも、恐怖の対象は何もないのだが）。」

と述べている。統合失調症とは直接関連はないのだが、ここで述べられる体験は前述した「自然な自明性の喪失」や「アンテ・フェストゥム的意識」と共通点が多いようにみえる。そして、音楽がそういった不安および緊張を解決するプロセスを次のように述べている。

「……音楽で経験する不安による緊張は、実生活で経験する不安による緊張と非常によく似ている。実生活でも音楽でも情動は本質的に同じ刺激状況から生じる。すなわち、わからない状態であること、事象が将来どうなるかがわからないために行動できないことである。これらの音楽経験は演劇や実生活それ自体の経験と非常に類似しているので、特に力強く、効果的に感じられることが多い。……不安による緊張を経験すれば、運命の神秘的な力の前では人間はとるに足らず、無力であると感じるようになる。……音楽においても同様に、不安による緊張には未知のものに直面した人間が、自分の無力さを自覚することが含まれている。……日常の経験では、傾向の抑制によって生じた緊張は解決されないことが多い。そのような緊張は、無関係な出来事の洪水の中にまぎれてしまうのみである。この意味で日常経験は無意味で偶発的である。一方、芸術では傾向の抑制は意味を

もつ。それは傾向とその必然的な解決の関係が明らかにされているからである。傾向は単に存在しなくなるのではない。傾向は解決され、結論を出すのである。……音楽では、同じ刺激、すなわち音楽が傾向を引き起こし、その傾向を抑制し、さらに意味のある解決をもたらすのである」。

　マイヤーはまた、音楽体験において「自我は文字通り音楽の自我と置き換わってしまう」とも述べており、これらと統合失調症の基本障害を照合すると、審美的で迫真性を伴う圧倒的な音楽体験は、自然な自明性を喪失した危機的事態を来している患者の自我を取り込み、他のものに拡散させることなくそこに意味のある正当な解決を提供し、その結果その危機的事態を多少なりとも変容させることが出来るのかもしれない。統合失調症の音楽療法でとりわけ自閉の軽減が指摘されるのは、このように危機的事態を変容させそれに伴う不安、緊張、恐怖を軽減させ、その結果、器質力動論的なメカニズムで自閉以外の手段の選択肢を取ることを可能にするからなのかもしれない。統合失調症の音楽療法では既成曲の使用が多く（村井, 他, 2000）、即興についてはたとえば阪上（1994）が「分裂病者の治療を考える場合には、即興の力は限りなく小さいというべきなのかもしれない」と述べている（なお阪上はそれでも即興の可能性を否定してはいないが）ように、即興は既成曲の再現とは異なり時間体験を自ら構築してゆく側面があるので、スタインバーグの報告にみられるように、明らかな方向付けを提供しない状況下では演奏の自由度が高まるほど偶発的・崩壊的になるのであろう。これらのことも踏まえると、統合失調症の病態に対する音楽体験の影響について、以下の如くまとめることも可能かもしれない。

　すなわち、単に音楽が意欲を賦活するならば即興を用いた場合でも自閉の軽減などもみられるはずだが、実際には即興音楽療法による自閉の改善は症例2でもこれまでの報告でも明らかではなく、むしろ治療効果よりも統合失調症の基本障害の表現病理として意義が大きいのかもしれない。一方、統合失調症の音楽療法では既成曲が用いられることが多く陰性症状の軽減が指摘されているが、症例でも既成の音楽を用いた体験の継続の中で自閉が軽減している。患者本人の好む既成曲（概ね平易な音楽構造を成していて、抑制と解決が用意されている）は、即興音楽とは異なり患者内に音楽体験として記憶され保持されている。それは統合失調症の患者の内界に残存する、アンテ・フェストゥム的でない時間構造の保持された数少ない体験の1つといえる。すなわち、意味のある正当な解決を提供しうる濃密な音楽体験が、自然な自明性の喪失やアンテ・フェストゥム的意識などの、時間の連続性が断絶し将来の予測の不可能な、不安・緊張・恐怖をもたらす事態に影響を及ぼし、再統合された機能の器質力動論的な自立的発展の方向に変化をもたらして自閉を軽減する可能性があるのではないか。

　音楽に生来潜在するこの圧倒的な力を発揮させるためには、阪上（1998）が「音楽療法士の能力が、音楽を自在に駆使し、しかも自らの現実に鋭敏であることを通して〈音楽をどれだけリアルなものにできるか〉にかかっている」としているよう

に、音楽療法士に「命」を持つ音楽体験を提供する能力が要求される。このように音楽の力を最大限に発揮させることこそが音楽療法の特異性を高めることを常に念頭に置くべきなのだろう。

6. まとめ

(1) 音楽の起源の一説を参照し、音楽が質的には言語に匹敵するコミュニケーション手段であることを再確認した。
(2) 精神科の音楽療法における音楽／言語の比率を病態水準との関連から検討し、健常者〜神経症圏と精神病圏に分けて考察した。
(3) 健常者〜神経症圏については、即興演奏に関するキース・ジャレットの議論を引用して、内面を反映した即興演奏の生まれるプロセスについて議論し'negative capability'との関連に触れた。
(4) 精神病圏については、統合失調症例を呈示して陰性症状や認知障害との関連を議論し、精神病理学的知見と音楽心理学的知見を参照して考察した。

参考文献

Berruti, G., Puente, G. D., Gatti, R., et al. (1993). Description of an Experience in Music Therapy Carried Out at the Department of Psychiatry of the University of Genoa. In M. Heal and T. Wigram(ed.), Music Therapy in Health and Education. Jessica Kingsley Publishers, London.（村井靖児監訳，蓑田洋子訳：精神保健及教育分野における音楽療法．音楽之友社，東京，pp.104-111, 2000）

Blankenburg, W. (1971). Der Verlust der natulichen Selbstverstandlichkeit. Ein Beitrag zur psychopathologie symptomarmer Schizophrenien. Ferdinand Enke Verlag, Stuttgart.（木村 敏他訳：自明性の喪失―分裂病の現象学．みすず書房，東京，1978）

Bleuler, E. (1911). Dementia praecox oder Gruppe der Schizophrenen. Leipzig, Deuticke.（飯田 真他訳：早発性痴呆または精神分裂病群．医学書院，東京，1974）

Bruscia, K. E. (1987). Improvisational Models of Music Therapy. Charles C Thomas Publisher.（林 庸二監訳：即興音楽療法の諸理論（上）．人間と歴史社，東京，1999）

Freud, S. (1940). Gesammelte Werke, Bd. XI, XV. Imago Publishing, London.（高橋義孝，下坂幸三訳：精神分析入門．新潮社，東京，1977）

Gold, C., Heldal, T. O., Dahle, T., Wigram, T. (2005). Music therapy for schizophrenia or schizophrenia-like illnesses. Cochrane Database Syst Rev, 18.

Huber, G., Gross G., Schuttler R. (1979). Schizophrenie: Verlaufs und sozialpsychiatrische Langzeituntersuchungen an den 1945-1959 in Bonn hospitaliosierten schizphrenen Kranken. Springer-Verlag, Berlin.

Jarrett, K. (1989). 音楽のすべてを語る. MY EXPERIENCE: MY FEROCIOUS LONGING. 立東社, 東京.

Kortegaard, H. M. (1993). Music Therapy in the Psychodynamic Treatment of Schizophrenia. In: M. Heal, and T.Wigram(ed.), Music Therapy in Health and Education. Jessica Kingsley Publishers, London. (村井靖児監訳, 蓑田洋子訳：精神保健及び教育分野における音楽療法. 音楽之友社, 東京, pp.90-103, 2000)

Margulies, A. (1984). Toward empathy: the uses of wonder. Am J. Psychiatry 141: 1025-1033.

Meyer, L. B. (1994). Emotion and Meaning in Music. In R. Aiello(ed.), Musical Perceptions. (大串健吾監訳：音楽の認知心理学. 誠信書房, 東京, pp.3-45. 1998)

Pavlicevic, M and Trevarthen, C. (1989). A musical assessment of psychiatric states in adults. Psychopathology, 22(6); 325-334.

Ruud, E. (1992). MUSIC THERAPY and its Relationship to CURRENT TREATMENT THEORIES. Magnamusic-Baton, St. Louis, 1980. (村井靖児訳：音楽療法―理論と背景―. ユリシス・出版部, 東京, 1992)

Smeijsters, H. (1996). Methoden der Psychotherapeutischen Musiktherapie. In H. Decker-Voigt, P. J. Knill, E.Weymann(eds), Lexikon Musiktherapie. Hongrefe-Verlag, Gottingen, Bern,Toronto, Seatlle. (阪上正巳他訳：音楽療法事典. pp.326-337, 人間と歴史社, 東京, 1999)

Steinberg, R. and Raith, L. (1985). Music Psychopathology Ⅲ. Psychopathology. 18; 274-285.

Storr, A. (1992). Music and The Mind. Harper Collins Publishers. (佐藤由紀他訳：音楽する精神. 人はなぜ音楽を聴くのか？. 白揚社, 東京, 1994)

Tang, W., Yao, X., and Zheng, Z. (1994). Rehabilitative Effect of Music Therapy for Residual Schizophrenia. A One-Month Randomized Controlled Trial. Shanghai. Br. J. Psychiatry, 165(suppl. 24); 38-44.

浅野弘毅（2000）. 陰性症状の心理社会的治療. 精神医学レビュー, no.37: 86-92.

木村 敏（1982）. 時間と自己. 中央公論新社, 東京.

木村 敏, 松下正明, 岸本英爾編（1990）. 精神分裂病―基礎と臨床―, 朝倉書店, 東京.

古茶大樹, 濱田秀伯（2000）. 精神分裂病の陰性症状―その歴史と概念―精神医学レビュー, No.37, pp.5-13, ライフ・サイエンス, 東京.

阪上正巳（2001）. 音楽療法におけるイメージと言語. 日本芸術療法学会誌, 32: 73-78.

阪上正巳（2001）. 分裂病者の音楽表現に関する精神病理学的研究. 国立音楽大学音楽研究所年報第15集. pp.1-49.

阪上正巳（1998）. 音楽療法の理論と展開. 芸術療法1 理論編, pp.203-204, 岩崎学術出版社, 東京.

阪上正巳（1994）. 音楽療法における「即興」の有用性とその限界. 音楽療法 4: 31-43.

濱田秀伯（1994）. 精神症候学. 弘文堂, 東京.

馬場 存, 屋田治美, 内野久美子他（2002）. 精神分裂病慢性期における音楽療法の効果. 精神科治療学, 17, pp.581-587, 2002.

馬場 存, 久江洋企, 島内智子他（2001）. 精神分裂病の音楽療法. 芸術療法と表現病理（臨床精神医学増刊号）: 65-70.

牧野英一郎（1991）. 日本人のための音楽療法―伝統的な音との関わり方を出発点として―. 日本バイオミュージック研究会誌, 6: 62-71.

村井靖児（2001）. 精神治療における音楽療法をめぐって. 音楽之友社, 東

京.

村井靖児,阪上正巳,馬場 存他(2000).わが国の音楽療法の実態に関する研究―全音連認定音楽療法士を対象としたアンケート結果から―.国立音楽大学音楽研究所年報第14集:35-62.

村井靖児(1998).音楽療法からみた分裂病の回復過程.精神科治療学,13(10);1225-1231.

村井靖児(1984).慢性精神分裂病者のMental Tempo.慶應医学,61(4);377-390.

森山成彬(2001).創造行為とnegative capability.芸術療法と表現病理(臨床精神医学増刊号);191-195.

高齢者領域の音楽療法のねらいは どこにあるのか
──岐阜県音楽療法士の事例集を通した考察

門間陽子
Yoko Momma

はじめに

　筆者も含めて、多くのひとが、「老い」を他人事でとらえている。例えば、「80歳を過ぎても老後のために蓄えをする」、「頭に描いた自分の姿とカガミに映った姿は大違い」など、老いに当面した本人ですら、幾つになっても、"若さを保つ美容法や健康法"などを実践しながら老いに抵抗し続ける人が少なくない。

　筆者も高齢者の音楽療法を始めた頃は高齢者自体を知らなかった。30歳代であった当時は、自分の老いと重なることもなく、周囲の老人の姿を比較的素直に受け入れ、活動の目標を設定し、音楽療法を行なっていた。その頃の音楽活動のねらいは「生活のゆとり」「集団で活動する喜び」「個人の今までの人生の確認」「知的刺激」「情緒の安定が持てる場」としていた。当時は高齢者の音楽療法に関わっている人も、高齢関係の音楽療法の書籍も少なかった。そうした状況だったので、分からないながらも、自分の目と感覚で相手をしっかり見て、相手の状況や心情をキャッチすることに真剣であった。

　平成10年度の厚生科学研究（「わが国の音楽療法の実態に関する研究」村井靖児他）によると、音楽療法実践家の4割が高齢者に関わっている。さらに疾患別に分けると認知症が45％、脳血管障害が26％で、約7割前後が認知症の高齢者に対する音楽療法を実践していると推察される。

　平成11年度、同上の報告によると、高齢者領域の活動目的は、対人関係能力の向上13.4％、情緒の安定8.5％、意欲の向上8.1％、感情表出7.1％、集中力の向上4.2％、認知能力の向上3.9％となっている。

　現在では高齢者領域の音楽療法関係の書籍は巷に溢れるようになった。しかし、その種の本を読んでみると、高齢者領域に関わっている音楽療法士にも「老いの他者性」意識があるのではないかと思われる。もっと端的に言うと、「現在の高齢者の音楽療法の活動のねらいと言われている内容は、音楽療法士の皆さんも本当にこれでよいと思っているのだろうか」という疑問である。現在のような活動なら、私は「積極的には音楽療法を受けたくない」というのが本音であるが、このような仕事をしている者がそんなことを言ってはいられない。

　そこで、今回はかつて国立音楽大学音楽研究所主催の講座で「高齢者領域の音楽

療法」を担当した者として、この領域のねらいを少し振り返ってみたい。「高齢者の音楽療法」とすると、広い観点や視点が必要であり、筆者の現在の力では及ばない面も多々あるので、今回は高齢者の事例を集積できる立場にいる者として、地域で活躍している岐阜県音楽療法士（GMT）が、高齢者をどのように「アセスメント」し、それに基づいてどのような「目標を設定」し、その「目標を達成する」ためには「どのような音楽を活用しているか」を包括的に検討しながら、現時点で、筆者が考えられる高齢者の音楽療法のねらいを探ってみたい。

「岐阜県音楽療法士事例報告書」の成り立ち

　岐阜県では、平成8年8月から、県独自の音楽療法士を認定してきた。平成19年4月現在、13期651名の岐阜県認定者を県内外に送り出している。その認定者を対象にした事例検討会が、研究員の発案によってスタートした。現在も継続して行なわれている。

　認定後1年間、認定者は分野関係なく自分の事例を仲間の前で発表する。スタートした頃のファシリテーター（促進役）は研究員であったが、現在は実践経験5年以上の音楽療法士が担当している。この1年が終わると、次の3年間は分野ごとで1年ごとに高齢、成人、児童の分野を選択し、3年後には自分の事例を報告用紙（**表1**）に記入して提出することになっている。これは税金を使って行なわれている事業なので、県民から請求があった場合は、どのような実践が行なわれ、どのような効果を上げているかを提示する必要があるので、クライエントが特定できない形で、このような「事例集」を作成している。

　岐阜県音楽療法研究所がまとめた事例集『平成15年度までの活動報告書』（その後の事例は、別に集積中）には、平成9年から平成15年までの244事例（児童42件、青年31件、成人54件、高齢者117件）が記載されている。今回はそのうちの高齢者に関して記載されている122事例（一部、若年性の認知症など成人領域に分類した事例も含む）を取り上げ、岐阜県音楽療法士が高齢者をどのようにアセスメントをし、それを元にどのような目標を設定し、目標を達成するためにどのような音楽を活用しているかという点に絞った一覧表を作成した（**表2**）。

アセスメント

　アセスメントに関して、①診断名、②具体的障害や問題行動、③コミュニケーション領域、④認知領域、⑤感情領域、⑥運動領域、⑦対人関係領域、⑧音楽に関する特別な行動、そして、セラピストが対象者に抱いている気持ちや、対象者に関しての職員からの情報という9項目の視点から書いてもらっている。（**表1**参照）

　表2は高齢者の事例を項目にそってまとめたもので、表3は項目ごとにその内容

を整理したものである。項目の①から⑦について要約すると以下のようになる。

①の「診断名」の欄は、岐阜県音楽療法士が知り得た範囲で書くことになっているので、不正確さはあるが、認知症（脳血管障害後遺症、アルツハイマー病）の人を対象にした活動が122事例中、82事例（約68％）で、全体の3分の2を占めている。

②の「具体的障害や問題行動」に関しての記載は、短縮したため、記載内容が不十分になってはいるが、一覧表を参考にしていただきたい。

③の「コミュニケーション領域」で多かったのは、「問いかけには応じる」、「はい、いいえの意思表示がある」、「意志表示は聞き取りにくい」、などで、自分の気持ちは持っているが、言葉等では十分伝えきれていない状況が考えられる。

（コミュニケーションを目指した音楽活動）

民謡の手踊り、台詞を入れる、打楽器をたたき合う、リクエストを出し合う、呼吸を合わせる。

④の「認知領域」に関しては、「見当識」、「言語理解」に関する記載が多かったが、記憶に関する記載は少なかった。ゆっくり繰り返し説明をすると理解できる。見当識の障害や言葉だけによる理解が難しいという記載が目立った。

（認知領域を目指した音楽活動）

懐メロで過去を振り返る、レインスティック[*1]を鳴らしながら小川の唄を歌う、軽快な音楽に合わせた体操、個室で軍歌を聞きながら話しをする、季節の唄を歌う。

⑤の「感情領域」は、「無表情」が最も多かった。次は「情緒が不安定」、「表情豊か」であった。無表情で情緒が不安定な人がいる一方で、表情豊かで情緒が安定しているという記載が多かった。

（感情領域を目指した音楽活動）

童謡、懐メロ、歌謡曲を歌い続ける、フルートの演奏を聴く、青春時代の曲、その人にとって大切な特定の曲を繰り返し取り上げる。

⑥の「運動領域」に関しては、「ゆっくりなら動ける」、「大きな動きはできるが、細かい動きは苦手」の順に多く、身体面ではゆっくりなら体を動かせるが細かい運動は苦手、座ったままの動きはできる、などであった。

（運動領域を目指した音楽活動）

ラジオ体操、行進曲で歩行訓練、音頭に振り付け、一人の踊りを皆でまねる、スキンシップ的動作を入れる。

⑦の「対人関係領域」では、「周りの人と関わろうとしない」、「集団の中で孤立している」「セラピストや職員との関わりを望んでいる」といった傾向があり、仲間との関わりよりは、職員・セラピストとの関わりを求めている記載が多かった。

（対人関係を目指した音楽活動）

ロックンロールをペアで踊る、デュエット[*2]、昔話のうた特集、トーンチャイム[*3]で和音奏[*4]、みんなの音楽発表会、リクエストを出してもらい皆で歌う、参加者で楽器をならす。

[*1] 筒状の楽器、中に種が入っていて、筒を傾けることで、雨が降っているような音がする。

[*2] 二人で歌う。

[*3] 金属の棒状の楽器で、中間についているハンマーを動かして音を出す、音階になっているので、各自が異なる音を担当する。

[*4] ドミソ、シレソをならすの意味。

(「生活の質の向上」に目標をおいた音楽活動)
　楽器づくり、出身地の民謡を取り上げる、唄と共に出身地を伺う、唱歌メドレー、合唱、鳴子を皆でならす、誕生日に唄をプレゼント、ギターでリクエスト曲を弾く、替え歌、クラシック鑑賞、賛美歌を取り上げる、音楽ジャンルの幅を広げる、歌手の話題等。

　岐阜県音楽療法士から、「我々は個人情報を教えてもらえないので、アセスメントができない」という不満をよく聞く。この報告書を書くにあたっても、項目ごとにケアマネージャー、看護師、介護職、医師等に質問をしに行った人もいた。研究所ではそのようなことは求めていないのだが、「カルテのようなものを見ることができれば、クライエント（この場合はお年寄り）を知ることができる」という錯覚はなかなかとれないようだ。

「活動目標」の設定

　岐阜県音楽療法士が、特に高齢者に対して「どのような活動目標を設定したか」をまとめたものが**表4**になる。③から⑦の「アセスメント項目」と、一致している活動目標を設定していた事例は以下のようになる。
　③のコミュニケーションに関する目標は7件
　④の認知領域を目標としているものが22件
　⑤の感情領域に関するものが19件
　⑥の身体機能に関しては12件
　⑦の対人関係が29件
　研究所がアセスメントの項目に設けなかった、「生活の質の向上」に目標においた活動が33件あった。
　音楽療法士が立てた活動目標に対して、その実践の結果を読んでみると、対象者の「生活面での変化」に注目すべき記載が多かったのは、⑤の感情領域と⑦の対人関係と、○の生活の質の項目であった。

考察

音楽療法士自身の目で相手をよく見る、感じる
　相手をよく見る、感じることをしないで進めた活動は、依頼主の要望を聞かないで建築家の趣味で建てた建物と同じであろう。どんなにすばらしい家具が置いてあっても、依頼主は基本的な面で満足することはないであろう。
　これからの音楽療法は、高齢者の皆さんの価値観、楽しみにしている日常の些細

な出来事、音楽を介した人との関わり、音楽がもたらす生活の質の向上に焦点が絞られるのだろうが、活動をするにあたっては、感情や認知の状況、個人がどのような生活や人との関わりを望んでいるかを、他職種から聞くのではなく、音楽療法士自身の目でもっと丁寧にアセスメントをすべきであろう。

　また、個人をよく知ることの他に、施設側から要求されている活動目標は非常勤であっても、音楽療法士としてはこころして取りかかる必要がある。

アセスメントの視点は、絞る必要がないか

　アセスメントに関して他職種の人から、「音楽療法の人はアセスメントをしない」と言われたことがある。今回、療法士の記載内容を読んでみて、音楽療法という領域として視点を絞ったアセスメントが不足しているのではないかと考えた。アセスメントが十分できないというより、視点が不明確なのかもしれない。

　今までの報告書の書式項目はボクシルの「アセスメント表」（ボクシル、2003、pp53-63）を参考にし、作成してきた。しかしこうして、何人かの療法士が書いた報告を読んで見ると、「感情、認知、対人関係」に関しては、詳細なアセスメント視点の検討が必要であろう。例えば、岐阜県音楽療法士は「認知領域」を見当識ぐらいの範囲でしか理解していない。これは研究所が主催する研修内容に関係しており、研究所の課題でもある。報告書や事例報告を出させる側としては、アセスメント項目（視点）の整理の必要を感じた。

人を全体として見ることの大切さ

　岐阜県音楽療法士の記載内容で"クライエントの人物像を思い描く"のに参考になったのは、「あなたが対象者に抱いている気持ちや職員からの情報」の項目であった。これは療法士の直感のような事も書かれていて、全体を読んだとき"なるほど"と思う部分であった。①診断名、②問題行動、③コミュニケーション領域、④認知領域……などと分けてアセスメントすることは、人を分断して見てしまうことに繋がる恐れもある。矛盾した言い方になるが、初歩段階の療法士は「意図的に各項目を見る視点を育てる」ことも必要だが、実践を重ねた療法士は「人を全体として見る目」をもっと大事にしてよいと考える。

音楽療法の活動目標の見直しを

　アセスメントを正確にしても、「活動の目標をどこに設定するか」という段階で、皆さんがつまずいていることもわかった（表4参照）。活動目標に関しては多くのセラピストが、「あれもこれも」と多くの目標を掲げている。ここで注意をしなければならないことは、高齢者領域の音楽療法が目指す活動目標は、症状の回復・改善が一番の目標ではないということである。そして重要なことは「生活を支える」以前に、「生きていこうとする本人の気持ち」を支えることではないかと考える。

　それは「意欲の喚起」ではなく、「いかに生きるか」「いかに生活していくか」

「いかに日々を過ごす」ということであろう（竹中, 2005）。そして生きていく上では、「人とのつながり」を欠くことができない。しかしそれは「対人関係の改善」ではなくて、「いかに人と関わるか」、そのためには音楽療法士側のコミュニケーションの取り方や対人交流の能力も問われてくる。我々がそのような視点で活動を進めているかを振り返る必要もある（村田, 2003）。

人の内側に入る入り口

さて、筆者は、「音楽は人、全体を支えているから、広い視野でその人を知る必要がある」と考えてきた。音楽療法士の仕事に限ったことではないが「他人の心の中で起こっていることを共有する、またはそこに行き着くには、音楽があるとあっという間に到達してしまうことができる」と言われている（山中, 1991, pp3-9）。確かに、セラピストとクライエント間での相互交流のなかで行なわれる音楽活動は、広い視野、考えかた、生きる広がりをもたらしてくれる。しかし、関わりを持ち出す最初の入り口は、相手が受け入れやすい入り口を見つける必要がある。その入り口は、人それぞれで異なり、決して広くはない。職種によっては、一定の視点から深く観察したり、人を広範囲から見ることも必要だが、我々の領域はもしかすると、その反対ではないかと考えた。その入り口は狭く、しかも対人交流、認知、感情のいずれかにある。感情領域や対人に関係する領域に活動のねらいを絞った事例に、「人が前向きに生きる姿勢」が多く記載されていた。

人が生き続けることを支えるとは

「『生きていこうとする本人』を支える"気持ち"は"感情"という部分にある。音楽というものが古来から人間のそのような部分を支えてきた。」「"感情"は、それぞれの個人がどのように感じるかということであるから、もっとも私的な問題である」（高島, 2000）とも、高島は述べている。

「『音楽と感情』の関係を科学的にどこまで明らかにすることが出来るかは未知であるが、音楽は感情や過去の記憶というとりとめのない領域に、いとも簡単に入り込んでしまう。そのメカニズムは脳神経の領域では明らかにされつつあるようだが、感情や記憶が脳に届く回路はたくさんあるわけではない。」（ジョセフ・ルドゥー, 2003）

筆者はこれまで他領域との連携を意識しすぎて、漠然と「アセスメントを他領域と同じような広い視点が必要」と考えてきた。今回の文を書きながら、音楽療法としてのアセスメント項目は「感情、認知、対人」に絞ってもよいと考えるに至った。そしてアセスメントのみではなく、音楽療法でねらうことも、「感情、認知、対人交流」にあるのではないかというのが、現在の私の主張である。

高齢者領域の音楽療法がねらうこと

あと20年後、私自身が当事者として音楽療法をどのように考えるようになっているかは未知であるが、いかなる身体・意識状態であれ、私という人の中に閉じこめられた内側にある「私のたましい」（石田, 2004）に、主体的に働きかけてくれる音楽療法士が育っていることを望みたいし、現在は可能なかぎりそのような人を育てる努力を続けていきたい。

しかし、これは我々の仕事が「他領域と異なった、特別、高尚な領域の仕事である」と言っているのではなく、いかなる身体・意識状態にあるひとであれ、その人の中に閉じこめられた"内側にある私というたましい"の部分に、音楽で主体的に働きかけをするのが、我々音楽療法士の担当する部分ではないか。

おわりに

次々と自分におそってくる喪失と出会いながら、生きにくい状況と対峙している高齢者（認知面が低下して不安を感じていたり、身体が思うように動けない、集団の中にいても孤独を感じている人など）に、生き続けていく気持ちを呼び覚ます刺激の入り口は感情面にあると考える。

「音楽」「人」という刺激は、あっという間に感情の入り口につながってしまう。それは必ずしも長期の継続した活動だけがつながるものではなく、つながる入り口も広くはない。それらの入り口は、継続した活動の中で培われる人間同士としての信頼ある関わりの中で見つかるものでもあろう。

そして、生きる気持ちがつながった高齢者を日常的に支えている介護職や地域住民、家族との情報交換や喜び・悲しみを分け合うという、人々の関わりなしには、音楽療法のような活動は生活のなかに根づくことはないと言いたい。

表1◆

GMT事後報告書(個人のプライバシーにふれる部分は書かなくてよい)　　　　　　　　作成：門間他

　　　　　　　数字を記入、または○で囲む　　　期生　　セラピスト名＿＿＿＿＿＿＿＿

A 活動の 構造	活動形態	個人、集団　約　　　～　　　名
	対象者のおかれた状況	入所施設(　　　　　　　)　通所施設(　　　　　　　) 学校、病院、個人宅(Th. Cl)　　その他(　　　　　　　)
	セッション開始	平成　　年　　月頃から開始．約　　ケ月経過
	セッション頻度	月1、月2、月3、毎週、不定期、その他(　　　　　　　)
	セラピスト雇用条件	職員として常勤、MT常勤、MT非常勤、ボランティア (伴奏、アシスタントの 有 無)

B（このような対象者に）　　　　　　　　　この記録は基本的には個人を対象にして書いてください

対象者に関して現場であなたが知りえた範囲で記載、不明の部分は空欄でよい
① 診断名、年齢、性別、生育歴、家族の状況、過去現在の治療・薬・テスト等の状況
② 具体的な障害や問題行動と言われている事
③ コミュニケーション領域（言語の表出、言語の発達状況、自分の意思表現手段の状況）
④ 認知領域（情報処理過程、理解力、思考力、身体感覚、視覚、聴覚、見当識）
⑤ 感情領域（顔の表情、情緒の安定、情動反応、音楽刺激に対する情動反応等）
⑥ 運動領域（粗大運動、微細運動、目と手の協応、姿勢、動きのスムーズさ、全体的体力）
⑦ 対人関係（社会性、集団の中での様子、仲間に対する態度、役割、セラピストとの関係）
⑧ 音楽に関する特別な行動　（好きな音楽や楽器の有無、身体表現の有無、音楽の残存度、音楽の嗜好傾向や固執度、
　　　　　　　　　　　　　音楽への反応の状況等）

① 診断名他

② 具体的な障害や問題行動

③ コミュニケーション領域

④ 認知領域

⑤ 感情領域

⑥ 運動領域

⑦ 対人関係

⑧ 音楽に関する特別な行動

あなたが対象者へ抱いている気持ちや職員からの情報	
A 該当欄におおよその年齢を記入	児童　歳　ヶ月、青年期　歳、成人　歳、高齢　歳
B 対象者把握	発達障害、知的障害、精神障害、身体障害、知覚障害、重複障害 健康維持、健康増進、ターミナルケア、その他(　　　　　)
C 対象者が抱える問題	男 　　　　　　　　　　　　　　　　　　　　女

この記録表は一回のセッションの記録ではありません。単発でも継続の活動でもよいのですが「このような音楽活動をしたら、こんな変化があった」ということを記載して下さい。
これらは印刷物となりますので、始めにも書きましたが、プライバシーは守って下さい。
(場合によっては、譜面等の添付をお願いします)

(音楽療法の目的)この記録は基本的には個人を対象に　　セラピスト名　_____

C 活動の主な目的
(長期目標)
(短期目標)

D (現場でおきた具体的な行動結果)この記録は基本的には個人を対象で書く

このような状態の児・者に対して	具体的な活動方法、活用した音楽 具体的に曲名等も書く	対象者におきた変化や結果など

E 改善、手応えなど

F 改善の根拠は何と考えますか	まず番号を書き入れ、補足を下に文章で
① 音楽の力(曲. リズム. 即興. 楽器. 他) ② 心理的援助 ③ 人間関係 　　1. セラピスト　←　→　クライエント 　　2. クライエント　←　→　仲間 ④ 身体面の向上及び回復 ⑤ その他	

表2◆

		①診断名	②具体的障害	③コミュニケーション	④認知領域	⑤感情領域	⑥運動領域
事例1	集団	認知症他	特にない	自発語はない	体で覚えていることはある	音楽で気持ちが高ぶる	音楽があるとより動き易い様子
事例2	集団	認知症他	視力,意欲低下	言語の障害はないが自分から話しはしない	視覚に障害あり	無表情	ゆっくりなら動かせる
事例3	集団	認知症他	徘徊	問いかけに応じる	聴覚に障害あり	厳しい表情	現状の維持
事例4	集団	認知症他	片マヒ,自立歩行なし	ゆっくりなら自分の意志を伝えられる	認知に関して問題ない	情緒は安定している	粗大運動が出来るが,微細運動は苦手
事例5	集団	認知症他	短期記憶障害	コミュニケーションに関して問題なし	視覚に障害あり	感情に関して問題ない	口元,足下にふるえあり
事例6	集団	認知症他	特にない	言語の障害はないが自分から話しはしない	Thが認知のことを理解していないと思われる	回を重ねると表情が和む	ゆっくりなら動かせる
事例7	集団	認知症他	リュウマチ	仲間との会話はある	ゆっくり話すと半分はわかる	情緒不安定	粗大運動が出来るが,微細運動は苦手
事例8	集団	認知症他	暴言	コミュニケーションに関して問題なし	推論思考力がある	情緒は安定している	年齢相当の衰え程度
事例9	集団	アルツハイマー他	言葉の伝達不能	意志表示はあるが聞き取りにくい	Thが認知のことを理解していないと思われる	表情豊か	リハビリ等体に良いことは積極的
事例10	集団	うつ	歩行困難	自分の興味関心事は話す	Th認知のことを理解していないと思われる	自分の好みをよく表現している	年齢相当の衰え程度
事例11	集団	うつ他	他人と交流なし	自分の興味関心事は話す	認知に関して問題なし	うつ的	寝たきり状態で全介護
事例12	集団	うつ	死にたいという	自分の要求は言える	Thが認知のことを理解していないと思われる	楽しさをよく表現している	始めに比べると,動くようになった
事例13	個人	末期ガン	特にない	記入なし	記入なし	記入なし	記入なし
事例14	集団	健康増進	指の変形	意志表示はあるが聞き取りにくい	理解,思考する意欲がある	情緒は安定している	運動に関して問題なし
事例15	集団	健康維持	問題なし	段々会話が増えてきている	ゆっくり話すと半分はわかる	回を重ねると表情が和む	年齢相当の衰え程度
事例16	集団	健康維持	音楽を拒否	段々会話が増えてきている	認知に関して問題なし	情緒は安定している	運動に関して問題なし
事例17	集団	健康維持	奥さん亡き後閉じこもる	周りの人に自分から声をかける	認知に関して問題なし	厳しい表情	ゆっくりなら動かせる
事例18	集団	足骨折	歩行困難	自分の意志を言葉で十分伝えられる	見当識に障害あり	表情豊か	車イスだが座位は安定
事例19	集団	身体障害	感情不安定	自分の意志を言葉で十分伝えられる	その場で起こっていることを理解して行動する	情緒不安定	粗大運動が出来るが,微細運動は苦手
事例20	集団	身体障害	歩行困難	周りの人に自分から声をかける	認知に関して問題なし	硬い表情	座った状態で上半身はよく動かせる
事例21	集団	パーキンソン	表情乏しい	意志表示はあるが聞き取りにくい	Thが認知のことを理解していないと思われる	無表情	粗大運動が出来るが,微細運動は苦手
事例22	個人	脳血管障害後遺症他	全介助	問いかけには応じる	Thが認知のことを理解していないと思われる	記入なし	寝たきり状態で全介護
事例23	集団	脳血管障害後遺症他	ほとんど寝ている	問いかけには応じる	記憶に障害あり	時々で感情の起伏が大きい	車イスに座ったまま
事例24	集団	脳血管障害後遺症	体幹機能障害	意志表示はあるが聞き取りにくい	失認がある	喜怒哀楽が表情に出やすい	粗大運動が出来るが,微細運動は苦手
事例25	集団	脳血管障害後遺症	マヒ	失語の診断受けている	Thが対象者の認知が悪いのに良いと思っている	表情豊か	体力全体衰退
事例26	集団	脳血管障害後遺症	半身マヒ,言語障害	失語の診断受けている	認知に関して問題なし	好みを素直に表現する	健側をよく使う
事例27	集団	脳血管障害後遺症	嚥下能力低下	はい,いいえの意思表示はある	記憶に障害あり	回を重ねると表情が和む	座った状態で上半身はよく動かせる
事例28	集団	脳血管障害後遺症	言語,片マヒ,	失語の診断受けている	認知に関して問題なし	無表情	座った状態で上半身はよく動かせる
事例29	集団	脳血管障害後遺症	マヒ,失語	発音不明瞭	記入なし	表情豊か	筋緊張が高い
事例30	集団	脳血管障害後遺症	家で一人の生活	自分の意志を言葉で十分伝えられる	記入なし	記入なし	記入なし
事例31	集団	脳血管障害後遺症	記憶障害	Thとの会話はある	ゆっくり話すと半分はわかる	情緒は安定している	体の動き緩慢
事例32	集団	脳血管障害後遺症	あくび多発	はい,いいえの意思表示はある	理解しているが,反応や行動を返せない	無表情	記入なし
事例33	集団	認知症他	歩行	自分の意志を言葉で伝えられない	ゆっくり話すと半分はわかる	無表情	座った状態で上半身はよく動かせる
事例34	集団	身体障害	それぞれの障害	段々会話が増えてきている	Thが認知のことを理解していないと思われる	無表情	粗大運動が出来るが,微細運動は苦手
事例35	個人	脳血管障害後遺症	失語	段々会話が増えてきている	理解しているが,反応や行動を返せない	回を重ねると表情が和む	初めに比べると,動くようになった
事例36	集団	脳血管障害後遺症	排泄に介助必要	失語の診断受けている	ゆっくり話すと半分はわかる	表情豊か	寝たきり状態で全介護
事例37	集団	脳血管障害後遺症	右マヒ言語障害	問いかけには応じる	言語を理解していない	音楽でよく涙する	音楽があるとより動き易い様子
事例38	集団	脳血管障害後遺症	右マヒ	言葉を理解していない	Thが認知のことを理解していないと思われる	よく笑う	手を握る,上げるバチを持つは,できる
事例39	集団	脳血管障害後遺症	発音がしづらい	意志表示はあるが聞き取りにくい	指示は理解している	表情豊か	口元,足下にふるえあり
事例40	集団	パーキンソン	特になし	自分の意志を言葉で十分伝えられる	聴覚に障害あり	人に声をかけられるとほほえむ	ゆっくりなら動かせる
事例41	集団	認知症他	徘徊	自発語はない	理解しているが,反応や行動を返せない	無表情	リハビリ等体に良いことは積極的

❼対人関係	GMTが立てた目標	GMTが行なった音楽活動の主な内容	生活面での変化
信頼関係ができている人とはよく話す	○生活の質	「とんがり帽子」のソロをする。半年かけた楽器づくり	発表会で歌いきる,周りとうち解け出す
存在感がない人	○生活の質	出身地の民謡の太鼓を叩く	普段は自分から行動を起こさないが,積極的であった
職員も手こずることがある	○生活の質	「あんたがたどこさ」で,出身地の言い回しがでてくる	人数が多いと集中力がとぎれる
対人関係に関して問題はない	○生活の質	唱歌メドレー, MB, 打楽器。体操は音楽ありでは動きが違う	音楽の時間を皆さんが楽しみにしているので,職員も多くの人が参加出来るよう配慮
特定の親しい仲間がいる	○生活の質	集団での合唱,リクエスト曲を合唱	ほとんど話すことがなかった人が,家でデイケアの様子をはなす
記入なし	○生活の質	季節のうたと楽器	初めただ見ていた楽器も周りをマネしてならしだす
他人とうち解けない	○生活の質	タンバリンは大声で怒鳴って拒否。手話や唱歌はやろう歌おうとする。他人にさわられることは拒否	動かない手を動かそうとする様子が見られた
社会性がない	○生活の質	Thの音楽はへたくそという	暴言,悪口が減少
人とは一方的な関係	○生活の質	鳴子はみなとそろえる喜びがある	音にダイナミクスをつけたことで,すっきりした顔をみせた。自分の役割を意識
職員との関わりを好む	○生活の質	順番を待って打楽器をならす	触れたことのない楽器に関心を持つ
周りの人と関わろうとしない	○生活の質	リクエスト中心のセッション。誕生日の人にはスタッフから歌をプレゼント	この活動に参加するようになってから,他の人との交流も持つようになる
周りの人から親しみをもたれている	○生活の質	「これから音頭」を歌い躍る	自分の人生観を話し出す
記入なし	○生活の質	リクエスト曲をギターで弾き語り	遺族から思い出寄せられる
集団の中で孤立している	○生活の質	メトロノーム116のテンポで手拍子	リズミカルなBGMは運動失効がなくなる
周りの人を気遣うことが多い	○生活の質	リズム体操,童謡唱歌, MBに挑戦	声を出す事の快感を実感,気持ちが明るくなっている
自分から回りの人によく声をかける	○生活の質	太鼓を鳴らす。地名と関連する音楽	周りに認められてからは,楽器等を自分からならす
社会性は保たれている	○生活の質	東京の唄を懐かしそうに歌う。MBのコード奏	自分から指揮をかって出る。仲間との会話も楽しそう
難聴,失語等の為仲間との会話持ちにくい	○生活の質	「木曾節」で太鼓を叩く	マイクをもって歌いたいと意志表示をする
周りの人を懐疑的に思っている	○生活の質	童謡,懐メロ中心。「古城」も人気ある	好きな曲を中心に,人間関係に変化が起こる
周りの人から親しみをもたれている	○生活の質	鉄道唱歌の替え歌「われら人生60から」を歌う	このようなうたが歌えるくらいの関係ができつつある
新たな友人を作る	○生活の質	唱歌,手話,手拍子,鈴等を取り入れる	リクエストがでてくる。うたは会話よりスムーズ。唄が有ると動作がスムーズ
人とは一方的な関係	○生活の質	クラシック音楽を好む人。賛美歌496	心のつながりのある人の音楽に刺激される
周りの人と関わろうとしない	○生活の質	盆踊りの太鼓の音を楽しむ	いつもは徘徊をしているのに,落ち着いて参加
声をかけられた仲間には返事をする	○生活の質	様々なジャンルをリクエスト	就寝前にも音楽を聴く生活
周りの人を気遣うことが多い	○生活の質	「リンゴの歌」で太鼓を叩く。「富士山」「紅葉」ら好き	表情が豊かになってきた。徘徊しながらも,歌を口ずさんでいる
周りの人と関わろうとしない	○生活の質	「ラバウル小唄」のテープを聴くうちに,マイクで歌う人が現れる	ラバウルにいっていた頃の敵機のすごさを話し出す
信頼関係ができている人とはよく話す	○生活の質	「君が代」「紀元節」等唱歌から,「北国の春」を聞く等の活動	選曲で歌い出し,体をゆらして,曲に集中。リクエストを小声でいう人もいた
対人関係に関して問題はない	○生活の質	「湯の町エレジー」で,歌手の話題に展開	自分の好きな歌手名をペンで書いてくれる人もいた
社会性は保たれている	○生活の質	CDの音楽に合わせて,打楽器でやり取りをする。母音唱	気負うことなく, Thとやり取りをする。筋肉の緊張と弛緩を体得。表情が豊かに
記入なし	○生活の質	Thの思い出の曲とエピソードをはなす	学校時代の思い出をどんどん話しだす
自分から回りの人によく声をかける	○生活の質	唱歌,懐メロは伴奏なしでうたう	段々周りの人を気遣い出したり,介護職の人と踊りだした。最近の自分の生活をはなす
周りの人と関わろうとしない	○生活の質	戦後の唄を中心に,一曲はマイクで歌う,よく知る曲は安堵感をもたらす	おおきな口をあけると,あくびになる
周りの人と関わろうとしない	③コミュニケーション	「東京音頭」他民謡で手踊り	踊りのあとは落ち着き,座る
職員との関わりを好む	③コミュニケーション	「名月赤城の山」でセリフを言い切る	周りの人の世話をするようになる
自分から回りの人によく声をかける	③コミュニケーション	「赤いグラス」は,はっきりした言葉がでる	周りの人が本人の気持ちをくむ必要性に気づく
難聴,失語等の為仲間との会話持ちにくい	③コミュニケーション	指や手,声を使う運動	施設職員が一緒に参加すると皆さんがより楽しさを感じるようだ
周りの人を気遣うことが多い	③コミュニケーション	呼吸,脱力,指体操,音楽があると動きがスムーズになる	車の乗り降りがスムーズになる
周りの人と関わろうとしない	③コミュニケーション	打楽器を手でたたく,バチは両手でもつ。一人ずつ話しかける時間をもつ	初めは消極的であったが,自分からやる行動が増えてきた
社会性は保たれている	③コミュニケーション	リクエストで出された唄を中心にする	前回のことを記憶。昔の家付近の思い出を明瞭に語る
言葉では関わらないが目で追っている	④認知領域	「旅の夜風」「ゴンドラの歌」等で,過去を振り返る	日常はボーとしているが, MTではよくうたっている
他人と一緒にいることが多い	④認知領域	主に童謡を歌う。「鉄道唱歌」でリズムをならす。「箱根八里」で軽い体操	選曲にメリハリをつけたら,全体の雰囲気があかるくなった

		❶診断名	❷具体的障害	❸コミュニケーション	❹認知領域	❺感情領域	❻運動領域
事例42	集団	認知症他	半身マヒ	会話が命令口調である	記入なし	情緒不安定	座った状態で上半身はよく動かせる
事例43	集団	認知症他	歩行不能	問いかけには応じる	言語を理解していない	情緒は安定している	スムーズに体を動かせない
事例44	集団	認知症他	昼夜逆転	本人の発する言葉も意味不明	言語を理解していない	情緒不安定	下肢の低下が目立つ
事例45	集団	認知症他	軽度のぼけ症状	周りの人に自分から声をかける	記入なし	情緒は安定している	座った状態で上半身はよく動かせる
事例46	集団	認知症他	ぼーっとした表情	挨拶程度の会話はある	見当識に障害あり	音楽で気持ちが高ぶる	座った状態で上半身はよく動かせる
事例47	集団	認知症他	怒りっぽい	会話が命令口調である	Thが認知のことを理解していないと思われる	硬い表情	運動に関して問題なし
事例48	集団	認知症他	短期記憶の障害	問いかけには応じる	指示は理解している	無表情	ゆっくりなら動かせる
事例49	集団	認知症他	記載なし	自発語はない	Thが認知のことを理解していないと思われる	無表情	車イスに座ったまま
事例50	集団	認知症他	家族をもわからない	はい、いいえの意思表示はある	見当識に障害あり	人に声をかけられるとほほえむ	体力全体衰退
事例51	個人	アルツハイマー	自己認識なし	自分の興味関心事は話す	その場で起こっていることの理解不可能	無表情	疲れやすい
事例52	個人	アルツハイマー	徘徊	コミュニケーションに関して問題なし	認知に関して問題ない	不安な様子	年齢相当の衰え程度
事例53	集団	アルツハイマー他	寂しいと電話をかける	コミュニケーションに関して問題なし	見当識に障害あり	表情豊か	運動に関して問題なし
事例54	集団	アルツハイマー	徘徊,大声	問いかけには応じる	理解,思考をしようとしない	情緒不安定	ゆっくりなら動かせる
事例55	集団	アルツハイマー	意味不明の話し	本人の発する言葉も意味不明	見当識に障害あり	情緒不安定	年齢相当の衰え程度
事例56	集団	うつ	意欲低下	はい、いいえの意思表示はある	記入なし	無表情	運動に関して問題なし
事例57	集団	記載なし	寝たきり	自発語はない	記入なし	悲しさ,悲しげ	手を握る,上げる,バチを持つ,は出来る
事例58	集団	脳血管障害後遺症	特に記載なし	段々笑顔が増えてきている	Thが認知のことを理解していないと思われる	回を重ねると表情が和む	粗大運動が出来るが,微細運動は苦手
事例59	集団	脳血管障害後遺症	言語障害	はい、いいえの意思表示はある	Thが認知のことを理解していないと思われる	楽しさをよく表現している	片マヒの為,杖につかまり歩行する
事例60	集団	認知症他	徘徊	はい、いいえの意思表示はある	その場で起こっていることの理解不可能	情緒不安定	体の動き緩慢
事例61	集団	アルツハイマー	徘徊	コミュニケーションに関して問題なし	理解,思考する意欲がある	喜怒哀楽が表情に出やすい	運動に関して問題なし
事例62	集団	認知症他	暴言	自分の要求は言える	その場で起こっていることを理解して行動する	怒り	車イスに座ったまま
事例63	集団	認知症他	感情の起伏	ゆっくりなら自分の意志を伝えられる	集中力に欠ける	情緒不安定	ゆっくりなら動かせる
事例64	集団	認知症他	感情失禁	周りの人に自分から声をかける	新たなことを覚えようとする	悲しさ,悲しげ	車イスの姿勢保持が難しい
事例65	集団	認知症他	左マヒ	自分の意志を言葉で伝えられない	理解,思考する意欲がある	音楽で気持ちが高ぶる	体力全体衰退
事例66	集団	認知症他	帰宅願望大	失語の診断受けている	見当識に障害あり	不安な様子	体力全体衰退
事例67	集団	認知症他	日常生活自立	はい、いいえの意思表示はある	見当識に障害あり	無表情	運動に関して問題なし
事例68	集団	認知症他	行動がのろい	周りの人に自分から声をかける	人を覚えているが,だれかは解らない	回を重ねると表情が和む	痛み等で動く事に消極的
事例69	集団	アルツハイマー	妄想幻覚	自分の要求はいう	見当識に障害あり	情緒不安定	スムーズに体を動かせない
事例70	集団	アルツハイマー	診断受けたばかり	自分の要求は言える	情報の伝達に時間がかかる	よく笑う	粗大運動が出来るが,微細運動は苦手
事例71	個人	うつ	不眠食欲不振	問いかけには応じる	認知に関して問題ない	無表情	疲れやすい
事例72	個人	心身症	手・舌のしびれ	自分の考えと異なると黙る	Thが認知のことを理解していないと思われる	うつ的	スムーズに体を動かせない
事例73	個人	身体障害	心臓弁膜症	段々会話が増えてきている	推論,思考力はある	喜怒哀楽が表情に出やすい	痛み等で動く事に消極的
事例74	個人	慢性呼吸不全	肺機能低下	本人の発する言葉も意味不明	記入なし	無表情	体の動き緩慢
事例75	個人	パーキンソン	意思表示不鮮明	自分の要求は言える	理解しているが,反応や行動を返せない	無表情	無動
事例76	集団	脳血管障害後遺症	左マヒ	ゆっくりなら自分の意志を伝えられる	Thが認知のことを理解していないと思われる	自分の好みをよく表現している	車イスに座ったまま
事例77	集団	脳血管障害後遺症	右マヒ	コミュニケーションに関して問題なし	記入なし	自分の障害に絶望的気分でいる	右または左半身不随
事例78	集団	脳血管障害後遺症	身体に触らせない	意志表示はあるが聞き取りにくい	言語を理解していない	人に声をかけられるとほほえむ	健側をよく使う
事例79	集団	脳血管障害後遺症	特に記載なし	言語の障害はないが自分から話しはしない	見当識に障害あり	人に声をかけられるとほほえむ	運動に関して問題なし
事例80	集団	精神障害	被害妄想	意志が伝わらないと暴力をふるう	見当識に障害あり	無表情	口元,足下にふるえあり
事例81	集団	アルツハイマー	じっと出来ない	自分の意志を言葉で伝えられない	言語を理解していない	楽しさをよく表現している	運動に関して問題なし

❼対人関係	GMTが立てた目標	GMTが行なった音楽活動の主な内容	生活面での変化
集団の中で孤立している	④認知領域	「見上げてごらん」で身体体操。「荒城の月」「幸せワルツ」替え歌	替え歌の歌詞のコピーをほしがる
社会性がない	④認知領域	櫻にちなんだ歌、レインスティックで小川をならしながら	初めは、入りきれない人もいたが、手合わせ等で和んで表情がよくなる
職員も手こずることがある	④認知領域	昼夜逆転している人達なので、まずセッションに参加をする	動作緩慢で転倒の恐れがあったが、目をあけている時間がふえてきた
周りの人にたまに声をかけている	④認知領域	「ゴンドラの唄」「美しき天然」等年長者が場を取り仕切ってくれる	歌っているうち、周りの人との会話が増える
職員との関わりを好む	④認知領域	軽快な音楽(「東京音頭」「山寺」等)ピアノ曲に合わせた体操	参加を促すと、すぐ参加。活動を楽しみだしている。マイクを渡されると姿勢が良くなる
周りの人と関わろうとしない	④認知領域	出身地の曲を使用,うちわでリズム。よく歌ったなーの言葉出る、	音楽によって表情に変化がある
二人ぐらいで話していることはある	④認知領域	代用の尺八を用意したことは失敗	何にも参加しなかった人が、勧められると参加するようになる
記入なし	④認知領域	眠っていることが多いが、時々口ずさんだり、ほほえんだりする	無表情だったのに、ほほえむ等、表情に変化がある
存在感がない人	④認知領域	唱歌等で、あーと声を出す。参加一年後ぐらいから、マイクを持って歌うことがあった	認知症になる前の家族間の呼び方がでてきたり、世話になっている感謝の言葉が発せられる
家族との関係も疎遠	④認知領域	鉄道唱歌、MBを珍しそうに見るが、すぐ興味を示さなくなる	
集団の中で孤立している	④認知領域	グループには入らないが、居室できいて、涙し、戦争時代のつらかった話しをする。「歩兵の本領」を口ずさむ	他の人と、コミュニケーションする様子がみられ、穏やかに過ごす日が多くなる
周りの人を気遣うことが多い	④認知領域	MBのコード奏、懐メロ	うたの合間に思い出の花が咲く
集団の中で孤立している	④認知領域	本人持ちのギターをならしてもらう	この時間内は、輪の中に座っていることが出来る
特定の親しい仲間がいる	④認知領域	モーツァルトの曲で体操、「ソーラン節」で手ぬぐい体操	いつも持っている不安な気持ちから解放されたと本人いう
社会性がない	④認知領域	「挨拶のうた」ではじまり、マイクを使用、舟木一夫等、指揮はメンバーが	周りの人に目を向けたり、他の人が言わないような歌手名をあげる
記入なし	④認知領域	「東京ブギウギ」を歌い踊る	無表情から、はにかみ笑いに代わる
社会性がない	④認知領域	時節の唄を中心とする	初め硬い表情、段々冗談も言いだす
二人ぐらいで話していることはある	④認知領域	半円形。唱歌、懐メロ、等、うた中心。昭和30～40年代の曲を取り入れた所、表情が変化	初めの頃は高齢者の集団になじめなかった様子。段々笑顔が見られるようになる
社会性がない	④認知領域	唱歌、打楽器、MBを活用したセッション、乱れうちは本人は満足げ	席を立たなくなる。周りの人の視線を気にしながら太鼓を叩く
周りの人に無関心	④認知領域	「靴がなる」「うみ」等は休みを言葉で入れる	初めての参加者に、活動の説明をする
周りの人と関わろうとしない	⑤感情領域	唱歌中心	表情が穏やか。他の人と歌う
社会性がない	⑤感情領域	酒の歌と深呼吸、賛美歌のMBで	家に帰ると言って職員を困らせていたが、活動には入って来る
職員との関わりを好む	⑤感情領域	「夕焼け小焼け」で涙する	自分の気持ちを伝えるようになったと思われる
社会性がない	⑤感情領域	「野崎小唄」「高原列車」は周りから拍手	活動中の言語表現が多い
周りの人にお節介を焼く	⑤感情領域	簡単な動作を繰り返す。目標物を示すと動作や声が大きくなる	昔の遊びや思い出話が増える
声をかけられた仲間には返事をする	⑤感情領域	童謡、唱歌、歌謡曲、民謡を中心	難聴者への対応の仕方が課題
職員との関わりを好む	⑤感情領域	青春時代の歌、打楽器中心の活動	ここにくると、家でのごたごたが忘れられる、やってみると、出来るものねという実感を述べる。
周りの人にたまに声をかけている	⑤感情領域	指先で楽器をならす、鈴を持って手を動かす	回を重ねるうちに、やる気がでてくる
声をかけられた仲間には返事をする	⑤感情領域	口ずさめる歌と、指先を使うプログラム、コード奏、「ジェンカ」で活動展開	微細運動は苦手だが、口ずさむことで続けられる
集団の中で孤立している	⑤感情領域	季節の歌、楽器。自分の過去、家族の話題。デイケアで他の活動にも参加	デイケアで、他の活動にも参加。来ることが楽しみになる。他人に声がけする
信頼関係ができている人とはよく話す	⑤感情領域	特定の曲で、わき起こるような話しが出てくる(曲の記載有)	起きている時間が増えた
職員との関わりを好む	⑤感情領域	季節の歌、リクエスト等(運動を取り入れたい)	本を読んだり生活に意欲がでてきた
家族との関係も疎遠	⑤感情領域	ピッチパイプで複式呼吸体操、のばし歌、「月の砂漠」「さくら」等	一人の訓練から、集団の楽しみに変わってきている
一人でいることが多い	⑤感情領域	歩行時に童謡メドレーを流す,ラジオ体操等本人のなじみの曲を使う	音楽が流れるとリハビリという意識付けが出来る
対人関係に関して問題はない	⑤感情領域	「人生劇場」を皆と歌う	時間はかかったが、会話が出る
対人関係に関して問題はない	⑤感情領域	オートハープ、トーンチャイム、ベル等楽器	道具、楽器の使用はCI自身も結果の判断がし易い。仲間の影響大
周りの人と関わろうとしない	⑤感情領域	音楽はリズミカルで多少大きい音の活動を。言葉はゆっくりはっきり	初めは目を閉じた拒否が多かったが、その場にいられるようになり奇声も減る
声をかけられた仲間には返事をする	⑤感情領域	フルートの演奏を入れる。聞く、一緒に歌う	周りにつられて歌う人もいた
特定の親しい仲間がいる	⑤感情領域	クリスマスの歌をマイクで独唱する	教師としてのプライドを持続
周りの人と関わろうとしない	⑥運動機能	ラジオ体操は音楽があると手を動かす	一時的にも、徘徊が収まる

第6章　高齢者領域の音楽療法のねらいはどこにあるのか

		①診断名	②具体的障害	③コミュニケーション	④認知領域	⑤感情領域	⑥運動領域
事例82	個人	うつ	体の機能の低下	記入なし	記入なし	情緒不安定	片マヒの為,杖につかまり歩行
事例83	個人	健康維持	特にない	挨拶程度の会話はある	新たなことを覚えようとする	表情豊か	痛み等で動く事に消極的
事例84	集団	健康維持	問題なし	コミュニケーションに関して問題なし	認知に関して問題ない	音楽で気持ちが高ぶる	体の動き緩慢
事例85	集団	健康増進	問題なし	コミュニケーションに関して問題なし	ゆっくり話すと半分はわかる	情緒は安定している	運動に関して問題なし
事例86	集団	健康維持	問題なし	記入なし	記入なし	記入なし	運動に関して問題なし
事例87	集団	健康維持	問題なし	記入なし	認知に関して問題ない	記入なし	運動に関して問題なし
事例88	集団	予防教室	持ち物のトラブル	仲間との会話はない	その場で起こっていることを理解して行動する	無表情	年齢相当の衰え程度
事例89	集団	健康維持	問題なし	記入なし	記入なし	記入なし	痛み等で動く事に消極的
事例90	集団	健康維持	特に記載なし	仲間との会話はある	Thが対象者の認知が悪いのに良いと思っている	音楽で気持ちが高ぶる	痛み等で動く事に消極的
事例91	個人	脳血管障害後遺症	排泄に介助必要	はい,いいえの意思表示はある	言語を理解していない	無表情	マヒ側を使おうとしている
事例92	個人	脳血管障害後遺症	他者と関わりなし	本人の発する言葉も意味不明	情報の伝達に時間がかかる	無表情	車イスの姿勢保持が難しい
事例93	集団	認知症他	暴力,暴言	コミュニケーションに関して問題なし	見当識に障害あり	情緒不安定	右または左半身不随
事例94	集団	認知症他	自己表現不可	段々会話が増えてきている	繰り返すと認識できる	楽しさをよく表現している	運動に関して問題なし
事例95	集団	認知症他	問題なし	はい,いいえの意思表示はある	その場で起こっていることの理解不可能	無表情	車イスに座ったまま
事例96	集団	認知症他	傾眠傾向	自発語はない	集中力に欠ける	音楽でよく涙する	下肢の低下が目立つ
事例97	集団	認知症他	よく怒る	コミュニケーションに関して問題なし	見当識に障害あり	音楽で気持ちが高ぶる	年齢相当の衰え程度
事例98	集団	認知症他	難聴,歩行困難	Thとの会話はある	指示は理解している	情緒の起伏がない	粗大運動が出来るが,微細運動は苦手
事例99	集団	認知症他	右マヒ	問いかけには応じる	Thは対象者の認知が良いと思っている	硬い表情	痛み等で動く事に消極的
事例100	集団	認知症他	意欲減退,徘徊	意志表示はあるが聞き取りにくい	記憶に障害あり	時々で感情の起伏が大きい	粗大運動が出来るが,微細運動は苦手
事例101	集団	認知症他	集団活動拒否	言語の障害はないが自分から話しはしない	認知に関して問題ない	時々で感情の起伏が大きい	車イスだが座位は安定
事例102	集団	アルツハイマー	徘徊,昼夜逆転	集団の中では口を開かない	集中力に欠ける	よく笑う	運動に関して問題なし
事例103	集団	うつ	他人とのトラブル	自分の意志を言葉で十分伝えられる	記憶に障害あり	うつ的	ゆっくりなら動かせる
事例104	集団	健康増進	常に一番を求める	コミュニケーションに関して問題なし	認知に関して問題ない	自分の好みをよく表現している	片マヒの為,杖につかまり歩行
事例105	集団	健康維持	腰痛	コミュニケーションに関して問題なし	聴覚に障害あり	硬い表情	スムーズに体を動かせない
事例106	集団	健康維持	問題行動なし	問いかけには応じる	聴覚に障害あり	音楽で気持ちが高ぶる	初めに比べると,動くようになった
事例107	集団	健康維持	うずくまって座る	はい,いいえの意思表示はある	理解しているが,反応や行動を返せない	無表情	運動に関して問題なし
事例108	集団	健康維持	特にない	段々会話が増えてきている	見当識に障害あり	情緒は安定している	ゆっくりなら動かせる
事例109	個人	身体障害	身体マヒ	問いかけには応じる	Thが認知のことを理解していないと思われる	音楽でよく涙する	体がマヒ側に倒れやすい
事例110	集団	身体障害	四肢マヒ	コミュニケーションに関して問題なし	Thが認知のことを理解していないと思われる	表情豊か	リハビリ等体に良いことは積極的
事例111	個人	脳血管障害後遺症	左マヒ,服薬管理×	失語の診断受けている	記入なし	記入なし	車イスの姿勢保持が難しい
事例112	個人	脳血管障害後遺症	問題はない	段々会話が増えてきている	理解しているが,反応や行動を返せない	よく笑う	初めに比べると,動くようになった
事例113	集団	脳血管障害後遺症	引きこもり	言語の障害はないが自分から話しはしない	記入なし	無表情	記入なし
事例114	集団	脳血管障害後遺症	他人と交流なし	自分の意志を言葉で十分伝えられる	自分の誕生日不明	情緒は安定している	片マヒの為,杖につかまり歩行する
事例115	集団	脳血管障害後遺症	手足の障害	問いかけには応じる	その場で起こっていることを理解して行動する	音楽でよく涙する	座った状態で上半身はよく動かせる
事例116	集団	脳血管障害後遺症	左半身マヒ	自分の意志を言葉で十分伝えられる	認知に関して問題ない	喜怒哀楽が表情に出やすい	片マヒの為,杖につかまり歩行する
事例117	集団	脳血管障害後遺症	言語障害	ゆっくりなら自分の意志を伝えられる	認知に関して問題ない	楽しさをよく表現している	体がマヒ側に倒れやすい
事例118	集団	脳血管障害後遺症	歩行困難,言語	ゆっくりなら自分の意志を伝えられる	記憶に障害あり	音楽で気持ちが高ぶる	現状の維持
事例119	集団	脳血管障害後遺症	難聴,歩行困難	自発語はない	言語を理解していない	情緒不安定	体力全体衰退
事例120	集団	脳血管障害後遺症	マヒ,失語,難聴	本人の発する言葉も意味不明	理解しているが,反応や行動を返せない	表情豊か	体の動き緩慢
事例121	集団	脳血管障害後遺症	言語障害	段々会話が増えてきている	Thが認知のことを理解していないと思われる	音楽で気持ちが高ぶる	ゆっくりなら動かせる
事例122	集団	健康維持	特にない	自発語はない	その場で起こっていることを理解して行動する	無表情	運動に関して問題なし

❼対人関係	GMTが立てた目標	GMTが行なった音楽活動の主な内容	生活面での変化
周りの人と全く関わろうとしない	⑥運動機能	行進曲で歩行訓練。音楽による回想	徘徊, 暴力行為が減っている
難聴, 失語等の為仲間との会話持ちにくい	⑥運動機能	「バラが咲いた」「季節の歌」「夕焼け小焼け」	音楽が出かける弾みになる
周りの人にお節介を焼く	⑥運動機能	楽器をならすことは, 多くの人を巻き込むことが出来る	身体接触を段々いやがらなくなる
周りの人にお節介を焼く	⑥運動機能	「これから音頭」等では歌い, 振り付けをする	自分の人生観や, 抱えている不安を話しだした
新たな友人を作る	⑥運動機能	MB, 懐メロ, 唱歌中心。きれいな音に意識が集中する	若い頃の思い出を職員に話す
新たな友人を作る	⑥運動機能	セラピストの思い出の曲を提示	学校で歌ったころの話しが次々でる。子供の頃に母から教わった曲をリクエストしてくる
自分から回りの人によく声をかける	⑥運動機能	季節のうた中心	隣の人のマネをする行動が増える
記入なし	⑥運動機能	東京関係の唄を取り上げたら, 地名が色々出てくる。楽器を入れる提案がある	自分から指揮をしたいという人が現れる。全体の人が元気になってきたと感じる
周りの人にたまに声をかけている	⑥運動機能	「黒田節」, 一人の踊りをマネして踊る	仲間からの依頼を受けて踊りを披露, 普段と別人のよう
記入なし	⑥運動機能	「知床旅情」をレインスティックで口もとが動く。三味線に関心持つ。楽器をとおして親子の交流の場があり	死の直前まで凛とした姿勢があった
記入なし	⑥運動機能	ウサギとカメで体操, 肩たたきでスキンシップ	この活動を通して職員と馴染んでくる
日, 時によって周りの人との関係が変化する	⑥運動機能	「旅の夜風」「金色夜叉」の詩を大声で読む	大声で気持ちを発散した後は自己中心的態度から他人を意識するようになる
周りの人にたまに声をかけている	⑦対人関係	童謡, 季節の歌中心。時には外で散歩	農作業の話しも出てくる
周りの人と関わろうとしない	⑦対人関係	「ソーラン節」で鳴子を鳴らす。「叱られて」の歌詞朗読	他の人の動きに聞き入る
他人とうち解けない	⑦対人関係	ロックンロールでペアで躍る	何も出来ないと言いつつ, 人前では躍る
集団の中で孤立している	⑦対人関係	「金色夜叉」「二人は若い」は楽しそう	終わると, 車いすの人を連れて帰る
職員との関わりを好む	⑦対人関係	日本の昔話しの歌特集, 関連した歌をふいに歌い出し周りから拍手が起こる	1つの歌がきっかけで, 集団とClの関係に変化が起こった
他人とうち解けない	⑦対人関係	歌でボールのやり取り。楽器を一番初めにわたす	いつもは引っ込んでいるが, 自分の村の話をハキハキ言い笑顔で話す
一人でいることが多い	⑦対人関係	あまり変化しないプログラムを繰り返す。対象者が好むので, 童謡もいれる	初め落ち着かなかった人も, 離席が減少。歌に集中する様子あり
集団の中で孤立している	⑦対人関係	セッションの開始前に声をかける	初めの頃は, いかんと拒否。段々参加時間が増え, 同室者に声がけをする
集団の中で孤立している	⑦対人関係	リハビリ体操, ストレッチ, 嚥下体操	叩くリズムで集団に入る
周りの人から親しみをもたれている	⑦対人関係	ある人の18番「星影のワルツ」を最後にみんなで歌うことが定着する	自分中心の物事の考えかたから, 周りの人のことも意識して考えるようになる
周りの人にお節介を焼く	⑦対人関係	「上を向いて歩こう」は懐かしむ	活動日を待って居てくださる
集団の中で孤立している	⑦対人関係	動ける人にはダンスを, 動けない人には楽器を, 発表の場を持つ	楽器等で役割をはっきりすると責任感が表れる
信頼関係ができている人とはよく話す	⑦対人関係	トーンチャイムでの和音奏, 音の美しさに喜びを表現	仲間が出す音にも関心をもつ。感情表現の少ない人であったが, きれいな音を喜ぶ
職員との関わりを好む	⑦対人関係	太鼓と民謡	活動に入らなかった人が, 発言を仲間から求められ, 以後鳴子を鳴らし出す
信頼関係ができている人とはよく話す	⑦対人関係	発表会を目指した曲の練習。リクエスト	自分の話を回りがきいてくれる事から, 表情が和らぎ, 年長者らしい場の取り仕切りをしてくださる
社会性は保たれている	⑦対人関係	「シャボン玉」「七つの子」「からす」をチェロ, フルート, ハープで演奏したCDをかける。CDにあわせてマラカスを耳元でならす	無表情で, ボーとしているが, 音楽が聞こえると表情がはっきりする
社会性がない	⑦対人関係	誰もやらない打楽器を打つ	周りの人と会話を始める
周りの人と関わろうとしない	⑦対人関係	世界こども博の歌で, 当時の様子をはなす	若い頃のことを鮮明に記憶
周りの人を気遣うことが多い	⑦対人関係	トーンチャイムで, 隣の人に合わせて打つ, そろうと「いいね」と一言	疎通が悪いと思われていたが, そうではないことを活動をとおしてわかった
一人でいることが多い	⑦対人関係	初めは見学のみだったが, ある時「哀愁列車」「おまえに」を口ずさむ	大勢の人と過ごす時間に不安があったが, 歌で周りに受容されてからは帰宅時間を意識した言葉が減る
周りの人と関わろうとしない	⑦対人関係	「町のサンドイッチマン」「男の純情」等をマイクで歌う	席を立たなくなり, 隣の人と楽しそうに過ごす
周りの人と関わろうとしない	⑦対人関係	自分の障害にめげず, 歌, 体操を一生懸命している。お手玉も工夫してやる	多少かぜ気味でも, 活動に参加しようとする
集団の中で孤立している	⑦対人関係	「リンゴの歌」のリンゴの話しをする	インドリンゴ, 天高く馬等, 発言が多い
周りの人と関わろうとしない	⑦対人関係	「カゴメ」でトーンチャイムをならす。浪花節, 「王将」を合唱する	初めの頃は積極的参加でなかった人も, だんだん活動に入ってきている
職員との関わりを好む	⑦対人関係	輪唱, リクエスト曲, 「影を慕いて」で, 歌い方の注文出てくる	他人を気遣う発言がみられるようになった
周りの人と関わろうとしない	⑦対人関係	浴衣で「炭鉱節」を踊る	Thの背丈けに関心をしめす。以後, コミュニケーションがふえる
声をかけられた仲間には返事をする	⑦対人関係	皆さんの心に残っている曲を取り上げ, ある方が初めて歌うと回りが拍手	初めしぶしぶ歌っていたが, 最近は顔をほころばせて歌っている
周りの人から親しみをもたれている	⑦対人関係	初めは歌詞を追っていただけの人も, 対象者が知っている曲を多く取り上げるようにしてからは, 歌いだす	自分の好きな曲を絵にしてくることがある
Thにも無関心	⑦対人関係	BGM, 季節の唄, リコーダー, 懐メロ	ちょっとしたきっかけで周りの人と話し出すようになった。意欲的に活動に参加

表3◆

③ コミュニケーション領域

0 記入なし	5
1 失語症の診断を受けている、発音不明瞭	7
2 難聴	0
3 気管切開の為話せない	0
4 言葉を理解していない	1
5 本人の発する言葉も意味不明	5
6 自発語はない	7
7 問いかけには応じる	12
8 はい、いいえの意志表示はある	10
9 挨拶程度の会話はある	2
10 言語コミュニケーションは可能だが、自分から話しはしない	5
11 意志表示はあるが聞き取り難い	7
12 自分の意志を言葉で伝えられない	3
13 ゆっくりなら、自分の意志を伝えられる	5
14 意志が伝わらないとあきらめる	0
15 意志が伝わらないと暴力をふるう	1
16 自分の意志を言葉で十分伝えられる	7
17 集団の中では口をひらかない	1
18 仲間との会話はない	1
19 仲間との会話がある	2
20 Thとの会話もない	0
21 Thとの会話はある	2
22 周りの人に自分から声をかける	5
23 自分の要求はいう	5
24 自分の考えと異なるとだまる	1
25 自分の考えと異なる、考えを言い張る	0
26 会話が命令口調である	2
27 自分の興味関心事は話す	3
28 だんだん会話が増えている	9
29 だんだん笑顔がふえている	1
30 コミュニケーションに関して問題なし	13

④ 認知領域

0 記入なし	14
1 視覚	2
2 聴覚	4
3 記憶(物忘れが多い)	5
4 体で覚えていることはある	1
5 昔の事はよく覚えている	0
6 過去のことは覚えていない	0
7 新たなことを覚えようとする	2
8 見当識(ここはどこ、今日はいつ)	13
9 人を覚えてはいるが、誰かは忘れている	1
10 自分の誕生日不明	1
11 失認(空間無視)	1
12 注意力	0
13 集中力	3
14 言語の理解はしていない	7
15 理解、思考しようとしない	1
16 その場で起こっていることを理解して行動する	5
17 理解、思考する意欲はある	3
18 情報の伝達に時間がかかる	2
19 ゆっくり話すと半分はわかる	6
20 くり返すと認識していく	1
21 理解しているが反応や行動を返せない	7
22 指示は理解している	3
23 問題を解決出来る	0
24 日常で意志決定が出来る	0
25 その場で起こっていることの理解不可能	3
26 推論、思考力がある	2
27 Thが対象者の認知が悪いのに、よいと思っている	1
28 Thが対象者の認知はよいと思っている	1
29 Thが認知自体を理解していないと思われる	18
30 認知に関して問題ない	15

⑤ 感情領域

0 記入なし	8	16 情緒不安定	12
1 うれしさ	0	17 時々で感情の起伏が大きい	3
2 恐怖	0	18 その日の機嫌が顔に出やすい	0
3 驚き	1	19 音楽で気持ちが高ぶる	0
4 怒り	0	20 会を重ねると表情和む	6
5 悲しさ、悲しげ	2	21 喜怒哀楽が表情に出やすい	4
6 嫌悪	0	22 自分の好みをよく表現する	3
7 無表情	23	23 自分の障害に対し絶望的気分でいる	1
8 うつ的	3	24 表情豊か	10
9 不安な様子	2	25 情緒は安定していて、穏やか	10
10 厳しい表情のときが多い	2	26 音楽等の好みを素直に表現	1
11 硬い表情	4	27 人に声をかけられるとほほえむ	4
12 いらいら	0	28 楽しさをよく表現している	5
13 怒りっぽい	0	29 よく笑う	4
14 音楽でよく涙を流す	4	30 感情に関して問題ない	1
15 情緒の起伏がない	1		

❻ 運動領域

0 記入なし	4
1 無動（視線のみ）	1
2 寝たきり状態で全介助（手のみ動かす）	3
3 車いすに座ったまま（自立歩行困難）	5
4 車いすでの姿勢保持難しい	3
5 車いすだが、座位は安定している	2
6 体の動きが緩慢	5
7 疲れやすい	2
8 動く事に消極的、体に痛みがあり運動したがらない	6
9 全般的に衰退	5
10 スムーズに体を動かせない	4
11 ゆっくりなら動かせる	10
12 右、または左半身不随	2
13 体が麻痺側に傾きやすい	2
14 筋緊張が高い	1
15 動作を立ち上げる際に困難	0
16 健側をよく動かす	2
17 口元、歩行等にふるえがある	3
18 粗大運動は出来るが、微細運動は苦手	10
19 片麻痺で杖やつかまり歩行をしている	5
20 麻痺側を積極的に使おうとしている	1
21 座ったままで上半身はよく動かす	8
22 リハビリや体に良いことに積極的に取り組む	3
23 下肢の体力低下が目立つ	2
24 現状を維持	2
25 初めのころに比べると、体が動くようになった	4
26 手を握る、手を挙げる、バチを持つのは可能	2
27 目と手の協応は可能	0
28 音があると、よく動く	2
29 年相応の衰え程度	7
30 運動に関して問題なし	16

❼ 対人関係領域

0 記入なし	8
1 周りの人に無関心	1
2 周りの人と全く係わろうとしない	17
3 言葉では係わらないが目で回りの人を追っている	1
4 集団の中で孤立している	10
5 周りの人を懐疑的に思っている	1
6 家族との関係も疎遠	2
7 セラピストにも無関心	1
8 職員にも無関心	0
9 難聴、失語等の為、仲間との会話が持ちにくい	3
10 声をかけられた仲間には返事をする	5
11 社会性がない	8
12 存在感がないひと	2
13 他人とうち解けない	3
14 職員も手こずることがある	2
15 職員との関わりを好む	9
16 日、時によって周りの人との関係が変化する	1
17 一人でいることが多い	3
18 人とは一方的な関係	2
19 二人ぐらいで話していることがある	2
20 信頼関係が出来ている人とはよく話す	5
21 周りの人にたまに声をかけている	4
22 周りの人にお節介をやく	4
23 特定の親しい仲間がいる	3
24 自分から周りの人によく声をかける	4
25 他人と一緒にいることが多い	1
26 周りの人を気遣うことが出来る	5
27 新たな友人をつくる	3
28 周りの人から親しみをもたれている	4
29 社会性は保たれている	4
30 対人関係に関して問題はない	4

（表の略語に関して）
GMT＝岐阜県音楽療法士の略
Th　＝セラピスト（この場合は音楽療法士をさす）
Cl　＝クライエント（この場合は高齢者をさす）
MB　＝ミュージックベル（楽器の名前）
MT　＝ミュージック・セラピスト（音楽療法士）の略

表4◆

アセスメント項目	活動目標に挙げている主な内容	件数
③ コミュニケーション	コミュニケーション能力の向上	7件
③ コミュニケーション	音楽を通したコミュニケーションを図る	
④ 認知	認知症の進行防止とその維持・生活の質の向上	22件
④ 認知	反応ある刺激を多く送り、脳の活性化を図る	
④ 認知	主体的に活動に参加する(一度は声をだしてもらう等)	
④ 認知	短い時間でも落ち着いて活動に集中する	
④ 認知	懐かしい曲を思い出して歌う、回想を促す	
④ 認知	見当識が感じられる刺激(季節感等)	
④ 認知	集中力、理解力の低下を防ぐ	
⑤ 感情	情緒の安定	19件
⑤ 感情	気分を発散させる(気分転換)	
⑤ 感情	感情を表現する機会をもつ	
⑤ 感情	意欲、積極性を高める	
⑤ 感情	表情に変化をもたらす	
⑤ 感情	自己尊厳の回復	
⑥ 運動機能	健康増進	12件
⑥ 運動機能	残存機能、身体的機能低下を予防(ADLの低下予防)	
⑥ 運動機能	老化防止	
⑦ 対人関係	孤独感を和らげる	29件
⑦ 対人関係	仲間と音楽を楽しむ	
⑦ 対人関係	仲間同士のコミュニケーションを図る	
⑦ 対人関係	仲間意識、他者との関わり	
⑦ 対人関係	セラピストとの関わり、信頼関係	
⑦ 対人関係	周囲から認められる	
○ 生活の質	心身をリフレッシュする	33件
○ 生活の質	生きる支え、自己表現を促す	
○ 生活の質	生活に張り、生活に変化	
○ 生活の質	音楽活動を楽しむ	
○ 生活の質	施設内での生活に潤いを	
○ 生活の質	単調な生活に外の空気を持ち込む	

参考文献

ボクシル(2003).発達障害児のための音楽療法、人間と歴史社
ジョセフ・ルドゥー(2003).エモーショナル・ブレイン、東京大学出版会
石田秀美(2004).気のコスモロジー、岩波書店
岡崎香奈(1999).実践初期段階における音楽療法士のニーズとグループスーパービジョンの役割、音楽療法研究 Vol.4
岐阜県音楽療法研究所(2005).岐阜県音楽療法士事例報告書
高島元洋(2000).日本人の感情、ぺりかん社
高橋恵子(2003).感情と認知、日本放送出版協会
鳥羽研二監修(2003).高齢者総合的機能評価ガイドライン、厚生科学研究所
富山尚子(2003).認知と感情の関連性、風間書房
堀 洋道監修(2001).心理測定尺度Ⅱ、サイエンス社
村井靖児(1999).我が国の音楽療法の実態に関する研究、厚生科学研究補助金事業
村田久行(2003).ケアの思想と対人援助、川島書店
門間陽子(1987).理・作・療法21巻7号
門間陽子(1991).老人への音楽療法、日本臨床心理研究所
山中康裕(1991).老いのソウロロギー(魂学)、有斐閣

音楽療法士が「自分と音楽との関係」を見直すこと
——感性化トレーニング体験記から

岡崎香奈・羽田喜子
Kana Okazaki・Nobuko Hata

はじめに

In music, I listen
（音楽の中で、私は聴く）

In music, I listen to what I feel.
（音楽の中で、私は自分が感じている何かを聴く）

In music, I listen to what I take risks for.
（音楽の中で、私は自分が冒険している何かを聴く）

In music, I listen to the others who take care of me with music.
（音楽の中で、私は音楽で私を癒してくれる誰かを聴く）

I immerse myself to what I may not know.
（自分の知らない何かに、自分自身を沈めてみる）

And then come back from the place I went by myself.
（そして、自分ひとりで行ってみた場所から）

To the place I feel at home.
（自分が安心できる場所に、戻ってくる）

In music, I am listening to my own home.
（音楽の中で、私は自分の「発祥の地」を聴いているのである）

　この詩は、筆者（岡崎）が、ニューヨーク大学大学院音楽療法学科博士課程における「音楽療法グループ」という授業で、毎週提出するログレポート（毎週の授業後、自分でテーマを決めて書く小論文）のために創ったものである。この授業では、毎回博士課程在籍者（私を含む）7名と指導教官1名合計8名による「自由即興」が繰り広げられ、各個人の内的プロセスを言語化する、またはあらゆる芸術媒体（絵画や色彩、詩、動きなど）で具現化することの作業を行なっていた。

　音楽療法士の臨床実践能力として、専門職としての知識・技法と共に「臨床家としての感性」が必須となってくる。すなわちこれは、セラピストがクライエントに

対する敏感な気づきと適切な認識および判断力を体得していること、セラピスト自身が主観的・客観的という両方の観点から自己を見つめ直し治療者としての自分を最大限に生かす能力を持つこと、クライエントとの対人関係を鋭敏かつ緻密に把握しながら臨床的・創造的に治療を進められることなど、直感や感性にまつわる能力である。このような感覚・感性を磨く教育技法を、筆者（岡崎）は「感性化トレーニング（Sensitizing Training）」と称し、音楽療法士養成教育のプロセスの上で最も重要な位置付けを持つもの（岡崎, 2000）と考えている。

　上述のようなニューヨーク大学の授業は、欧米（特に心理療法としての音楽療法を取り扱う訓練）での音楽療法トレーニングに多く取り入れられており、これは音楽という特殊な媒体で対象者の様々な感情を取り扱うという複雑かつ困難な治療状況において、セラピスト自身がどれだけ対象者と自分が発する表現を敏感に認識でき、それに対して臨床的責任を負えるかということに深く関わる訓練内容を伴う。

　筆者（岡崎）は、先行論文（岡崎, 2000）において、感性化トレーニングには「グループ体験」「セラピー体験」「現場での実践体験とスーパーヴィジョン」「『自分自身と音楽との関係』を見直す作業」という項目があり、お互いが相互に作用しながら感性化につながっていくと述べた。本稿では、まず音楽療法士養成教育におけるこのトレーニングの現状と可能性を解説し、第2筆者である羽田らと共に国立音楽大学音楽研究所にて行なった「トレーニング体験報告」（羽田, 岡崎, 2004）をもとに、実際の「『自分自身と音楽の関係』を見直す作業」例を紹介し検証する。そして、体験者たちの言語記述を元に感性化トレーニングの必要性と意義について考察していくこととする。トレーニングを行なった者と受けた者両者の観点から合同執筆された研究文献は、スーパーヴィジョン領域には若干あるが（Lee, C. and Khare, 2001）、日本の音楽療法分野にはまだ存在しないことから本論文はこの領域における貴重な資料になると思われる。

体験を通した感性化トレーニングの役割と意義

　ヘッサー（Hesser, 2000）は、音楽療法士に必要な能力として、(1) あたまとこころで「聴く」能力、(2) 暖かくおだやかで誠実かつ柔軟に、共感をもって「存在する」こと、(3) 豊かな表現力、臨機応変な音楽性と技法、(4) 自己成長と自己認識——自分のパーソナリティーの理解、深い心理的課題からの解放、音楽を通して自己を表現しコミュニケートできる能力、をあげている。特に (4) の自己成長の部分では、療法士が「自分自身の人生の旅路に深く関われば関わるほど、他者の様々な状況に共感でき、それをより深く理解することが可能になる。この旅路は、芸術作品の創造過程のように、生きながら（歩きながら）創られていくものなのである」と述べている。

　また、阪上（1995）はドイツの音楽療法教育における感性化プロセスの紹介の中

で、「学生が、まず自己の持つ反応パターンや内的に抱える問題を知り、逆に治療対象の示す内的問題やその言語的、音楽的その他すべての表現に鋭敏に気づき、適切に対処する能力を養うよう指導されること」と書いている。

　近年、世界の音楽療法の動向としても、音楽療法実習生の感覚・感性を養うトレーニングに関する議論が活発になっており、世界音楽療法連盟の音楽療法士教育・養成コミッティーは、これらのトレーニングを「体験におけるトレーニング」（Experiential Training）と総称している。1999年にワシントンD. C. で開催された第9回世界音楽療法会議に引き続き、2002年イギリスのオックスフォードで開催された第10回世界音楽療法会議においても、各国の養成教育関係者による報告や様々な方法論またはそれに伴う倫理などを議論するフォーラムが開催されたので下記にその一部を紹介する。

　デンマーク・オールボーグ大学のペダーシェン（Pederson, 1999）は「体験におけるトレーニング」の目的について、1）音楽体験を通じて学生自身が対人関係やコミュニケーションを確立するための感性や柔軟性を高める、2）音楽体験を通して自身の心理的ブロック（トラウマなど）を探索し、個人の洞察を引き出し可能性を発見する、3）転移および逆転移を取り扱う音楽的技術を養う、4）聴くこと、自身の身体・感情・意識と密な関係を作ることを向上させる、5）クライエントとの様々な介入レベルにおいて、音楽を効果的に活用できる能力を養う、と述べている。GIM（Guided Imagery and Music）や分析的音楽療（Analytical Music Therapy）、イギリスのノードフ・ロビンズ音楽療法士養成コースなど、いくつかの特殊な治療モデルのトレーニングにおいては、学生が「クライエントとしてセラピーを受ける体験」をカリキュラムに義務づけており、ここでの体験を言語化・具現化するプロセスを重要視している（Murphy and Wheeler, 2005）。なかでもハートリー（Hartley, 2002）は「音楽療法学生は何らかの形で音楽との関係に傷を負っており、彼らとの個別音楽療法セッションはその関係性（特に、音楽家としての過去の体験との関係）におけるヒーリングプロセスとなる」と分析している。

　しかし、このようなトレーニングのあり方については様々な議論が展開されており、なかには倫理的課題を含むものもある。例えばディレオ（Dileo, 2002）は、大学カリキュラムに「体験におけるトレーニング」を取り入れる際の検討課題として、教官が教師とセラピストの役割を担うような二重の関係性やそこで発生するパワー・ハラスメントの可能性、個人情報の取り扱いなどに対する問題点などを挙げている。しかし、同時にこれらのことがらを教官側が慎重に対処し、学生と共に倫理的課題も含めて丁寧に取り組んでいく経過において、学生自身も音楽療法臨床における「倫理的思考」を発達させることができるとし、学生にあらかじめトレーニングの趣旨を説明するインフォームドコンセントの必要性についても述べている。

　ドイツのヤン－ランゲンベルグ（Jahn-Langenberg, 2002）は、学生が個別音楽療法を受けることを必修にしながらも、大学外部の音楽療法士がそれを担当すること

によって、教官の「役割境界の問題点（boundary issues）」を解決しようと試みた。これは、学生のセラピー体験での安全な場所の確保が成長のプロセスに大きく関係しており、このプロセスにおいて学生が経験するであろう自我分裂（ego-splitting）や退行・依存などが、大学の授業における教官－学生の関係性に影響しないよう配慮したものである。

　世界音楽療法会議におけるフォーラムでは、他にもイギリスのストリーターの音楽療法グループ体験トレーニングの意義（Streeter, 2002）や、ブラジルのバルチェロス（Barcellos, 2002）による学生の体験の質的研究などが発表された。全体的な議論のまとめとしてウィーラー（Murphy and Wheeler, 2005）は、様々な課題に対して議論の余地が残されているものの、その課題のリスクよりも「体験によるトレーニング」から得る学生の利益のほうが大きく勝ることから、このようなトレーニングの必要性を強く主張している。と同時に、各国の状況に応じてその国での音楽療法の浸透度、社会におけるセラピー観の違い、文化や風土による規範の相違、などを考慮しながらデザインする重要性も示唆している。

　このような現状や役割を踏まえて、次章では、国立音楽大学音楽研究所音楽療法研究部門での研修生事業として行なった、実際のトレーニングについて詳しく述べることとする。

感性化トレーニングの実際

　第二筆者である羽田は、学士卒業論文で音楽療法士養成教育について研究した結果、我が国における養成過程にもこの『感性化トレーニング』の必要性を強く感じたと共に、自身も受けたいと望んでいた。そこで、筆者（岡崎＝客員所員）と当時研修生であった羽田を含む音楽療法研究部門研修生4名と1年間、7回にわたる「感性化トレーニング体験」を実施し、羽田が体験者としての自身の振り返りと他研修生の感想を考察し、岡崎が実施者の立場から一連の作業を検証し、論文にまとめることとした（羽田, 岡崎, 2004）。本稿では、羽田の実体験をリアルに伝えるために、彼女自身の生の声をそのまま記述する。また、この記述が本研究の大きなデータ源となるため、羽田を共同研究者である第2筆者とした。

感性化トレーニング体験の実施
・平成X年5月から平成X＋1年1月まで7回にわたって行なった。場所は本学音楽療法研究所スタジオ。時間は午後1時半から4時くらいまでの、2～2時間半。
・筆者（岡崎）が敢えてトレーニングではなく「トレーニング体験」と定義した理由は、頻度と回数が通常の養成課程におけるものよりはるかに少なかったため、本来なら継続的に行なうものを単発で「体験する」という範囲にとどめたからである。このことは、事前に研修生に説明され、同意された。

《トレーニング体験者の立場からの考察》
下記に羽田が書いたトレーニング内容と体験者としての感想を記す。

◇第1回：平成×年5月×日
（全員で集団自由即興、休憩をはさみディスカッション）

　即興をやった経験がなく、「一体どうなるのだろう、果たして上手くできるだろうか」という不安と、とても興味を持っていたこのトレーニング体験に参加できるという喜びと、「何が起こるのか」という期待感を抱きつつ、トレーニングが行なわれるスタジオへ皆で楽器を運び、大体の準備を整えた。［…中略…］それぞれ各人がどの楽器を使用するか音を出しながら探しているうちに、自分の求める音（楽器）が見つかった者から音を出しはじめ、気がついたら即興が始まっていた。

　このとき私は「どの楽器の音が今の自分の気分（状態）に合っているだろうか」ということに意識が集中しており、即興が「始まっている」と認識したときには、自分は「どのようにこの即興にかかわっていけばよいのだろうか」と戸惑ってしまった。しかし、徐々に小さい音量であるが、周りの音・音楽に合った音を出せるようになっていった。

　この即興では私は主にある特定の人物二人が出す音に意識を集中させ、音楽の中心として捉えてそれらの音・音楽に合わせるように音を出していた。このように「その場に出てきた音楽に合わせて音を出さなくてはいけない」と強く思っていたためか、その場の音・音楽に合っていないと自分が感じる音が出てきた際に、その音・音楽に対し、憎しみや怒りといえるほどの感情を抱くことが何度かあった。だがまた、その場の音楽に合わせているのだが、その音楽のなかでも一緒に即興をやっているなかの一人とかすかに音・音楽のやり取りが発生したり、それまでは他の人の音楽に合わせようとしていたのを、自分の世界に少し入り込み、自分の気分がおもむくままに音・音楽を出し、その場にいる人たちの音・音楽が合ってくるということが起きたときには、自分がその一人や、その場にいる全員に「受け入れられ、認められた」という感情を抱いた場面もあった。

　終了近くになった頃から、疲れが出始め床に座り込んでしまった。本当はあまり音を出したくはなかったのだが、「音を出さなくては」という思いにかられ、「とりあえず」という感じで音を出していた。［…中略…］疲れた感じで音を出さずにいる人もおり、私は音を出すことをやめている彼女を見て、「音を出さなくてもいいんだ」と安心し、演奏を止めることができた。

　この後、数分でこの即興が終了し、休憩に入ったのだが、即興を行なっていた約1時間半の間とても集中していたせいか、いつもは「何も考えない」という状態が全くといってよいほどないのだが、「何も考えられない」「完全に思考回路が止まってしまった」「魂が抜けた」状態になっており、「この状態は一体なんなのだ」という強い驚きや不安、恐怖を感じた。

休憩後のディスカッションに入っても、「何も考えられない」状態は続いており、「一体……これは……どういう…ことなのだろう…………」としか浮かんでこず、また、頭の中に浮かんでくる言葉のスピードも通常の2、3倍の時間がかかって出てくる状態であり、あまり発言することなく終了してしまった。

◇第2回：平成×年6月×日
（前回のディスカッション、ピアノと声の即興、トーニング）

この回のトレーニングでは、まず前回の振り返りをやったのだが、皆で話し始めるとスタジオの中の空気が前回のトレーニング時に戻ったようであり、重く、空気の流れがなく、色でたとえるなら黒色で押しつぶされそうな空気だと感じた。この振り返りで、私は「意識がボンヤリとしていくなか『叩かなければ、音を出さなければ』と『……しなければ』」と思っていたと発言したところ、「なぜそう思ったのか」と問われ私が今まで受けてきた親・家族からの協調性や思いやり、忍耐に重きを置いた教育や躾に要因があるのではという考えが浮かんだ。また自分自身が「他人に受け入れてもらいやすい人間になりたい」という欲求もあるのかもしれないとも考えた。

次にピアノと声の即興に移ったのだが、まず、ピアノを囲むようにしてトレーニング体験者4人が立ち、岡崎氏が奏でるピアノの音に乗せてハミング等で声を出し、途中からはピアノの音は消えていった。最初私は自分が声を出すことよりも音を聴いていたいという気持ちが強く、途切れ途切れに声を出しているだけであった。この聴いていることに集中している際、音が「舞っている」というイメージを抱きとても心地よくいられた。しかしこの心地よさはたとえていうならば、暑い夏の日に砂浜できれいな海と海水浴を楽しんでいる人々を眺めているようなものであり、自ら海に入り、重力を感じず水の中で漂うことの心地よさを感じていない状態である。このような心地よさであったために、自らも声を出してこの「心地よさ」の中に入っていきたいという欲求を抱き、声を出し始めた。声を出し始めると、舞っている音の中に自分も紛れ込めたように感じ、低音で細かい動きをしない音を出しているにもかかわらず、とても「楽しい・心地よい」という感覚を抱いた。前述のたとえでいうならば、海の中に入り、重力を感じず水の中で漂うことの心地よさを感じている状態である。

最後にトーニング（皆で円を作り床に座って声を出す）を行なった。先に行なったピアノと声の即興とは同じ声の即興なのだが、全く違う感覚・イメージを抱いた。このトーニングの最中に浮かんだ私のイメージをトレーニング直後に書いたレポートからそのまま引用したい。

「何か、周りにはなにもない大草原で、空は青空で風がさわやかに吹いているところで皆で輪になって歌っているような…………もしくは、宇宙空間じゃない‥

…高い崖の上で空には見たこともないぐらいたくさんの星が見えるところで歌っているような…………とにかく、上の方に広い空間があって、皆の声がすーっと高く上っていって、空間に吸い込まれるよう」

　と、このように私は、先に行なった声とピアノの即興時のような「音が舞う」イメージではなく、それぞれの発する声が一つになり上方へ上っていくという「上昇」のイメージを抱いたのだが、ある研修生の一人は、「ブラックホールのようなものが下にあり、音がそこへ落ちて吸い込まれていく」という「下降」のイメージを抱いた者もいた。私はこの回では、前回とは違い、ほのかな疲労感とさわやかな心地よさを感じ、特に最後のトーニングでは、何か浄化されたような感覚を抱いて終了した。

◇第3回：平成×年7月×日
（1対1の個人セッション体験－他メンバーも同室で見学）

　この回では、初めて1対1による個人セッション体験（1人15～20分）を行なった。個人セッションということで、行なう順番を決めなければならなかったのだが、私はこの頃プライベートなことで「怒り」の感情が強くあり、セッションではその「怒り」の感情がすさまじい音として現れ、他の人に影響を及ぼすのではないかと思い最後にセッションを行ないたいと希望した。

　他の人のセッションを聴きつつ順番を待っている間に、どの楽器の音が今の自分の気分、感情、状態に合っているか考え、使用する楽器を決めたところ、その使おうと考えていた楽器と全く同じ楽器を使用した人がおり、非常に驚いたと共に、なぜか「全く同じ楽器を使うのはいかがなものか‥‥」と少し困惑した。自分の番になった際には、オリジナリティに欠けると感じられるのではないかと不安を抱き、当初使用しようと考えていた楽器とは異なる楽器を選び、演奏を開始した。が、やはり、自分の気分、感情、状態に音が合わないと違和感を感じ最初に決めた楽器での演奏に切り替えた。

　この回の個人セッションで私はコンガを主に使用したのだが、それまで（現在もかもしれないが）「コンガ」という楽器や、音に対するイメージとして私は「明るい」（陽）というイメージを抱いていた。しかし、前述したがこのときの私は精神的に「明るい」（陽）ではなく、「怒り」（陰）という状態だったのにもかかわらずこの楽器を選択した。

　なぜ、コンガを選択したのか、楽器が安定しているため怒りの感情をぶつけやすいと考えたのか、コンガという楽器そのものを好んでいたからなのか今でもわからないが、最初は怒りを表現しようというのではなく、発散を目的に演奏をしていたことは確かである。そして怒りを発散させる演奏をしばらく続けているうちに、怒りの根底に深い「悲しみ」があることに自分が出している音によって、気づいた瞬

間が訪れた。この瞬間から私が出す音は悲しみを表していたと思うが、悲しみを強く感じながら演奏している自分と、本当は怒りという感情だけではなく、悲しみという感情を根底に持っていたのだと冷静且つ客観的に自分自身を見つめている自分という、2つの意識が自分の中に同時にあり、不思議な感覚であった。

　また、これまでは音・音楽は人の感情を映し出すものだと頭では理解していたつもりだったが、生まれて初めて楽器を演奏していて、自分が出している音で自分の気分、感情、状態がどのようであるか気づくという体験をし、音・音楽の力を強く実感した。そして、コンガという今まで「明るい」というイメージを抱いていた楽器または、その音でも「怒り、悲しみ」といった感情を表現できたこと、そして自分自身でも音を聴いていて感じ取ることができ、楽器の音が持つイメージとは演奏者の感情によってさまざまに変化するものだと感じた。

◇第4回：平成×年9月×日
（自分の音楽史についてディスカッション）

　この回ではまず、夏休みの課題であった「自分の音楽史」（音楽と自分との関わりを詳細に書き出したもの）を作成する際に「発見したこと」についてディスカッションが促された。

　私はこれまで音楽と自分自身との関係について深く考えたことはなく、また必要も感じていなかったのだが、書き出していくうちに中学生までは多少ピアノが弾けるということで、音楽とは優越感を感じられるものであったが、高校生になってからは、音楽コースのクラスだったため、逆に劣等感を感じるものになり、大学に入ってからこの音楽に対する劣等感はさらに強いものになったことを認識させられた。

　しかし、一方で音楽を聴くことによって元気づけられたり、癒されたりという体験もしていることから、また、大学の実技卒業試験を終えたときに「これでピアノを弾かなくてもいいのだ」と喜びを感じたことから、音楽にではなく、音楽をすることに劣等感を抱いていると発見した。よって、自分自身で選択して進んできたにもかかわらず、ピアノを弾くことや、歌を歌うことは私にとって苦行であったのだと気づいたときには愕然としてしまった。

　しかし、未だに自分自身のなかで回答を得ていないのだが、安直な理由で音楽に一生携わろうと決意し、その結果劣等感等「負」の感情を音楽をすることに対し抱いているのにもかかわらず、それでもなお音楽をすることに携わろうとしているのはなぜなのかという自分自身に対する問いがあり、課題となっている。

◇第5回：平成×年10月×日
（岡崎氏欠席のため、研修生4名による集団即興）

この回では、岡崎氏が欠席したため研修生4人だけのセッションとなった。ちょうど研修生2人が自分の楽器（民族楽器）を持ってきていたため、いつも使用している研究所所有の楽器に付け加えることとなった。楽器の準備が大体整ったところで、小学生時代に音楽の時間に八丈太鼓を習っていた研修生の1人が、和太鼓を叩き始め、興味を持った私が教えてもらい2人で和太鼓をはさんで演奏を開始した。1人は常に同じリズムを刻み、もう1人は10個のパターンを叩いていくのだが、薄い太鼓を使用していたからなのかわからないが、相手が叩くと空気の塊とでもいうようなものを感じ、また、自分自身も叩いたときには空気の塊が発生しているように感じた。2人が叩くタイミングが合った場合には太鼓の中の空間で空気の塊がひとつになる感覚がばちから手に伝わり、音がひとつになっただけではなく、太鼓を叩いている2人もひとつになったような感覚を抱け、非常に楽しい体験であった。

一通り和太鼓の演奏を楽しんだ後、自然と即興が始まったのだが、皆即興というものに慣れてきたのか、岡崎氏の不在が故か、この回初めて持ちこんだ楽器の音から、南国のリゾート地を彷彿させるような音楽だったからなのか、初回セッションのときのような緊張感がなく、安心感を持って音を出していたように感じられた。私も他の3人に信頼感を抱けるようになったからか、初回セッション時のような、周りの音をよく聴いて音を「合わせなくては」という思いを持つことなく、逆に周囲が「合わせてくれるだろう」という思いから、叩きたいリズム、出したい音を表すことができた。実際、私の出す音・リズム・テンポに皆合わせてくれ、非常に安定した状態でいることができた。

しかし、初回セッション時に私がそのときの音楽の中心と捉えていた音を出していた1人が、何度かテンポを乱してしまう場面が起こったが、すぐに彼女が我に返るのか、私が彼女のテンポに合わせたのか定かではないが、何度か起きた乱れはその度割とすぐに納まっていった。この際、私は新しい彼女の一面を見た気がするのだが、セッション後のディスカッションで彼女はこの回の私の音が「支えてくれているようだった」と述べ、この発言を受けた私は、自分自身の音楽嗜好や即興演奏を振り返り、自分という人間が、実は保守的というか、安定志向が強い人間であることに気づき、自己認識がまた深まることとなった。

◇第6回：平成×年11月×日
（「音楽と私」というテーマで絵を描く。各自作成した絵の説明→作成した絵を楽譜に見立て、鳴らしたい楽器を選び岡崎氏との個人セッション体験）

この回ではまず、「音楽と私」というテーマで、絵を描くことから始まった。そして、描き終わったところで、皆に絵を見せながら絵について説明を行なった。
私は、「自分の体の中に音楽の存在は感じるが、ある音楽（音楽をするということ。特にピアノを弾くということ）と自分との間には壁がある、もしくは深い溝がある」というイメージを絵にした。

各自作成した絵の説明が終了すると、岡崎氏との1対1の即興セッションが開始された。(これが行なわれている際、他のメンバーも同室している) この回のセッションで私は、非常に苦手意識の強いピアノであえてやろうと選択し、私のピアノと音楽に対する「うまく弾けないいらだち、劣等感を与えられた怒り、悔しさ、ピアノに拒絶されているような感じを抱いたときの悲しみ、音楽が好きなのにどこか距離感を感じてしまう感覚」をピアノにぶちまけようと思った。岡崎氏もピアノを選択し、スタジオにはピアノが1台しかなかったため、連弾という形でピアノのみでのセッションとなった。(私がピアノを選択したのはこの回が初めてであった)

　この回の即興をはじめてしばらくは、上述したように「負」の感情をピアノにぶつけるイメージで演奏をしていた。このとき私はとてもつらく、苦しい状態であった。だが、ある瞬間から全身の力が抜けたというか、精神的な力が抜け、「ふっ……」となった瞬間が訪れ、「負」の感情をピアノにぶつけていることに疲れたというか、存分にぶつけたという気持ち、またピアノに対し「悪い、かわいそうなことをした」という気持ちになり、落ち着いた音→楽しげな音楽に変化した。そして、自分自身の中に音楽に対して「正」の感情もあることに気づき、幼い頃(ピアノを習い始める前や習い始めの頃)はピアノを弾く(触れる)ことはとても楽しいことであったことを思い出すという体験をした。

　即興終了後、音楽に対する矛盾した感情というものは残ってはいるが、音楽と自分との距離が少し縮まったように感じたセッションであった。

◇第7回：平成×年1月×日
(冬休みの課題であった詩を各自披露、全員で集団自由即興)

　この回は当研究所とこのメンバーでの感性化トレーニング体験最終回ということで、初回セッション時と音楽、雰囲気、個人がどのように変化したか感じたいという希望から、全員での集団即興セッションとなった。セッションが始まり、私は初回時に感じた緊張感を感じることなく、代わりに信頼感や安心感といったものを、スタジオ内の雰囲気や音楽から感じた。また、この5人の人間関係における役割といったものが、そのまま音楽の中にも現れていることをはっきりと感じ取られる音楽であった。しかし、役割というものが現れているにもかかわらず、その中でもやはり各人の感情というものも現れていたように思う。

　私はこのセッションでは初回時のような「……しなければ」「自分の出している音が皆の音に合っているか」という思い・考えはなく、自身の中や音楽に対し「苦しみ」を感じながら、演奏を行なった。さらに、普段の生活でも、演奏しているときでもありえないことであった「激しい感情が流れ」出て、それを「止められなくなる」という体験を初めてした。この体験は私にとって非常に恐怖を感じさせるものだったが、一方で「いい傾向だ」と喜びを感じたものであった。

羽田は、各セッションでの体験を上記のように詳細に記した上で、即興体験での自らの音楽の変化や内的変化を下記のようにまとめている。

1) 即興場面における演奏の変化
①第1・2回では自身の感情の表現、自身の内的世界への意識集中よりも周囲の発する音・音楽、場の雰囲気に対する意識集中が優位の演奏。演奏技術に対する自信のなさからくる、演奏することへの恐怖心が現れた演奏。（具体的には音が小さい。音の動きが小さい。音楽の自由度：低）自分の感情がはっきりと意識化されていない（把握していない）という状態でもあった。
②第3回では自身の感情の表現、内的世界への意識集中した演奏が可能になる。これは、私にとっては珍しく激しい感情を抱いていた時期であったこと、グループセッションではなく、岡崎氏との1対1の個人セッションであったこと、に拠るところが大きかったように思われる。
③第5回では他の人の発する音・音楽、場の雰囲気に対し意識を向かせながらも、それにとらわれることなく自身の欲求に応じた表現演奏が可能になる。演奏することへの恐怖心が多少薄らいだ演奏。（音楽の自由度：中）周囲に「合わせなければならない」といった思いに駆られることはなくなった。
④第6・7回では自身の「感情を表現する演奏」から自身の「感情が流出する演奏」になる。自分の意図とは関係なく、感情が流れ出るということが起こった。初めて周囲の音・音楽、場の雰囲気への意識集中よりも、自身の内的世界への意識集中した演奏が優位に立ったのである。演奏技術に対する自信のなさは依然として残っているが、演奏することへの恐怖心が大分薄らいだ演奏。（具体的には音が大きい。音の動きが大きい。音楽の自由度：高）

2) 即興場面における内的世界の変化
①自身の起こす行動、意識の対象が、自身の抱く理想の人間像に縛られたものであると認識。（これまで親、家族から受けた教育や躾等によって、否定しつづけていたにもかかわらず植え付けられていたもの）
②「怒り」という激しい感情の根底に深い「悲しみ」という感情があることを発見し、それまで抱いていた「怒り」は深い「悲しみ」によって起こされた感情であると認識。感情を表現、自身の内的世界に意識集中した演奏を行なった自分に対し、ショックを感じながらも同時に自身の進歩を感じた。
③前述したような、これまで親、家族から受けた教育や躾等によって植え付けられていたものとは違う、理想の人間像を抱いていることを発見。と、同時に『感性化トレーニング体験』を受けている仲間に対し、強い信頼感を抱くようになる。
④人間関係における自身の立場、役割の認識。（人と関わっている際の自分がど

のような人間であるか、他人が抱いている自身の人間像の認識）これまで目を
そらしつづけていた部分（問題の存在を感じつつも、存在を否定していたこと）
の再認識。自身で触れることをタブーとしていた部分への介入、挑戦。（変化）

羽田はまた、ディスカッションやレポート作成の重要性を挙げ、

> 上述の「変化」は月に一度設けられた『感性化トレーニング』体験のセッション時間内で全て気づいたわけではなく、セッション後のディスカッションや、毎回課題としてあったレポート作成時、日々の生活での出来事、またはふとした瞬間に気づいたものが大半である。自分自身で「話す」「書く」というように、体の中にあるものを外に出すことによって、新たに気づくことがあり、抽象的な言葉であったり、違うと感じる言葉であっても、外に出すことによって自分なりの答えを得られることが多かったのである。日本人の特徴として、あまり言葉に表さないということがあげられると思われるが、このトレーニング時には、自分の体からどのようなものであれ、形にして出すことは、重要な役割を果たすことである。

と、述べている。このことは、アンソニー・ストー（Storr, 1980）が治療者の資質として「自己をより深く認識し、理解する洞察力をもっていること」と述べ、そのためには治療者が様々な体験を言語化する訓練をすることによって、認識していなかったことを意識化できる、と書いていることに関連していると思われる。

また、「自分自身と音楽との関係」については、

> 今回の体験では、自分の音楽史を書く、「音楽と私」というテーマで絵を描く、詩を書く、という三つの作業を行なったが、これらの作業とこれを基に行なったディスカッションから自身の音楽に対する思いについて認識を深めることができた。しかし、残念ながら自分自身にとっての音楽の意味付けまでは到達しなかった。自分自身と音楽の関係とは何かという問いに対して自分なりの回答を得ることは、これからの私の課題の一つであると感じている。

と述べて、研修生全員の了解を得た上で、トレーニング体験プロセスで作成された以下に紹介する詩を記載している。（初めの3篇は夏休み中に作成したもの、後半の4篇は最終回のために書かれたもの）

「ぷかり」

小さい時からしばしば首をかしげられた
姉のあだ名は宇宙人
私のあだ名も宇宙人
ぴったりの洋服みたいに自分になじむ言葉が見つからなくて
もどかしい日々
伝えたいことが伝えられなくて
隣の人の手をただ握ることしかできない
軽はずみで自分勝手に飛び出してゆく言葉に支配されるのがこわい

新しく会う人には首を傾げられないように
ぴんとはりつめて「ねこかぶり」
「私を誰もわかってくれない」
伝える努力もせずなんという傲慢さ

音の中にぷかりと浮かんで
自由になって　気づく
どろどろに汚くて　ちっぽけな私と出会う
知って　許して　受け止める
「大丈夫」
いくつも穴を掘って埋めてきた溜息を
時には無邪気なハミングに変えるチカラ
いつもそばにいた音が教えてくれたんだ

「見える　きこえる」

病気
みえないものが　みえる
きこえないものが　きこえる
みえるものが　みえない
きこえるものが　きこえない
感性化
いろんなフィルターで
みえているようでみえていないものが
みえてくる

きこえているようできこえていないものが
きこえてくる
感じられなかったものが感じてくる
気づかなかったものが気づいてくる
それが喜びや幸せや世界が広がる
でも悲しさやさびしさもひろがる
このフィルターが自由にとりはずしができるといいな
でも最後は感じなくなると楽なのかな

「芽」

私は長い間苗木だった
少ない葉で刺激を受け止めていた

ある時、枝を一本切られた
でもそこから新しい芽が出てきた
そして、ぐんぐん成長し
たくさんの芽が出始めた

葉が増え、前よりもいろんな刺激を
たくさん感じられるようになった

だけど、まだまだ芽はでるはず
まだまだ葉は増えるはず
まだまだ大きくなれるはず
そんな気がする

「音楽と一緒に」

そばにいた。
優しく暖かな毛布のように。
追いまくられる日々にも　腑抜けな日々にも。
時にはその存在がうとましく
自ら離れようとしたこともある。
でも　いつもそばにいた
これからもこの不思議な関係は

続いてゆくのだろう。
一緒に　つよくやさしくなれる気がしてくる。

「殻」

体の奥深い暗闇に
自分がいた

透明　だけど　とても硬い殻の中で
眠っている

さらに殻の中で眠っている自分を
このまま眠らせておきたい自分

殻をやぶり眠りから
目覚めさせたい自分

私の中で葛藤が生じ始めた

「ひとつの点」

もし一つの点が穴だったら　困るかもしれないし
　　　　　　　　　　　それで助かるかもしれない
もし一つの点がホクロだったら　好かれるかもしれないし
　　　　　　　　　　　いやがられるかもしれない
もし一つの点が文章の中にあったら　言葉の重さがかわり
　　　　　　　　　　　一息つけるかもしれないし
　　　　　　　　　　　　　何か意味あることばを含むかもしれない
もし一つの点が音符についてたら　音の長さが変わったり、
　　　　　　　　　　　スタッカートになって
　　　　　　　　　　　　　音の形や色がかわるかもしれない
もし一つの点が白い紙の上にあったら
　　　　　　　　　　　とび出してくる先っぽにみえるかもしれないし
　　　　　　　　　　　　　すいこまれる行先にみえるかもしれない
もし一つの点が異なる色の紙の上にあったら　点の大きさや深さ重さが
　　　　　　　　　　　かわってみえるかもしれない

もし一つの点がはなくそだったら　とてもきたなくきらわれるのに
　　　ごまであったら　お料理がとてもおいしくきれいになるかもしれない
もし一つの点を顕微鏡で見たら　とても大きな平原かいろんな柄が
　　　　　　　　　　　　　　　　　　　　みえるかもしれないのに
もし一つの点が空気の中にあったら　一つのちりにみえるかもしれないし
　　　　　　　　　　　　　　　　　　　　みえなくなるかもしれない

一つの点がいろんな存在になれるけれど、点は自分から動けない
私は自分から動けるいろんな点になれるといいな……

「音楽と私」

ずっと側にいてほしい
あたたかく包んでほしい
時にはいらなかったり
邪魔だったりする

でも結局は支えられて
なくてはならない存在
誰かに似ている
家族だったり　友達だったり
恋人だったり　空気だったり

私と一緒にいろんな顔をし
いろんな表情をする
私と一緒にいろんなものに
姿を変える
まるで全てを知ってるかの様に
何よりも私を理解してるかの様に
それは私自身なのかもしれない

《「トレーニング実践者」の立場からの考察》

　筆者（岡崎）にとって、今回の研究所における1年間7回という限られた回数の中で、体験者にとって消化不良にならないようなトレーニング体験を計画することは容易ではなかった。というのも、本来「感性化トレーニング」は、音楽療法士養成課程という系統だった長期的訓練教育の中で、指導者が学生との間に信頼関係を築きながら継続的に行なわれるものであり、このような単発体験においてより効果を発揮する形態を模索する必要性があったからである。また、研修生たちは全員すでに音楽療法臨床実践を行なっており、各々の音楽療法実践家としての成長プロセスを私がすべて把握することも困難であった。そこで、筆者（岡崎）は今回の「感性化トレーニング体験」の主要なテーマとして「自己認識－自身と音楽との関係を見直す作業」を掲げた。

　第1回、第2回目の楽器や声を用いての集団即興は、筆者（岡崎）が学生として体験し、また指導者として訓練を受けたニューヨーク大学大学院音楽療法学科でのグループセラピー体験を応用した。ここでは、全く制約のない（自他者に対する危険を冒す以外）状況の中で、楽器や声をどう使うか、また使わないか、自分と音・音楽、自分と他者がどのように関わっていくかを模索する作業である。このような場面でよく起こることは、まず、直面したくないと思っているまたは無意識に防衛・回避している自己との遭遇である。これはもちろん指導者側が熟達した訓練を受けていることが前提であるが、このような事態が起こったときに、しばしば学生は混乱し、焦りや怒り、悲しみなど様々な感情を体験する。これらを、音に表す、言語化する、または第6回、7回目のように他の芸術媒体（絵画・詩など）に表す、というようなアウトプット作業を行なうことによって、より自己を認識し、直接的な情動体験を意識化することができる。

　第3回や第6回目で行なった個人セッション体験も、筆者（岡崎）がロンドン・ノードフ・ロビンズ音楽療法センター養成課程で受けた形態の応用であった。同じコースで訓練を受け、この個人セッション体験をしたウェブスター（Webster, 1988）は、自身の体験を「完全な共有体験—どちらが優位を占めるわけでもなく、響き合う。いくら探しても言葉での表現が見つからない自分の感情が、音楽という言語で現された。［…中略…］セッション後、私はほっとした感じを受けた。それは、疑問に答えが返ってきたという感覚ではなく、自分の内面の大きな課題が意識化されたという感覚を持ったからである」と述べている。共通した内容が、羽田の「即興演奏による内的変化」の項にも記されている。

　第4回目では、夏休みを利用して詳細にわたる「自分の音楽史」の作成を導入した。これはブルーシア（Bruscia, 1988）が学生に与えている課題をヒントに、人生の様々な節目でまわりの音・音楽が自分の生活にどのような影響をもたらしたか、

自分と音楽との道程の物語を書くことによって、臨床場面での自分と音楽との深いつながりを理解し、それをクライエントとの関係作りにも活かしていくことを念頭に進められた。また、生野は著書の『音楽との仲直り』（生野, 1998）の章に、音大生が音楽に対して抱えている葛藤——音楽は好きだけれど練習や競争は苦手だった——ということに触れている。これは筆者（岡崎）自身を含め、国内外を問わず音大卒の音楽療法士によく見られることで、自分の音楽に対する固定観念（例：音を間違えてはいけない、音楽は自分の許容範囲の中で楽しく美しくなければならない、など）を払拭できない困難さを持っていたり、またはその固定観念に対して全く意識せずにセッションを行なっていることがある。このような場合、音楽療法実践者として、自分と音楽とがどれだけ本当の意味で仲良しか、ということに意識化の作業が絶えず必要になってくるのである。また、前述のハートリー（Hartley, 2002）も、音楽療法学生の「自分と音楽の関係」についてワークする必要性を説いている。

　最終回では、言語化プロセスの一つである「詩」という作業に取り組むことで、自分の内側を聴き音楽と同じようなリズムを持つ言葉で表現する、ということを試みた。音楽療法士として自身の「内側」を聴く、ということは、とりもなおさず、自分の内的心理が大きく影響する。カナダの音楽療法士マクマスター（McMaster, 1995）は、聴くことは「我々の内側で、そして周りで何が起こっているのか、が絶対、完全には、分かり得ることができない、という感覚。」であり「それは、奥深い驚きのための意志力（willingness to be profoundly surprised」（McMaster, 1995: p.72-73）と記している。

　筆者（岡崎）も、実際に音楽療法セッションで音楽を奏でるさいに、「聴く」という作業が喜びや充足、または新たなる発見をもたらすこともあれば、実は驚くほどの恐怖を伴っていることにも気付くことがある。クライエント・セラピストに関わらず自分の弱さが音として「聴こえてくる」ことによって、見たくない自分を回避しようとすること。クライエントから音を通じて「聴こえてくる」痛み、そしてその痛みが自分の痛みを引き出してしまうかもしれないというセラピスト自身の恐れ。また、その恐れが音に露呈してしまい彷徨いながらも前への一歩が踏み出せないセラピストの葛藤。臨床プロセスにおいてクライエントが越えなければいけないハードルは、実はセラピスト自身が越えなければいけないハードルと同じであることに気がつくこと。そして、そのことに気がついた時点で臨床的な責任をもって音楽的"Break through"を効果的にもたらすことができるか、頭で分かっていても実際の身体で行なえないこと——などなど、臨床場面においてはこのような迷いや行き詰まりが音楽療法実習生そして音楽療法士の中に起きているのである。

　上述のような作業は、音楽療法士がクライエントと共に音や音楽を奏でる際に、「自分（音楽療法士）の内側」と「表現される（またはされない）音や音楽」がき

ちんと繋がっているかどうか聴くことができているか、ということに密接に関係している。「音楽療法士の『内側の音楽』」については、インターネット上の音楽療法雑誌「ミュージックセラピー・オン・ライン」ですでに書いたので参照されたいが（岡崎, 2006-a）、筆者（岡崎）はこれらの作業を、養成教育の早い段階から学生たちの「音楽の根」に栄養として送り込みたいと思っている。感性化トレーニングにおける「自分と音楽」の関係を見直す作業とは、多大なる勇気と痛みが伴うものであり、そのプロセスに教育者としては慎重にかつ謙虚に付き合っていく責任がある。

　匿名とはいえ、この勇気あふれる作業の結果としての詩を公にすることに対して同意を下さった研修生全員に心より敬意と感謝の念を表する。

おわりに

　音楽療法士養成教育ではっきりといえることは、「学生たちが受けた教育の質が、将来彼らが行なっていく臨床の質に直接反映されていく」ということである。本稿では感性化トレーニングに焦点をあてたが、これはもちろん音楽療法士として最低限基盤になる知識・理論と実践技術を習得しながら、全体的にバランスよく行なわれるべきである。音楽療法士を養成する「人間教育現場」では、教育者が「学生が『あたま』で理解したことが『からだ』にストンと落ちる体験」をなるべく多く提供すること、教育・臨床現場において常に感じ考え見て聴いて触れて、という全感覚を駆使させること、知識が感覚と共存しているということが自覚できるように促進すること、自分とクライエントという「人間」を受容し常に柔軟かつ創造的でいられるように援助すること――などが必要であると思われる（岡崎, 2000）。

　感性化トレーニングは決してマニュアル化できるものではないため、学生個々のペースを尊重しながら前向きな悠長さと緻密な配慮をもって行なう、教育者側のトレーニングも今後の大きな課題になってくると思われる。また、言語化・具現化がトレーニングの成果として推奨される欧米に比べて、「言わないことが美徳視される」日本の文化的背景（北山, 伊崎, 1998）との違いがあるとも思われる。音楽という媒体は文化を超えるものでもあるが、また逆に、文化の違いを盾に自己表現の可能性を防衛・回避してしまうことも起こり得る。

　日本の音楽療法士養成教育での感性化トレーニングにおいて、「意識化」レベルを、言語・非言語表現を含めどのような媒体で確認するのか、音楽療法の中で起こっている現象の本質を理解するために共通なパラダイムは何なのかということを、今後さらに模索していくことで、日本における音楽療法士養成教育の質がさらに変容し発展していくと思われる。

　音楽療法の場で感覚を磨くということは、精神を超えた「たましい」に耳を傾けることであり、「奥深い驚きのための意志力」を持ちながら言霊ならぬ音霊を感じ取ることである。それは自身の内的音楽の「発祥の地」、すなわち『自分の核』に

耳を傾け、確認し、そしてそれを発展させていくライフサイクル的作業（岡崎, 2006-b）とも言えるのである。

In music, I am listening to my own home.
（音楽の中で、私は自分の「発祥の地」を聴いている）

参考文献

Barcellos, L. R. (2002). Students' Experiences of Experiential Music Therapy- A Qualitative Research Study. Presentation Paper, Education and Training Symposium, 10th World Congress of Music Therapy, Oxford.

Bruscia, K. (1988). Techniques of Uncovering and Working with Countertransference. In K. Bruscia(Ed): The Dynamics of Music Psychotherapy, pp.93-120, Barcelona Publishers.

Dileo, C. (2002). Ethical Issues in Experiential Training and Experiential Training in Ethics, Presentation Paper, Education and Training Symposium, 10th World Congress of Music Therapy, Oxford.

Hartley, N. (2002). At Ease with Music-The Case for Mandatory Individual Music Therapy for Music Therapy Students. Presentation Paper, Education and Training Symposium, 10th World Congress of Music Therapy, Oxford.

Hesser, B. (2000). Important Qualities of a Music Therapist. Lecture at Kunitachi Music College, March.

Jahn-Langenberg, M. (2002). Boundary Issues in Experiential Music Therapy: On the Necessity of Boundaries in Music Therapy Teaching. Presentation Paper, Education and Training Symposium, 10th World Congress of Music Therapy, Oxford.

Lee, C. and Khare, K. (2001). The Supervision of Clinical Improvisation in Aesthetic Music Therapy:A Music-Centered Approach. In M. Forinash (Ed), Music Therapy Supervision, Barcelona Publishers.

McMaster, N. (1995). Listening: A Sacred Act. In C. Kenny(Ed). Listening, Playing, Creating: Essays on the Power of Sound, pp.71-74,New York: State University of New York Press.

Murphy, K. and Wheeler, B. (2005). Information Sharing on the Symposium on Experiential Learning in Music Therapy-Report of the Symposium sponsored by the WFMT Commission on Education, Training, and Accreditation. Music Therapy Perspectives, American Music Therapy Association, Issue 2.

Pederson, I. N. (1999). Self-Experience for Music Therapy Students-Experiential Training in Music Therapy as a Methodology-A Compulsory Part of Music Therapy Programme at Aalborg University. Presentation Paper, 9th World Congress of Music Therapy,Washington. D. C.

Streeter, E. (2002). The Value of the Music Therapy Training Group-A Research Project. Presentation Paper, Education and Training Symposium, 10th World Congress of Music Therapy, Oxford.

Storr, A. (1980). The Art of Psychotherapy. Routledge, New York.

Webster, J. (1988). Music Therapy Training: A Personal Experience. Jour-

nal of British Music Therapy, Vol. 2, No. 2, 18-20.
生野里花（1998）．音楽療法士のしごと．春秋社．
岡崎香奈（2000）．音楽療法士養成教育における感性化トレーニング．音楽療法研究，5：12 - 18，2000．
岡崎香奈（2006-a）．「音楽療法士の『内側の音楽』」─自分という楽器を探索するために─．ミュージックセラピー・オン・ライン，http://music-therapy-online.com/
岡崎香奈（2006-b）．音楽療法の場で聴くこと．船橋音楽療法研究会年報．
北山 修，伊崎純子（1998）．日本語臨床からのアプローチ．三木善彦，黒木賢一共編，日本の心理療法．朱鷺書房，大阪．
阪上正巳（1995）．音楽療法の現況と展望─ドイツ語圏を中心にして─（その1）．臨床精神医学 24（6）：737-746．
羽田喜子．岡崎香奈（2004）．音楽療法研修生のための感性化トレーニング体験─体験記をもとにした一考察─．国立音楽大学音楽研究所年報，第17集．

"Therapy"の語源から見た音楽療法

林 庸二
Youji Hayashi

はじめに

　音楽療法は、音楽、クライエント、およびセラピストをその最低限の構成要素とするものである。そして、この三つの要素が相互に力動的に関わることによって発展していくプロセスであると言える。言い換えれば「どういうクライエントに対して、どのようなセラピスト－クライエント関係の中で、どのようなセラピストによって、どのような音楽がどのように用いられていくのか」の相互作用のプロセスである。音楽療法の実践的・理論的レベルでの研究においては、展開される音楽の特性、関係性、クライエントのニーズや音楽的特性、セラピストの治療者としての資質や音楽的資質などのさまざまな要因の複雑な相互作用と、その発展のプロセスなどが問われなければならない。また同時に「療法（セラピー）」とはそもそもいかなる営みであるのかという視点に立って、音楽療法とは何であるのかを問い直すことも重要であると考えられる。それは音楽療法の臨床家であれ、研究者であれ、自分自身が行なっていることの意味を再認識することにもつながるであろう。本稿ではこうした視点からセラピーの語源に立ち返って音楽療法を捉えなおすと共に、そこから見えてくる音楽療法における研究課題について考察を進めてみたい。

音楽療法とは何か

　「音楽療法とは何か」という問いは、いまさら陳腐なものであるように思われるが、我々は果たして、全ての人を納得させることができるような、この問いかけに対する普遍的な答えを得ているであろうか。ケネス・ブルーシアは、音楽療法を定義することの難しさに触れて、

　「音楽療法とは本当に定義することが難しく、しかもそうさせるようなたくさんの側面を持っている。知識と実践の相対としてみると、音楽療法は2つの領域、音楽と療法の学際的混合種であるが、この双方共が不明な境界線の中にあって、それ自体定義するのが難しいものである。音楽と療法が結合したものとしてみた場合、それは芸術であり、科学であり、人間関係のプロセスであって、これらが全て同時に起こる。治療様式としてみた場合には、その適用、目的、方法論、理

論的志向性は信じがたいほど多様である。」(Bruscia, 邦訳, 2001: p.7)

と述べ、音楽療法には芸術的・科学的な側面があると同時に、目的や方法や理論的背景にも多様性があり、さらには人間関係のプロセスなどのさまざまな要因を含むことに起因する音楽療法の定義の難しさに言及している。ブルーシアは、上記のように音楽療法を「音楽と療法の学際的混合種」として捉えているが、キャロライン・ケニー（Kenny, 1982: p.7）も同じように「『音楽療法』という用語は『音楽』と『療法』という二つの部分を持っている」と述べて、「療法」という言葉の語源的な意味と、音楽とその働きについての詳細な論究を行なった後で音楽療法を定義している。「音楽療法とは何か」を考える上では、それに先立って、「療法（therapy）」の概念を明確にすることが重要であると思われるので、以下、ケニーによりながら、「療法（therapy）」について考察し、音楽療法とセラピーとの関係を見てみたい。

(1) 「セラピー」の語源

セラピー（therapy）という言葉は、ギリシャ語の"thrapeia"にその語源があるとされている。この"thrapeia"には、"medical treatment"（医学的処置）と"attendance"という二つの意味があった（Kenny, 1982: p.2）。前者の"medical treatment"はその後、「医学的処置」という範疇を超えて、幅広い口話的な意味を持つようになり、「苦痛の除去」「ポテンシャルの発達」「リハビリテーションの促進」などを目的とする、あらゆる癒し（healing）の方法を意味するようになった。ケニーはこの意味の拡大に関して、次のように述べている。

「『セラピー』が『医学的処置』以上の意味を持つようになったことは、伝統的な専門家たちの間で大きな論争を引き起こした。主たる論議は、自分のことをセラピストと呼ぶ人々に対する非難という形をとった。医師や看護師や精神科医や専門的な学会などの専門家たちは、『あなた方はメディカルでないからセラピーはできない』と声を上げた。こうした非難を受けた人たちは『あなた方はメディカル過ぎるからセラピーはできない』と叫んだ。」（Kenny, 1982: p.2）

ケニーはさらに「こうしたメディカルでないセラピストたちは、ホリスティック・ヘルスへの動きを代表していることが多い」と述べて、セラピストたちの関心が単なる身体的苦痛だけでなく、「苦しんでいる人間性（suffering humanity）」にも向けられていることを示唆しており、医学的な処置にとどまらないセラピーの概念の拡大と、そのあり方に言及している（Kenny, 1982: p.3）。このことは"thrapeia"のもう一つの意味である"attendance"にも関係している。すなわち、"attendance"とは「そこに居合わせること（being present）」「手を差し伸べること（stretching）」「注意を差し向けること（giving heed to）」「世話をすること

(looking after)」「耳を傾けること (listening to)」「待つこと (waiting for)」「見守ること (watching over)」などを意味し、ケニーによれば「このセラピーの解釈は、医学的な処置以上のものを含む可能性を拡大するだけでなく、医学的な処置によって我々に提供される技術的なオリエンテーションから治療の特性を解放する」（Kenny, 1982: p.3）ものである。すなわち、メディカルな処置だけが「セラピー」ではないのであって、元々「セラピー」とは非常に奥行きと幅のある営みのことを指しているといえる。ケニーはさらに、

「メディカルなモデルでは、セラピストが『誰かに何かを行なう』ことであるのに対して、"attendance" は相互のやり取り（mutual interchange）、注意深い豊かなケア、用心深い忍耐とガイダンスを意味しており、（セラピストの）態度、ありかたを表している。」(Kenny, 1982: p.3)

と述べ、このような態度でクライエントと相互に関わること自体がすでに「セラピー」であることを示している。このことから、"medical treatment" は他動詞としての "cure"（治療する）」であるのに対して、後者の "attendance" は "care"（ケア）であるとみなすことができる。したがって、「キュア」だけでなく「ケア」も「セラピー」であると考えることができる。

(2)「セラピー」と音楽・音楽療法

このように「セラピー」とは "medical treatment" と、そこから拡大した、あらゆる癒しの方法、さらには "attendance" を意味するものであるが、このことと音楽および音楽療法を関連づけるならば、以下のように捉えることができよう。

《"medical treatment" としてのセラピーにおける音楽》

セラピーの元々の意味である "medical treatment" の立場から音楽療法をみるならば、ここでの音楽は、身体的・生理的諸機能に影響を及ぼす外部刺激として用いられる。いわゆる「受動的音楽療法」における音楽であり、血圧、呼吸、脈拍、筋緊張、胃の働きなどの自律神経系や、脳波、免疫系、内分泌系などに及ぼす音楽の作用が活用される。ここでの音楽を "music as therapy" として捉えることも可能であるが、"music as therapy" は、後述するように、単に身体的・生理的な機能に及ぼす外部刺激としての音楽の作用だけに限定されるものではなく、クライエント－セラピスト関係内で展開される音楽（主として即興）のより幅広い機能を意味していると考えられるので、筆者はここでの音楽を "music as stimulus" として捉えたい。

《幅広い "treatment" としてのセラピーにおける音楽》

前述のように、最初 "medical treatment" を意味していた "therapy" は、

"medical"なものだけに限らず、「苦痛の除去」「ポテンシャルの発達」「リハビリテーションの促進」などを目的とする、あらゆる処遇の方法を意味するようになった。ここでの「苦痛の除去」は、身体的な苦痛だけでなく、心理的な苦痛の除去をも意味すると考えられる。音楽療法においても、緩和ケアでは希望の喪失の悲しみや死にゆくことへの不安や恐れなどの軽減を目的として、音楽のスピリチュアルで美的な側面がいわば"treatment"として活用される。また「ポテンシャルの発達」ということも十分に音楽療法の目的となりうるものであり、「リハビリテーションの促進」という点においても音楽はその力を発揮しうる。たとえば「運動機能の改善」「社会性の向上」「言語スキルの発達」などを目的にした場合には、音楽はこれらの非音楽的な目的を達成するための「手段」や「道具」として考えられる。音楽を非音楽的な目的を達成するための「治療的手段」として捉えている音楽療法士は数多く存在するが、なかでもエディス・ボクシルは、音楽療法を次のように定義して、音楽は治療的手段であることを明確にしている。

「(音楽療法とは) 身体的・精神的・生理的健康の回復・維持・増進と、行動的・発達的・社会的スキルの獲得・回復・維持のために、クライエント－セラピスト関係内で、音楽を治療的手段として活用すること。」(Boxill, 邦訳, 2003: p.6)

この音楽を非音楽的な目標を達成するための手段、ないし道具とみなす考え方に対して、音楽は手段というより、それ自体が治療的な媒体（medium）であるとし、音楽療法の目的は、「音楽に特異的で、独自な経験と表現の達成である」とする「音楽中心主義理論（music-centered theory）」がケネス・エイギン（Aigen, 2005）によって提唱されている。これは"music as therapy"を強調するものである。

《"attendance"としてのセラピーにおける音楽と音楽療法士》

ケニーは音楽療法士を"musical attendant"として捉えている（Kenny, 1982: p.6）。"attendant"とは「attendする人」、すなわち「付き添い、仕え、世話をし、注意して聞き、見守る人」の意である。すなわち、音楽療法士は音楽という治療媒体を携えて、クライエントに"attend"する者のことである。ここでの音楽は、音楽療法士とクライエント間の相互作用において用いられるメディアとしてだけでなく、それ自体が治療的な働きを持つものとして用いられる。すなわち、音楽はクライエント－セラピスト間の治療関係を樹立し、維持し、強めるために用いられるだけでなく、「治療として」も用いられる。すなわち、"attendance"としてのセラピーにおいては、"music in therapy"と"music as therapy"が融合した形で音楽が用いられるということができる。音楽療法士はクライエントが音楽によって自らを癒すのを見守る"resource person"（資となる人：Kenny, 1982: p.6）およびガイドとしての役割を果たす。同時にセラピストは音楽による創造的・実験的な場を構成して、クライエントに音楽的経験を提供し、クライエントはその音楽的経験を通してウェ

ル・ビーイングへと向かうのである。ケニーはこれらのことを踏まえて音楽療法を以下のように定義している。

「音楽療法とは、個人の利益のために、つまりは社会の利益のために、音楽の癒しの側面を人間が課題として持っているニーズと融合させるプロセスであり、形態である。音楽療法士はリソースとしての人間、および案内役としての役目を果たし、クライエントを健康とウェル・ビーイングの方向に向けるような音楽的経験を提供する。」(Kenny, 1982: p.7)

以上「セラピー」の語源と、そこから見た音楽と音楽療法について見てきたが、まとめるならば、次の3点に集約されよう。

1) "medical treatment" としてのセラピーにおいて、音楽は外部刺激として薬物と同じような意味合いを持って、その生理的作用が活用される。
2) メディカルなものに限らない幅広い意味でのセラピーにおいて、音楽は「苦痛の除去」「ポテンシャルの発達」「リハビリテーションの促進」などの、非音楽的な目的を達成するための手段として、その心理的・社会的作用が活用される。
3) "attendance" としてのセラピーにおいては、音楽はクライエント－セラピスト間の治療関係を樹立・維持・強化するメディアとして使われる。同時に、クライエントは "musical attendant" としての音楽療法士によって構造化され、提供される音楽的経験を通して、自らの自己治癒力に基づいてウェル・ビーイングへと向かう治療的な媒体となる。

このように、音楽療法にはさまざまな側面があり、またそれぞれにおいて用いられる音楽についての捉え方にもさまざまなものがあるということができる。

音楽療法の新しい捉え方 ――「音楽中心主義音楽療法」

音楽療法における音楽の用いられ方を "music in therapy" と "music as therapy" とに区別したのはブルーシアであったが、エイギンはこの "music as therapy" の考え方を拡大して、「音楽中心主義音楽療法 (music-centered music therapy)」を提唱している。この音楽中心主義のアプローチを特徴づけるのは、「音楽療法のプロセスのメカニズムは、音楽の力、音楽的経験、音楽のプロセス、および音楽の構造の中に求められる」(Kenny, 1982: p.7) という考え方で、エイギンはこれに関連してさらに「音楽療法は音楽それ自体が作用するように作用する (Music therapy works in the way music itself works.)」というゲイリー・アンズデルの言葉を引用している (Aigen, 2005: p.51)。音楽中心主義音楽療法については以下のように考え

られている。

> 「多くの音楽療法士は、音楽療法を非音楽的な目標を達成するために音楽を使用することと定義し、音楽教育や、音楽鑑賞や、音楽演奏から音楽療法を区別している。……典型的な目標には、衝動の統制、社会的スキルの向上、情動的な表現力の向上、心理的葛藤の解決、注意力の向上などのような認知機能の改善、など、社会的、情動的、認知的、生理学的、神経学的、運動的な領域における多数のものが含まれる。……しかし、この（こうした目標の達成を目指す音楽療法の）アプローチでは、音楽経験を不可欠なものとはしていない。音楽は何らかの非音楽的な目的、目標ないし経験を達成する手段になっている。……これに対して、音楽中心主義のアプローチでは、音楽療法の目標は、音楽に特異的で独自な経験と表現の達成である。……衝動の統制や、表現力や、社会的なスキルなどが音楽に関わることによって向上しうるということは否定できない。しかし、これらは二次的な効果であって（音楽療法における治療的）介入の一時的な焦点ではない。」（Aigen, 2005: p.56）

このように、音楽中心主義音楽療法においては、音楽は非音楽的な目標を達成するための手段、ないし道具というより、それ自体のために求められるもの（媒体）と考えられている。この「手段」と「媒体」に関連して、エイギンはジョン・デューイがその美学論で論じているこの両者の区別を踏まえて次のように述べている。

> 「人間の活動は、媒体であるものと、単なる手段であるものに区別される。媒体はそれに固有なもののために求められる経験であり、単なる手段は外的な目的のための道具である。デューイは、単に試験に合格するために勉強する学生と、学習することがその道具的な価値を離れた意味を持っている学生とを比較している。同じように、我々は、たとえば仕事に行くために汽車に乗る場合と、山でハイキングをする場合のようにその喜びのために旅行をする場合との、この二つのどこかに行くために旅をすることの違いを考えてみることができる。前者の例では、旅はある目的のための手段であり、もし我々が即座に仕事場に輸送され得るならば、我々は喜んでその手段なしで済ませるであろう。ハイキングの例では、我々が喜んでその旅無しで済ませるであろうということは意味をなさない。というのはその旅自体が我々の動機づけであり、目標であるからである。音楽中心主義の考えでは、音楽は経験の媒体である。この考え方では、音楽経験は、仕事に行くことに伴う旅よりも、山でハイキングすることに伴う旅に似ている。ハイキングの例では、旅それ自体が焦点であるから、人は旅無しで済ませることをしないように、音楽中心主義の活動では、音楽経験が同様に焦点であるから、人はそれ無しで済ませることはしないであろう。」（Aigen, 2005: p.57）

このようにエイギンの考えでは、クライエントがセッションに来る動機づけは「非音楽的な目標を達成するというより、主として音楽をすることにある」(Aigen, 2005: p.55) ということと、音楽的経験それ自体の治療的意義が強調されている。このことはポール・ノードフとクライブ・ロビンズが、

「ミュージックセラピストは、律動的に自己表現されている子どもの乱れた衝動性を把握し、これを音楽的に加工しなければならないのである。その際の療法は、音楽の世界に潜在する流動性と体制化の体験へ、子どもを引き入れることにあるはずだ。」(Nordoff and Robbins, 邦訳 1973: pp.29-30)

としていることの中にすでに見ることができる音楽の捉え方であり、エイギンの「音楽中心主義理論」は、音楽療法における音楽の重要性を強調し、実践の核となるべき音楽についての理論化を行なったものであると見ることができる。

音楽療法のさまざまな定義の吟味

　音楽療法には前項で述べたようにさまざまな側面があり、ブルーシアが述べているように、それを定義することはきわめて困難であるが、既述のボクシルやケニーによるものの他に、これまでにいくつかの定義づけが試みられている。ここでは、「音楽療法とは何か」の (2) で述べた、音楽療法とそこで用いられる音楽のさまざまな側面を踏まえて、音楽療法のこれまでの定義を整理し、そこから見えてくる音楽療法における研究の求められる方向性や課題について考えて見たい。まず、ブルーシアによる以下のような定義は、"music in therapy" と "music as therapy" という、音楽療法における音楽の用いられ方を踏まえている点で非常に包括的な定義であると考えられる。

「音楽療法とは目標指向的なプロセスで、セラピストが音楽体験や、それを通して築かれるさまざまな関係を、変化を促すためのダイナミックなプロセスとして用いることによって、クライエントが良好な状態を改善・維持・回復するのを援助することである。」(Bruscia, 邦訳 1999: p.8)

　この定義では、「音楽療法においては二つダイナミックなプロセスが変化を促すための力として用いられる」とされている。この二つの力とは、一つは「音楽体験」であり、もう一つは「それ（音楽体験）を通して築かれる関係」である。繰り返すまでもなく、「音楽体験」を変化のための力として用いる場合が "music as therapy" である。一方、「関係」すなわちクライエント－セラピスト間に発展する治療的な関係を変化のための力として用い、その関係性を樹立・維持・強化するために音楽

を用いる場合が"music in therapy"である。「音楽体験はそれ自体が治療的な力を持つ」とする点を明確に強調する立場に立つのがエイギンの「音楽中心主義理論」であることは前述の通りである。ブルーシアは、上の定義をさらに発展させて、次のような定義づけも行なっている。

「クライエントが健康を改善・回復・維持するのを援助するために、音楽とそのあらゆる側面—身体的、感情的、知的、社会的、美的、そして霊的—を音楽療法士が用いる、相互人間関係的なプロセス」(Brucia, 邦訳, 2001: p.282)

この定義では、先の定義の「音楽体験」が「音楽とそのあらゆる側面－身体的、感情的、知的、社会的、美的、そして霊的」とパラフレーズされており、「音楽体験を通して築かれるさまざまな関係」が「相互人間関係」と言い直されている。「音楽の身体的、感情的、知的、社会的、美的、そして霊的側面」というところには、外部刺激としての音楽や、処遇 (treatment) の手段としての音楽、さらにはそれ自体がセラピーであるところの音楽 (music as therapy) が包含されており、「相互人間関係」にはケニーの言う「相互のやり取り (mutual interchange)」としての"attendance"の意味が込められている。繰り返しになるがケニーによる音楽療法の定義、すなわち、

「音楽療法とは、個人の利益のために、つまりは社会の利益のために、音楽の癒しの側面を人間が課題として持っているニーズと融合させるプロセスであり、形態である。音楽療法士はリソースとしての人間、および案内役としての役目を果たし、クライエントを健康とウェル・ビーイングの方向に向けるような音楽的経験を提供する。」(Kenny, 1982; p.7)

においては、"musical attendant"としての音楽療法士は、音楽的・人間的に豊かな「リソース」を持っていなければならないこと、クライエントの健康とウェル・ビーイングに資するような音楽的経験を提供する役割があることが述べられている。そしてクライエントはこの音楽的経験を通して健康へと向かうとしている点は、音楽中心主義に通じるものであると考えることができる。バーバラ・ヘッサーによる次のような定義は、上記のケニーによる定義にかなり類似した側面を持っている。

「音楽療法とは、療法および癒しのために音と音楽の力を意識的に使用することである……音楽療法士の仕事は、クライエントの健康およびウェル・ビーイングのために、音および音楽の独自な力を利用することである。音楽療法士とは、音楽療法のプロセスと共に繊細かつ創造的に働き、それを導く人である。」(Bruscia, 邦訳, 2001: p.286)

この定義において重要なのは「音と音楽の独自な力を意識的に利用する」という点である。すなわち、ヘッサーもエイギンと同じように、音と音楽には独自な力があると認めており、その点では音楽中心主義に通じる音楽療法観を持っているということができる。また、その独自な力を「『意識的に』利用する」としている点は、ヘッサーが音楽療法では明確な意図と計画性をもって音楽を提示することが必要であることを強調していると考えられる。このことはジュリエット・アルヴァンによる有名な定義「音楽療法とは、身体的精神的情動的失調をもつ成人・児童の治療・復帰・教育・訓練に関する音楽の統制的活用である」（Alvin, 邦訳, 1969: p.12）における「統制的活用」にも結びつく。このヘッサーによる定義においては、"attendant"としての音楽療法士とクライエントとの治療的な関係性は、前面に出されていない。「音楽の独自な力の利用」ということに触れているゼッケルス（Sekeles C.）による次のような定義も、音楽療法における音楽の「療法的潜在力」を強調しているという点で重要であると思われる。

　「患者の健康的な能力を保持し、有益な変化と発達を促し、よりよい生活の質の達成を可能にするために、音楽の基本的構成要素（振動、長さ、強さ、音質）と複合的な芸術様式としての音楽の中に固有に見いだされる療法の潜在力を利用する専門職。」（Bruscia, 邦訳, 2001: p.292）

　以上、セラピーにおける音楽、"attendant"としての音楽療法士、およびクライエント－セラピスト間の治療関係などの点から、さまざまな音楽療法の定義について考察してきたが、我々はこのような音楽療法の全体像から、多くの実践面と理論面における課題を見出すことができる。

音楽療法における実践上の課題と理論的研究課題

　音楽療法においては、クライエントの行動や心的体制の変容と音楽との因果関係が常に問題となる。したがって、何らかの治療目標を達成するために、音楽療法士はどのような音楽や音楽体験をアルヴァンの定義にある「統制的に」活用したのか、どのような経過をたどって、どのような結果が得られたのかについての分析が事例研究においては行なわれなければならない。また実践に当たっては、こうした観点に立って音楽を意図的・計画的に用いることが当然必要となる。その際音楽療法士は音楽に備わる治療的な機能を十分に理解している必要があると共に、それをセッションにおいて活用することができなければならない。ボクシルは、この音楽の意識的使用に関して次のように述べている。

　「『私は音楽を聞いてとても気分がよくなったの。音楽はとっても療法的だったわ』

というような発言は、音楽を用いたケアがどういうものであるかについての誤解を引き起こす。たしかに音楽の『治療的な』特性は、我々の仕事の基礎にあり、音楽は人間の精神性を高めうる。しかし偶然の音楽が持つ療法的効果と、さまざまな反応に対応するように訓練された有資格の音楽療法士による、治療道具としての音楽の意識的使用とは明確に区別する必要がある。」(Boxill, 邦訳, 2003: p.xiv)

ボクシルの次のような言葉も傾聴に値する。

「音楽療法士の本質は、特殊な種類の知識、すなわち人間の全存在(total being)に及ぼす音楽の影響力についての深い理解である。この理解は、この専門領域の理論的な研究と共に、音楽についての美学的・心理学的研究を通して深められる。また、音楽の力についての理解があくまでも基本であるが、この力を伝えることができるということが決定的に重要である。……創造的な音楽療法の実践と、おざなりの音楽療法の実践とを区別するのは、まさにこの能力である。」(Boxill, 邦訳, 2003: p.8)

繰り返して言うまでもなく、音楽療法を「セラピー」にするのは、一つには"musical attendant"としての音楽療法士によるクライエントとの治療的相互関係であると共に、音楽の力である。この音楽の治療的機能の音楽療法における体系的な使用については、前項において取り上げたさまざまな定義において「音楽のあらゆる側面—身体的、感情的、知的、社会的、美的、そして霊的—を音楽療法士が用いる、相互人間関係的プロセス」(ブルーシア)、「音および音楽の独自な力を利用すること」(ヘッサー)、「音楽の基本的要素と複合的な芸術様式としての音楽の中に固有に見出される療法的潜在力を利用する専門職」(ゼッケルス)などの言葉で言い表されていた。これらのほかにも「療法的状況の中で音楽の独自な性質および潜在力を用いること」(Hadsell)[*1]、「音楽およびその要素と影響力を管理しながら用いること」(Munro & Mount)[*2]、「音楽を創造的かつ構造的な療法的道具として用いること」(National Coalition of Arts Therapists Association)」[*3]、「音楽的経験の諸要素が目的的かつ体系的な方法で応用されるプロセス」(Southeastern Pennsylvania Music Therapy Supervisors)[*4]などの表現も見られる。こうしたさまざまな形で述べられている音楽の力は、ボクシルが「この(音楽の影響力についての)理解は、この専門領域の理論的な研究と共に、音楽についての美学的・心理学的研究を通して深められる」と述べているように、音楽療法の理論における主たる研究課題であると考えられる。エイギンは音楽中心主義の実践家たちにとっては、

1) 臨床的な方向性を持った音楽経験の固有な価値を可能な限り、十分に明確に示すこと
2) 音楽療法のサービスを受ける人たちにとっての、こうした経験の意味に基づい

*1
Bruscia, K. E. 音楽療法を定義する. 生野里花(訳), 東海大学出版会 2001, p.285.

*2
Bruscia, K. E. 音楽療法を定義する. 生野里花(訳), 東海大学出版会 2001, p.287.

*3
Bruscia, K. E. 音楽療法を定義する. 生野里花(訳), 東海大学出版会 2001, p.289.

*4
Bruscia, K. E. 音楽療法を定義する. 生野里花(訳), 東海大学出版会 2001, p.293.

て音楽中心主義の理論を構築すること
　3）自分たちの仕事を「セラピー」にしているのは何なのかを明確に説明すること

　が不可欠であると述べているが（Aigen, 2005: p.55）、音楽経験の固有な価値の説明や、音楽療法士の仕事をセラピーにしているのは何なのかの説明は、音楽中心主義の実践家にとどまらず、あらゆる音楽療法士と、この領域におけるリサーチャーにとっても等しく求められると考えられるべきであろう。羅列的に挙げるならば、以下のようなことが実践において考慮される必要があり、理論的な研究における課題となると考えられる。

- 特定のニーズを持つクライエントのセッションにおいて、セラピストはどのように音楽を意図的・計画的に用いたのか。
- どのような音楽や音楽の要素が治療的な効果を上げたのか。
- 音楽はどのような関係性を発展させ、それがどのようにしてクライエントに変化をもたらしたのか。
- 音楽の身体的・感情的・知的、社会的、美的、霊的側面とは具体的にそれぞれ何を意味し、それらの側面がどのように働き、どのように治療的に用いられ、治療的効果を上げたのか。
- 同じように、音楽の生理的、心理的、社会的働きとは、具体的にどのような働きなのか、またその働きがどのようにして治療目的の達成に貢献したのか。
- 音楽の創造的かつ構造的使用とは、具体的にどのような使い方なのか。
- 音楽療法士はクライエントにどのように深く、豊かで、美的な音楽体験を、どのような意図の下で提供することができ、クライエントはその体験の中でどのような経験をし、その経験がどのような変化をもたらしたのか。
- クライエントの音楽は、そのクライエントのどのような病理性を反映しており、セラピストがクライエントの音楽に働きかけることによって、その病理に何らかの影響を及ぼすことができたのか。

おわりに

　本稿においては「セラピー」の語源に立ち返って「音楽療法とは何か」についての考察を進めてきたが、音楽療法の本質に迫るにはなお程遠い。「はじめに」にも述べたとおり、音楽療法を成立させる最低限の三要素は、クライエント、セラピスト、音楽である。実際のセッションにおいては、このほかに治療の場の構造や文化的・社会的背景など、無数の要因が複雑に、相互に作用する。また、何よりも音楽療法を複雑にかつ奥深くしているのは「音楽」の概念の捉えにくさ、曖昧さととも

に、その奥深さであるように思われる。

　楽譜になったものや、鳴り響く音だけが音楽なのではなく、音楽は全ての人間の中に存在し、その人の「生」を構成する多くの要素の一つであると考えられるが、この人間と音楽との関係、すなわち単に音楽の生理的・心理的作用ということだけでない。もっと根源的に「人間はなぜ歌ったり、音楽を創り出したり、聴いたりするのか」「人間は音楽に何を求めているのか」「音楽による、ないしは音楽における喜びや美的な体験の本質とその治療的意義は何なのか」「音楽は人間のさまざまなニーズをどのように、またなぜ満たしてくれるのか（これは「音楽は人間のどのようなニーズから生まれたのか」といい直すこともできよう）」などについての探求こそが「音楽療法とは何か」を明らかにするために必要な、根源的な問いであるように思われる。

参考文献

Aigen, K. (2005). Music-centered music therapy. Barcelona Pub.

Alvin, J. (1966). Music therapy. John Baker Pub.（櫻林 仁・貫 行子（訳），音楽療法．音楽之友社．1969）

Bruscia, K. E. (1987). Improvisational models of music therapy. Charles C Thomas Pub.（林 庸二（監訳）・生野里花・岡崎香奈・八重田美衣（訳），即興音楽療法の諸理論（上）．人間と歴史社．1999）

Bruscia, K. E. (2001). Defining music therapy. Barcelona.（生野里花（訳）音楽療法を定義する．東海大学出版会．2001）

Boxill, E. H. (1985). Music therapy for the developmentally disabled. PRO-ED. Inc.（林 庸二・稲田雅美（訳），実践・発達障害児のための音楽療法．人間と歴史社．2003）

Kenny, C. B. (1982). The mythic artery: The magic of music therapy. Ridgeview Pub. Co.,

Nordoff, P. & Robbins, C. (1971). Therapy in music for handicapped children. Victor Gollanez Ltd.（桜林 仁・山田和子（訳），心身障害児の音楽療法．日本文化科学社．1973）

「臨床音楽学」の可能性
——音楽療法の基礎学として

阪上正巳
Masami Sakaue

はじめに

　本論で私は、「臨床音楽学」（Clinical Musicology）という新しい学問領域を提案し、もしそれがあり得るとすれば、どのような意味や意義を有し、いかなる方法や枠組みをとりうるか検討する。

　もとより音楽学はきわめて包括的な学問分野であり、多種多様な研究領域を総括する一種の「総合学」である。三浦（2004）によれば、音楽に関する研究を行う部門として思い浮かぶものを挙げるだけでも、「音響学」「音響生理学」「音響心理学」「音楽心理学」「音楽美学」「音楽社会学」「音楽理論」「演奏理論」「音楽史学」「民族音楽学（比較音楽学）」「音楽批評」「音楽教育学」など数多くの学ないし理論が考えられるという。このようなものを総括する大きな枠として考えられる音楽学に対し、門外漢であり一音楽療法学徒にすぎない私が、なぜいま「臨床」などという言葉を接頭しようというのだろうか。

　実は最近、欧米の音楽療法研究者のなかで音楽学に注目するものが増えている（G. アンスデル, E. ルード, C. リー, K. エイギン他）。たとえば自らも音楽学を学んだ音楽療法士ゲイリー・アンスデル（1997）は、音楽療法士と音楽学者がこれまで互いの仕事に関心を向けることが少なすぎたと嘆きながら、いわゆる「新音楽学」（New Musicology）の著作にみるクリティカルな思考の発展が音楽療法研究における理論的視点の探究に資する可能性をもつと示唆している。また同様に音楽学の理論家は音楽療法から多くを汲むことが出来るだろうという。音楽療法はさまざまな意味において、音楽の本質や社会的位置づけを新たに考え直すための「実験室」とみなされうるから、というのである[*1]。

　一方、音楽学以外の諸学、たとえば社会学、教育学、哲学、芸術学などの分野に目を転じてみると、やはり「臨床」への注目が見て取れる。名称のあたまに「臨床」という言葉を接続し、「臨床社会学」「臨床教育学」「臨床哲学」「臨床芸術学」などと呼称する傾向である（河合, 1995；小林, 1999；小林他, 2002；大村, 野口, 2000；鷲田, 1999；養老, 1997）。諸学はなぜ今わざわざ「臨床」を名乗ろうとするのだろうか。各分野によって議論は少しずつ異なるようでもあるが、共通して見えてくるのは、複雑化し問題を抱える社会の変化に応じて既存の学問の対象や方法を見直そうとする態度である。

　本論の「臨床音楽学」という構想が、これら音楽療法研究の動向や、諸学におけ

[*1] 欧米におけるこうした動向については、岡崎（2002）と若尾（2002）に詳しいので参照されたい。アンスデルはその後、本論と同じ「臨床音楽学」という構想を提唱してもいるが、若尾によれば、それは音楽存在論、音楽現象学、音楽形態学、音楽社会学・人類学という柱からなるもので本論の内容とは異なっている。「新音楽学」と音楽療法については、ルード（2000）、スティーゲ（2001）も参照。

るいわば「臨床」化とも呼べる流れのなかにあることは否定できない。おそらくはかなりの部分、共通した問題意識を有するものであろう。しかしながら、後にも述べるように「臨床音楽学」という言葉を、私は欧米の研究者とはさしあたり無関係に着想しており、その内容もおのずから異なっている。また教育学や哲学など他の学問分野と音楽学とでは事情が多少相違するようでもある。

　以上を踏まえながら、本論ではまず、私が「臨床音楽学」を想した経緯を述べ、次いで上記の諸学における「臨床」の意味を検討する。その上で、「臨床音楽学」における「臨床」の意味とこの新しい分野の位置を考え、最後に私の構想する「臨床音楽学」の見取り図を提示していく。

「臨床音楽学」発想の経緯

　私が「臨床音楽学」という言葉を発想したのは、本学や東京芸術大学大学院における講義のなかからである。その経緯を簡単に振り返ってみよう。

　本学で私が講じる音楽療法概論の総論部分に、音楽療法の歴史や定義、分類、適応、各国の状況などと並び、「音楽の治療作用」という項目がある。音楽療法の定義をみると、この治療作用についてはふつう「生理的、心理的、社会的な働きを用いて」と記されているが[*2]、諸外国の多様な定義のなかにはこれに「霊的、美的な働き」を加える例もある（Bruscia, 邦訳, 2001）。私はさまざまな臨床実践や私自身の体験を参考に、思いつくまま治療的作用を書き出してみた。

*2
たとえば日本音楽療法学会は、音楽療法とは、「音楽の持つ生理的、心理的、社会的働きを用いて、心身の障害の回復、機能の維持改善、生活の質の向上、行動の変容などに向けて、音楽を意図的、計画的に使用すること」をさすものとする、と定義づけている。

表1◆音楽のさまざまな治療作用

```
音楽のさまざまな治療作用

1） 音楽の生理作用　　…脳神経系、自律神経系、内分泌系、免疫系
2） 音楽の多感覚性　　…固有感覚、振動覚、触覚、聴覚、視覚
3） 音楽の身体運動　　…物理的法則に規定された身体運動、その誘発
4） 興奮・鎮静作用　　…活気づけ、リラクゼーション（脱緊張）
5） 音楽の発散作用　　…カタルシス、気分の転導
6） 歌詞の意味感情　　…歌詞のメッセージ性、託す思い
7） 音楽行動と認知　　…構造内体験、視空間認知、視点の移動
8） 音楽の誘発作用　　…記憶、感情、未知のもの（無意識）、象徴、イメージ
9） 音楽による退行　　…共生体験、早期の母子関係
10）音楽と皮膚感覚　　…現実のリアルさ、身体的実感
11）音楽の共同体性　　…音楽による社会化、社会技能、連帯感
　　　　　　　　　　　　※音楽内の社会
12）音楽の共時代性　　…時代の気分、記憶、世代感覚、
　　　　　　　　　　　　音楽によるアイデンティティ
```

13) 音楽の間主観性	…	あいだ（木村敏）、志向性トレーニング（W. ブランケンブルグ）
14) 音楽とトランス	…	変性意識、超自然的体験、スピリチュアリティ、巫性、儀式性
15) 音楽という生命	…	音楽とアニミズム、音楽の〈形成運動〉※音楽と生命システム
16) 超越性と現実性	…	現実の超脱とリアルな現実、「異界」としての音楽
17) 美的次元と強さ	…	審美性、全体性、内包量＝強度
18) 二つの非言語性	…	構造的非言語性と一次的非言語性
19) 音楽の時空間性	…	音楽的時間、「すべてを同時に—」、時空の生成
20) 主観性と客観性	…	Sehen+Erfahren=Seherfahren ※主客二分法の破産
21) 能動性と受動性	…	演奏における受動性、聴取における能動性 ※能動・受動の消失
22) これ性と個体化	…	音楽に〈なる〉こと、〈ひとつの生〉＝音楽
23) そのほかの特性	…	代替不可能性、真正性、肯定性、ほか

　リストの左側には音楽の治療的な特性、ないしそれに関わるキーワードが列挙されており、右側に並ぶのは各特性に関連して思い浮かぶ諸々の事柄である。もちろん音楽の治療作用はこれらに尽きるわけではなく、事実このリストの内容も年々変化してきている。医学や精神病理学といった私の専門によるバイアスも加わっているだろう。これらをもって「音楽の治療作用」といっても、キーワードが並ぶのみで分かりにくいかも知れない。

　問題は、このリストを前にした私が、これを解説したりさらに拡大し仔細化したりするのは、とても音楽療法概論の枠内では無理と感じたことである。列挙されている特性や事柄が予想を超えて多様多岐にわたっているからである。こうした問題を整理しつつ解説した音楽療法教科書はなく、もちろん1回や2回の講義のなかで到底話し尽くせるものではない。

　そこで私は、自身に与えられたもう1つの講義科目をこの問題にあてることにした。ここに挙げられた諸問題を整理拡大し、「音楽の治療作用」をさらに広く「音楽が人間に与える影響」というテーマに読み替えて1年間かけて講義してみようと思い立ったのである。私は講義テーマに当初は「音楽と人間」という大上段な名称を与えていた。結論から記すと、この「音楽と人間」の講義ノートが本論で提案する「臨床音楽学」を発想する母体となったのである。

　このとき私の頭のなかには、もう一つの事柄があった。アルゼンチンの小児精神科医であり音楽療法研究者でもあるローランド・ベネンソンによる音楽療法の定義である。彼は以下のように記している。

第9章　　　　「臨床音楽学」の可能性

「学問的な見地からみれば、音楽療法は、利用される音が音楽的であろうとなかろうと、音が本来的に有する診断的資質と治療的方法を発見するために、音と人間の複雑な関係の研究と調査を行う科学の一分野である。治療的な見地からみれば、音楽療法は、一つのパラメディカルな治療分野であり、音や音楽や動きを用いて、退行的な効果をもたらしたり、コミュニケーションの通路を開いたりして、患者を社会に向けてトレーニングし、回復させるプロセスを開始出来るようにするものである」（Bruscia, 邦訳, 2001）。

　数ある音楽療法の定義のなかでも、これは音楽療法を臨床的な見地のみならず、学問的な見地から規定した（私の知るかぎり）唯一の定義である。ベネンソンは音楽療法を臨床的な営みやその技法ととらえるのみならず、「音と人間の複雑な関係の研究と調査を行う科学の一分野」という一個の学問分野として考えている。これは私にとって新鮮な驚きであった。また上記の講義を考えるうえで励まされるような思いがした。
　だが、はたしてこのような科学は「音楽療法」という言葉にそのまま馴染むものであろうか、「音と人間の複雑な関係の研究と調査」とは、むしろある種の音楽学の仕事に近いのではではないだろうか。事実、数十もある音楽療法の定義のなかに、類似のものは1つもない[*3]。呼称の問題に拘泥するつもりはなかったが、私のなかにこうした疑問が芽生えたのもまた事実である。
　こうして毎年の「音楽と人間」の講義準備に取り組むなかで、私はさまざまな関連領域の著作に触れることになった。医学や生理学にはじまり、種々の心理学、教育学、社会学、民族学・人類学、東西の哲学や現代思想などの書物である。もちろん音楽学関係の著作もしばしば参照した。音楽の臨床応用というきわめて学際的な仕事の性格を考えれば、このように広い関係領域に当たらなければならないことは当然といえる。
　しかし、同時に私の考えはしばしば臨床現場から離れた。音楽療法から離れた場所で音楽と人間との関係に思いをめぐらせ、そしてまた音楽療法の現場を考える、という作業を繰り返した。私は、多くの関連諸領域と音楽療法とのあいだを往復運動していたわけであるが、今思えばこうした運動のなかから、いわば関連諸学と臨床現場とを結ぶ学問領域という構想が成長してきたのである。
　昨年度から、私は思いきって本学の講義「音楽と人間」を「臨床音楽学試論」と名づけることにした。そして同時に、兼務する東京芸大大学院（応用音楽学科）の少人数クラスでその内容に検討を加えてみた。芸大では、「臨床音楽学」という枠組みのなかで学生たちに可能なテーマの発表を行ってもらうとともに、臨床音楽学における「臨床」の意味についても議論した。
　学生のプレゼンテーションにおいては、多様な出自をもつ彼らから、音楽療法はもとより、教育学、音楽人類学、社会学、病跡学、哲学などを参照したさまざまの

*3
本論執筆後、B. スティーゲ（2002）による次の定義を見出した。「学問としての音楽療法は、音楽と健康との関連性を学び研究するものである」。彼はこの定義を「職業的実践としての音楽療法」の定義と区別して考えているが、そうすることで、従来狭義の臨床的焦点しか持たなかった音楽療法の学術性を広げ、音楽療法士に、より批判的な感性や日常の美の真価を認める能力を発達させることができる、と述べている。

興味深いテーマが提出されたが、これらをとおし「臨床音楽学」という分野の懐が思いのほか広く、音楽療法における音楽や治療が従来よりも豊かな内実をもって語られる可能性をもつことが実感された。一方、「臨床」の意味に関する彼らとの議論もまた大いに参考になった。

　私はこのような経緯で「臨床音楽学」を発想し、また構想を育ててきたのである。そのなかで当初、私が「臨床」という言葉に漠然と抱いていたイメージは次のようなものである。すなわち、①治療を含む現場の、②実用論的な、③個人に照準を合わせた、という3点である。しかし、これでは内容が拡散してしまうといけないので、さらに「音楽療法の基礎学」という位置づけによって範囲を限定していた。

　ところが調べていくうち、はじめにも述べたように、社会学や教育学、哲学、芸術学などの諸分野においても、同様に「臨床」の語を標榜する動きが台頭していることを知った。そしてそこで問題にされていることが、上記3点とは重なりつつも、さらに「臨床」の語を明確化し深めるものであることを知ったのである。

諸学における「臨床」の意味

　では、こうした諸学において明確にされる「臨床」とはいかなる意味や意義をもつものなのだろうか。本章では、臨床社会学、臨床教育学、臨床哲学という3つの新しい分野における「臨床」接頭の意味を調べてみる。ただし、言うまでもなく私はそれらの領域の素人であり、それぞれの領域に関する認識の是非を正しく判断するほどの素養はない。あくまで本論の議論に資すると思われる問題を、関連著作からなるべく正確に抽出しようとするのみである。

臨床社会学から

　まずは『臨床社会学のすすめ』（大村, 野口, 2000）という著作を参考にしてみよう。日本社会学会では1998年と1999年の2回にわたって「臨床社会学の構想」というテーマセッションが企画されたという。この本はそのなかの基礎的な部分に重点を置いて編集されたものとなっているが、編者がそこで提起する問題は比較的明確である。つまり、「社会学の固有の魅力を失うことなく役に立つようにするのはどうしたらよいのか」という問題意識である。

　編者によれば、社会学は認識の意外性や発想転換の鋭さから人間や社会の現象に関して多くの問題を解明してきたが、当の問題に関する具体的処方箋が提出されず、問題に対して傍観者的だという。「社会学は役に立つか、役に立つとすればどのように役に立つのか、そもそも役に立つとはどういうことか」との問いはそこから発したものである。

　さて「臨床社会学」とは上記のような問題性の上に立っているが、注目すべきは編者が掲げる「臨床」の意味である。編者は、「方法としての臨床」と「対象とし

ての臨床」という2つの意味があると指摘している。「方法としての臨床」は臨床医学や臨床心理学と同様に、社会学の理論や知見を現場に応用するという意味であり、応用社会学としての臨床社会学を目指す方向のようである。

一方、「対象としての臨床」は「臨床」という現場やそこで行われている実践を研究対象とするという意味である。医療、福祉、教育などの「臨床」現場で蓄積されてきた「役立ち方」の理論や実践を具体的かつ批判的に検討することで、「臨床」現場の側から多くを学ぼうとする姿勢のようである。編者は、こうした「臨床社会学」の方向や姿勢は、社会学のあるべきすがたを考えるさいにもヒントになるのではないかと述べている。

ちなみに同書では、このような問題意識にたって、テーマとしてもサイコセラピーや「存在証明」、自己啓発セミナー、看護、「問題家族」、クラスルーム、保育政策、「死ねない時代」など、ホットな臨床的事象が扱われていることを付け加えておきたい。

いずれにしても『臨床社会学のすすめ』は「臨床」の意味として、学問的知見の臨床応用や、反対に臨床現場からの知見や方法の汲み上げ、また対象として臨床的なテーマを掲げている点など、「臨床音楽学」にも示唆するところの大きい議論である。

臨床教育学から

次に「臨床教育学」における議論であるが、これに関しては2つの著作を参考にしたい。1つは河合隼雄による『臨床教育学入門』、もう1つは小林剛ら編集の『臨床教育学序説』である（河合, 1995：小林他, 2002）。

わが国で初めて「臨床教育学」の名を冠した講座が京都大学に設置されたのは1987年のことというが、河合はその最初の教授という立場から、この「新しく拓かれた学問領域」の必要性や方法論、特徴などを論じている。河合の問題意識は大きくわけて3つある。

1つは、現代教育が直面する問題である。言うまでもなく現在、学校内外にはいじめや不登校、その他の問題が山積し深刻化している。それらに教育学がどう対応していくか、それらに対して役に立つ学問はあるのかという問いである。

2つめは教育学という学問に対する反省である。すなわち、従来の教育学が採用しがちであった客観性、普遍性、論理性という近代科学の方法は、生身の人間を相手にする実際の教育現場にそぐわないのではないかという反省である。

そして、これを踏まえて3つめの問題、新しい学問領域を開拓する必要性を指摘する。提唱されるのは、現場と密接な関係をもった学問、現象のなかに自分がはいりこんでいることを前提とした学問である。近代科学の要請する「客観性」を積極的に放棄しながら主観的に関わっていった現象を、どこかで客観化したり、得られた知見を体系化して他に批判を仰ぐというような姿勢をもつ学問である。河合はその方法として、これまでの学問分類の境界を破る、すぐれて学際的な方法を取るべ

きとして、臨床心理学や看護学、保育学、医学、哲学、宗教学、これまでの教育学、その他の学問との積極的な連携を推奨している。

　こうした問題意識にもとづきながら、河合が述べる「臨床教育学」の方法と特徴は以下のようなものである。すなわち、研究者が研究対象に自ら関わること、そのさいに客観的観察者の立場はとらないこと、個を重視しそのなかに普遍を求めること、教える側でなく学ぶ側の視点を重視すること、仮説の立証ではなく発見的（heuristic）な研究プロセスが重要であること、そしてこれらを実現する研究者には相当の訓練が必要であること、等々……。

　私には河合がまさに教育学の「臨床心理学」化を唱えたもののように見える。現代の差し迫った教育問題に直面しながら現場に即し実際に役立つ教育学を考えるという、心理臨床家としての面目が躍る議論である。学問の性格や研究方法論については、あたかも音楽療法研究における近年の「質的研究」という方法論の特徴を彷彿とさせる論調であり興味深い。ただし「臨床教育学」には、なおその後の議論がある。『臨床教育学序説』における皇紀夫の所論である。

　河合と同じく京都大学の皇は、1996年の日本教育学会シンポジウム「臨床教育学に何を期待するか」における議論を紹介しつつ、「臨床音楽学」を考える上でもきわめて興味深い言説を展開している。皇はまず、シンポジウムにおいて、教育学が総体として直面する現実の「教育〈大変〉状況」からして「臨床」への期待は一応当然とされながらも、「臨床」をめぐる状況への批判的言説もまた多かったと報告する。

　批判的言説とは、臨床ブーム（たとえばカウンセリングマインド万能論など）が惹き起こした「癒し」言説待望の渦に巻き込まれることへの警戒感の表明、あるいは危機回避の方策（たとえば不登校ゼロの学校造りなど）が逆に教育活動に新しい病理を引き起こしてしまう可能性などへの言及である。皇はその背景に、いわゆる実践に役立つという文脈に直結した形で「臨床」教育学を語る姿勢への用心深さがあると指摘する。

　これを受けながら皇は、「臨床教育学」として、臨床心理学の言説を利用して教育学を語る応用心理学を考えるのでなく、かといって従来の教育学を擁護するのでもない新しい立場がいかにして構築出来るか、という慎重な態度を維持しようとする。そして、それに関連して「臨床教育学」の置かれている位置の困難さを指摘する。「臨床教育学」は、A. 先行臨床研究分野（臨床心理学など）、B. 既存の歴史ある教育学、C.「実践」や「現場」の教師たち、という3つの勢力圏の、まさにその境界領域に着地しようとしている。しかし、「臨床教育学」が新しさを主張すればするほど、これら3者からの批判、取り込みの危険にさらされる、というのである。つまり、「臨床教育学」こそが〈大変〉な状況である。しかし同時に皇は、それはこの分野の「新しさ」の担保でもあると言明する。「新しい」からこそ、関係分野からの批判や取り込みを招くというのである。上記のAに音楽教育学、Bに音楽学、Cに音楽療法士を置き換えてみても面白いかも知れない。だが、そうした議論はひ

とまず置き、いまは皇のいう「新しさ」の内実をみておくことにしよう。

皇は、教育学にあえて「臨床」を接頭する意味を次のように考えている。すなわち、目指されるのは、「接続された側の教育学の補強を図るのでなく、逆に教育についての意味領域に争奪を仕掛け、教育学と学校現場が自明的に流通させている教育言説にトラブルを発生させてその意味回路に差異や変換を引き起こすこと」、あるいは、「『臨床』を教育（学）研究を変換させるための道具として活用するという戦略」として考えるということである。

つまり皇は「臨床」接頭による教育学の脱構築を考えているのだが、その射程は広く、既成の教育観、人間観の問い直しにまで達している。そればかりか「臨床教育学」の実践によって、医学や心理学の文脈で使われてきた従来の「臨床」概念そのものまで見直そうというのである。皇は、「臨床教育学が臨床を名乗ることは、既存の教育（学）言説を差異化して教育の意味を再生する工夫を進めながら、他方でその臨床自体を教育活動の内と外から差異化する試みにも携わる、という二重の課題を担うこと」と語っている。

臨床哲学から

では、「万学の女王」といわれる哲学にはどのような動きがあるのだろうか。ここでも参考にする書物は2つ、養老孟司の『臨床哲学』と鷲田清一の『「聴く」ことの力─臨床哲学試論』である（養老, 1997：鷲田, 1999）。養老は哲学の外から、鷲田はその内側からの議論であることに注意されたい。

養老は、自身の著書を「臨床哲学」と名付けた理由について次のように語っている。

「臨床哲学というのがあるだろうか。私は哲学には素人だが横から見てときどき何か言いたくなる。それは患者が医者に文句を言いたくなる心理と同じようなものかも知れない。［…中略…］医学では基礎は冷遇されているが、哲学では臨床が冷遇されている。おそらくそんなことが気になっていたのであろう。臨床では実地に検分される。現実からフィードバックがかかる。哲学に対する現実からのフィードバックとは何か。それが無いのが哲学だという立場があるかも知れないが、それなら純粋数学の言語版であって、好きにやってくだされればよろしい。［…中略…］ここで議論しようと思うのは、もう少し高級でない哲学の話である。それで、ためしに臨床哲学という題をつけてみた。」

養老は別の箇所で「生きることと考えること、考えることはともかく、生きることについて、哲学は何を言おうとするのであろうか」と語り、「哲学者に聞きたい疑問の一つは、その哲学者個人の『現実とは何か』である。たとえばこれが、臨床哲学の臨床たる所以である」とも語っているが、「臨床社会学」や「臨床教育学」にみるのと同じ問題の1つが繰り返されていることがわかる。すなわち人間の生き

る現実と学問あるいは研究者の関係であり（それは個人性の問題につながる）、現実に対して学問がもつある種の有用性ないし実用性の観点である。

　一方、哲学の内部から発せられる鷲田の議論もまた人の生きる現実に寄り添おうとするものだが、視点や語り口はずいぶんと異なっている。鷲田は、「哲学はこれまでしゃべりすぎてきた..」という反省から、むしろ「聴くことが、ことばを受けとめることが、他者の自己理解の場を劈くということであろう」として、「聴くこととしての哲学の可能性」を切実に説く。そしてやはり「臨床」という言葉を使いながら、時代や社会に即したこの新しい哲学のありかたを探ろうとし、以下のように述べている。

「わたしは哲学を、『臨床』という社会のベッドサイドに置いてみて、哲学の、この時代、この社会における『試み』としての可能性を探ってみたいとおもうのだが、そのときに、哲学がこれまで必死になって試みてきたような『語る』――世界のことわりを探る、言を分ける、分析する――ではなく、むしろ『聴く』ことをこととするような哲学のありかたというものが、ほのかに見えてくるのではないかとおもっている。」

　鷲田は哲学を、ロゴス中心的で独語的な理念の世界から、相互的に生きられる場所へと導こうとする。
　鷲田における「臨床」の意味は次のようなものである。「臨床ということで、わたしは哲学にとっての『場所』を考えている。哲学が生成する場所、哲学がはたらきだす場所、である」。
　では、それはいかなる場所か。それは「複数の主体が共時的な相互接触へとさらされる場所」、あるいはもっと切実に、「人びとの『苦しみの場所』」である。鷲田は哲学の場所として、人と人が膚接するなまなましい現場へと赴こうとし、そこにこそ哲学の生成を求めようとする。しかもこの哲学的営為の核心は、まさに「臨床」としか言いようのないものであり、「そういう共時的な関係のなかで哲学的思考が『苦しみをともにすること』（sym-pathy）として活動を開始するところで、臨床哲学の試みははじまる」と述べるのである。
　これらの言葉は、その繊細で誠実な語り口とともに、現実の臨床家の居住まいさえも正させる力をもっている。「聴く」という音や音楽に関係の深い言葉を中核にすえている点も注目される。ところで鷲田は、哲学の危機を論じながら、「臨床哲学」の手法にも言及しているので触れておく。なぜならこれは「臨床音楽学」の方法とも関係するからである。
　彼によれば、哲学者は長らく学問の体系性と「深さ」というオブセッション、そして自閉的な反省（自己の内にこもって沈思黙考すること）というオブセッションに取り憑かれてきた。しかし、哲学は外部あるいは他者をもっと意識する必要があ

るし（上記参照）、学問の普遍的・体系的硬直を破って、あえて反体系的・反方法主義的な非方法の方法をとる必要があるのではないか、という。そのために鷲田が採用するのはエッセイという方法である。

鷲田のエッセイとは、通常考えられるような非方法的「随想」ではなく、モンテーヌからニーチェ、ベンヤミンなどにみられる「あえて断片的な思考形式にこだわる批判的思考の運動」であり、「ものごとの細部に、その襞や肌理を微細な感触のままにとりだす」ための積極的手法である。

鷲田は、エッセイ（Essais）を語源学的に実験（Exercitation）や経験（Experience）とほぼ同義、つまり「試み」とする近年の研究を紹介しているが、彼が自著で細やかに展開する言説も（眼がかちあう、声がとどく、なにかに向かう、遇う、沈黙と言葉の祈りあい、迎え入れる、傷つきやすさ、祈りとしての聴取、「ふれる」と「さわる」などがキーワードである）、同様にエッセイとしての「臨床哲学の試み」に他ならない。

さて、以上のように社会学、教育学、哲学といった諸学における「臨床」接頭の動きとその意味についてみてきたが[*4]、そこからどのようなことが読みとれるであろうか。またそれらを踏まえ、音楽学における「臨床」はどのように考えられるのであろうか。次にここまでの議論を踏まえながら、本論の主題たる「臨床音楽学」のさらに踏み込んだ意味や位置などを考えてみる。

── 「臨床音楽学」における「臨床」の意味

振り返ってみると、私が当初「臨床」という言葉に漠然と抱いていたイメージは、①治療を含む現場の、②実用論的な、③個人に照準を合わせた、という3点であった。私の発想の発端が「音楽の治療的作用」や「音楽が人間に及ぼす影響」の探究であったことからの自然な帰結である。ところが前述の諸学における議論を参考にすると、これらの書き方では不十分というか、あまりにナイーブであって、「臨床音楽学」に独特な事情も含めてもう少し検討を加えなければならないことがわかる。

ところでこれまで紹介した諸学における「臨床」の意味には、大きく次の4点が含まれていたように思う。すなわち、社会や現場の問題とそれに対する「実用論」の要請、「臨床」という「現実」について、「臨床」という「方法」について、新しい学問領域の存在可能性と位置づけの4つである。そのなかには当然私の上記イメージ①、②、③も含まれているので、以下順次論じていくなかで検討してみたい。

1. 社会や現場の問題とそれに対する「実用論」の要請

この問題がもっとも鮮明に表現されていたのは「臨床教育学」であった。いじめや不登校など、深刻化する学校内外の諸問題に対し教育学が無力なのではないか

*4
臨床芸術学については、『臨床する芸術学』（小林,1999）の著者・小林昌廣が養老、鷲田の所論を下敷きにしており、内容もほぼ重複するため、ここでは同書から次の2文を引用するにとどめたい。

「『美』の存在の有無を問うこと、『美』を理解するための方法を模索すること、それらは『作品』という現実、『芸術』という臨床を通して初めて可能になるのだとしたら、美の臨床哲学、あるいは臨床美学といった新しい（じつは本来的な）試みが登場することになるのでしょう」

「『臨床する』というのは、芸術作品の『声を聴く』ことであり、芸術の生成に『立ち会う』ことでもある」。

という危機意識から、それらに役立つ学としての「臨床教育学」が要請されていたのである。社会学においても同様で、「社会学は役に立つか、役に立つとすればどのように役に立つのか、そもそも役に立つとはどういうことか」と問い続けることが「臨床社会学」であると謳われていた。この観点からすれば、「臨床音楽学」も、現場のニーズに対応した「実用論」を目指しているということが出来る。実際のところ、音楽が問題を解決ないし緩和するものとして要請されている現場は近年ますます増え続けている。

私の発想が音楽療法という実践的領域から発したように、「臨床音楽学」が第一に思い描く現場は、実際のクライエント、つまり障害者や病者のいる現場である。まさにベッドサイドとしての「臨床」といっていい。もちろん臨床のさまざまな場面や福祉、教育の現場へと拡がる広義の意味においてである。最近はこれに加え、職場の精神保健や疾病予防の現場、矯正・保護施設、あるいは災害や戦争など危機的な状況やその後の劣悪な環境等における音楽療法士や音楽家の役割も注目されており、ベッドサイドとしての現場はいよいよ拡大していると言わなければならない。つまり「臨床音楽学」は、医療・保健、福祉、教育、司法（矯正・保護）、産業、環境など、さまざまな「臨床」現場に役立つ「実用の学」として、まずは位置づけられるのである。

ただ、上記の議論にはどこかで違和感が残らないだろうか。教育学や社会学に「臨床」を接頭するのと音楽学にそうするのとでは、少し事情が異なるようなのである。考えてみれば、「臨床教育学」は基本的には教育問題に、「臨床社会学」は社会問題に対応を迫られてのものである。それに対していま音楽問題という言葉を考えてみるとすれば、それは一体何を意味するのであろうか？　この音楽問題が音楽学で何を意味するか私にはよくわからないが、少なくとも現在の音楽学が抱える現場の問題が「臨床音楽学」を要請するものではなさそうである。事実、他の臨床諸学とは異なり、「臨床音楽学」は、音楽学の内部から発生した動きではない*5。

しかしながら、これに関して次のような考えのあることは注意すべきと思われる。ケネス・エイギンによる「音楽中心的」（Music-Centered）な考え方である*6（Aigen, 2005）。エイギンによれば、音楽療法は通常考えられているように、障害や症状をターゲットとするのではなく、「音楽すること（musicing）における問題」をターゲットとする。

人々は、疾病や障害、社会・環境などさまざまな事情により、本来有するはずの「音楽能力」が阻害されている。これ自体由々しき問題である。その阻害を取り除き「音楽能力」を改善するのが音楽療法の目標なのであり、症状や障害の改善はその二次的な「結果」にすぎないというのである。そうであるとすれば、人々の抱える音楽問題を解決ないし緩和するのが音楽療法ということが出来るのではないか。

つまりこの考え方に立てば、「臨床音楽学」は他の諸学と同様、上記のさまざまな「臨床」現場で、本来的に「音楽すること」が出来ないという音楽問題に対応する「実用の学」であると考えて差し支えない、といえそうである。

*5
ここでいう「臨床音楽学」が音楽学の内部から起こってきた動きではないとはいえ、現在、各地の音楽系大学に音楽療法コースを置こうという動きがあるのは、音楽関係者の内側から「臨床」への問題意識が高まってきた現象ととらえることも出来る。実際に本学では、音楽学が置かれているのと同じ音楽文化デザイン学科に音楽療法専修が配置されているし、東京芸大大学院でも応用音楽学科に音楽療法関係の科目が置かれている。

*6
ノードフ・ロビンズ音楽療法研究会主催「Kenneth Aigen博士講演会」。立川女性総合センター・アイム、東京、2002年12月8日。

2.「臨床」という「現実」について

　上の問題とも関係するが、では「臨床音楽学」の現場とは、ベッドサイド（もちろん広義である）の「臨床」現場だけなのだろうか。実践現場という意味での「現場」に限られてしまうのだろうか。前述したさまざまな議論をふりかえってみれば、臨床音楽学における「臨床」について、もう少し広い意味での「現場」を考えてみる必要がありそうである。

　「臨床」には、たんにその対象がベッドサイドにいる人々だからという意味ばかりでなく、音楽の「現場」、あるいは音楽という「現実」といった意味が含まれている。私は「臨床教育学」の皇と同じく、いわゆる実践に役立つという文脈に直結した形でのみ「臨床音楽学」を語る姿勢には用心深くありたいと思うのである。

　すでにのべたように、音楽学にはベッドサイドの臨床現場とはまた別の「現場」がある。一般に音楽学の現場といえば、まずは演奏や作曲などの創造の現場、そしてそれを聴取する現場である。あるいは社会のなかで人々の音楽する現場、諸民族の音楽の現場である。またそれに関する研究の現場という意味もあるだろう。それらはベッドサイドの音楽現場と一見離れたもののように見える。だが実際のところ、それらの現場と「臨床」現場とのあいだに、場所の違い以上の本質的な違いがあるのだろうか。

　ここで参考になるのは、前節における「臨床哲学」や、「臨床芸術学」（＊4参照）の議論である。たとえば『臨床する芸術学』（小林, 1999）において小林は「『臨床する』というのは、芸術作品の『声を聴く』ことであり、芸術の生成に『立ち会う』ことでもある」と問題提起している。これに準じれば、音楽作品の声を聴き、音楽の生成に「立ち会う」ことが「臨床すること」ということになる。一方、養老は哲学者に対してさかんに「現実とは何か」と問いかけている。生きた現実を問題にするのが「臨床哲学」だというのである。

　また、鷲田はより細やかに、「臨床」ということで「哲学が生成する場所、哲学がはたらきだす場所」を指し示している。鷲田にとって「臨床」は「複数の主体が共時的な相互接触へとさらされる場所」、「人びとの『苦しみの場所』」である。そしてそれは人々と『苦しみをともにする』（sym-pathy）場所でもあり、たしかにベッドサイドの「臨床」という意味を有するものである。しかしながら、鷲田にとって「臨床」はたんに病者や障害者、あるいは悩める人々とともにある場所というばかりではない。それはまさに相互接触をとおして、あるいは相互接触としてほかならぬ「哲学」が生成され、はたらきだす場所なのである。

　これを音楽に置き換えれば、「臨床」とは、複数の主体が音楽を媒介に共時的な相互接触へとさらされる場であり、その相互接触のプロセスそのものが「音楽の生成の場」であるとともに「音楽学のはたらきだす場」でもあるということになる。つまりは音楽／学の生成現場が問題になっているわけで、ここにおいては、ベッドサイドと一般の音楽に何らの区別もない。音楽学の従来の現場と「臨床音楽学」の現場は、その当事者や場所が異なるだけで、音楽の「現実」として本質的には何の

相違もないのである*7。

　私としては、音楽の場合、「複数の主体」とはいっても「人と人のあいだ」に限定することはなく、むしろ「人と神のあいだ」というように超越的なものとの関係性も含み込まれるべきと思うが、いずれにせよ、「臨床」という言葉を、実際的な「現場」という意味のみで考えたくはない。「臨床音楽学」における「臨床」とはもっと広く、音楽や学問の発生現場といった微視的で生成的な「現実」を問題とするものなのではなかろうか。

3.「臨床」という「方法」について

　さてもうひとつ、諸学において「臨床」がある種の「方法」として扱われていたことを検討しておこう。「方法」といっても臨床的・実践的な技法・方法のことではなく、主として研究に関する方法論がここでの問題である。

　「臨床教育学」において河合は臨床心理学の方法を教育学に応用しようとしていた。すなわち、河合の「臨床教育学」では、従来の教育学が採用しがちであった客観性や普遍性という近代科学の方法が実際の教育現場にそぐわないのではないかとの反省から、それらを積極的に放棄し、研究者が研究対象に自ら関わること、そのさいに客観的観察者の立場はとらないこと、個を重視しそのなかに普遍を求めること、教える側でなく学ぶ側の視点を重視すること、仮説の立証ではなく発見的な研究プロセスを重要視することなどを勧めたものであった。加えて河合は、「臨床教育学」がすすんで関連諸学との連携をはかる学際性をもつべきとした。

　音楽療法研究においても、この種の議論はさかんである。すなわち、主観的な音楽療法の経験を客観的に数量化することは困難である、観察という行為そのものが現象に影響を与えてしまうので完全に客観的な観察などあり得ない、音楽は一回的できわめて個人的な現実であるから個のなかに普遍を求めるべきである*8、観察者の視点でなくクライエントの視点を重視する、あらかじめ見通しを立てるのでなく先入観を排したプロセスとして研究を考える、などの考えである（Wheeler, 1995）。

　こうした考えにもとづく方法論には、客観−主観の枠すら超えるいわば「出来事」としての音楽的現実を科学的に把握しうる可能性がたしかにある。となれば臨床現場や音楽の現実を問題とする「臨床音楽学」に対して、たとえば「質的研究」のような方法は多くの知見をもたらすはずである。

　ここで問題になっているのは、仮説−検証型の法則定立的研究方法に対して、臨床現場を対象とする研究においては、個の記述を徹底する個性記述的研究方法や、研究者も研究対象に否応なく巻き込まれてしまう相互変容的研究方法が重要であるとの問題意識であろう。私も「臨床」的現実を対象にするかぎり、後二者の研究方法論の重要性を強く自覚するものである。

　しかしながら、後にも述べるように、私は「臨床音楽学」を無定見と誤解されるほど広い範囲で構想しており、上記3つの研究方向はいずれも必要であると考えている。一方、積極的に関連諸科学との学際的方法をとるべきであるという河合の主

*7
これに関連し、私は「音楽行為と音楽療法」と題する以前の論文（阪上, 2003）で、治療目的でない音楽行為と音楽療法場面における音楽行為に本質的な違いはないと論じたことがある。そこでは統合失調症者の治療に携わる音楽家の作曲と演奏という2つの局面における創造性が治療の帰趨を担うものであった。あくまで音楽創造の結果として治療という創造的変化が生起していたのである。第4回日本音楽療法学会（倉敷大会）では、「美的音楽療法」（Aesthetic Music Therapy）を標榜するカナダの音楽療法士コリン・リー（2004）がこれと類似の主張を展開していた。

*8
もちろん、「コミュニティ音楽療法」（スティーゲ、アンスデル、パブリチェヴィックら）という新しい構想のように、音楽療法を、医療や心理療法におけるような閉じた治療関係から、広くコミュニティや社会全般の音楽活動へと広げる視点を提唱している動向があるのは承知している。この場合、対象は個人を超えたコミュニティや環境となるが、その場合でも個人がおかれたコンテクストへの注目という形で、個人はやはり関係項として重要でありつづける（スティーゲ, 2002および本書19章）。

張にはまったく同意するものである。

ところで、鷲田もある意味で河合と似て、哲学を長く呪縛してきた学問の体系性・普遍性を「臨床」という語をもって破ろうとした。また哲学者が反省という内閉的な黙考から抜け出して、メタレベルとしての外部へ、また現実の相互接触の場へ赴くことが必要と述べた。

これに関連して鷲田が採ろうとしていたのがエッセイという方法である。エッセイを実験や経験に近いものとしての「試み」と捉えているのも、どこか上記の臨床的方法と通じるようであり、皮膚感覚的な相互接触という言葉からも、鷲田のいうエッセイは微視的で相互変容的な個別の現象を対象としていると考えられる。同時に私は、鷲田がそこで哲学に対する学問の体系性・普遍性という呪縛に危機意識を表明していたことに注目する。鷲田はそのような呪縛に対して、「あえて断片的な思考形式にこだわる批判的思考の運動」や「ものごとの細部に、その襞や肌理を微細な感触のままにとりだす」ための積極的手法を採ろうと考えたわけである。

私は、たとえば音楽療法におけるきわめてデリケートな臨床事実の記述に、こうした手法が必要であることを痛感する。「語りえぬもの」としてのリアルな音楽体験について、「その襞や肌理を微細な感触のままにとりだす」方法は、そこで生起する精妙な事象を正確に記述し、あたかも散文詩のようにその場の呼吸や肌触りを伝える力をもっている。「臨床音楽学」にとってもこうした方法は重要な意味をもつことになるに違いない。

しかし私もまた、哲学者と似た呪縛に囚われているのだろうか。一方で体系的であることを願うのである。もちろん、ここでいうエッセイはたんなる記述の問題を超えた哲学的含意をもつものであろうし、「深遠さ」にも私自身さほどのこだわりはない。だがそれでもある種の科学性や、とりわけ学としての体系性・整合性には、いくばくかの執着がある。それについてはまた後で触れるが、いずれにせよ、諸学における「臨床」ということで、記述や研究の方法論のみならず学としての在り方にも関連した重要な問題が提起されていたことをここで確認しておく。

4. 新しい学問領域の存在可能性と位置づけ

では、「臨床音楽学」は、いかなる位置をとることが出来るのであろうか。音楽療法や音楽学との関係はいかなるものか、あるいはより広く医学や生物学、心理学、社会学、人類学、哲学等の関連諸学とはいかなる関係をもちうるか、というのがここでの問いである。

思い出されるのは、「臨床教育学」について「置かれる位置の困難さ」を指摘していた皇の所論である。「臨床教育学」は、自身の新しさを主張すればするほど、先行臨床研究分野（臨床心理学など）、既存の歴史ある教育学、「現場」の教師たち、という3つの勢力圏からの批判や取り込みの危険にさらされる、と皇は記していた。

「臨床音楽学」の場合も、そのままこれが該当することはないにせよ、類似の構図を見いだすことが出来そうである。すなわち、先行臨床分野（音楽教育学やリト

ミックなど）、既存の歴史ある音楽学、「現場」の音楽療法士や音楽家たち、という勢力圏からの批判や取り込みの危険である。

　音楽教育学やリトミックなどの分野では、とくに障害児・者を対象にした臨床実践が先行的に行われており、理論面での蓄積も大きい。また音楽療法士からは、「実用の学」を名乗るならわざわざ新しい名称をつけなくても音楽療法学や音楽療法理論でよいと言われそうであるし、音楽家からは、音楽そのものがすでに「心身にいい」のだから「音楽療法」という言葉すら必要なく、まして「臨床音楽学」と言われてもと困惑されそうである。

　さらに、「臨床音楽学」が音楽の「現場」や音楽問題を扱うなら、まさにそれは歴史ある音楽学の対象領域ではないか、と考えられるかも知れない。事実、音楽学にはすべての人類音楽を対象とし、音楽と社会との互恵関係を目指す「応用音楽学」[*9]という枠組みも存在する。

　では、皇が「臨床教育学」について述べるように、「臨床音楽学」は、これら3者の「まさにその境界領域に着地しようとしている」のだろうか。これに関して私は暫定的にではあるが、図1のような構図を考えてみた。すなわち、相互に関係をもつ上記3つの領域ないし勢力（先行臨床分野、音楽学、音楽療法士・音楽家）をそれぞれ三角形の頂点に配し、「臨床音楽学」をそのいずれとも相互的・互恵的な関係をもつ位置に置くのである。

*9
応用音楽学とは、山口（2004）によれば、「主として音楽の未来を扱う」学とされる。主として音楽の過去を歴史学的に扱う「音楽史学」や主として音楽の現在を比較的に扱う「比較音楽学」に対比しての分類である（もちろんこれら3分類を明確に分離する必要はなく、3者を相互に重ね合わせることも必要という）。そのさい対象とされるのはあらゆる人類音楽であるという。山口は応用音楽学の目標として「社会から学び、社会へ成果を還元する（社会との互恵関係）」ことや「社会および研究者が相互に能動的にかかわりあう状況を目指す」こと、「研究者の意向が一方的に社会に対して応用されるという受動的な意味を避ける」ことなどを挙げている。

図1◆臨床音楽学の位置づけ

```
              音楽学
               ↕
           臨床音楽学
          ↙         ↘
    先行臨床分野  ←→  音楽療法士・音楽家
    （音楽教育学など）
```

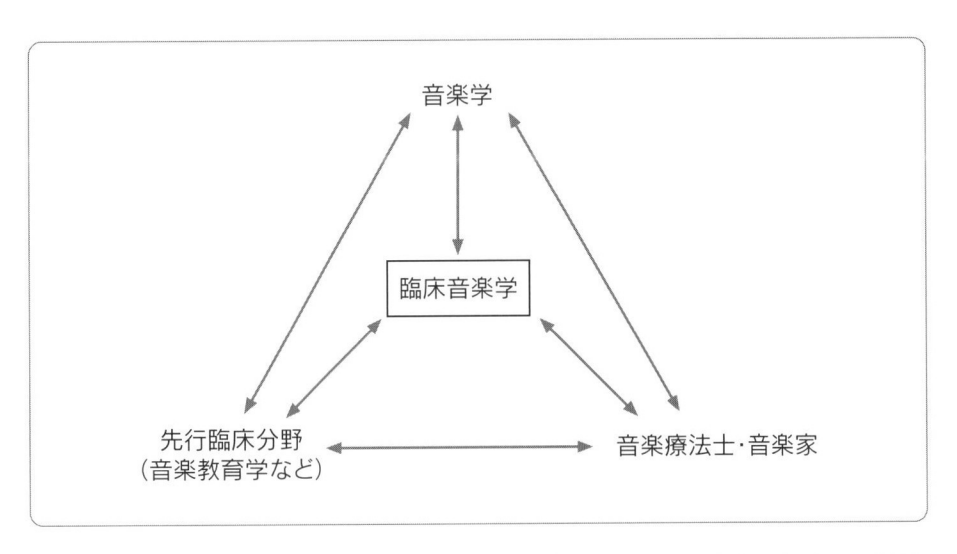

　図のように、各分野ないし勢力は、独自のアイデンティティをもった自らの領域を形成しつつ、互いを豊かにする互恵的関係性のなかにある。こうすれば、曖昧であった「臨床音楽学」の位置も、幾分かイメージしやすいものとなるだろう。とはいえ、もちろんこの4者（あるいは3者と「臨床音楽学」）を明確に分離する必要はなく、互いにオーバーラップする場合もあることは付け加えておきたい。

　ところで、皇は、「臨床教育学」が関係分野から批判、取り込みの危険にさらされるのは、この分野のもつ「新しさ」の担保であるとしていたが、それに準じて

「臨床音楽学」の「新しさ」を考えてみることが出来るかも知れない。

　皇は「臨床」を接頭することで得られる「新しさ」の積極的意味について、たんに教育学を補強するものとしてではなく、逆に「教育についての意味領域に争奪を仕掛ける」ものとして、つまり既成の教育観や人間観の問い直しを迫るものとして捉えていた。同時に、接頭される当の「臨床」という語についても、医学や心理学の文脈で使われてきた従来の「臨床」概念を見直す可能性に言及していた。

　これを「臨床音楽学」に置き換えるなら、音楽観や人間観の問い直しということになる。「臨床」概念の見直しは「臨床音楽学」にも共通する「課題」である。まことに稚拙なかたちではあるが、私は以前、長く携わってきた統合失調症と音楽との関係を考察するなかで、彼らの病理を通してでなければ見えてこなかった音楽の独特な在り方や、人間中心的な考察の枠を超え出る音楽の生命性を問題にしたことがある。じっさい、そこでは従来の＜治療＞概念をはじめ、日常当然と思われてきた諸価値が微妙に揺らぐことが体験されたのである（阪上, 2003）。

　さて、以上の議論で、以下にあげるような「臨床音楽学」の性格がいくらか明瞭になる。

1) 幅広い臨床現場の要請に応じた「実用論」という特質を持ち、人々の音楽問題に応えるための「実用の学」でもあること。
2) たんなるベッドサイドの「実用論」ではなく、音楽や学問の発生現場といった微視的で生成的な「現実」を問題とする学とも性格づけられること。
3) 「臨床」という方法として、個性記述的、相互変容的な研究方向に多くが期待されるが、一方で法則定立的な研究も排除せず、在り方としてはきわめて学際的な研究方向をとること。
4) 位置づけとして、A. 先行臨床分野、B. 音楽学、C. 音楽療法士・音楽家という3つの分野ないし勢力のいずれとも相互的・互恵的な関係性のなかに置かれ、従来の「音楽」や「臨床」概念の問い直しをも課題としてもつこと。

「臨床音楽学」の見取り図

　最後に、私が構想する「臨床音楽学」の見取り図を示しておこう。先行臨床分野、音楽学、音楽療法士・音楽家という近隣の諸分野との関係は前述したとおりだが、「臨床音楽学」は、すでに述べたように、一方でさらに多様な関連諸学と臨床現場とを結ぶ学問領域という性格をも有している。周知のように、音楽学はそれ自体きわめて学際的な学である。

　これに倣い「臨床音楽学」も、参照枠を音楽関連分野に限定せず、あえて広く諸学を渉猟しつつ養分を汲もうとするのだが、これを図示すると**図2**のようになる。すなわち、医学・生物学、各種心理学・教育学、社会学、人類学、美学・哲学などの諸分野から影響を受け、出来ればそれらへフィードバックしたいと願う、という

ものである。すでに紹介した「音楽のさまざまな治療作用」リストを想起すれば、そこに挙げられた多様な項目が上記の各分野に広くまたがっていることが了解されると思う。

図2◆臨床音楽の学際性

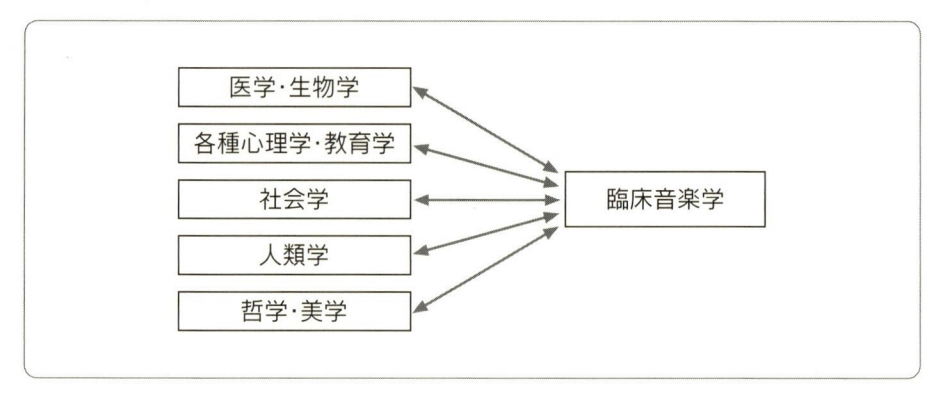

```
医学・生物学　　　　　　　　
各種心理学・教育学　　　　　
社会学　　　　　　　←→　臨床音楽学
人類学　　　　　　　　　　
哲学・美学　　　　　　　　　
```

実は、私は「臨床音楽学試論」と名付けた講義のなかで、これらを参照しながら、5つの次元における「音楽が人間に及ぼす影響」を考えることにしている。もちろん、各領域の広大さを思えば、まだほんの一部であり、はなはだ不十分なものだが、以下にその目次を示してみる。

I. 医学・生物学的視点
  1. 脳神経系と自律神経系　　※最新の脳科学
  2. 内分泌系と免疫系
  3. 記憶と音楽
  4. 睡眠と音楽
  5. 身体運動と音楽

II. 心理学的視点
  1. 音楽の発達心理1　―ライフサイクルと音楽―
  2. 音楽の発達心理2　―小児の発達と音楽―　　※音楽教育学
  3. 行動主義理論と音楽
  4. 精神分析と音楽
  5. 人間性心理学・トランスパーソナル心理学と音楽
  6. 精神病理学と音楽　　※病跡学

III. 社会学的視点
  1. 音楽と社会とのさまざまな関わり
  2. 音楽聴取と文化・社会・治療
  3. 音楽とコミュニティ
  4. 社会学的概念と音楽

>   5. 〈音楽の内側〉の社会
>
>   IV. 人類学的視点
>   1. アニミズムと音楽
>   2. シャーマニズムと音楽
>   3. その他の人類学的概念と音楽
>   4. 日本文化と音楽療法
>
>   V. 美学・哲学的視点
>   1. 西洋哲学から
>   2. 東洋思想から
>   3. 現代思想から
>   4. その他（教育哲学ほか）

　このように包括的な観点から整理することにより、「臨床音楽学」はある種の体系性を獲得することになる。体系性にさらにこだわるなら、各次元に総論を立て、各論を随時拡充していく方向で考えることが可能かも知れない。両者はつねに見直され、各論についてはますます知見を重ねることになるだろう。（ただしこれは、鷲田のいうオブセッションに囚われているゆえの執着かも知れない。）以下に上記の各視点での講義内容を解説する。

医学・生物学的視点

　脳神経系、自律神経系、内分泌系、免疫系といった生理学的機能に音楽の及ぼす影響が問題になる。近年発達が著しい脳科学（Brain Science）や神経ネットワークの知見も音楽との関係を見いだすであろう。すでに記憶や睡眠に音楽が及ぼす影響については多くの研究が積み重ねられている。加えてリハビリテーションにおける音楽の活用を考え、身体運動と音楽というテーマもここで考える。

心理学的視点

　これまで音楽療法が養分を汲んできた各種の心理学と音楽との関係が問題になる。発達に関わる心理学として、ライフサイクル論、および発達臨床を含む発達心理学を取り上げた。ここに教育学的な視点も含めてよい。他には臨床心理学の領域から、とりわけ音楽療法と関係の深い行動主義心理学、精神分析、人間性心理学・トランスパーソナル心理学と音楽との関係が重要である。またアメリカではあまり取り上げられないドイツ語圏の精神病理学からの考察も、病跡学的議論とあわせて私の関心として取り上げた。

社会学的視点

ややまとまりに欠けるが、まずは社会と音楽とのさまざまな関わりを取り上げる。次いで時代や社会の影響を強く受ける聴取問題と治療との関わりや、最近の音楽療法のトピックである「音楽とコミュニティ」という問題を考える。また社会学が生み出したさまざまな概念も音楽による「臨床」の考察に有効である。さらに「音楽の内側の社会」という見方は、音楽の外にある社会環境ではなく、音楽がその構造によって人間に異なった振る舞いを要求するという意味で、音楽空間内部の社会性を独自の視点で問う。

人類学的視点

古代からの治療儀式にまで出自を遡る音楽療法にとって重要な視点である。とくに音楽のもつ儀式性やスピリチュアリティ、音楽療法士の専門性という観点からシャーマニズム論は興味深く、また音楽の生命性という観点からはアニミズムに関する議論も有益である（阪上, 2002）。そのほかにも人類学からは多くのアイディアを汲むことが出来る。日本文化と音楽療法に関する項目では、わが国独自の音楽療法を考える必要性に加えて、音楽を含む日本文化への注目が、音楽による臨床に新たな可能性をもたらしてくれることを期待する。

美学・哲学的視点

まず、あえて音楽学者ではない西洋の哲学者たちの音楽に関する議論を参照する（音楽美学の講義との重複を避けるためである）。一方、東洋思想では主として中国古代の音楽思想を参照するが、将来的にはインドなど他の地域の音楽思想も参照する必要がある。また現代思想は、精神病理学や音楽との親和性の高いものが多く、汲むべき問題が多いので別枠で取り上げている。そのほか、たとえば教育哲学における美的人間形成論など、この視点において参照すべき分野は多岐にわたる。

*10
本書19章参照

もちろん、これらではまだ甚だ不十分なことは承知している。また一方、ブリュンユルフ・スティーゲが述べたように[*10]、これら重なり合い、互いに結びついている5つの次元を別々に分けて学ぶのは「ある種悲劇のよう」と感じる向きもある（彼はbiology、psychology、social、cultureという4層を考えている）。

たしかに人間の生きる現実においては、これら5つの次元は互いに分かちがたく結びついている。しかし、学として現象を理解し明細化するときに、ある程度視点を絞り込む必要があることもまた事実であり、現実にそれぞれ高度に発展した関連諸学が目の前に存在するのである。そこから養分を汲もうとするのはある意味で当然なことであるし、じっさい諸学との往復運動のなかから多くを学んでいるという実感が私にはある。

もっとも、そのような学際性に現在一番敏感な音楽療法研究者こそスティーゲ本人であるのは衆目の一致するところである。人間的事象を前にして各次元を統合する観点を見失わないことこそが、ここで肝要なのであろう。

ともあれ、「臨床音楽学」ということで、私は現在のところ、上記のような見取り図を描いている。その領域は広大であり、言うまでもなく私ひとりの手に負えるものではない。本論によって少しでも多くの同行者が現れることを願うものであるが、最後に1つだけ指摘しておきたいことがある。「臨床音楽学」が、もともとは音楽療法の基礎論として発想されたことである。

　現状をみると音楽療法に充てられている言葉はとても豊かなものとは言えない。音楽療法という実践の現場はたしかに地味でささやかなものである。しかも現場の音楽プロセスは、それがリアルで微妙であればあるほど、分析的な言葉から離れていく。だが現実が言葉から遠ざかれば遠ざかるほど、謎は深まり問いの力は強まってくる。「臨床音楽学」という領域の広大さは、この深さと強さとに、それでもやっと釣り合う知的資源の分量なのである。

おわりに

　本論で私は、これまで音楽療法において音楽学をはじめとする諸学との対話が少なすぎたのではないかとの問題意識から、「臨床音楽学」という新しい領域を提案し、その内実と可能性とを考察した。まず音楽療法の基礎論としてこの新たな分野を発想した経緯を述べ、次いで「臨床社会学」や「臨床教育学」、「臨床哲学」といった諸学における「臨床」接頭の意味を検討した。そしてその上で、「臨床音楽学」における「臨床」の意味とこの新しい分野の位置を考え、最後に私の構想する「臨床音楽学」の見取り図を提示した。

　「臨床」を接頭した諸学における議論を参照すると、「音楽が人間に及ぼす影響」の探究から発した「臨床音楽学」の性格は次のように特徴づけられる。

1) 幅広い臨床現場の要請に応じた「実用論」であり、人々の音楽問題に応えるための「実用の学」という特質をもつこと。
2) たんなるベッドサイドの「実用論」ではなく、音楽や学問の発生現場といった微視的で生成的な「現実」を問題とする学であること。
3) 「臨床」という方法として、個性記述的、相互変容的な研究方向に多くが期待されるが、一方で法則定立的な研究も排除せず、在り方としてはきわめて学際的な研究方向をとること。
4) 位置づけとして、先行臨床分野、音楽学、音楽療法士・音楽家という3つの分野ないし勢力のいずれとも相互的・互恵的な関係性のなかに置かれ、従来の「音楽」や「臨床」概念の問い直しをも課題としてもつこと。

　一方、「臨床音楽学」は、さらに多様な関連分野と連携する学際性をもっており、実際の構想においては、医学・生物学的視点、心理学的視点、社会学的視点、人類学的視点、美学・哲学的視点という5つの次元において、人間と音楽との関係性を問うものである。加えて、これら各次元を統合する観点の重要性が指摘される。

もちろん、上記の構想はまだ生成途上であり、あくまで試論に過ぎない。今後も音楽学に「臨床」を接頭する意味をさらに吟味しなければならず、最後に提示した各視点における内容も、これから随時追加・整理されるべきものである。また何より、今回は「臨床音楽学」の大枠を提案したのみであり、その具体的内容の提示は、毎年の講義のなかで準備されつつあるとはいえ、すべて今後の課題である。そもそもこのように広大な領域は、私ひとりで到底カバーしきれるものではなく、多くの同行者を期待している。

　「臨床」と「音楽」に関する本稿を終えるにあたり、唐突ではあるが東西の古い事実を思い出しておきたい。ギリシャ神話においては、音楽の神アポロンの子が医神アスクレピオスであった。彼を祀った神殿には寝台があり、その癒しの寝台"クリニコス"がクリニックの語源となった。他方、古代中国の『詩経』に現れる「楽」の字の用例に「療す（いやす）」があったという。ここでの「楽」は「療」の字の初源字形を示している。

　音楽はその始まりからしてすでに「臨床」的出自をもったもののようである。「臨床音楽学」は音楽の源までその由来を遡ることの出来る領域と言えるのかも知れない。音楽がそれ自体「癒す音」、すなわち「臨床音楽」ならば、音楽学もそのまま「臨床音楽学」であったといってよく、そこにわざわざ「臨床」を接頭する必要はないのかもしれない。私は「臨床音楽学」という大上段な構想をもって、本来ならば自明であるそのことを強調したいだけなのだろうか。

参考文献

Aigen, K. (2005). Music-Centered Music Therapy. Barcelona Publishers.
Ansdell, G. (1997). Musical Elaborations. What has the New Musicology to say to music therapy? British Journal of Music Therapy, 11(2): 36-44.
Bruscia, K. E. (1989). Defining Music Therapy. Barcelona Publishers, Phoenixville, PA.（生野里花訳：音楽療法を定義する．東海大学出版会、東京、2001.）
Ruud. E. (2000). "New Musicology", Music Education and Music Therapy. Nordic Journal of Music Therapy, online papers, Spring,
http:// www.hisf.no/njmt/artikkelruudnewmusic.html
Stige, B. (2001). Dancing Interfaces. Response to Even Ruud's paper '"New Musicology", Music Education and Music Therapy.' Nordic Journal of Music Therapy, online papers,
http://www.hisf.no/njmt/artikkelruudnewmusic.html
Stige, B. (2002). Culture-Centered Music Therapy. Barcelona Publishers.
Wheeler, B. (Ed.)(1995). Music Therapy Research, Quantitative and Qualitative Perspectives. Barcelona Publishers.
岡崎香奈（2002）．音楽療法と音楽学．日本音楽療法学会誌 Vol. 2(2): 101-107.
大村英昭，野口裕二（2000）．臨床社会学のすすめ．有斐閣，東京．
河合隼雄（2002）．子どもと教育　臨床教育学入門．岩波書店，東京．

小林昌廣（1999）．臨床する芸術学．昭和堂，京都．
小林 剛，皇 紀夫，田中孝彦（2002）．臨床教育学序説．柏書房，東京．
阪上正巳（2002）．音楽療法と民族学．日本音楽療法学会誌Vol.2(2): 108-120.
阪上正巳（2003）．音楽行為と音楽療法 合奏療法（丹野修一）をめぐって．国立音楽大学音楽研究所年報第16集: 15-34.
阪上正巳（2003）．精神の病いと音楽 スキゾフレニア・生命・自然．廣済堂出版．東京．
三浦信一郎（2004）．序論 音楽学―その研究領域と方法に関する歴史と現在―．（根岸一美，三浦信一郎（編）：「音楽学を学ぶ人のために」世界思想社，京都．所収）
山口 修（2004）．応用音楽学と民族音楽学．（財）放送大学振興会，東京．
養老孟司（1997）．臨床哲学．哲学書房，東京．
リー、コリン・アンドリュー（2004）．第4回学術大会・インビテーションスピーチ「美的音楽療法の視点を発展させる」日本音楽療法学会誌 4(2): 130-135.
若尾 裕（2002）．音楽療法と哲学・美学．日本音楽療法学会誌Vol.2(2): 121-128.
鷲田清一（1999）．「聴く」ことの力 臨床哲学試論．阪急コミュニケーションズ，東京．

音楽療法において心理学的方法論を
どのように生かすか
——臨床実践の外から見た音楽療法

谷口高士
Takasi Taniguchi

はじめに

　音楽療法に関連する分野は多々あるが、なかでも音楽心理学は最も近い領域であると言えるだろう。音楽療法が今後より発展し、社会の中で受け入れられていくためには、心理学の手法や考え方を積極的に取り入れていくとともに、音楽（あるいは音楽行動）に関する音響学的・心理学的・生理学的・神経学的知見を基礎にした、理論的構築が不可欠である。それは、音楽療法が科学であるべきだということではなく、芸術活動そのものでもなく、あくまで社会的に承認される職業の一つとして、科学的視座や根拠を踏まえた応用実践であるべきだ、ということである。そこで本論では、音楽療法の臨床実践と研究を進める上で、音楽心理学、さらには広く心理学全般と音楽療法をどのように関係づけていくかについて考えてみたい。

音楽の「治療的役割」を考える
——音楽の必然性の観点から

(1) 音楽療法とは何だろうか？

　まず、ここで扱う「音楽療法」とは何なのかについて整理しておきたい。例えば、心理学辞典（有斐閣）では、音楽療法（music therapy）は「音楽がもつさまざまな効果を心身の健康回復・治療に利用する療法の総称」とされ、治療の対象と音楽の効果との関係から、神経症・心身症患者における心身のリラクゼーション、発達障害や情緒障害児における遊戯療法、身体機能の回復をめざすリハビリテーション、精神障害者に対する心理療法、老人施設などにおける交流促進や心身機能増進のためのレクリエーションという5種類があげられている。日本音楽療法学会においても、音楽療法とは「音楽のもつ生理的、心理的、社会的働きを用いて、心身の障害の回復、機能の維持改善、生活の質の向上、行動の変容などに向けて、音楽を意図的、計画的に使用すること」と定義されており（http://www.jmta.jp/about/definition.html）、文言の違いはあってもその意図するところはほぼ同様である。すなわち、音楽そのものが目的ではなく、医療・心理療法・福祉などの臨床場面において、心

身の機能改善や適応促進のために、より広い意味では個人の幸福の追求のために、あくまでも「ツール」として音楽を利用するものだと言える。

阪上（2003）が取り上げているように、音楽療法は音楽活動そのものである、あるいは音楽療法と「音楽すること」は本質的に分離できないのではないか、という考え方も一方にある。それは、音楽の機能を利用した療法的効果を最終目的とする通常の音楽療法観とは異なり、音楽という概念の存在、あるいは人の音楽行動の意味そのものに焦点化したものであると言える。

なぜ世界中で文化特異的な音楽が生まれ、継承され、一方で音楽文化の交流や特定音楽文化による支配的状況が生じてきたのか。それは根源的には進化生物学的生存適応のためであり、さらには社会的生存適応のためである。音楽（あるいは音）を発することで味方の一体感を増し戦闘意欲を鼓舞する一方で、敵の戦意を喪失させる。言語では表現しきれない細やかな情感や安定感を表現することで、情緒を安定させたり興奮を鎮めたりする。あるいは感情表出そのものを音楽で行なうこともある。こうした音楽行動の根本的な様相と音楽療法で起こっているプロセスとは、確かに区別して考えることは難しいかもしれない。

しかし、同様のことは、一般に「心理療法」と呼ばれている活動全てに当てはまることではないだろうか。音楽以外の芸術療法は言うに及ばず、来談者中心療法や遊戯療法にしても、より体系的な介入を行なう認知療法、行動療法にしても、基本的には人間の日常的な活動を抽象化し組織化して、一定の時空間および人間関係の枠の中で高密度に実現したものである。それらを療法や治療と呼ぶかどうかは、それが治療的介入の意図を持ってなされているのか、それらの本来自然発生的な在り方とは別に治療的目的の達成のための理論および技術体系や枠組みを持っているのかという点にかかっている。その意味では、音楽療法と音楽活動そのものとは、「そこで起こっていること」が同一かどうかではなく、それを捉える視点の違いとして区別すべきである。

すなわち、音楽療法で第1に問われるべきものは、いかなる音楽が実現されたかという音楽的視点や、実現された音楽の価値という美学的視点ではなく、音楽活動によって何が達成されたのかという評価的視点と、そのプロセスやメカニズムの解明的視点でなければならない。そして、両者で決定的に異なるのは、純粋な音楽活動にはそれをなすための理由は必要ないが、音楽療法の場合は目的が生活の質的向上や回復である以上、療法場面に音楽を持ち込むことの必然性や適切性が吟味されなければならないことであろう。

(2) 音楽の機能と音楽療法の実現を考える

音楽には様々な機能があるが、音楽療法に特に関連が深いものとしては、コミュニケーション機能、運動誘発機能、感情調整機能、感情や状態の表出機能、象徴機能などがある（**表1**）。これらの機能が単独で、あるいは組み合わされて用いられることで、音楽療法の基本的な効果が得られると考えられる。したがって、しばし

ば言われるように、音楽療法の根拠を音楽の感情機能やコミュニケーション機能にだけ求めたり、逆にそのことを一概に否定したりすることはいずれも一面的であるように思われる。要は、目指す療法効果と生かしたい音楽の機能がうまく対応しているかどうか、それを評価できるかどうかではないだろうか。

表1◆音楽療法に関わる音楽の機能と想定される効果

> 聴覚を刺激することで覚醒水準を高める
> 感情を喚起・調整して心理的苦痛を和らげる
> 言語化できないものを表現することで緊張を弛緩する
> 遊びとして欲求不満を解消する
> 演奏による共同行為や応答によって社会性を高める
> 発声や運動を誘発することで生理・身体反応を活性化する
> 音楽への共感による美的感動が心的活性化を高める

　ここで重要なことは3点に集約される。第1に音楽を利用することで本当にこれらの効果が得られるかどうかである。第2に効果が得られるとして、それが実際にどのようなメカニズムやプロセスによるものなのかを明らかにすることである。第3にこれらの効果は音楽以外の方法では得られないのかどうかである。他の手段に対する音楽利用の優位性があるかどうか、と言い換えてもよいだろう。

　心理療法の一つとしての音楽療法に、無理を承知で要因計画的なメタファーを用いるならば、療法効果は、人的要因＋誤差要因の結果であるといえる。要因計画というのは、いくつかの要因によって結果が変動するとき、総変動を各要因による変動に分解して、それぞれが誤差要因に対してどのくらい大きいかを検討することである。人的要因は、さらに細かく見るならば、セラピストとクライアントの関係、セラピストの力量、クライアントの自己治癒力などを含んでいる。誤差要因とは、偶然や時間経過による自然な変化などである。また、環境的要因（治療の「場」を設定することによる効果など）も説明変数となりうるだろう（追補「縦の要因効果と横の要因効果を考える」を参照）。

　さて、あるクライアントに対して音楽を利用する意義があるとしたら、それは音楽的要因によって療法効果が増加することである。すなわち、

人的要因＋環境的要因＋誤差要因＜音楽的要因＋人的要因＋環境的要因＋誤差要因

という図式が成り立たなければならない。もちろん、「音楽」が入ることは人的要因などとは独立ではなく、他の要因との間での相互作用が存在し、人的要因による療法効果そのものが「実証」されているわけでもないから、単純に音楽的要因の効果を分離して検討することは決して容易でない。しかし、演奏（または聴取）することによって、たとえば言葉のみによるクライアントとセラピストの交流から得

られる以上の効果があってこそ、一つの療法技法としての存在意義を主張することができるのではないだろうか。

(3) 能動的療法と受動的療法

こうした「音楽的要因」の寄与を考えるためには、音楽療法のなかで音楽が実際にどのような役割を担っているのかを理論化できるかどうか（客観的な言葉で説明できるかどうか）を試みる必要がある。その上で現象の何をどのように定量化すべきなのか、あるいは、仮説検証すべきなのか、それが可能なのかどうかを検討していくことになる。まずは、能動的な音楽療法と受動的な音楽療法を、こうした視点で捉え直してみよう。

能動的音楽療法は、クライアントが主体的に楽器などを用いて音楽や音を表出し、しばしばセラピストが即興でそれに応えるような形式を取る。知的障害、自閉症、認知症（痴呆）などで社会的機能の向上やレクリエーション、あるいは心的機能低下時の機能回復や活性化などを目的として行なわれる。ここで重要なことは、楽器演奏や歌唱による表出行動が実際に生体の活性化や感情表出をもたらすかどうか、またクライアントとセラピストとの間にコミュニケーションが生じるかどうかである。これらは、完全にとは言えなくとも、何らかの数量化を行なうことで定量的検討が可能である。例えば、（困難は承知しているが）自律神経系の測定指標を用いたり、音の応答の記録から周波数やリズム、時間間隔などを抽出するなどである。

一方、受動的な音楽療法は、感情障害や心身症、あるいは高ストレスや抑うつ・不安状態などで、感情コントロールやリラクゼーションを目的に、処方された楽曲を聴取するものである。音楽の受容による気分変調、覚醒レベル、生化学的変化を定量的に観察できる可能性がある。気分や覚醒は、心理学では主観報告（質問紙への回答など）が多く行なわれているが、自律神経系や心理運動系の指標を用いたり、脳波や脳血流量の変化を測定するなどの手法もある。また、生化学的な変化の検出としては、内分泌系の物質の量的変化を測定するなどが考えられる。

もちろん、これらの数値に変化が見られたからといって、それが即、質的な変化と対応できるわけではないし、セッション全体としての意味が分かるとも限らない。また、こうした測定（観察）が、クライアントや実験協力者の感情状態や生理的状態に与える影響も決して無視できない。往々にして測定装置の装着や測定環境自体が非常に不快であるし、主観報告にしても内的状態の言語化は高い認知的負荷や語彙的制約を伴うからである。しかし、こうした定量的データに基づいた客観的証拠を提出することは、音楽療法の意義を第三者に説得するためには必要である。また、実際の療法場面での現象はあまりに複雑で「きれいな」定量的データがとれないとすれば、より純粋な、つまり「実験室的な」環境における基本レベルのデータを収集し、それをもとに現実場面でのメカニズムを仮説的に構築していくという試みがあってよいのではないだろうか。むしろ、そのような基礎研究を敬遠して一足飛びに現実を説明しようと試みるところに、現在の音楽療法の限界があるとも言えるだ

ろう。

　「音楽」はあくまでも「目的」ではなく「手段」である。このことは分かっているはずなのに、しばしば見失われることの多い原則である。対象や症状によって使用するツールや適用の仕方は異なる。一時的に低下した心的機能をもとの状態に回復させるためなのか、恒常的な身体や精神のダメージを少しでも改善したり、適応水準を向上させるためなのかではそもそも療法そのものの目的も、何に対して働きかけるかも、期待される成果も違うのである。特に施設などでのレクリエーションの一環として音楽を用いる場合、そのような療法的原則や枠組が維持できないか、もともとゆるいということはないだろうか。音楽を使うという手段のために、何のために音楽を使うのかという目的が見失われることのないよう、常に自己の療法活動をクリティカルに見直すことが必要である。

(4) 音や音楽の機能から治療における音楽使用の意義を考える

　さて、あるクライアントに対して音楽療法を行なうべきかどうか、どうやって判断していけばよいのだろうか。心理療法全般に当てはまることであろうが、判断の基準は基本的には、何に働きかけてどのような効果を得たいのかである。

表2◆音楽療法の治療的機能の例

```
神経症や精神疾患に対する受動的音楽療法
  ⇒  症状の一時的安定／原状態への回復
自閉症や認知症（痴呆）に対する能動的音楽療法
  ⇒  能力・機能の向上／感情表出
精神遅滞児への遊戯療法的な音楽療法
  ⇒  発達促進／コミュニケーション
リハビリテーション支援としての音楽利用
  ⇒  運動の促進・同期／「飽き」の回避
自己表現や感情表出のための音楽利用
  ⇒  問題の顕在化による状態把握／心理的停滞の打破
```

　ここではまず、音楽療法に関係してしばしば用いられる、「治療」と「癒し」という言葉から音楽療法の効果を考察しておきたい。「治療」とは、狭義には疾病傷害や精神疾患からもとの状態への回復（治癒あるいは緩解）を目的としたものである。例えば広辞苑では「病気やけがをなおすこと。また、そのために施す種々のてだて」とある（第四版）。広義には、症状の緩和・安定・改善や、回復不可能な機能や能力の向上などを目的としたリハビリテーション的なものも含んで用いられることもあるだろう。いずれにしても、処置の成果が客観的に評価可能であることが重視される。

　これに対して「癒し」は、「病気や傷をなおす。餓えや心の悩みなどを解消する」（広辞苑第四版、「癒す」の項）とあるように、狭義には治療の意に加え心理的な苦

痛や不安、生理的な飢えや渇きの解消が含まれる。しかし、マスコミの記事や日常的な使用においては、より広義に、漠然とした心理状態の肯定的変化に対する表現として用いられることが多いように思われる。後者の場合、「癒された」かどうかの評価は自他ともに主観的で、何がどのように変化したのかの客観的評価は非常に困難である。また、往々にして「癒される」「癒されたい」のように、受け身的な期待や願望を込めて用いられることが多い。音楽療法の効果を客観的に捉えるためには、上述したような「癒し」としてではなく、「治療」的な観点から評価していく必要がある（**表1**を参照）。

　重要なことは、クライアントに対して適切なプランを立て、モニターし、評価し、それを再び治療プランや治療の実施プロセスにフィードバックすることである。したがって、初めに音楽療法ありきではなく、まずクライアントの状態や治療目的などに関して的確に把握すること（アセスメント）が必要である。この段階で音や音楽を使用することが不可欠である、あるいは他の方法よりも効果的であると判断されて、初めて音楽療法を適用することができる。問題はそのような判断がどのような立場でなされるか、また、現実的にはどこまでコストや時間、場所、人的資源などを勘案するかである。

　治療過程においては、「癒し」などの曖昧な概念を持ち込まず、各セッションおよび全体における効果を客観的にかつ総合的に評価するシステムを確立することが急務である。これについては後述するが、セラピストの主観は一概に排除すべきであるということではなく、むしろ、客観データとセラピストの主観とを分離しつつ対応づけることにより、療法場面で起こっていることの意味を見い出していくことが重要である。評価を明確にすることで、セラピストの振る舞いや、療法事態において音楽がどのようにどの程度の役割を果たしたのかを吟味し、次回のセッションへ生かすことが可能になる。

　また、音楽療法の場面は他の事象から独立しているのではなく、施設や病院、さらには医療・福祉や教育など社会全体としてのより大きな「治療システム」の一部であるという認識も必要である。例えば、緊急に薬物投与や栄養補給が必要な状態にないか、医療的診断が必要かどうかを見極めることは、時として生命に関わることであり、きわめて重要である。さらに、クライアントを囲む状況、家族関係、生活環境によっては、福祉や保護的な措置も必要となる。学校での不適応や学習におけるダメージを伴う場合には、教師によるサポートも要請しなければならない。

　個々の療法家には専門とする技法に関する知識やスキルとともに、こうした多面的なマネージメントが可能であること（少なくとも他領域の専門家へのリファーが可能であること）が求められる。その上で、治療手段や媒体としての音楽の使用を、客観的な評価・基準に基づいて決定することができるかどうかが問われることになる（**表3**参照）。特に、「音楽療法を行なうべきではない」という判断が可能である

かどうかは、非常に重要である。敢えて自分を否定するような判断を下すためには、直接また関連する領域に関する広い専門的知識とともに、自分の力量に関する高度に客観的な「メタ認知」が必要だからである。

表3◆音楽の機能と治療における音楽使用の意義

```
演奏：　音を出すこと自体・リズム・強弱・高低
　　　　⇒　コミュニケーション・自己表現・感情表出・運動など
聴取：　旋律・リズム・テンポ・和声・調
（聴取が主）
　　　　⇒　同質性原理・気分調整・覚醒水準調整・イメージ補助・感動体験など
（聴取が従）
　　　　⇒　運動促進・気分調整・音環境・ノイズのマスキングなど
```

音楽療法の実践と研究への提案
── プロセスの理解と共有をめざして

(1)「科学」と「臨床」との対話

　音楽療法の意義を問う議論の場では、しばしば「科学」の要件として反証可能性・再現可能性・検証可能性が問われ、それを根拠に「心理療法は科学的ではない」という指摘がなされる。多くの実験心理学者は、古典的あるいは硬直的な科学性の定義にこだわるあまり、現実としての音楽療法の存在や心理的問題に悩む人々の声に対して目をそむけてきたことも否めないだろう（心理学の中における「感情」の扱われ方にも似ているところがある）。

　また、目的や対象、方法が異なる様々な音楽療法や、擬似音楽療法あるいは単なる娯楽としての音楽活動などをも、十把一からげにして、一般論として音楽療法を批判してしまうことになる。そのために本来有用であり得るはずの提案も、音楽療法の実践家の耳には届かず、土俵もルールも違う議論はすれ違いに終止する。結果として、不適切な科学的手法や知見の誤用をも野放しにしてしまい、それがまた科学サイドの不信を高めるという悪循環が続いているのが現状である。

　音楽療法に限らず、心理療法一般が果たして科学たり得るかといえば、やはり人間相手で実践重視である以上、純粋科学としては成り立たないのは自明である。では、前述のような科学からの指摘は全く的はずれなのかと言えば、必ずしもそうではないだろう。実際、臨床の外に身を置く者として心理療法の現実を見渡せば、「科学でないこと」に安住して、なぜその心理療法（あるいは特定の技法）が必要なのかを論理的に説得しようとする姿勢があまり感じられず、また、積極的かつ適切に科学的知見や方法を利用しようとしてこなかったように見える。

　確かに、心の問題とそれへの対処は、ある意味では人間の生活において科学が先

行しすぎたことへのアンチテーゼであるとも言えるだろうし、少なくとも現在の科学の方法論では原因の解明や問題の解決は完全にはなし得ないだろう。しかし、個人の力量や経験に依存しすぎてきた心理療法の世界にとって、心にアプローチするための手がかりとして科学的研究による知見は重要であるし、それを一方の支えとして査定・治療・評価の理論とシステムを作っていくことが必要である。

　心理療法において、おそらく第1に重要なことは、診断（見立て、査定）であろう。それは医療や教育など他分野での問題解決においても同様で、まず問題の原因を明らかにしなければ、解決のための道筋を仮定することすらできないからである。次に、取り得る解決策とその効果を知り、診断に応じて適用する必要がある。現在の問題に対してどのような対応策を適用するか、その効果をある程度は予測できなければならない。

　例えば、実際に投薬を行なう場合は、もしかしたら合わないこともあるかもしれないが、少なくとも薬効と副作用を知った上で、症状と薬を対応させ、改善を予測して処方する。合わない（改善しない、悪化する）場合は処方を見直し、場合によっては再診断をする。このとき、基本的には、薬効と副作用はデータとして公表されているし、診断も標準化された検査や客観的な症状に基づいて行なわれる（患者の主観的な訴えもあるが）。実際には、同じ薬品データや検査結果を基に、医師の経験則などが加味されて異なる診断や処方がなされることがあり、良くも悪くも、そこが科学を現実に適用する際に混入する不確定要因となる。

　このような、問題解決（治療）における流れを音楽療法に置き換えて考えてみよう。音楽療法では、心理療法一般としての治療関係のダイナミズムを理解すると同時に、何よりも音や音楽を利用する正当な根拠を領域内外に求め、そこに基礎をおくことが必要である。「臨床の知」は確かに科学では割り切れないものだが、その基礎には人間行動に関する一般的・普遍的な（解明すべき）知識が横たわっている。それを忘れないようにしたい。

音楽行動に関する科学的知見
　　音楽行動における知覚・認知プロセスの解明
　　音楽行動に伴う生体の働きの解明（筋、脳、自律神経、内分泌系など）
　　音楽行動における心理的効果の現象確認とそのメカニズムやプロセスの解明
　　音楽行動の治療効果に関する普遍的評価方法の開発
個々の事例での特別な知識
　　音楽に対する特徴的な心身反応の有無
　　音楽的好み、志向性
　　音楽的生育暦、経験
　　体験や出来事と音楽との結びつき

表4◆特に音楽療法において必要と思われる「知識」

※芸術としての音楽そのものに対する知識や技能、また、一般的に心理療法に必要な知識や技能は除く。

(2) 心理学研究の方法論

それではここで、自然科学を志向する実験心理学の方法論を、実践臨床的な立場と対比しながら簡単にまとめてみよう（**表5、表6**）。

表5 ◆ 自然科学と臨床の立場の違い

○自然科学的立場	○実践臨床的立場
普遍的	個別的
法則定立的	個性記述的
定量的	定性的
↓	↓
客観性を重視	関係性・状況性を重視
実験計画	治療計画
条件統制	ケース・バイ・ケース
統計的分析、検定	個別ケースの質的検討
普遍的理論の構築	有効な治療方法の開発

表6 ◆ 音楽心理学研究におけるデータと音楽療法におけるデータ

○音楽心理学研究で重視されること	○音楽療法実践で重視されること
信頼性	クライアントとセラピストの「関係」
安定性	セッションにおける「プロセス」
妥当性	音や音楽の「意味」
	クライアントの「変化」
↓	↓
神経・生理学的指標 （脳波、脳血流量、筋電反応など）	プロトコル（対話） 行動記述
心理学的指標 （記憶、反応時間、主観評価など）	創られた音や音楽そのもの 心身パフォーマンスや生活クオリティの指標
音響的特性 （周波数成分、振幅包絡など）	

　一般に自然科学では、共有可能なデータ（証拠）に基づいて現象のメカニズムやプロセスを推論する実証主義という立場を取る。そこでは、原則として同一条件下での実験が必要とされるが、現実には必ずしも同一の条件統制下の実験によってデータが得られるとは限らない。不確定要因の多い人間の行動を科学する心理学においては、その傾向は特に顕著である。条件が統制されていない場合は、何らかの仮定や留保の下でデータが解釈される。また、データの収集と分析は、一定のパラダイム（理論的枠組や手法を含めて）の中で行なわれる。したがって、パラダイムの転換によって、研究方法が変わるだけでなく、観察された現象の解釈も変化することがある。つまり、データから導かれる理論も決して不変ではない。この自らを否定しうるダイナミクスこそが、科学が科学たるゆえんであるとも言える。

(3) 何が必要なのか？

　個人の「技」や「信念」ではなく、「プロセス」を他者に伝達し共有可能な「知

識」にしていくことが必要であり、そのためには成功例だけでなく、失敗例も共有していくことが重要である。さらに、臨床実践と研究を両立するための能力として下山（2001）は、人間関係能力、セルフモニタリング能力、叙述化能力の3つをあげている。ここではやや分かりにくいセルフモニタリングと叙述化について簡単に説明しておこう。

　セルフモニタリングとは、①目標の設定と達成プランを組み立てる、②自分の思考や行為の実行状況をモニターする、③エラーや失敗があれば行動を修正する、④必要に応じてプランや目標そのものを見直す、というメタ認知的な働きである。いわゆるPDCA、すなわち、計画（plan）、実行（do）、評価（check）、改善（act）というマネージメント手法そのものである。セラピストは、自らの体験過程（思考、行為、感情、相互関係の有り様）を意識化し、セルフモニタリングに生かしていかなければならない。ところが、一方で、セラピストがあまりに自分を客体化しすぎてしまうことは、療法場面におけるクライアントとの関係性や状況性を壊してしまうことにもなりかねない。まさに、観察すること自体が観察対象や観察の場に影響を及ぼしてしまうのである。そうしたジレンマは、しかし、実験心理学や自然科学においても指摘されている。

　叙述化とは、セラピストとクライアントのプロトコルや行動を、可能な限り客観的・具体的に記述することを指す。そこで起こった現象（事実）と、主観（願望・感想・印象など）を混同しないことが重要である。必要ならこの二つを区別して記述する。例えば、クライアントが「笑顔（のような表情）を見せた」ことは観察された現象だが、それを受けて「喜んでいる」「癒された」と感じるのはセラピストの主観である。こうした客観と主観の切り分け、そしてキーになる事象の前後の文脈について正確な記述が、その療法プロセスをそこにいなかった他者と共有するための重要な「データ」となるのである。

音楽・音楽療法・音楽心理学の関係を考えるために

(1)「音楽心理学」は何を研究しているか？

　音楽心理学というとどのような音楽が心地よいかとか、どのような特徴があるとヒットするかといった研究をしているように思われている節がある。もちろん、それに類するような研究も皆無ではないが、実際には音や音楽の音響物理学的性質とその知覚を理解することが基本である。つまり、周波数と「高さ」、振幅量と「大きさ」、波形と「音色」など、物理量と心理量がどのように対応しているかを地道に研究しているのである。そして、そのような知覚的特徴をベースに、音や音楽の心的処理の仕組みを理解することが次の次元の研究である。例えば、耳に入る音をどのように選択・群化し、旋律、リズム、和声などを把握するのか、記憶やその他のどのような働きによって、音楽の同一性を認めたり、過去経験や感情を呼び起こ

したりするのか。音楽を楽しむ、音楽を理解する、音楽に共感する……これらは、いったいどのような実在をもつのか。音楽心理学とはいわば、高度な音楽認知を知るための研究である。

(2) 音楽への多様なアプローチ

音楽を心理学的に研究する際には、①音楽に対する人間の反応、②音楽の階層、③音楽の要素、④音楽と人間との関わり方の4つの切り口がある。ここでは、谷口(2004) に準じて、音楽（音楽行動）に対する多様なアプローチを簡単に紹介する。

①音楽に対する人間の反応

私たちが音楽を聴いたり演奏したりする時、どのような反応を起こすかに注目したアプローチである。初めに主に聴覚による音の感覚的受容がなされ（実際には、聴覚以外にも、低音振動の受容や、演奏者や楽器の動きの視認などもある）、その後、情報の選択、弁別、群化、比較、記憶といった知覚的、認知的な処理が行なわれ、「音楽」として認識される。これを元に、知識や経験に基づいた意味づけや理解といった高度な認知的処理がなされ、最終的に、認知的理解、美的感動、共感、楽しいとか悲しいといった感情反応などが生まれる。このとき、自律神経系、内分泌系、脳神経系などの生理的な変化も起こる。もちろん、いずれの反応に注目するのかによって研究の方法論も異なる。また、同じ反応に注目しても、背景領域が違えば、研究パラダイム自体が違ったものになるだろう（例えば、生理学なのか、心理学なのか、哲学なのか）。

②音楽の階層構造

梅本（1996）は、楽曲の階層構造として、音響としての音楽、知覚の対象としての音楽、構造をもつものとしての音楽、意味および内容をもつものとしての音楽の4つの次元があると述べている。音楽とはあくまで人が心の中で（頭の中で）作り上げたもので、物理的には空気の密度変化、あるいは振動の連続に過ぎない。したがって、もっとも基本的な次元として、物理現象としての「音響」の性質や、その知覚の特徴を知る必要がある。この次元の研究では、一つ一つの音の高さや大きさ、長さ、あるいは音質や音色といった心理的な感覚が、周波数や音圧、音の立ち上がりと減衰（エンベロープ）、波形（周波数スペクトル）などの物理的性質とどのように関係しているのか、を厳密な環境統制下で調べていく。こうしたことは一見音楽とは関係なさそうだが、音楽という現象の基礎として非常に重要なことである。

次に、音を音楽的なパターンとして知覚する次元がある。すべての音が音楽として知覚されるわけではない。言語音声もあれば、騒音も含めた様々な環境音もある。単に音が鳴っているというだけではなく、時系列的な音のつながりの中から一定のリズムやメロディを感じ取り、また、同時的な音の響きから和声を感じることで、それらを音楽的なパターンとして認識していく。例えば、ゲシュタルト法則にした

がって一連の音を群化・体制化して、声部を区別したり、メロディの輪郭（音高の上下の仕方）や拍節をつかんだりする。このような音楽の知覚や認知の研究は、特に1970年代から90年代にかけて発展し、現在でも精力的に行なわれている。もう一つ上の次元が音楽の「構造」である。私たちは、メロディをある程度大きなまとまり（フレーズ）として認識し、その前後のフレーズと関連づけて1つの曲として聴いていく。例えば、フレーズは、しばしば転調したり、拍子やリズムを変えたり、分散和音にしたりして、形を変えながら繰り返されることがある（主題と発展）。そのような変化に気がつくか、もとの主題と発展型との関係が分かるか、分かるとしたらなぜ分かるのか、といったこともこの次元になる。

　一番上の次元が音楽の「意味」である。音楽を聴くという行為の最大の目的は、おそらく、その音楽が表現したいことを共感的に理解し、感動体験を得ることではないだろうか。もちろん、反戦や恋愛など何らかのコンセプトを表現している音楽もあれば、純粋に音楽そのものの芸術性、音のつながりや響きの美しさ自体を表現している音楽もある。音楽全体の意味を理解するのは、長編小説を読んで、個々の章の関係を把握した上で全体のコンセプトを理解するのに似ているかもしれない。しかも、音楽の場合、ページを行きつ戻りつしたりするようなことができないので、より困難な作業となるし、コンセプトも非常に抽象的である。

③音楽の要素

　音楽のどの「要素」を取り上げるのかを決めるのも、実際問題としてなかなか難しい。本来切り離すことができないが、研究上全ての要素を一体に扱うのが難しい以上、何かに焦点化していかなければならない。音楽の要素としてしばしば研究対象になるのは、やはりメロディとリズムだろう。例えば、音の高さが異なる数音から数小節の音列を聞かせた後、一部の音高を変えた音列を聴かせて、異同判断や類似性判断をさせる。あるいは、一度聞いたものを歌や楽器や身体で再生させて、どんな音列だと再生しにくいか、どこで間違いが生じやすいかを調べたりもする。非常に単純な方法だが、これがメロディ認知の基本的な実験である。リズムの場合は、同様にして音高を変えずに音の長さを変える。

　メロディやリズムでどのような変え方をすれば弁別されやすく、逆にどういう場合に弁別されにくいのかを調べていくことで、私たちが何を手がかりにして音楽の同一性を認知しているのかが分かる。数小節の音列や一つ一つの和音ではとても音楽とは言えないが、音楽認知の基本メカニズムを明らかにするためには、音楽の基本要素を取り出した実験による研究が必要である。

④音楽と人間の関わり

　もうひとつ別方向からのアプローチとして、音楽と人間の関わりということを考えてみよう。人と音楽の間には、芸術や娯楽として以外に、多くの関わり方がある。実際の音楽療法で行なわれているように、歌や楽器の音を通じてコミュニケーショ

ンを行なう、音を出すこと自体で自己表現や感情表現をする、レクリエーションとして、あるいは、リハビリテーションの補助として音楽を使用するといったことが、実際にどのように生活の質的向上に寄与しているのかを評価することも必要だろう。さらに、私たちは、生活の多くの場面で音楽刺激を受けているが、積極的に鑑賞することもあれば、やむを得ず耳に入って不快なこともあり、聞いていることを自覚していないことさえある。音や音楽を受容する場面によって、あるいは人によって、どのような聴き方（聴取態度）をするのか、そのときに音楽がその人の行動（思考や情緒も含めて）にどのような影響を及ぼすのか、といったことも研究対象となる。

また音楽とは一見関係なさそうだが、音楽に関わる商業的活動もまた、関連領域として研究対象になり得るのである。ある曲がメガヒットするには、単純にその曲がよいという以外に、実に多くの心理的および社会的メカニズムが働いている。自分が気に入って聴いていると思っている音楽が、実は「聴かされている」のかもしれないと思ったことはないだろうか？　マスコミなどでは、いわゆる「癒し系音楽」や「ヒーリング音楽」を聴くことがしばしば取り上げられるが、それらが有効かどうかということだけでなく、なぜそのようなものが流行するのか、ということも音楽と人間との関わりとして研究する意味があるだろう。

音楽の認知や表出の仕方が、どのように獲得され、他の認知、言語、運動などの機能発達とどう関連しているのか、といったことも大変興味深い側面である。聴覚の働きはもちろん、リズムに同期した身体協働や、歌うための構音は、歌ったり楽器を演奏したりするには必須の機能だが、これらはしゃべったり運動したりする一般的な機能の発達と密接に関わっている。一方、歌詞を覚えることは言語の記憶と深く関わってはいるものの、失語症や認知症などで言語表出ができない患者でも、歌詞をつけて歌うことができる事例からも分かるように、必ずしも言語機能そのものではない。高さや速さ、ときにはメロディの輪郭が多少違っていても同じ曲だと認識することができるのは、表情が変わっても同じ人の顔だと認識するのと同様に、きわめて巧妙な特徴抽出の働きだが、私たちはそれをどのようにして身につけていくのだろうか。そして何よりも、発達的視座からは、「子どもにとって音楽とはどんな意味をもっているか」（梅本, 1999）という究極の問題を、常に考えていかなければならないだろう。

こうした直接的な心理学的研究以外にも、演奏者や聴衆にとってよい音とは何かを考え、それに基づいてホール設計や音響機器・システム開発をしたり、音環境を考慮に入れた建築や都市設計をしたり、「人間らしい」演奏をシミュレートしたりと、工学分野においても音楽心理学的な観点を考慮しての研究や応用がなされている。あまりに多くの音楽の中から聞きたい曲を探したり、あるフレーズがどの曲のものかを同定したりするために、音楽に様々なインデックスを付けたり特徴を抽出してデータベース化する技術も開発されている。

音楽療法と音楽心理学が目指すもの

　音楽療法と、上述したような実験的な音楽心理学研究は、どのような関係であることが望ましいのだろうか。理想論を言えば、音楽の形式や構造をどのように認知するのかと、その結果としてどのような感情的・美的体験あるいは行動変容が起こりうるのかについて、何らかの関数関係を示唆できるのなら、音楽療法の題材選定や方法にとって有意義であろう。また、アクティブな音楽的行動、つまり音を出すことや、音を出すための身体運動、創造的思考活動などが、感情や認知的スキーマなどをどのように変容させうるのかを、定量的に示すことができるのなら、それもまた音楽療法を実証的に支える根拠の一つとなりうるであろう。もちろん、実験によって得られる一般的な知見が、一回性の臨床場面にそのまま適用できるわけではない。さらに、臨床場面ではどうしてもケース記述に基づく定性的なデータが中心となるが、先述したようにそこに客観性をもたらすためには、科学的な測定方法やデータの取り回し方、要因の捉え方などを身につける必要がある。音楽心理学を学ぶということは、単にその研究成果を知って利用するということ以上に、そのような科学的な手法や考え方を知ることにこそ、意義があるのではないだろうか。

　音楽療法の場から直接的に生まれる知見は、経験の積み重ねと、記述されたプロセスの共有から帰納される治療仮説である。これを治療者内で完結させるのではなく、他者と共有していくことが必要であり、そのためには客観化のための手法を洗練していかなければならない。科学的研究から得られる知見は、主に仮説検証実験によって確認（推定）される、一般的・普遍的な特性や法則である。それらは個別事例に直接適用できるわけではないにしても療法を支えるものとなってほしいし、そのような科学的知見を得るための手法や論理こそが療法場面には欠けがちなので、それを音楽心理学を通じて意識的に補ってほしい。

追補──「縦の要因効果と横の要因効果を考える」

　音楽療法のセッションを重ねる中で、クライアントの状態の変化と、それに対する効果とをどのように考えていくかについて、一つのモデルを提示してみたい。おそらくは、このうちの一部または多くを、実際には実践の中で検討しているのではないだろうか。なお、これはあくまで試案であり、すべての効果を織り込んでいるわけではないし、具体的にどのように客観化して評価するかを示すものではない。しかし、セッションの捉え方の一つの視点として、実践プランの立案に、各回のチェックに、また、最終検討に生きれば幸いである。

　図1は、音楽療法における要因効果とクライアントの状態変化を、セッション内（縦方向）とセッション間（横方向）で考えるために作成したものである。大まか

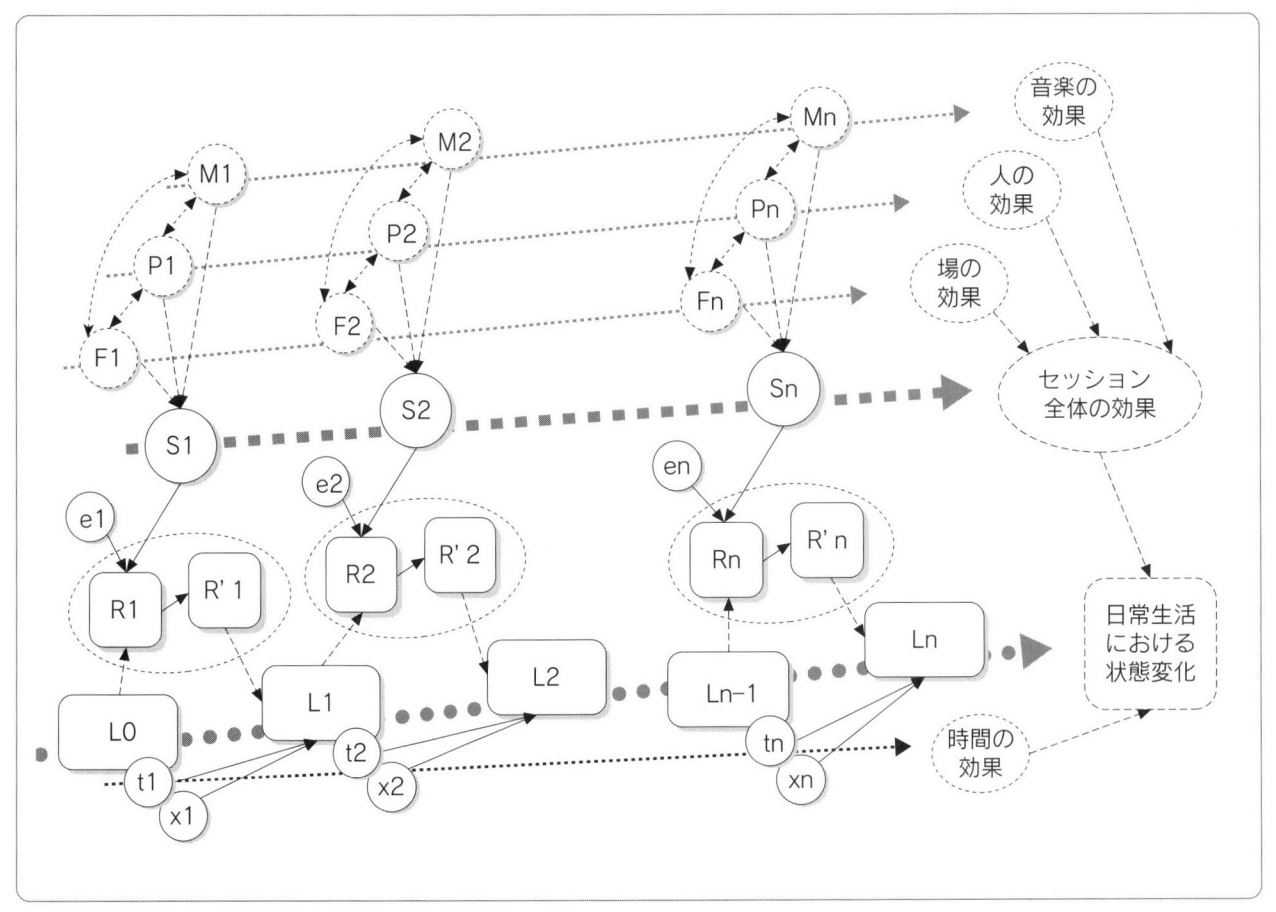

図1◆音楽療法における要因効果とクライアントの状態変化を、セッション内（縦方向）とセッション間（横方向）で考える

な見方を示しておこう。縦方向のまとまりは、各セッションでの要因効果と状態変化の変動を関係づけたものである。各回のセッション内におけるクライアントの変化（R→R'）は、セッション効果（S）と誤差（e）によるものであり、セッション効果はさらに音楽（M）、人（P）、場（F）による個々の効果の相互作用として生じるものと、ここではひとまず設定する。実際にはもっと多くの要因が関与しているだろうが、効果が客観的にある程度の大きさを持たないと評価することはできないからだ。とはいうものの、主観的に重要だと思われるものを、客観化して要因として評価していく努力は必要であろう。

横方向に見ていくと、セッション全体を通してのクライアントの生活レベルでの状態変化（開始前L0～終了後Ln）に対して、それぞれの要因が全体としてどのような効果をもたらしたとみなすことができるのか、を考えることができるだろう。この場合、時間経過（t）による変化も考慮しておく必要がある。時間要因は誤差とみなすこともできるかもしれないが、臨床的には時間経過によるストレスの消失や悲嘆の低減、発達や成長を要因として正しく評価していくことも大切であろう。また、当該の療法以外の外部からの働きかけの影響（x）にも目を向けておくべきだろう。

難しいのは、単純に個々の効果の和がセッション効果となるわけではなく、それらがときには相乗的に、ときには相反的に働くことであろう。Lは、そのセッショ

ンの前後の生活レベルでの状態を示しており、セッション前の状態はセッション内に受け継がれ、セッション内での変化はセッション後の状態に受け継がれる。そしてそれがまた次回セッションに受け継がれる、というように、比較的長い時間で捉えたクライアントの状態である。すなわち、各セッション内での変化（R→R'）を考えるだけではなく、セッション間の日常生活レベルでの変化（例えばL0→L1）、さらにはより長期的な変化（L0→Ln）を、何らかの客観的指標に基づいて評価して「従属変数」とし、それに対する全体的な要因効果を検討していくことが必要である。また、ある回で負の方向に働いたセッション効果があっても、対比的に次回で大きな正方向に働くこともあり得るから、時間軸に沿った大局的な把握の中に詳細な分析を織りなしていくことが求められる。

参考文献

梅本堯夫（編）（1996）．音楽心理学の研究．ナカニシヤ出版．

梅本堯夫（1999）．子どもと音楽．東京大学出版会．

阪上正巳（2003）．音楽行為と音楽療法——合奏療法（丹野修一）をめぐって．国立音楽大学音楽研究所年報第16集．pp.15-34.

下山晴彦（2001）．臨床における実践研究．南風原朝和・下山晴彦・市川伸一（編）．心理学研究法入門——調査・実験から実践まで　第7章．東京大学出版会．

谷口高士（編）（2000）．音は心の中で音楽になる——音楽心理学への招待——．北大路書房．

谷口高士（2004）．音楽の「何」を心理学するのか？　心理学ワールド24号（特集・芸術の心理学）

中島義明他（編）（1999）．心理学辞典．有斐閣．

ドゥルーズ＋ガタリの音楽論と音楽療法

若尾 裕
Yu Wakao

> 即興することは、世界に合流し、世界と渾然一体となることなのだ。
> （ドゥルーズ＋ガタリ, 1994）

> 音楽療法は作られたのであって、発見されたのではない！
> （Pavlicevic and Ansdell, 2004）

── 音楽療法の文化研究

　ペリグリン・ホーデン（Horden, 2000）は、これまでの音楽療法家が書いた音楽療法の歴史には大きな欠陥があることを指摘する。それは、歴史というものには断絶があるという初歩的認識を欠いていることで、例えば旧約聖書時代のダビデとサウル王の逸話と現代の音楽療法をダイレクトに結びつけて、音楽療法の連綿と続いた歴史を説く言説のことなどを指している。ホーデンは、これは20世紀の音楽療法の黎明期の創始者たちが、音楽療法の正統性を示そうとして、過剰に過去に正統性を求めた結果であろうと推論している。このような指摘は、音楽療法の研究に歴史学や医療史の専門家が参入し始めたことによる。もちろんこのような外側のアカデミズムの参入は歓迎すべきことであるし、その音楽療法分野の研究への貢献は疑うべくもない。ホーデンの編集によるこの研究は、疑いなく歴史研究としては今までになく素晴らしいものであることは確かであり、これからもこのような外部のアカデミズムの参入は続くことだろう。しかしながらここには別の深刻な音楽療法の文化研究の難しさが現れているようにも思える。つまり、音楽療法は一つのある領域を形成しているにも関わらず、それを研究するときには音楽療法学というような一つのまとまった学問としてではなく、歴史、文化、科学、哲学、心理学、社会学、医学などの他の関連する周辺諸領域に拡散され、細分化されてしまっていることである。

　音楽療法の研究の確立を難しくしている問題点はもう一つある。それは、われわれが音楽などの芸術表現領域を感じ、捉えるスコープが、音楽療法で自然的に求められている範囲から見るとずっと狭く、個人としてのわれわれの想像力も限られて

いることである。音楽療法では対象者の多様性がそのまま音楽の多様性の要求となって現れる。具体的には多民族多文化地域において、音楽療法士の多くが基盤としている西洋音楽だけではどうしても対応できないようなケースも多く生じてきていることは、最近の報告にも多い。さらに、われわれの今までの経験からは音楽と認めるには困難な境界線上の音楽にも場合によっては出会うこともあるだろう。そのような多様性に比べれば、一人の人間が感じ取り想像力を働かせることのできる音楽の範囲は、Jポップしか知らない若者から、世界各地の民族音楽を渉猟する民族音楽学者までの大きな差はあるものの、東西、今昔、諸ジャンルの音楽という現象の広さから考えると、その差は五十歩百歩と言わねばならないだろう。さらにこの問題と重なる西洋音楽中心性の問題や、音楽療法実践における文化的な問題は、ごく最近になって音楽療法の視野に入り始めた。こういった視野と想像力の範囲の狭さは、音楽療法の研究にそのまま現れていると言ってよいだろう。

このような文化理論的研究の遅れは、まずは音楽療法の実証性と科学性が優先されたことに起因すると考えられる。音楽が人間に何らかの効果を及ぼしたときに、その効果の因を単純に音楽の音響に帰すという考え方が、第二次世界大戦後成立して以来の音楽療法研究の前提であった。この考え方は、18、9世紀に強くなった形式美学の考え方が起点になっていると考えられる。エドゥアルト・ハンスリックは音楽を「鳴り響く形」と呼んだが、これは当時のリヒャルト・ワーグナー対ヨハネス・ブラームスの一種の美学論争において神話やストーリーなど音楽外の要素に強く訴えるワーグナーの音楽に対し、それは音楽という芸術の自律性から考えて邪道であり、音楽は本質的には音で勝負するものであるという考えである。ここから音楽は音によって構築された構造物であり、その音の構造によって情動も含めた様々な心的作用が生じると考えられるようになっていく。

20世紀初期の音楽心理学が、西洋芸術音楽のみをモデルとして、こういった思想上から始まっていることは、今の時代から見れば明白である。この研究分野では、ある音楽がどのような情動的作用を持つかについて、被験者を使い、質問による回答や生理反応などによって数値処理する研究が多く出現する。恐らく始めて音楽療法という分野についてまとめられた最初の本である、エドワード・ポドルスキーの『音楽療法』にはこのような考え方で、どのような症例についてはどのような音楽が有効か、というような例証や議論が多く記述されている。以後さまざまな類的な研究が続いて行き、現在もこの傾向は根強く残っている。この考え方の中心概念は、音楽による心身への何らかの作用の因はその音楽の音響の中にあるという考えである。現在でも、この考え方は音楽療法や音楽教育などの分野では強い。リラクセーションのための音楽CDが販売され、それが流通しているということは、大多数の人がリラックスに導くことのできる音楽があるという信念を人々が持っているということである。つまり、ある音響はある情動にアサインされていて、それは一種の普遍性を持っているという信念に基づいているということになる。しかしそれは

18、9世紀の音楽美学の信念そのものなのである。

　このようなことに対して近年疑問がさまざまに投げかけられ始めた。80年代以後の若手研究者の世代のいわゆる新音楽学では、音楽の情動作用というものは、それが成立している社会や文化が恣意的に付加していると考える傾向が強くなってきている。ある時代に成立していたであろう、ある音楽の意味作用は、時代の変遷によって少なからず変容していくことにはさほどの例証の困難はないだろう。そのような研究の代表者の一人、ティア・デノーラ（DeNora, 2000）は、さまざまな人が自分の心的な調整のために音楽を使っている例を検討し、それを「セルフ・テクノロジーとしての音楽」（彼女の言い方は"technology of self"で、「セルフ・テクノロジー」は筆者の言い換え）と定義づけている。本中には風呂に入る時にエンヤをかける女性、料理をする時にはラテン音楽が一番という主婦、あるポップソングを聞くと昔の恋人を思い出すという女性など、個人個人さまざまな音楽の用い方や関わり方が検討されている。あるポップソングを聞いたら、優しい気持ちになれるという心理の解明には、どんなにそのポップソングの特性を一般化しようとしても無駄であることは明白であろう。そのポップソングによって昔の恋愛体験が思い出され、そのために優しい気持ちになれる、などという結びつきはまったく個人的であり、一般化しようがない。ここでの議論は、音楽は徹底して文化や社会において相対的な意味しかないという立場に立っている。

　こういった文化相対主義的な認識が広まり始めた近年、音楽や音楽療法を単純に効果という観点から考える研究では、これからの発展はもう望めない局面に入っていると考えてよいだろう。そういった動きが最初に述べた哲学、美学、音楽学からのアプローチの必要性の高まりとなって現れてきているし、さらにそれは時代の文化と社会の傾向を持つ研究を相対化するのにも有効なものと考えられるのである。しかしながら、前にも述べたように音楽というものをただ生物学や心理学や歴史学などの一つの学問領域で位置づけ、何らかの形でそのフィールドに着地させるだけでは、一種の断片的な説明にとどまらざるを得ないことは、今までの種々の音楽論に確認することができる。こういった既成学問上への細分化の問題にどう対処するかが次の課題であるのだが、これについての有効なアプローチは、まだ端緒についたばかりと言わねばならないだろう。いま、われわれに必要なものはこういった狭い視野に閉じこめられている、分化された諸学問・文化における各々の角度からの断片的な像ではなく、もっと音楽が世界、認識、人間などを総合できるような視野を持つことではないかと思うのである。

なぜドゥルーズ＝ガタリ？

　ジル・ドゥルーズは、ミシェル・フーコー、ジャック・デリダとともにフランス

のポストモダン哲学の代表的存在と位置づけられている。ドゥルーズの哲学を簡単にまとめることは大変困難なことと言わねばならないが、西洋文化が作り上げ、当然のものと考えられ、疑問に付されてこなかった哲学や思想の基盤を、根源的に問い直すことが一連の仕事であったと言える。その意味で、そのラディカルな姿勢はフーコーと近いところにあるだろう。その一連の著作のなかで、精神分析学者のフェリックス・ガタリと共著した『アンチ・オイディプス』では、資本主義という社会システムを欲望を原理として読み解く試みを行ない、そしてそれに続く『千のプラトー』では社会というシステムに張り巡らされた装置を、生成変化という概念を軸に縦横に読み解く試みを行なっている。特に後者は音楽というものが大きなキーとして語られていることが注目される。彼らの議論は、よく評されるように大変複雑で分かりにくく、概念として応用しにくい面を持っている。しかしながら、西洋芸術音楽とその時代の思想と感性をもとにした音楽学がまだまだ強固なことを考えると、音楽を議論するときにわれわれに残されたツールとして、ドゥルーズとガタリの不定形な形での提示による人間存在全体にまで及ぶ論考は、その視点の多様さから、細分化された音楽療法研究を統合する視点を考えるのに大きな示唆があることは確かと思われる。しかしながら、ここからの先の議論はあまり先行的な議論がないため、かなりの試論となることをお断りしておきたい。

ドゥルーズ＝ガタリの音楽論

　ドゥルーズとガタリの繰り広げる音楽論は、簡単な論点への収束を拒み、なかなか音楽療法の議論に簡単に加担させることは難しい。そのため、ここでは議論をややシンプルにするために、音楽療法に最も関わりを持つであろうと考えられる、生成変化としての音楽という側面を中心として議論を進めることとしたい。まずその前提として、生命現象としてのわれわれは多面体的な存在であるという認識から始まる。神話的にも子ども、大人、女性、男性、動物さまざまなものに生成変化を可能とするが、その生成変化の力の最も強いものが音楽とドゥルーズとガタリは考えている。

「音楽独自の音楽的内容もまた、女性への生成変化、子どもへの生成変化、そして動物への生成変化に貫かれているが、ありとあらゆる影響が楽器にすら作用を及ぼすことによって、音楽の内容はしだいに分子状態への生成変化を遂げ、やがて聞きえぬものが聞こえ、知覚しえぬものが知覚しえぬものとして現れるような、一種宇宙的なさざめきに浸されるに至る。もはや歌をさえずる小鳥ではなく、音を発する分子がそこにはある……。」（ドゥルーズ＋ガタリ, 1994）

　音楽は、18世紀以後、情動と感情という局面に固定されて考えられる面が強く

なっていった。今日、音楽は情動と結びつけられることが社会通念的にも学問的にも通常の姿となってしまっている。そういう固定的な音楽状況をドゥルーズ（ドゥルーズ, 1998）は、音楽はジョアッキーノ・アントニオ・ロッシーニとヴィンチェンツォ・ベルリーニで終わった、というドミニク・フェルナンデスを引用しながら、象徴的な言い方で指摘している。ロッシーニまでは確かにカストラートが存在し、音楽というものに内在する性のゆらぎがまだあり、音楽そのものの生成変化の可塑性が高かったことを示唆したものと考えられる。次に彼らは、リトルネロ、領土化、脱領土化という概念を使って音楽という現象の説明を試みる。例えば、幼い子どもがカオスのなかで落ち着きを取り戻すために歌を歌い始めるような音楽の現れがリトルネロの第一段階であり、次いでカオスに対抗するための堅固な境界を築くようになる。リトルネロという曖昧で多義的な概念をわざわざ使用しているのは、音楽におけるリフレイン（反復）と言う意味を含むものの、音楽だけに限らず何らかの記号化されたものが反復され意味が生じること全てを指し示しているからである。逆に言えば、音楽という現象はそういった差異と反復のシステムのなかの一つとして捉えている視点から論を始めているからと捉えるべきだろう。

　音楽はそういったリトルネロから始まり、リズムやハーモニーといった築かれた音楽上のシステムによってカオスに対抗する。このことをドゥルーズ＝ガタリは領土化と呼ぶ。こういったことは、人間だけでなく生物界すべてに共通する現象として捉えられている。例として鳥の歌があげられている。鳥はテリトリーを確保するために歌を歌う。同様に生物としての人間も自分のいる場を確保するために歌を歌うと捉えるのである。領土化という概念にドゥルーズとガタリが含めようとしたものに、民族性や音楽の様式など個人が包含される共有の場への所属と確立があげられている。しかし音楽という現象は、次の段階として、再びカオスに対して囲みを開き、その交わりの中に新たな意味が創出される。これは脱領土化という概念で論じられ、その結果カオスモスと呼ばれる状態へと向かうとされる。カオスモスという概念は、カオスとコスモス（宇宙と秩序）の二つの用語を合わせた造語である。その最終的な状態が、分子状態、宇宙的さざめきという表現である。重要なことはここでは音楽とは、リトルネロという何らかの反復を伴った現象の表れから、表現性を持ち始め、ある形を取り始め、そしてそれが宇宙的さざめきへと至るという極めて広い場での生命的な生成変化のスペクトルで捉えられていることである。それぞれ音楽とは「音を楽しむもの」、聴覚のエンタテインメント、前述の「鳴り響く形」であるというハンスリックのような音楽美学の考え方は、このようなドゥルーズとガタリの考え方からすると、ごく一部の現れと可能性を説明したに過ぎない。

　これまでの議論を短く補足するなら、領土化、脱領土化、生成変化といった新奇な概念用語に戸惑わされるかも知れないが、それぞれ、何かの現れが自然、文化などのなかで何らかの形で定着されること、そこから脱してゆくこと、その結果横断

的に環境や主体が変化することと一旦は説明できるが、分かりにくいとすればドゥルーズとガタリが、今までどの学問ジャンルの固定した概念からはみ出た横断的な概念の措定をしかも非固定的に行なおうと試みているからである。

ドゥルーズ＋ガタリの音楽論考と音楽療法

いままでのところ、ドゥルーズとガタリの論を音楽療法のコンテクストで論じられたものはまだほとんど見つけることができないが、ここではこの生成変化の視点から具体的に音楽療法に示唆できるであろうことを考察してみたい。音楽療法の過程をまずは、声を発しリトルネロを立ち上げる発生の段階から、それらが既存の様式やシステムに整理される領土化の段階、そこから脱して脱領土化に向かう生成変化の過程として捉えることは、まだ残された議論は多いことを認識しながらも、もう少し先まで議論を進めてみることにしたい。ポール・ノードフが即興演奏という方法論に強くこだわったのは、こういった脱領土化と生成変化の力を十分に働かせるためであったとも解釈できるだろう。よく例として議論されるエドワードの症例の最初のセッションについてはさまざまな解釈ができようが、泣き騒ぐ声（これはドゥルーズ＋ガタリ的に言えばリトルネロの第一段階だ）として始まるエドワードに対して、ドリア調という音システムに吸収し、領土化しようとするノードフとカオスに留まろうとするエドワードのぶつかり合い、とも解釈できよう。セッションは徐々にエドワードのカオスが、ノモスとしての音楽様式への領土化が進んでゆく。やがて領土化が進み安定してきたところで、両者はその安定を壊すようにシステムの外に出てゆくようにセッションは進む。その過程でさまざまな生成変化をエドワード自身が遂げることになる。

脱領土化の力が生成変化への強度を持ち得ることと、音楽療法の持つ行動変容への力は決して無関係ではないだろう。ドゥルーズとガタリの議論から、システムからはみ出る力のない音楽は強度が少ないことを確認し、そこから音楽療法の音楽を既成の尺度で捉えることが無意味であることも同時に提起しておきたい。これはイザベル・フローネ＝ハーゲマン（Frohne-Hagemann, 2001）が、議論した「美の身体化」という考え方と重なるだろう。彼女は、音楽療法における音楽をどう捉えるかについて、従来の音楽美学のプラトン、イマヌエル・カントなどの流れから生じてきた形而上的な美を起点としない考え方の視点の必要性を説いている。

西洋芸術音楽における美の概念は、地上には完全な美は存在せず、それは天上にあるというメタフィジカルな信念が強い。そこから、美というものはわれわれの外にあり、外側の参照大系に関係づけられるべきであるという通念が生じてくる。そのような観点で音楽療法によって生じる音楽を価値付けるのは少なくとも的確ではないだろう。それでは最後まで、不完全で美的意義の薄いものという位置付けに留

まらざるを得なくなる。音楽療法においても美学は望まれることは前述したが、その基盤にはこのような西洋の因習的な芸術観ではなく、新たな視点の導入が必要なのである。彼女のあげる「身体化」あるいは「肉体化」という考えは、ある表現が外側の参照大系からではなく、内側からその美の意味を構築することを示唆している。同様に生成変化としての音楽は、そういった固定的な美の価値観を打ち破り、動的なプロセスとして美を考える端緒を与えてくれているだろう。

ドゥルーズとガタリ（ドゥルーズ＋ガタリ，1994）は、そういった例をエドガー・ヴァレーズやジョン・ケージの音楽に認めながら、脱領土化の意味を論じている。また、「いかなる意味作用化の枠組みの明確に外で機能する音楽は、強度の流れを創りだし、作曲家、演奏者、聴衆の間を断ち切る芸術の慣例のルールをくつがえし、必然的にドゥルーズ的と考えられる」というジェレミー・ギルバートの指摘（Gilbert, 2004）は、新音楽とフリー・インプロヴィゼーションの世界に向けた言葉ではあるが、この言葉はそのまま創造的音楽療法における音楽についても当てはまるだろう。

最近の音楽療法の議論とドゥルーズ＋ガタリ

音楽療法研究者のメルセデス・パヴリチェヴィックら（Pavlicevic and Ansdell, 2004）は、ダニエル・スターンの生気情動という概念を援用し、創造的音楽療法の意味を生命的で不定型なコミュニケーションとして説明を試みている。このパヴリチェヴィックの即興演奏−生気情動論では、ノードフ＝ロビンズのローガンの症例を例に、シェンカーによる樹状の階層構造として、即興演奏による音楽療法の発展が議論されている。そこにおいては、小さな音楽単位が集合してどんどんその上位の単位に発展してゆく過程が、即興演奏による音楽療法のモデルとして提起されている。しかしながら、即興演奏についてはギルバート（Gilbert, 2004）の、フリー・インプロヴィゼーションを例として、即興演奏がドゥルーズとガタリの提示するリゾームという概念で捉えることが的確であるという指摘がある。リゾームというのは、『千のプラトー』のなかでの中心的な概念の一つであるが、細分化された下位のレベルから上位のレベルに収斂していく樹状の構造に対して、地下茎のように複雑で絡まり合い、偶発的なネットワークが起こり得る構造を指している。音楽療法における即興的なセッションにおいても、時には切断され、無秩序に接続されながら進んでいく無秩序性を考えるとき、この概念の方がむしろ有効であるように考えられる。多くの即興的音楽療法のセッションの実例からも、樹状の系統的発展とともに、重要な変化が突然流れを切断したかのように現れ、新しい音楽の展開が始まる例もしばしば見出すことができる。実際の即興的音楽療法セッションでは、この両者のネットワークが緊張関係のうちに併存していると考えた方が正しいだろ

う。

　こういった、あるシステムとそれから離脱しようとする動きとの緊張関係上で成り立つ音楽の姿を、別の角度から論じたものが、近年のチャールズ・カイル（Keil, 1994）のグルーヴ論と考えることができる。彼は「参加的ずれ（participatory discrepancy）」という概念で、音楽に生気をもたらすものとしてグルーヴという現象に光を当てている。例えば、ドラムのハイハットとバスドラムとスネアの間のずれ、奏者間のタイミングや高さのずれなど、ずれることによって音楽に動的な意味を与えていることなどである。カイルは、ポピュラー音楽におけるタイミングと音高のずれを中心にグルーヴについて論じているが、もっと広く複数の音楽家が何らかの一体性を持つこと全体にその概念を広げることにも消極的であるわけではないようである。ともに参加しつつもずれを力学とする、グルーヴという捉え方は、クライエントとの間で何らかの音楽の共有を第一義とする音楽療法で、そのまま有効な概念であるだろう。こういった生成変化と脱領土化の力をなるべく殺がないように音楽を扱うことが音楽療法では重要な課題であると考えられる。

　「音楽が凡庸な、あるいは劣悪なリトルネロも、リトルネロの悪質な使用も排除することなく、逆にそれを誘導し、踏み台として使っているのはなかなか興味深い」というドゥルーズとガタリ（ドゥルーズ＋ガタリ, 1994）の指摘はリクレーションとしての音楽療法と重なるところもある。それは一定の意味があることは確かなものの、しかしながら、「最も強い再領土化の力をもちながら、最も重苦しく、愚鈍で冗長な再領土化をおこなうこともある」とも同時に述べ、力を殺がれた音楽に陥る危険性についても言及している。同様の意識はポール・ノードフ（ロビンズ他編, 2003）も強く持っていたと考えられる。彼はあまりにも反復され、すり切れてしまったような音楽を「死んだアヒル」という表現で、この愚鈍な再領土化による強度の欠落した音楽の危険性を戒めているのである。

▬ フラジリティーへ

　変形生成というベクトルで音楽療法を捉えてきたが、音楽はさまざまに、ずれや逸脱を内含することによって強度を上げ、その力が再び音楽を変形生成させるというプロセスに本質があるとしよう。そのダイナミズムのなかでこそ、音楽療法は意味を持つことを示唆してきたのだが、一方でそういった脱領土化のダイナミズムは、ある意味で松岡正剛（2005）の論じるフラジリティー（壊れやすさ）も必然的にまとわざるを得ないのは、安定した領土の囲いを開きカオスを導入するという構造上、避けがたいことかもしれない。フラジリティーを排除してしまうと防御力は強いが、平凡な音楽へと流れてしまうだろう。（同時にこれは心理療法的に言う「防衛」ともつながる。）音楽療法が、ややもすれば明るく大きな声で評価の安定した既存の

歌を歌う活動に逃げ込みやすいのは、そんな結果であることが多い。フラジリティーと付き合うのがとても大変だからだ。確かに集団的に安定した音楽活動なら、自分自身が傷つく心配はあまりない。

　逆に、音楽療法ではその音がフラジャイルなゆえに大変な力を持つこともあるのである。イギリスのフリー・インプロヴィゼーションのギタリスト、デレク・ベイリーは、自分の音がフラジャイルであることを目指していて、そのためにはとてつもなく強い意志を必要とすると述べている（松岡正剛, 2005）。確かに彼の音楽は、破片が散乱したような音の連続である。そのような音の状態でなければ、表現できないような音楽を彼は求めたのである。ベイリーが、なぜフラジャイルで断片化した音に留まろうとしているのかということと、音楽療法の音楽の意義とは何か共通性があるように思えてならない。堅固に組み立てられた防御の堅く、攻撃性のある音楽は、逆にある一面では脆い。松岡正剛（2005）が何度も繰り返して議論しているように、フラジャイルなものは、その弱さゆえに独自の存在感と強さを獲得するのである。ベイリーが一種の欠落感のある音楽を目指すのは、それゆえの意味の浮上を欲するからであり、それは彼にとってそれ以外の方法では手に入らないものなのだ。強度とは、無理がなく浮わついたところのない、フラジリティーを隠さない音楽のみが持ち得る特質なのである。音楽療法が、そのフラジリティーを少しでも克服しようと、長年にわたってより堅固な防御性を備えた医学その他の関連諸学によって防壁を築く努力が続けられてきた。しかし、そのために得られたものもあるだろうが、そのために失ったものも決して少なくない。逆にそういった強い領域から蹂躙されてしまった部分も少なくない。弱者が音楽というフラジャイルな行為を行なうのが、音楽療法という領域の中心課題であることを忘れるべきではないだろう。

おわりに ── 逸脱と逃走としての音楽療法

　以上のように、生成変化と脱領土化をキーに音楽療法をとらえる試みからフラジリティーという角度からさらにその考察を試みた。最後に、さらにそのフロンティアから新しい音楽のあり方としての音楽療法という可能性について考えてみたい。ドゥルーズとガタリ（1994）の音楽の捉え方のなかで、最も一般化し得るのは、音楽というものが生成変化の戦場にあるものであるがゆえに、必然的に内包する脱領土化の運動性であるという議論であると考えた。さまざまな音楽が時代とともに変化してゆくのは、単なる流行の変化ではなく、生成変化の力動の働きゆえなのである。近代以後の西洋芸術音楽に見られる激しい様式の変化は、生成変化の表れが、主として音響の探求という局部に集中された結果であると考えられる。こういった現代音楽の音素材の拡張の歴史すべてを、ダグラス・カーン（Kahn, 2003）は楽音の世界へのノイズの取り込みの歴史と捉えている。一方、音楽療法という音楽領域

は唯一ジャンルの区分から逃れた、あるいは逃れえる音楽領域かもしれない。実際に音楽療法では、大衆音楽、ポップソング、芸術音楽、民族音楽、現代音楽などさまざまな音楽が必要性に応じて使われているし、なかにはジャンル分けを拒むような音楽が展開されることも少なくない。つまり音楽療法という世界は、唯一ジャンルというものを相対化できうる音楽領域と言えるのである。このことは音楽療法の強さでも弱さでもあるだろう。便宜的な音楽を使った便宜的な音楽領域という成り立ちもここから生じている。

しかし、この定点の曖昧さという立場ゆえに、既成の価値観に縛られず、時間、音響、コンテクストを自由に横断し、自由な生成変化のゆらぎのなかに音楽を放つことのできうる可能性、より実験的態度においての音楽療法の発展の必要性をここでの議論において確認しておきたい。療法という関係性のなかで強度を発揮できる音楽の発生の場において、必然的に逸脱や脱領土化が生じていると考えるべきだろう。目的論的、道具主義的な音楽療法のアプローチだけでは、始まったばかりの音楽療法の可能性を広げることはできないばかりでなく、その力を落としていくことになるだろう。そのような穴に陥ることなく、音楽療法が何らかの生命力を維持するには、必然的に音楽療法には制度や方法論や音楽内容などにおいての逸脱が、本質として内在されることになるだろう。こういった本質を如実に表している一例として、最近のコミュニティー音楽療法の動きをあげることができる。音楽療法士の一人であるサイモン・プロクターの急進的ミュージッキング運動という考えは、すべてのミュージッキングは政治的行為であるのと同様に音楽療法も政治的な行為である、という認識のもとに人々の創造と表現の自由のための闘いとして、音楽療法の一面を捉え直したものである（Pavlicevic and Ansdell, 2004）。この「音楽療法とは人々の表現の自由のための闘いである」という宣言に、逸脱と逃走としての音楽としてドゥルーズとガタリはうなずくにちがいない。

―― 参考文献

DeNora, T. (2000). Music in Everyday Life. Cambridge University Press.
Frohne-Hagemann, I. (2001). Music Therapy Aesthetic Dimensions, Paper presented at 5th European congress for Music Therapy, Naples.
Gilbert, J. (2004). Becoming Music. In I.Buchanan, and M. Swiboda(eds.), Deleuze and Music. Edinburgh University Press.
Horden, P. (2000). Musical Solutions: Past and Present in Music Therapy. In P. Horden(ed.), Music as Medicine, Ashgate Publishing Limited.
Kahn, D. (2003). The Sound of Music. In M. Bull, and L. Back(eds.), The Auditory Culture Reader. Berg.
Keil, C. (1994). Participatory Discrepancy and the Power of Music. In C. Keil and S. Feld(eds.), Music Grooves. The University of Cicago Press.
Pavlicevic, M. and Ansdell, G. (2004). Community Music Therapy. Jessica Kingsley Publishers.

ドゥルーズ，ジル（1998）．音楽について．森田祐三訳，批評空間18号，pp.83-99.

ドゥルーズ，ジル＋ガタリ，フェリックス（1994）．千のプラトー．宇野邦一他訳，河出書房新社．

パヴリチェヴィック，メルセデス（2002）．音楽療法の意味．佐治順子他訳，本の森．

松岡正剛（2005）．フラジャイル．ちくま学芸文庫．

ロビンズ，クライブ他編（2003）．ポール・ノードフ音楽療法講義．若尾 裕他訳，音楽之友社．

「シンボル感の生成」としての美的経験
──バウハウスにおける「音楽教育」をめぐって

真壁宏幹
Hiromoto Makabe

はじめに

　第一次世界大戦が終結して間もない1919年、芸術的センスをもつ工芸家と建築家を育てようというコンセプトの下、美術工芸学校バウハウスがワイマールに開校された。その後、この学校の教育実践と理念が現代の芸術・デザイン教育、ドイツの美術教育に大きな影響を及ぼしたことは周知の通りである。しかし、そこで、ある音楽教師が、専門教育（各種工房教育）へ進む前の準備教育に従事していたことを知る人はそう多くはないだろう。この音楽教師、名をゲルトルート・グルノウ（Gertrud Grunow, 1870-1944）といい、常勤のマイスターではなかったもののマイスター会議にも出席を許され、いずれ専任教員として迎えられる予定だった音楽教師である。これは驚くべき事実ではないだろうか。というのも、バウハウスはその成り立ちを制度的に見るかぎり、第一次世界大戦前のザクセン大公立美術学校とザクセン大公立工芸学校を統合し設立された美術工芸学校であって、音楽教育がおかれる理由など見当たらないからである。けれども、少なくとも1923年のバウハウス展までのいわゆる初期バウハウスの教育理念・芸術観においては、音楽を広義に捉えたうえでではあるが、音楽を重視する理由は十分あったのである。

　また、グルノウ音楽教育の発想はワイマール・バウハウス期だけではなく、1933年ナチスの政権掌握により廃校に追い込まれるまでの間、美術工芸学校バウハウスの底流に流れ続けていた美的経験と教育に関するあるコンセプトを照らし出す光源を提供してくれるように思える。本論文は直接的にはグルノウの教育活動（1919-1924）を取りあげ、バウハウスのデザイン・芸術教育の一端を明らかにしたうえで、グルノウの教育活動と音楽療法士養成過程での「感性化トレーニング」の問題の関係を考察する。グルノウの音楽教育が日常的機能的身体を他者の表現や表情を敏感に感受することのできる「共鳴体」へと変換する実践であると解釈すれば、「クライエントと共鳴する器」（岡崎, 2000）の形成を目指す音楽療法教育とも共通するものがあると考えるからである。

　まず、論文の構成を述べておきたい。1. ではグルノウに関する先行研究に触れながら、考察の方向性を限定する作業を行なう。2. ではグルノウの授業の再構成を、3. ではその思想上の特徴をまとめることを試みる。4. ではグルノウの独特な音楽教育を理解する上で重要と考えられる「トーヌス理論」の検討を、とりわけほぼ同時

第12章............「シンボル感の生成」としての美的経験

代フランスで活動したアンリ・ワロンの心理学を通して行なう。5. においては以上から見えてくるグルノウ教育に潜在する、美的経験と美的教育に関する独特なコンセプトを明らかにする。6. ではグルノウ音楽教育の観点から、音楽療法教育における「感性化トレーニング」の問題を考えてみたい。

1.「魂の庇護者」としてのグルノウ

予備課程（Vorkurs）の発案者で初期バウハウスの教育活動において中心的存在だったヨハネス・イッテンは1919年11月5日、十二音主義の作曲家で友人のヨーゼフ・マティアス・ハウアー宛ての手紙のなかでグルノウについて次のように触れている。ちなみにこれがバウハウス関係の資料ではじめて現れるグルノウへの言及である。

「数週間前、ベルリン出身のたしかグルノウとかいう女史が私のもとへやってきた。彼女はバウハウスで耳と目による人間教育について講演したいと望んでいた。私は懐疑的だった。長いやりとりの後、私は自分の生徒が彼女のもとでコースを受けることを勧めようと決断した。私自身も彼女のもとに行き、いくつかの点はとてもよいものと思った。」(Steckner, 1994-a)

イエナでのオイゲン・ディーデリヒス主催の講演とイッテンとの出会いがきっかけとなり、グルノウは1919年11月から予備教育段階で教え始める[*1]。初期バウハウスの実態を探る上で重要な資料の一つに、当時バウハウスの舞台工房のマイスターだったローター・シュライヤーの回想記があるが、そこにもグルノウに関する言及が数多く見られる[*2]。それによると、グルノウはバウハウスの中心にあったように見受けられる。こうしたグルノウに対する評価は学生たちにも共有されていたようで、パウル・クレーの息子で当時最年少の学生だったフェリクス・クレーはグルノウを「バウハウスの魂の庇護者」(Klee, 1971) と形容している。こうした証言から、グルノウがワイマール・バウハウスにおいて欠かせない存在だったことは推察される。その重要性を決定的に示す証拠が、開校以来の成果を社会に示すべく開催された「国立バウハウス 1919 - 1923 展」のカタログである。なんと、そこでは驚くべきことに、校長ウォルター・グロピウスの論文に続いてグルノウ論文 (Grunow, 1923) が掲載さているのである。しかもグロピウスは、自分の論文で予備課程の意義について述べる際、グルノウ論文を参照指示している (Gropius, 1994)。

このようにグルノウの存在感を示す資料が少なくないにもかかわらず、数多いバウハウス研究においてグルノウを主題的に取りあげた研究は極めてわずかである。それはいったいなぜなのだろうか。その理由として思い浮かぶのは、グルノウが正式のマイスターではなく非常勤の教員であったこと、そしてグルノウ以外の芸術家

[*1] 正式にカリキュラムに組み込まれるのは1921年からである。

[*2] たとえば「ヨハネス・イッテンはゲルトルート・グルノウに親近感をもって仕事をしていた。彼女の感性調和論は、いつもバウハウス全活動の尽きせぬ若々しい源泉であった」とか「われわれの魂の司牧者」(Schreyer, 1956) と述べられている。

や教師として当時すでに有名だったり、後に有名になった他の教授陣のイッテン、クレー、カンディンスキー、シュレンマー、モホリ＝ナギらと異なり、グルノウは生涯、無名の声楽・ピアノ教師だったことがある。

次に、グルノウはもっぱら実践の人であり、同じ芸術家であっても自らの芸術や教育に関するまとまった著作を著している、クレー、カンディンスキー、モホリ＝ナギらと異なり、論文や著作などテクスト資料の数が限られていることも大きな理由と言えるかもしれない。しかし、より本質的な理由はグルノウの実践と理論の「独特な難解さ」にあると思われる。また、そのわかりにくさが神秘主義的な響きを伴っているようにも見え、扱いが難しい。これは、バウハウスの「本質」はなんだったのかというバウハウス研究のもっとも核心に触れる問題にかかわるだけに、誰もが慎重にならざるを得ない問題でもあるからである。

バウハウスは1919年ワイマール憲法が制定された同じ年、ワイマールに開校した。1933年に廃校に追い込まれたことも考えると、ワイマール共和国と命運をともにしたといってよい学校である。ワイマールがあったテューリンゲン州に右派政権が誕生すると、バウハウスは州政府と深刻な対立関係におかれることなり、1925年には産業都市デッサウに移転せざるを得なくなる。この移転はバウハウス研究において常識になっているように、バウハウスの教育方針の大きな方向転換を意味していた。それはユートピア志向の表現主義から、産業社会との関係を重視する機能主義への移行を決定的にした出来事だった。換言すれば、中世的手仕事を理想とする芸術と工芸の統合、それを支える共同体の創出が基本理念だったワイマール期に対し、デッサウ期では機械技術、工業生産との結合を明確に打ち出し、"rational, funktional und schön（合理的、機能的で美しい）"を原則とする機能主義に重点がおかれることになったとされる。あるいは近代産業社会から離れたユートピアを作り、「新しい人間」を育てようとした方向から、近代産業社会との協調を目指す人間の教育への大転換だったとも言い直せる。

こうした視点の下では、ワイマール期を重視する研究は、当時のオルターナティヴ志向の芸術家コロニー運動や生活改良運動、ドイツ青年運動に共通する反市民社会的で文化批判的な思想傾向、ないしはエゾテーリッシュな傾向をもつ、結局は「フェルキッシュ・イデオロギー」（ジョージ・モッセ）*3に流れ込む美的実践・美的人間形成を評価する研究と受け取られる。極端な場合、反民主的で反近代的な立場を擁護する研究と捉えられかねないのである。こうして、「エゾテーリッシュで表現主義的なワイマール・バウハウス」は「合理的でモダンなデッサウ・バウハウス」に至るまでの「模索期間」と見なされることになる。このような研究状況の下では、エゾテーリッシュなイッテンと近い関係にあったとされるグルノウの教育実践を正面から検討する余地はなかったと言える。これがグルノウ研究のなされてこなかった本質的な理由に他ならない。

だが、こうした視点だけでワイマール・バウハウスを見てしまうことは、一見エ

*3
当時、音楽と身体表現の融合を目指す「ミューズ教育」が多くなされたが、その多くが、モッセによれば「フェルキッシュ（民族主義）・イデオロギー」の特徴をもち、積極的にナチスを支持しなかった場合でさえも、それへ至る潮流を作り出したものとして厳しく批判される（Mosse, 1981）。グルノウ教育がこの流れに属するものかどうかについては、綿密な思想史的考察が必要となるため稿を改めて検討したい。ただ、ミューズ教育や生活改良運動、ドイツ青年運動にみられる「急速な近代化への危機意識」をグルノウも共有していたことは確かである。

ゾテーリッシュに見える実践のなかに、そうではない広がりをもつ美的教育の可能性があることに眼を閉ざしてしまうことになる。たしかに、イッテンやイッテンを信奉していた学生たちが依拠していた、新興宗教マツダスナンをはじめとするエゾテーリッシュな傾向に対しては十分慎重であらねばならない。しかし、グルノウは少なくとも主観的意識において、オカルトやエゾテーリッシュなものに距離をおいていたことは確かであり*4、グルノウの実践と理論をその奇妙さゆえに、簡単に非合理的と片付けてはならないと思われるのである。

しかし、グルノウ研究をめぐる状況は、1990年代に入り変化しはじめたといってよいかもしれない。徐々にではあるが、グルノウに関する注目すべき研究が現れてきたからである。その大きな引き金となったのが、1994年ワイマールのバウハウス美術館で開催された「初期バウハウスとヨハネス・イッテン展」であり、その図録 "Das frühe Bauhaus und Johannes Itten" だった。そこに掲載された諸論文はワイマール・バウハウスのもっとも包括的で詳細な研究報告になっている。特に、コルネリウス・シュテックナーの論文「ワイマール・バウハウスのフォルム・マイスターとしての音楽教師ゲルトルート・グルノウ」(Steckner, 1994-a) は、グルノウのバウハウスでの活動を具体的に紹介し、その独特な感覚教育を「共感覚」への教育としてバウハウス教育全体のなかにはじめて位置づけた。その意味で、これからの初期バウハウス研究ないしはグルノウ研究は、シュテックナーの一連の研究を参照することなしに進めることはできないだろう。本研究もシュテックナーの研究に多くを負っていることをまず述べておかねばならない。

さて、このシュテックナーの研究以降、グルノウを論じる研究は確かに増え始める。その傾向を大別してみると二つに分類できる。まず、シュテックナーと同様、「共感覚」に焦点を当てはするが、他のマイスターたちの色彩論と関係づけ、グルノウを論じようとする研究方向がある。例えばデュヒティングの『バウハウスにおける色彩』(Düchting, 1996) はグルノウに一節を割き、グルノウの色彩と音の対応に関する理論と実践を取りあげ、カンディンスキーやクレーの色彩論との影響関係を論じている。第二の取りあげ方は、グルノウの「音楽教育」の表現運動的側面（グルノウは色と音と身体の動きの間に定まった関係を想定していた）に注目し、グルノウの教育実践をバウハウスにおける「身体教育」という文脈に位置づけるタイプの研究である。この関心の下ではグルノウの実践は、イッテンの授業で行なわれていた身体運動訓練、リズム訓練および呼吸法、デッサウ期に設けられたパルッカの弟子カーラ・グロッシュによる体育授業などの身体教育実践のなかに位置づけられ、「バウハウスにおける身体意識」の特徴とされる「バランス感覚の養成」を目指した一つの実践例と解釈される。（こうした研究方向の代表的論文としては、Ackermann, 1999やScharenberg, 2000をあげておこう）。

*4
グルノウは自らの「感覚批判」の試みを、オカルト研究とは異なると明言している (Grunow, 2001)。また、イッテンのバウハウスでのマツダスナン式生活実践や、バウハウスにおける汎神論的傾向を皮肉をもって見てもいる (Schreyer, 1956)。

しかし、こうした諸研究は何故「共感覚」ないしは諸感覚のバランス化を目指す実践や身体教育が、美的人間形成上、意味あるものなのかという点になると、「創造性の育成」というステレオタイプな指摘にとどまってしまう感がある。これは、ライナー・ヴィックのバウハウス研究に代表されるように（例えばWick, 2000）、「バウハウス教育」を当時の新教育運動の諸実践（ケルシェンシュタイナーやモンテッソーリ）に結びつけて考えようとする傾向と関連するものである。一方、近年は、グロピウスや他の教師陣が新教育へ肯定的評価を与え、「体験」「創造性」「個性化」など新教育特有なタームを使用することに対し、距離をとって見ることをすすめ、単純に新教育とバウハウスを結びつけることに慎重さを求める研究も増えてきている（Wünsche, 1989, 1990）。グルノウの場合もそのように思われる。一般に、美的経験が感覚（アイステーシス）や「創造性」の問題だけに還元できず、主体にとってのなんらかの「意味経験」でもあるならば、この「共感覚」問題は別な角度からも考察されねばならない。

たしかに上記の先行研究は、グルノウ実践をオカルティズムにではなく心理学的知覚研究や色彩論研究に位置づけることに成功した。しかし、グルノウとハンブルク大学の心理学者ハインツ・ヴェルナーが行なった「共感覚」研究を、ヴェルナーのハンブルク大学での同僚エルンスト・カッシーラーの「シンボル形式の哲学」との影響関係という観点から捉えるとき、これまでのグルノウ研究が取り残してきた大きな問題が見えてくるのである。すなわち、カッシーラーとの直接的関連はおそらくないが、カッシーラーとの間接的関連を想定し考察すると、グルノウがこだわり続けた実践の中に、原意味作用として「共感覚」を捉えるシンボル論的視点が見えてくるのである。この視点からグルノウやバウハウスを見直すことで、これまで指摘されてこなかった美的教育・美的経験の新たな側面を発見することが可能になるのである。そしてこれを通じて、音楽療法士の「感性化トレーニング」の重要性を改めて検討することが本論考の最終目標となる。

2.「感性調和論」

グルノウがバウハウスで担当していた「感性調和論」はどのような授業だったのだろうか。まずはその実際を再構成しなければならない。テューリンゲン州立史料文書館のバウハウス関連資料を精査したシュテックナーに基づくと（Steckner, 1994-a）、当初は集中クラス（Konzentrationsstunde）とも呼ばれていたこの「感性調和論」の授業は、生産工房を選択する前の学生が1ゼメスター受けねばならなかった予備教育（Vorlehre）のなかに置かれていた。グルノウがワイマールに移ってきた1921年の夏学期にカリキュラム自体の見直しから、この予備教育は明確に基礎形態論、色彩論を教える予備課程、「感性調和論」とからなる教育段階として区別化・整備された。それに伴い、1920年段階では少人数グループでなされていた

「感性調和論」は個人レッスンが中心となる。

　驚くべきは、この授業のバウハウス予備教育における位置づけである。1923年のグロピウス論文が予備課程の存在意義を、グルノウ論文を参照することで示そうとしている点に、その位置づけの高さが示されていることはすでに述べたが、その同じ1923年のカタログにあるカリキュラム図において「感性調和論」は、工房教育や形態論などの予備課程科目をもっとも底で支えるように描かれている。バウハウスのカリキュラムはつねに変化し続けたが、少なくともグルノウがワイマールを去るまでは全バウハウス教育の基底部分を担っていたと考えてよいだろう。

　授業は朝8時から夕方まで毎日行なわれ、授業への出席はカリキュラム的には義務だったようだが、必ずしも強制ではなかったらしい（Ackermann, 1999）。興味深いことに、バウハウス関係者の回想によると、予備教育の学生だけでなく、生産工房に進んだ学生もグルノウの助言を得るため訪れたり、他のマイスターから訪れるよう指示されたりしたという（Schreyer, 1956）。とりわけ予備教育の学生が生産工房を決定する際、その適性に関するグルノウの助言が大きな影響力をもっていたと言われている。グルノウがバウハウスの「魂の庇護者」と回想される理由は、こうした授業の性格、すなわち、カウンセリング的性格にもよるのだと推察される。ちなみに1921/22年冬学期は24名、1922年夏学期は18名の出席者があった（Steckner, 1994-a）。

　それではグルノウの授業は実際にはどのように進められたのだろうか。以下にグルノウ自身の論文「色と形と音による生きた形の造形」（Grunow, 1923）、未完の草稿（これは最近出版された）である『バランス環』（Grunow, 2001）、ワイマールでグルノウの助手を務めたヒルデガルト・ハイトマイヤーの「色彩と響きによる秩序」（Heitmeyer, 1920）、「グルノウ理論—音と色による感覚教育—」（Heitmeyer, 1967）に基づきながら、できるだけ忠実に授業を再構成してみたい。グルノウの授業の目的自体は単純かつ明快である。すなわち、自然の諸力を伝達する「音＝響き（Klang）」と「光＝色」を根源的に体験し、諸感覚にバランスのとれた関係を確立し、抑圧された身体−精神−心（魂）の自然な秩序を回復することである。制作においては「生きた形」を生み出すことが可能になるとされる。グルノウはこの試みを、文明化がもたらした危機の時代における「感覚批判（Kritik der Sinne）」とも呼んでいる（Grunow, 2001）。

第一段階：感受（Empfindung）の段階

　この段階は、音、色、色と形の関係、色と音の関係を単純に深く感受すること（Heitmeyer, 1920）から始まる。音の感受体験では、バランスを取った立位姿勢で、一つ一つピアノで鳴らされた中音域のcからhの音を、眼を閉じ深く受容することが求められる。グルノウによれば、この感受体験が純粋になされれば、そこにある動きが生じ、それを何度か繰り返すうちに、ある音にはある一定の姿勢が結実する

ようになるという。音がバランスを取ろうとする身体に影響を与え、膝を曲げ、かがみ込むような姿勢（c音）から、胸を張って直立する姿勢（h音）に至るまで、十二の半音階上の各音には一定の姿勢が対応するといわれる（Heitmeyer, 1920）。

　こうした事態は色の感受体験でも起こる。この体験はある色光に満たされた状態を想像することで行なわれる。するとこの場合も、ある一定の身体の動きが誘発されるという。さらに色を伴った図形を想像する体験もなされる。例えば目を閉じ白い円を想像してみる。するとそれは徐々に大きくなり、私たちを包み込み、球の中に立っているかのような体験をするのだという。そこからその球を内側から触るような身体の動きが生じてくるという。次に円の中の色を変えていく。すると、その色に応じた特定の形（三角形や正方形など）が円の中から展開してくるように感じられるという。

　「どんな形にも固有の基本色がある。このことは当然ながら、その形がどんな色も取り得ることを除外するわけではない。それはどの音も主音になり得るが、他の調のなかの一音としても現れることができることと同じである。」（Heitmeyer, 1920）

　グルノウの論じる一見奇妙な色と形の対応関係は、理解しがたい部分はあるものの、カンディンスキーの有名な基本形と基本色の対応関係（円は青、正方形は赤、三角形は黄色）と共通している。また、グルノウは雑誌『芸術と青年（Kunst und Jugend）』（1936年8月）に掲載された論文「色の形（Farbformen）」のなかで、この色と形の必然的な関係を取り上げ次のように語ってもいる。

　「どんな色も、色彩体験の心理的─生理的影響作用の結果として、その色に特有で特別な特徴をもつ形に至る。とはいえ、とりわけ色彩の内容を敏感に体験する画家が、色の形を自然に経験してこなかったという異論が出てくるかもしれないが、これは異論とは認められない。なぜならば、ある色の自然な正しい把握法をとったとしても、すぐ色の形は現れてこないだろうし、ましてや、大抵すでに専門化された色のとらえ方に馴染んでいる人の場合、その可能性は低くなるからである。色の形とは、全生体組織の中で響いてくるある関係から展開してくる形なのである。網膜は孤立した感覚器官ではなく、生体組織全体と密接に結びついている。したがって、色の形は、全生体組織からの「応答」として生じてくるものに違いないのである。」（Grunow, 1967）

　この段階で、色と音の関係を体験する練習もあったようである。これは音の体験がいかに色に影響されるかを体験するものである。具体的には、色が塗られた壁から音が跳ね返ってくるのを聞き、色によって音色が異なることを実際に体験する練習である。また、その違いに応じてオーケストラで使用される楽器の音色が感得さ

れ、さらにその楽器を弾くような身振りも引き起されるという。

　最後に色環の構成体験がくる。ここでは、グルノウのいう十二の基本色（赤、青、黄、赤紫、青紫、緑、青緑、テラコッタ、白、銀、茶、グレー）の相対的位置関係を体験的に発見することが試みられる。具体的には直径50cmの十二色の円を順次見ながらなされたようだが（Grunow, 2001）、その詳細は不明である。最終的には、これら基本色が相互にバランスを取り合いながら、自分の位置を見つけ円環を形成することが体験されるのだという。また、これには中音域のcからhまでの十二音が対応するとされる。

　以上が第一段階の概略である。いずれも色と音と形と動き・姿勢の感受体験を通し、それらの自然で必然的な対応関係を発見することが主題となっている。重要な点は、十二の色や音が、それぞれの緊張の強度や明度にしたがい、抗重力的姿勢であるバランスのとれた立位姿勢に影響を与え、しかるべき姿勢や運動を引き起こし、それらが相互にバランスを取り合った結果、「環」すなわち「バランス環」を形成することである。この「バランス環」は自然の「第一秩序（die I. Ordnung）」と呼ばれ、自然の諸力の秩序と統一を象徴し、よき造形活動や調和的生活を可能にする「原器（Urmass）」と考えられている。色や音という自然の根源的力が人間に深く感受されることで、ゲーテのいう「感覚的―倫理的作用（sinnlich-sittliche Wirkung）」、すなわち色や音が感情や気分に与える作用が体験され、日常では損なわれている「無意識の諸力が全体的に把握され、呼び覚まされ、刺戟される」（Heitmeyer, 1967）のである。

第二段階、第三段階

　この二つの段階の再構成には第一段階以上の困難さが伴う。というのも第一段階の紹介は多いが（Heitmeyer, 1920）、この二つの段階に関しては「上級クラス」という言い方で最後に数行触れられているだけであり、たしかに「第二、第三段階」が区別され解説されてはいても記述が断片的な部分が多いからである（Heitmeyer, 1967）。また、回顧的記述であるせいか曖昧な点も多くみられる。しかも第一段階でもそうだったが、実際に体験しないことにはその意味を解しかねるところが少なくない。晩年のグルノウが書いた『バランス環』（Grunow, 2001）は、残念なことに第二段階に少し入ったところで終わってしまっている。したがって、この二つの段階に関しては以下のようにまとめることで満足せざるを得ない。

　第一段階は純粋に内的な感受体験が主題であった。そして諸感覚のバランス関係の基準である「バランス環」を見出すことが目標とされ、その際に抗重力的な静力学的立位姿勢が「バランス環」を発見する手段となっていた。これに対して第二段階は、「感性調和論」の課題である諸感覚のバランス化の問題をより動的かつより客観的に、そして外的環境と身体のダイナミックな相関関係に即しつつ体験することが課題となっていたようである。

第二段階では、まず、身体全体で色と音を深く受容するとき、とくにその影響を受ける身体の特定の場・部位を意識化することが求められる。色や音は抗重力的な立位姿勢に対して影響を及ぼし特定の姿勢を誘発するが、これを客観的に見れば、色と音の緊張強度が自律神経を介し呼吸に影響を与え、この呼吸運動と密接な関係にある脊髄の神経伝達中枢（Innervationszentrum）が身体の表現運動を引き起こすことによって起こるとされる。これを十二の基本色に即しながら体験することで、脊髄をモデルとした垂直軸の基準が、第二秩序として発見されることになる。

この第二秩序は立位姿勢時の脊髄の各部位に、どの色彩が響くかを基準に導出されてくる。具体的には立位時のバランス点（原点）をはさんで、下方に青紫、赤紫、テラコッタ、青の4色が並ぶ。そして上方に赤、緑、青緑、黄、白、銀色、茶色、灰色の8色が並び、**図1**のようにそれぞれに対応する脊椎の各部位や十二音が想定される。このように色と音がその緊張強度に応じ作用を及ぼす部位に注目し、この垂直秩序を見出すことが第二段階の第一課題なのである。

基本色	対応する脊髄	音
灰色	頭部	gis
茶色	頭部	ais
銀色	頭部	fis
白	頭部	c
黄	第1－3頸椎	h
青緑	第4－6頸椎	e
緑	第7頸椎－第2胸椎	f
赤	第3－5胸椎	g
（原点＝0）		
青紫	第6－8胸椎	a
赤紫	第9－11腰椎	dis
テラコッタ	第12胸椎－第2腰椎	cis
青	第3－5腰椎	d

図1◆Grunow（2001）の図を簡略化したもの

垂直軸としての第二秩序が提供する新しい点は、下（青）から上（灰色）に向かって上昇する経験や、逆に上から下へ下降する経験を通して、自然の基本的要素の運動が及ぼす心的作用や性格が体験される点にある。上昇は黄を通過して灰色へと抜けていくので構築的で創造的な力を感じさせるという。下降は青に向かっていくので脱・構築的で衰退的、受容的な性格を感じさせるとされる。

第一秩序があくまでも静力学的均衡の問題にとどまっていたのに対し、この第二秩序では動力学的関係と、それに伴う感覚の「感覚的―倫理的作用」（ゲーテ）が探求されているといってもよい。また、この動きは、自然のメタモルフォーゼを象徴するともいわれる。例えば、植物の種が下方に向かって根を張り、上方に向かって茎や葉を伸ばしていく成長の運動と類比関係におかれているのである。グルノウ

が理論展開の中でもっとも多く依拠するゲーテ自然学の術語を使えば、この第二秩序は自然の成長やメタモルフォーゼの「原—現象（Ur-phänomen）」を象徴するといってよいかもしれない。

次に、垂直軸としての第二秩序からのさらなる展開として、色と音を同時に経験することから生じる二次元座標平面の問題が出てくる。ここまで色と音はその緊張の強度や明度を通じて密接な類比関係に置かれていた。ここでは、別々に経験されたうえで対応づけられる色と音の関係ではなく、同時に経験したときに生じる関係が問題とされる。実際、どのような実践を通して導出されるのかは不明であるが、グルノウによれば、結果として、縦軸に基本色の系列が、横軸に音の系列が割り当てられる座標平面が形成されてくるという。

グルノウ（1923）によるこの座標平面では、縦軸が脊髄、横軸が横隔膜に想定されている。そして2つの軸の交わる原点で諸力の均衡が保たれるという。特に縦軸の原点を挟んで青までの下4色と黄までの上4色からなる9点、横軸は原点を挟んだ左右4点（どの音に対応するか不明だが、ピアノの鍵盤の類比で語られている）の9点から構成される正方形の平面が、色と形を用いた造形活動の際に決定的な役割を担うとされている。この座標平面を利用したバウハウスでの具体的造形活動の成果と見ることができる作品が、1923年論文に掲載されている4つの図形だと思われる。「思われる」とせざるを得ないのは、シュテックナーも指摘しているように、これらの図に関し本文でほとんど何も説明がなされていないからである。

以上のような事情で、グルノウがどのようにこの第二秩序としての平面座標を使用したかは不明だが、先の第一秩序と比べ、この第二秩序としての座標軸が具体的素材を使った作品制作の際の、諸感覚間のバランスを測る基準であることは確かなようだ。1923年論文のタイトルにもあるように、「生きた形」を造形できる身体を形成するために役立つ秩序なのである。グルノウによれば「石や木など、そして植物や動物や人間の形や形態、固いものや密度の高いものから流体や気体にいたるまで、そして魂もまた、色、光と密接に結びついている力であり生の形である」が、こうした力としての自然や心の形を認識し表現するため、上記のような座標として身体を意識する必要があるということなのではないだろうか。

この課題と表裏一体をなす重要な課題の一つが素材体験である。つまり、素材の質感やその量の関係でバランス感覚を養成することがなされる。しかし、これも実際どのように練習がなされたのかは不明といわざるをえない。特に「サイズと数（Mass und Zahl）」および「度数（Grad）」が重視されていたようだが、一体どういう意味で重視されていたのかが明らかでない。推測の域を出ないが1923年論文に示されている学生が制作した衣服デザインから推測すると、素材の触感を背景にした色や形の数量的均衡が問題だったのかもしれない。グルノウも「諸力（色、音、形）は、生きたもののなかでは、一定のサイズで結合しており、ある一定の度数で相互関係にある」（Grunow, 1923）と述べている。

たしかに具体的制作場面での色や形のバランスは、第一段階の純粋な感覚経験としての色や形ではない。何らかの素材で物質化され、大きさや数に制約されたものである。したがって、先の段階が色彩や音や形の主観内での質的感受体験を問題にしていたとすれば、この段階は素材に向き合いながら具体的素材の量的側面を考慮しつつ、全体に適切なバランスを取ることができる身体の育成が主題となっているといってよいだろう。バウハウスの基礎教育一般において、よく知られているように、イッテンやモホリ＝ナギの授業でも素材研究がなされ、様々な質感をもつ素材（木、金属、ガラス、布など）を使った触感体験や、こうした素材をバランスよく構成する制作がなされていたが、グルノウの場合もこれらと共通する目的をもっていたのかもしれない。また、この課題を通して、生産工房の選択を意識し、適性発見を促すことも、この段階の重要な課題だったと思われる。

　最後に第三段階であるが、この段階を再現する資料は第二段階よりさらに乏しくなる。ハイトマイヤーのエッセイもグルノウの遺稿もこの段階の詳細を知るにはあまりに不十分すぎる。しかし、敢えてその内容を概括すれば、前段階よりもいっそう歴史的文化的文脈を考慮し、自他の造形活動を評価・判断できる能力の育成が図られていたことだけは言えそうである。その際、見ることと聞くことの能力を多様な様態を通して経験することで、その精度を高めるような訓練が存在したようである。例えば補色を感じるためには、緊張度が高い「凝視」でなく、緊張が緩んだ「眺める」見方が必要であるとしている。聞き方についても同様で、倍音を聞こうとする場合、緊張を緩めてはいるが耳を澄ます聞き方が必要となる。また、特定の色や音には特定の見方と聞き方が対応するという。
　この問題に関しては、グルノウが『芸術と青年』誌上に発表した見る様態と聞く様態に関する三つのエッセイ「色が及ぼす見る眼への影響作用」（Grunow, 1935-a）、「響く音が聞くことへ及ぼす影響作用」（Grunow, 1935-b）、「見る仕方と聞く仕方がどのように相互に類似しているのか」（Grunow, 1936）を参照することで、より詳しくその意図を推測することが可能である。最初の二つのエッセイは、特定の色と音が自ずと引き起こすその色、その音に特有な見る様態、聞く様態について述べている。最後のエッセイでは、見る様態と聞く様態をその類似性に注目し関係づけており、前の二つのエッセイをまとめる内容をもつ。この最後のエッセイによれば、色、音、見る様態、聞く様態、さらにはそれに応じた姿勢でアクセントがおかれる身体部位の間に**図2**（次頁）のような相関関係が成り立つという。

　この奇妙にみえる対応関係の根拠については、シュテックナーの研究にもとづきながら後に検討するが、見る様態、聞く様態によって、感覚様相が異なってくるとするグルノウの見解は、グルノウがバウハウスを去った後、ハンブルク大学の心理学者ハインツ・ヴェルナーらと行なった「共感覚」研究において実験的に検証されたようである。

色と音	見る様態と聞く様態	身体部位
白とc音の明度	注視する、耳を澄ます	自然な姿勢
灰色とas-gis音の明度	純粋に見る、純粋に聞く	前腕、すね
銀色とfis-ges音の明度	鋭く繊細に見る、鋭く繊細に聞く	手の内側、土ふまず
黄とh音の明度	集中的な凝視、集中的な聞き方	手と足
緑青とe音の明度	精神的方向性をもって見る、高度な精神で聞く	脇下と腿つけ根
緑とf音の明度	ちらっと目を向ける、対象的に聞く	肘、膝
赤とg音の明度	観る、聴く	身体中心部と内部平衡感
茶とb-ais音の明度	全体的に見る、空間的に（響きを）聞く	手の関節、足の関節（踵）
青とd音の明度	じっと見る、耳をそばだてて聞く	上腕、上腿
黄赤とdes-cis音の明度	観察する、評価的に聞く	緊張し少し硬直した直立姿勢
赤紫とes-dis音の明度	吟味しながら見る、批判的に聞く	肩、腰
青紫とa音の明度	内面的に見る、即物的に聞く	厳粛に、真剣に、胴体中心部から持ち上げられた姿勢

図2◆

　ヴェルナーは「感受と感受することの研究1―感受することの問題とその実験的検証の方法―」（Werner, 1930）の中でグルノウの名をあげ、グルノウが述べた色と音と姿勢の対応関係に関する実験を報告している。ヴェルナーは、色を深く感受するためには、その色特有の見る様態をとる必要があることを述べている。これはグルノウの第一段階における「色と音は特有な姿勢を誘発する」という考え方とも通じるものがある。もっとも、この段階の目的は体験そのものにはなく、意識的に感覚様態を制御し精度の高い感受性で「生きた形」を制作したり、利用者に及ぼす感覚的影響を念頭に製品デザインを行なえる認識・判断力を養成することだったと考えられる。

　最後にハイトマイヤーによれば、この段階の終わりにもっとも重要な課題として、「精神的形象」「形態化」にかかわる課題がきたようである。しかし、ここでもハイトマイヤーの解説は断片的で、具体的な練習場面を想像することができない。しかし、少なくとも美的経験が感覚体験から精神的・文化的水準での意味経験へ移行しているらしいことだけは推定できる。例えば練習課題として「歌の音」や「言語と言語の音」「数字のリズム」「カリグラフィー」が列挙されているが、「歌」「言語」「カリグラフィー」といった文化的レヴェルと、「音」「リズム」「線」といった身体感覚的レヴェルがここで出会っている。

　第一段階の根源的水準である感受体験から開始された「感性調和論」の授業は、

第三段階において工芸、デザイン、芸術という歴史的文化的に規定された世界での制作レヴェルに達したといってよさそうである。特にこの段階で注目しておきたいことは、感覚体験の水準と歴史的文化的水準が出会う場面で生成してくる、生の表現における表情やニュアンスの問題である。

「ある一定の色が外に表出された動きに対応しているのと同様に、ある一定の色ないしは色の連関は内的な動き、すなわち感情状態にも対応している。この内的および外的な非常に強い動きのなかから、自ずと身振りと表情が生じ、その際、座るとか、受け取るとか、与えるとかの動きの、とても繊細なニュアンスが生じてくる。」(Heitmeyer, 1920)

この「表情」の問題は、グルノウ教育の今日的意義を考えるときに重要になってくると思われる。というのも、前二段階では色などがもたらす情動への影響である「感覚―倫理的作用」については言及されるだけにとどまっていたが、第三段階における「表情」は語自体が含意するように、「シンボル」や「意味」の問題への通路が示されているからである。文化的形象における「表情」「ニュアンス」とは、「感覚としてのセンス」と「意味としてのセンス」が重なるところで生じる原意味作用の現象と思われる。

3.「共鳴体としての身体」の形成

以上のように、グルノウ「感性調和論」は興味深くはあるものの、理解しがたい部分も少なくない実践であった。この理解しがたさの原因を追究していく前に、以下にこの授業の特徴を美的人間形成論、芸術・音楽教育論というより一般的な観点から整理しておきたい。

a) この授業は、音楽作品（歌曲、器楽曲）の再現と理解を中心に置く「音楽教育」ではない。そうした文化的経験を成り立たせる前提たる根源的でエレメンタールな「音の体験」や「色の体験」に遡り、諸感覚がまだ分離していない水準から感覚現象を経験する「感性教育」だと言える。換言すれば、文化伝達としての音楽教育、教養財による人間形成ではなく、それへ至る前のエレメンタールな感性的＝美的（ästhetisch）水準を問題にしている。周知のように、多くのバウハウスの教師たちは色彩や素材や形の基礎的体験を教育の基盤に置いていたが、このことと共通する教育コンセプトをもっていたといってよい。

b) この根源的体験が、物理的－心理的作用をわれわれの身体に及ぼし、形や身振り、姿勢を誘発するというグルノウの一見奇妙な想定の背後には、音と色と

第12章　　「シンボル感の生成」としての美的経験

形と身振りの間に「自然で必然的な関係」があることが前提とされている。では、その関係を成り立たせているものとは何なのか。それは、グルノウの「光、色彩は目の中で青、赤などと特殊化されるだけでなく、まずなによりも第一に生動的力として把握される」（Grunow, 1923）という指摘から推測すると、諸感覚に分化する前の根源的な「生動的力」である。

c) では、その「生動的力」とは何か。グルノウによれば、身体に「緊張」として伝達され、その後、各感覚器官において個別感覚として分化して現れる自然の諸力（光、音のエネルギー）のことである。すなわち、この自然の諸力が聴覚器官に「生動的力」＝緊張として伝わると、それは「音」となり、視覚器官の色を感じる領域に緊張として伝われば「色」として感覚されるということである。ゲーテ『色彩論』に倣って言えば、色や音は身体が自然の諸力を「受苦」した結果なのだと言える。

d) 身体は、自然の諸力が及ぼす緊張の強度や明度の度合いにしたがい、様々な音、様々な色を感受する。そこで次に問題になってくるのが、様々な音や色（十二の基本色と基本的な音）の関係を、それぞれがもつ緊張の強度と明度に応じて関係づけることである。その結果が、第一段階での「バランス環」、第二段階での脊髄をモデルにした垂直軸と、二次元座標平面だと理解できる。その際、こうした秩序形成がつねに身体全体の静力学的バランス（抗重力的姿勢）および動力学的バランスを基準に行なわれている点が重要である。身体は自然のエネルギー作用を受苦しながらバランスを取る一種の場と考えられている。

e) グルノウは、こうして色と音、色と形、そして音と姿勢・身振りの密接な関係、すなわち「共感覚」的といってよい関係を、異なる感覚現象間にみる。その根拠となるのが「生動的力」が生体に及ぼす「緊張」なのである。したがって、グルノウ教育は「共感覚」を主題にしているといってよいのだが、ただ注意しなければならないのは、グルノウ自身は、自分の理論と実践を、「二重感覚（Synopsie）」の探求ではないとはっきり述べている点である[*5]。「二重感覚」とは複数の感覚（色と音）を同時に感じる現象をいい、「共感覚」の別名といってよい。とすると、グルノウ教育を「共感覚」教育とするのは、グルノウの意思に反することになる。だが、ヴェルナーはグルノウとの共同研究を「共感覚」研究と呼んでいることから考えると、この特徴づけはそれほど的外れなわけでもない。

　この矛盾をどう考えるべきなのであろうか。これは仮説だが、「共感覚」を狭義で考えるか、広義で考えるかにかかわる問題なのではないだろうか。狭義で考えた場合、「共感覚」は現実に色と音が同時に感じられる現象を指す（実際そのような共感覚者が存在することは大脳生理学的に現在では実証されてい

[*5]
グルノウは自らの「感覚批判」の試みが「二重感覚」研究と異なるのは、「二重感覚」が「主観的」現象であるからだとしている（Grunow, 2001）。現代の共感覚研究（たとえばシトーウィック, 2002）においても、狭義の意味での「共感覚」の場合、たとえば、ある色とある音の対応関係は個人によって異なるとされている。また、グルノウはこの方向の研究者として、ハンブルク大学の私講師ゲオルグ・アンシュッツを想定していたのかもしれない。アンシュッツは1927年と1930年に「音と色に関する研究大会」を主催した心理学者であるが、同じハンブルク大学でありながら、不思議なことにヴェルナーの研究となんら関係がない。グルノウはアンシュッツの研究との区別化を図りたかったのかもしれない。

る)。その際、どの色にどの音が対応するかは個人によって異なり、また幅がなく固定的である。しかし広義で「共感覚」を使用する場合、複数の感覚が現実に感じられるというより、「異種感覚間における影響関係」が示される現象を指す。ちなみにヴェルナーは後者の意味でこの語を使用している。グルノウ教育を広義の意味での「共感覚」教育と考えれば矛盾はないと考えられる。

f) 第三段階で問題にされていた「見る仕方」や「聞き方」への言及は、「見る」「聞く」といっても、その姿勢・様態によって見えてくるもの、聞こえてくるものの「様相」が異なることを示している。そうだとすれば、感覚対象にふさわしい姿勢・様態を自覚するこの段階の練習は、「生きた形」をつくり出そうとする芸術家、工芸家、デザイナーにとくに重要な段階だと言える。「生きた形」を造形するためには、既成の感覚＝意味システムからいったん離れ、根源的な感覚体験に立ち返る必要があり、そのための条件が、おそらく感覚様態の意識的統御ないしはその自覚化なのだと考えられる。

g) 「感性調和論」は、「エレメンタールなもの（色、音、形）」の感受体験を通して明らかになる、外なる自然・環境の諸力（光や音を媒質にして伝わる）と内なる諸力（感情、無意識）とが出会う場である感覚器官（眼や耳）を、特にバランス感覚や精度の点で高め、外的力と内的力の間に、「生きた形」をもつ身振りやダンス、カリグラフィー、言語表現、歌、衣服、手工芸作品、芸術を生み出す身体の育成を目的にしている（Heitmeyer, 1967）。換言すれば、日常的身体を環境に「共感覚」的に共鳴する「共鳴体」へと調律するものである。グルノウ自身、身体を楽器になぞらえ[*6]、曲を弾く前、例えばヴァイオリンが「よく鳴る」よう調整、調律されなければならないが、身体も同様に調律される必要性があるのだと述べている。この音楽授業はこのレベルを目指すものである。したがって、作品の再現と鑑賞という高度な段階での音楽教育を、その先の展開において排除するわけではない。

「感性調和論」は以上のように整理できると思われるが、同時にこの理論がもつ理解困難な部分も明らかになってきたと言える。それは、端的にいえば、「生動的力」が身体に生じしめる「緊張」なるものがいったい何を意味するのか、そしてそれがなぜ、表現的な意味を孕む原意味作用を身体に及ぼすのかという点に集約される。以下では、この問題に関して最も説得的な議論を展開しているシュテックナーの研究を手がかりに考察していきたい。

[*6] グルノウ（2001）を参照。ちなみに、グルノウは声楽家として教育された経験をもつ。自らの身体をよく鳴る楽器にする訓練を受けていたのである。現代でも言われることだが、声楽教育には他の器楽教育とは異なる身体訓練が課されたり、ある音をよく響かせるためある一定の姿勢や身体部位に意識を集中する訓練が求められたりするという。グルノウ教育には、こうした声楽教育の影響もあるのかもしれない。

4.「トーヌス理論（Tonustheorie）」

　シュテックナーは『バウハウスの美学』（Steckner, 1985）のなかで、グルノウ理論の読みづらさの原因をオカルティズムにではなく、現代では忘れ去られてしまった「トーヌス理論」に忠実な術語使用と理論展開にその原因を求めている。では、この「トーヌス理論」とはどんな理論なのだろうか。シュテックナーによれば、本来、医学用語である「筋緊張」を意味する「トーヌス」が心理学分野へ導入されたフーゴー・ミュンスターベルク[*7]の『実験心理学研究』（1890年）以来、展開されてきた心身相関に関する理論だという。

　この理論は、グルノウの共同研究者ともなるヴェルナー『発達心理学入門』（1926年）、クルト・ゴルトシュタインの『帰納されたトーヌス変化について』（1928年）やヘルベルト・クラインの『視覚の分析』（1940年）において展開を遂げた。その内容は、外界の物理的刺激が、まず筋緊張として受容され、その緊張の強度と各感覚器官の特殊性に応じ、個別的な視覚、聴覚が成立すると考える理論である。また、知覚は身体全体の緊張バランスを感知する器官である内耳と、脊髄と横隔膜からなる身体座標によって制御された空間現象であるとされる。

　シュテックナーは、こうした理論への関心が実はグルノウだけでなく、バウハウス全体にも共有されていたことを指摘する。それはバウハウスでは元来、「心理技法（Psychotechnik）」への関心が強かったからだという。「心理技法」とは、ドイツにおいては、特に第一次世界大戦頃から盛んになった応用心理学の一分野である。建築や色彩や形が身体に与える影響を研究し、その知見を利用した技術を開発しようとした人間工学的含意をもつ研究領域である。この分野もミュンスターベルクをもって嚆矢とするようだが、そのさらなる由来をたどればフェヒナーの精神物理学にあった、「実験感性学（experimentelle Ästhetik）」構想に行き着く。

　物理的なものが心理へ与える影響を考察し、それを利用する技法を開発することへの関心がワイマール・バウハウスだけでなく、バウハウス全体を貫いていたというシュテックナーの仮説は、たしかに機能的で合理的な工業デザインや建築を通して社会に影響を及ぼし、社会改良を目指すというバウハウス理念を考えると説得的である（Steckner, 1985）。また、シュテックナーの仮説にしたがえば、なぜバウハウスのフォルム・マイスターたちが、色、音、形の身体への直接的作用を探求し、色彩論、形態論、素材論を重視したのかが理解できる。したがって、この「心理技法」の基礎理論として、当時少なからぬ影響力をもっていた「トーヌス理論」に関心が向けられていたとしてもなんら不思議ではない。

　グルノウだけではなく、イッテンやイッテンの去った後、予備課程を引き継いだモホリ＝ナギの「有機的形態化（das organische Gestalten）」の論にも、カンディンスキーの授業においても、この傾向は認められるという。たとえばカンディンスキーは、自分の受けもった基礎教育の授業目的を「受容感覚としての目の発達・展

[*7] ミュンスターベルク（1863-1916）は、ヴントのもとで心理学、そして医学を学び、アメリカへ渡り、ハーバード大学のウイリアム・ジェームズの助手を務めた心理学者である。その後、いったん帰国しフランクフルト大学で教えるが、1897年にハーバード大学の教授に就任。実験的手法を用いながらヴントが関心を寄せなかった応用心理学、とくに「心理技法」の研究に携わる。ハーバード大学、アメリカ合衆国における実験心理学の確立者の一人である。

開と生産的感覚としての触覚の発達・展開。触覚の発達・展開と主観的な素材感情の観察。主観的リズム感覚の発達・展開と明暗ならびに均衡の法則の客観的探究。均衡感情と静力学的感覚の発達・展開」（Steckner, 1985）とし、授業では色彩や図形の角度がもたらす緊張の問題などを取り上げている。

　シュテックナーが述べるように、たしかに、こうした授業内容は「トーヌス理論」を抜きにしては理解しがたい。クレーのワイマールでの『造形形態論（Beiträge zur bildnerischen Formlehre）』の授業は、色と形と大きさの間になりたつバランスをめぐって展開され、その作品は「音楽的なもの」と「造形的なもの」の融合（例えば半音階的グラデーションやフーガ形式の絵画への導入）を探求したものであった。こうしたことも加味すると、グルノウの奇妙にしか見えない実践と理論がバウハウス・マイスターたちに受け入れられ、冒頭述べたように一目置かれていたことも納得できる。

　グルノウが1923年論文で「生きた形」を作り出すため、自然の諸力である音響と色光が身体の生物学的有機的レヴェルに作用を及ぼすことを体験し、それを客観的に意識化することの重要性を指摘していたのも、以上のような背景をもって理解すべきなのである。グルノウの脊髄と内耳を座とするバランス感覚論に関しても、シュテックナーによれば、1924年のヴォルフガング・フォン・ブッデンブロックの『比較生理学概論』で展開された説、すなわち、バランスが身体の緊張状態に大きな影響を及ぼすという説と共通性が認められ、グルノウの論が決して孤立したものでなかったことを指摘している。

　もっとも管見の限りで言えば、グルノウの諸論文において「トーヌス理論」に関係する心理学者、医学者の名前や理論を直接引用している箇所は見当たらない。しかし、シュテックナーが当時の心理学や医学の動向を精査しつつ示した上記の信頼のおける状況証拠から、「トーヌス理論」の影響はあったと見てよいように思える。特に、後に共同研究者となるヴェルナーが「トーヌス理論」をよりどころとする代表的心理学者だったこと、さらにグルノウがその生涯で共同研究を行なった学者には医学研究者と心理学者が多かったことなどを考え合わせると[*8]、いっそうこの確信は強まる。この意味で、シュテックナーの研究は、グルノウ研究にとどまらずバウハウス研究においても重要な貢献であったと言える。

　しかし、こうした「トーヌス理論」の内容の理解と、グルノウへ与えた影響がもつ射程や意義に関しての考察は十分とはいえない。というのも「トーヌス」とは、元来、骨格筋において生じ、自己受容神経系を介して感じられる筋緊張を意味する。しかし、これがどのようにして異なった神経経路であり、感覚および運動を司る感覚運動神経系と関係し合い、気分や情動、すなわち心理へも影響を与えるのかが説明されていない。さらに重要な問題として、このことがそもそも美的経験にとってどういう意味をもつかについてまったく触れられていないからである。その結果、バウハウスにおける美的実践がすべて「心理技法」という心理学的、人間工学的問題に還元され得るかのような印象すら与えてしまっている。以下では「トーヌス理

[*8]
たとえば、ヴェルナー以外の心理学者としては、ヴントの後任であるライプチヒ大学のフェリックス・クリューガー、医学者としては、ヴィクトール・フォン・ヴァイツゼッカーや喉頭医学の専門家ヤーコブ・カッツェンシュタイン。しかし、共同研究の詳細は不明である。

論」に基づきながらも、グルノウ実践がもつ美的経験に関する意義と可能性をより明確にするため、違った観点から「トーヌス理論」の考察を進めてみたい。

　もともと心理学史的にこの「トーヌス理論」を考察した研究はきわめて少ない。その貴重な研究の一つであり、臨床心理学の観点から「トーヌス理論」を考察している森岡正芳（森岡, 2002）によれば、この理論はドイツというより、むしろフランスで大きな発展を遂げた理論のようである。しかも森岡によれば、フランスでは本来は神経生理学分野の概念であった「トーヌス」概念が、生理学的考察レヴェルを越えて心身相関概念として捉えられてきたという。例えば、フィルーは「筋肉的、神経的、あるいは感情的次元より高度のそれらを統一する次元の機能を心的緊張力（tonus mental）」とし、ジャネは「行動を段階的に区分し、高次の行動へと意識を統一し高める機能をもつものとして緊張をとらえている」（森岡, 2002：p.70）

　「トーヌス」概念が心理学に導入されることにもっとも重要な役割を果たしたのはアンリ・ワロン（1879-1962）だとされる。ワロンは筋緊張の問題を姿勢機能と結びつけ、感覚運動神経系や自律神経系との違いおよび影響の関係を明らかにし、さらに情動や表象生成の問題と関係づけた。ワロンは「トーヌス理論」の可能性を一挙に拡大したと言える。グルノウとワロンはほぼ同世代に属するものの、一方はドイツ、一方はフランスを活動の拠点としており、直接の関係を示すものは何もない。しかし、ワロンの身体論的心理学を背景にグルノウ「感性調和論」をみると、不思議なほどその奇妙さが退く。そして、奇妙さどころか美的経験を単なる感性経験や創造力育成とみなさない、新しい視点が浮かび上がってくるように思えるのである。

　以下では難解なワロン心理学を明快に解説している浜田寿美男の『ピアジェとワロン』に基づき、この「トーヌス理論」の豊かな可能性と、グルノウ「感性調和論」に潜在する美的経験を見る新しい視点を探っていきたい。ちなみに浜田はグルノウの共同研究者ヴェルナーがカプランと著した『シンボルの形成』の訳者でもある。この符合は、浜田のヴェルナーへの関心とワロンへの関心が十分重なり合うこと、しかも重なる部分が「トーヌス」をキーワードに、身体を主体が環境世界と相互的・重層的に作用交錯する場ととらえる考え方にあることを暗に示している。こうしたことや、メルロ・ポンティがワロン、ヴェルナー、ゴルトシュタインらの研究を参考にしながら「間身体性」の概念を形成したことを考え合わせると、グルノウとワロンに直接的関係はないが、同じ問題を共有していたことを示すことは十分可能だといえよう。

　浜田は『ピアジェとワロン』のなかで現代の発達心理学に大きな影響を与えた二人の心理学者、ピアジェとワロンを比較しながら、ワロン心理学を身体論的な発達心理学と捉え、その特徴は発達を三つの神経系に基づく機能系列が重層化していく過程とする点にあると指摘する（浜田, 1994）。三つの神経系に基づく機能系列のう

ち、もっとも基本的なものは、内臓筋に直接関係する自律神経系による「生命維持機能（呼吸、循環、消化、代謝）」と呼ばれるものである。次にこれに加えて、「生命維持機能」のため必要とされる酸素や栄養などを、外界から積極的に獲得したり、外界の情報を得たりする機能である「適応的関係機能」が重層してくる。この機能系列は具体的には、感覚・知覚、移動・運動として現われ、感覚運動神経系を通じて骨格筋が環境世界で実行している。

　ここまでは一般的に指摘される機能だが、これにワロン心理学の独自性を示す三つ目の機能がつけ加わる。浜田はこれをワロンに基づき「姿勢・情動的機能」と名づけ、身体が自らの運動状態をモニターする「自己受容感覚」と、適応しがたい状況や身に危険が迫ったとき、状況に身構え、次の運動へ向かう準備状態（例えば、逃げる姿勢）などをつくる「自己作用」機能からなると定義している。ワロンはこの機能に重力に抗してバランスをとりながら直立する「姿勢維持機能」と「バランス感知機能」も含めると、「姿勢・情動的機能」は感覚運動系の機能に比べ目立たないものの実は重要な働きをしていることがわかるという。グルノウはこの「姿勢・情動的機能」を重視していたように思える。というのも、適応行動の正確さはそのモニタリング機能に依存しているのだし、次の行動への体勢を準備する点でも適応行動と表裏一体を成すことが明らかだからである。

　「姿勢・情動的機能」は感覚運動神経系と密接な関係にありつつも、その働きを補佐する点で感覚運動神経系とは異なる機能をもつことは解剖学的にも裏づけられるようである。「姿勢・情動的機能」は、感覚運動神経系が働きかける場所でもある骨格筋の中の横紋筋によって担われている。そして横紋筋には筋肉を屈曲・伸展させて手足を動かし運動を可能にする間代性（クロヌス）の機能と、筋肉の緊張（トーヌス）を一定に保つ機能がある。ここで注目すべき点は、感覚運動神経系は前者の機能を使用しているが、姿勢・緊張系は後者の筋肉の緊張（トーヌス）を一定に保つ機能を使用している点である。この違いから「姿勢・情動的機能」が感覚運動神経系とは異なる機能を持つということが裏づけられるわけである。

　しかし、ワロンは「姿勢・緊張機能」の働きは、適応行動をモニタリングしたり、準備するだけではないとする。ワロンによれば、この機能にはより重要な機能、すなわち情動と関係し、表象の発生に寄与する働きがあるという。これもやはり解剖学的に裏づけられるようである。なぜなら感覚運動神経系の経路は、錘体路系（感覚、運動に関わる皮質から脊髄を経て骨格筋に至る回路）を取るのに対して、姿勢・緊張系の経路は、錘外路（同じく皮質から出るが、基底核、脳幹部で神経連絡してから脊髄、そして骨格筋へ至る回路）を取る。つまり、姿勢・緊張をつかさどる神経系は、基底核や脳幹といった情動と関係深い場所をいったん経由して脊髄に至り、骨格筋を動かして姿勢と表情を生み出しているのである。

　しかし、現象的主観的には、「姿勢・情動機能」と「適応的関係的機能」の違いが現われてくるのは「適応関係的機能」が機能しなくなった状況においてであると

いう。普段は行動の背後に隠れ目立たないが、行動ができなくなったとき、情動を伴う表情や姿勢、身振りとして浮上してくるのである。浜田はここに「感覚運動機能による適応行動（「調節」と「同化」）こそ人間の心理発達と表象発生の源泉である」と考えるピアジェ心理学とワロン心理学との決定的違いを見る。

「しかし人の世には、洞察行動はおろか、試行錯誤すらできない場面がある。そんなとき人間はどうするのだろうか。ピアジェはこうした場面をほとんど想定していない。彼の理論の筋から言うと、そんなとき、ただ手をこまねいているか、それとも手持ちでもっとも合いそうなシェマをただ繰り返すか、いずれかしかないことになる。しかし、考えてみると、できないときはあきらめて何もしないというほど、人間は、悟っていない。怒りもするし、泣きもする。もちろん、泣いても笑っても、怒っても恐がっても外の世界は何ひとつ変わらない。とすれば、この行動は、通常の意味では「適応」と言い難い行動だということになる。しかし、そのように直接的には何の役にも立たぬ行動が厳然として存在している。つまり、人間の身体には、狭義の直接的な適応とは異なる働きが具わっている。とくに赤ちゃんのように直接外界に適応する手段をほとんど持たぬ無力な存在には、このことが顕著である。そこで、ワロンは、生命維持的な植物機能や外界適応的な関係機能とは別に、もうひとつの重要な系列として姿勢・情動的機能を取り出す。」（浜田, 1994）

上記の浜田の記述は「トーヌス理論」を背景に展開されたワロン心理学のもっとも核心部分を的確に解説している。ワロンは「生命維持的機能」と「適応的関係機能」の間に、その双方と深く関係し合いながらも、それらとは違った人間特有な「姿勢・情動的機能」を認める。ここで生じる表情や身振りはたしかに適応手段ではない。ここには、この適応できないことへの情動を伴う表出経験、いってみれば「パトス（受苦）」の経験がある。そしてこれこそが意識を生み、人間社会の共同性を確立する基盤を用意するのである。

例えば、受け入れ難い身近な者の死に泣き崩れるとき、その表情、身振りは、他者に伝わり、その事実の越え難さを共に担おうとする行為や思想（葬儀と宗教）を生む。そこに共同性が築かれるのである。この共同性を帯びた意識の誕生は、同時に表象の生成の場面でもある。「状況の多様性によって情動が、種々の姿勢系、種々の心的形成物へと分化していくに応じて、情動は表象活動の出発点」（ワロン, 1983）となっていく。それは、ある表情や身振りが、ある情動を告げ知らせるものとして現れるからである。ここではおそらく言語表現のようにシニフィアンとシニフィエは分離していない。

しかし、ここで注意しなければならないことは、ワロンが表象活動のすべてをこの臓器的興奮に近い情動表出に還元しているのでもない点である。というのも表象活動は大脳皮質を中心とした、中枢神経系の働きによる高度なシンボル・システム

（例えば言語のように規則をもった象徴体系）の発達にも支えられているからである。そして、このレヴェルにおいてシニフィアンとシニフィエはそれぞれの系に分離していくと思われる。こうして、表象は情動と深い類縁性をもちつつ、同時に情動の嵐に距離を取り、形を与えることで制御可能にする媒体となる（浜田, 1994）。

　この「姿勢・情動的機能」と表象の関係から、すぐ予想できることは、この機能が儀式や芸術表現へ発展していく萌芽を内包していることである。しかし、表象一般の場合のように、直接的情動表出（泣くこと）がそのまま哀歌なのではない。「姿勢・情動的機能」から一直線に儀式・芸術表現につながるわけではない。「泣き声が情動的身振りから分離して、それが次第次第に、考えを表わす自律的記号」（浜田, 1994）になってはじめて、儀式・芸術などが「代理／再現／表象（representation）」として成立するのだという。この意味で、「姿勢・情動的機能」だけではなく、やはり中枢神経系におけるシンボル・システムの発達が、芸術表現の必須条件となる。哀歌をうたうという行為は、本来は「生命維持機能」である呼吸が、ある一定の「トーヌス」を伴う姿勢を維持する「姿勢・情動的機能」と出会うなかで、内から突き上げてくる情動を表出する「声」となる。そしてさらにシンボル・システムの世界と重層することで、ようやく何ものかを「代理／再現／表象する」歌となるのである。

　芸術表現は表情・身振りなどの直接的情動表出と、言語表現のような間接的記号表現のちょうど中間にある独特なシンボルなのかもしれない。芸術表現はシンボル・システムとは違って、姿勢・表情・情動表出と類縁性をまだ有してはいるが、その直接性からは離れてしまっているからである。芸術とはプレゼンスであると同時に、リプレゼンテーションであるといってよいだろう。では、こうした「トーヌス理論」を中心に据えたワロン心理学を経由して見たとき、グルノウ教育はどんな美的経験に関する展望を示してくれるのだろうか。

5. 「シンボル感」の生成としての美的経験

　グルノウはワイマールを1924年に去った後、ハンブルク大学のヴェルナーと「共感覚」研究に携わる。その研究において、ヴェルナーとグルノウは音や色や形を「知覚すること（Wahrnehmen）」と「感受すること（Empfinden）」とを厳しく区別している[9]。前者は対象化された感覚刺激の把握の仕方を、後者は身体に深く受容した上での把握の仕方を指す。ヴェルナーにしたがい音楽を聞く例を取り上げると、単に外で鳴っている楽器音として聞く場合が前者であり、身体の中で共鳴させ自分も一体となってうたうかのように聞く場合は後者となる。

　グルノウの実践の第一段階は、明らかにこの「感受」を体験することに向けられていた。それは日常で行なわれている「知覚」から、音、色、形の「感受」へと体

---

[9] ヴェルナーによればゲシュタルト心理学は「知覚」レヴェルの問題を扱っているという。バウハウスと心理学の関係では、通常ゲシュタルト心理学がよく言及されるが、当時ゲシュタルト心理学と競合していた他の心理学も視野に入れた研究が今後は必要だと思われる。

験を深める実践だった。これにワロン心理学を重ね合わせれば、この深化の過程は環境世界との関係が、感覚運動神経系によって担われる適応行動としての能動的な感覚把握から、「姿勢・情動的機能」によって反応せざるを得ない、受動的な感覚把握へ変えることを示している。言い換えれば、環境を情報的把握や操作の対象としてではなく、環境の身体に及ぼす緊張を情動的表情として感じる、自己反省的で自己塑型的な体験へ変化したといってもよい。より一般化して言えば、環境を有用性・機能性の観点で扱うことから、「パトス（受苦）」の観点で体験することへ移行したとも言えるかもしれない。

　この移行は、ワロン的に言えば、本来、生きていく過程で環境への不適応を契機に引き起こされ、恐れ、怒り、笑いなどの情動を伴いながら生じるもので、その記憶が芸術というリプレゼンテーションへと発展していく。グルノウの場合、有用性や機能性を離れた経験は重視されるものの、それは、直接の不適応経験を契機として始まるのではなく、「生動的な力」を受苦した結果として生じる色、音、形というエレメンタールな媒体の感受体験が出発点となる。すなわち、日常では有用性をもって機能している環境世界の事物を、意図的にその構成要素である形と色と音へ還元することで、その有用性と社会的機能性を意図的に剥ぎ取り、そこにあらわになる表情を体験することがグルノウ教育では目指されていた。その上で「生きた形」を造形できるためには必要とされる段階、すなわち、エレメンタールな造形要素のシステムを教える段階がきた。なぜなら、生の直接的作用に距離を取り制御できること、エレメンタールな構成要素を何らかのシンボル・システムへと編成できることが、やはり、造形家・芸術家の条件だからである。グルノウ教育は、色や音や形の感受体験から始まり、エレメンタールな造形要素をシンボル・システムとして編成＝秩序化する作業を行なうことで（第一秩序、第二秩序）、これを可能にしようとしたと考えてよいだろう。

　コンラート・ヴュンシェは、そのバウハウス研究（Wünsche, 1989; 1990）において、バウハウス教育の特徴として、「要素化（Elementarisierung）」と、それに基づく「美的＝感性的識字化（ästhetische Alphabetisierung）」の実践をあげている。この美的＝感性的なシンボル・システムの編成の問題は、ヴュンシェが指摘する「識字化」の問題と重なる。グルノウ教育はその外見とは異なり、単なる情動の直接的解放体験ではなく、他のマイスターたちの色彩論や形態論と同様、色や形の美的＝感性的なシンボル・システム論を展開したものだったのだ。しかし、ヴュンシェが指摘するように、要素化され、シンボル・システムに位置づけられる、個々の色や形は決して単なる感覚質料ではなく、それ自体、意味作用を有している。とくに「共感覚」でこの特徴は明らかになるとヴュンシェは述べる。例えば黄色は単に黄色ではなく「レモン」と結びつき、そこから連想されるさまざまな感覚（例えば酸味といった味覚）や意味を喚起するものと捉えられているという。ヴュンシェはこれを「共感覚」の「意味論的」側面と呼び、グルノウ教育の最大の特徴とし、この授業自体は短命に終わったものの、その影響力が長く続いたのはこの発想があっ

たからだと述べている（Wünsche, 1989）。

ヴュンシェのグルノウ「感性調和論」に対する見方は、有用性を脱した、適応と機能性を目的としない感受の段階で生じる「共感覚」が、単に心理学問題に還元されず、何ものかを「代理／再現／表象する（represent）」意味作用の問題であることを示唆するものである。もっとも、正確に言えば、グルノウはヴュンシェが述べるような、黄色が「レモンの黄色」→「酸味」を連想させるといったレヴェルの「共感覚」を問題にしていたわけではない。何か具体的なものを同時に表象させて感覚を喚起するというよりは、もっと原初的なレヴェルにおける意味作用を見ていた。すなわち、ある感覚（例えば聴覚）がある別の感覚（例えば触覚）を、同じ緊張強度にもとづき暗示する「共感覚」においては、前者が自らを「示す（present）」と同時に、後者を「代理／再現／表象する（represent）」ことができるからである。

ヴェルナーは『発達心理学入門』で「グルノウの発見」と明記しながら（Werner, 1926）、諸感覚が未分化で緊張の強度そのものとして感じられる「感受の層」の存在について述べ、この層が「共感覚」を可能にする層であり、かつ表現的（何か情動や気分に訴えるような）性格をもつことを強調している。グルノウもこれとほぼ同じ内容を『バランス環』で述べており（Grunow, 2002）、このレヴェルでの原初的意味作用こそが問題であり、まとまった意味構造の存在を予感させる「意味論」という語よりは、「シンボル性」という表現の方が適切だと思われる。

ところで、ヴェルナー『発達心理学入門』の「グルノウの発見」に関する部分を、自らの主著に引用した哲学者がいた。エルンスト・カッシーラーである。当時、カッシーラーはヴェルナーの所属していた心理学研究所と密接な関係にあった哲学研究所の主任だったが、ヴェルナーの「共感覚」研究にも関心を寄せ、『シンボル形式の哲学』の第三巻『認識の現象学』（Cassirer, 2002）で、「共感覚」においてこそ「知覚一般の性格」が端的に示されるとさえ述べている。その意味するところは「共感覚」にはすでに意味の萌芽が、すなわちリプレゼンテーションの兆しが認められるということである。

「知覚一般の性格」とは事物の感覚におけるシンボル性を指すといってよい。カッシーラーはこの事態を「シンボルの受胎（symbolische Prägnanz）」と呼び、感覚でありながら同時にシンボル性を宿す事態とする（Cassirer, 2002）。これについてはすでに考察したことがあるので（真壁, 2005, 2006）ここでは繰り返さないが、このようにワロンを経由しながらグルノウ、ヴェルナー、カッシーラーの関係を追っていくと、グルノウ「感性調和論」はその一見奇妙な外見にもかかわらず、美的経験を表象やシンボルの生成として捉える、新しい見方を提示してくれることに気づくことになる。グルノウがカッシーラーを意識していた可能性はきわめて低いが、グルノウの展開した実践と理論が指し示す方向性の、少なくとも一つはヴェルナーとカッシーラーの理論展開上に見ることができると思われる。

私は以上を踏まえ、ヴェルナーとカッシーラー、ワロンという補助線を用いながらではあるものの、グルノウ教育によって開かれる美的経験の新しい見方を「シンボル感の生成」と名づけてみたい。この「シンボル感」という変わった表現で示したいこととは、環境世界が感覚現象としてだけではなく、同時になんらかの情動・気分・表情を喚起する表象・意味作用としても現れる事態のことである。この事態は、ワロンに基づくと、有用性や適応や機能性の経験とは異なる「感受」の経験、すなわち広義の「パトス（受苦）」（非日常性、不適応、非機能性）の経験を契機に生じる。しかし、この広義の「パトス（受苦）」の経験が、そのまま音楽やアートの経験なのではない。この経験を基礎にしつつ、さらに高度なシンボル・システム（言語や音楽規則や色彩法則）と連結することで、初めて音楽やアートは「パトス」を表現しながらも、それを制御する可能性をもつ。

　制作の場合も享受の場合も、「パトス」経験に密接に基づきつつ、自律性のある音や色の物質性とその規則性に媒介・代理表現されることで、人は自らの「パトス」に沿いながらも、それに距離を取り、形を与え、向き合うことを学んでいく。グルノウの「感性調和論」は、この意味で、音楽やアートのエレメンタールな媒体である音や色を「感受」する経験から始め、それらに特有のシンボル・システムを形成することを目指した「共鳴体としての身体」形成論だったと言える。

6. おわりに――「感性化トレーニング」との関係

　グルノウ「感性調和論」は健常者を対象とした教育活動ではあったが、その発想の点において、音楽療法とも本質的に関係しあうように思われる。とくに、冒頭述べたように、音楽療法士の養成過程における「感性化トレーニング」との親和性は高い。岡崎（岡崎, 2000）は、療法士養成において、医学、心理学、音楽学、音楽実践などに関する知識や技法などの重要性はいうまでもないものの、さらに重要なのは「あたまで理解したことが、からだにストンと落ちること」だとして、そのための「感性化トレーニング」を重視している。

　たとえば、岡崎は「グループ体験」「セラピー体験」「現場での実践体験（スーパーヴィジョンを伴う）」「自分自身と音楽の関係を見直す作業」を挙げている。いずれも、療法セッションを実体験しながら他者や自分の目で自らの心や身体を反省する経験を指している。特に興味深いのは、どのように療法士を志す者の身体を「クライエントと共鳴する器」にすることができるかが問題だとする指摘であり、「感性化トレーニング」の要点を「常に感じ考え見て聴いて触れて、という全感覚を駆使させること」（羽田, 岡崎, 2004）と述べている点である。

　「感性化トレーニング」とは、諸感覚による身体の敏感化であるといってよさそうなのだが、しかし、実はそれだけではないようだ。たとえば、実際に岡崎の指導の下で「感性化トレーニング」を体験した羽田によれば、声や楽器を使った自己体

験のなかで感じたイメージや身体感覚を、絵や詩におき直す試みもなされたという（羽田, 岡崎, 2004）。この段階は、いわば感じたイメージをシンボル化することを主眼としており、そのことで自己反省を図ることが目的になっている。どうやら感覚の敏感化とシンボル化、この二つを通じて心と身体を自己反省するところに「感性化トレーニング」の意味があると思われる。

こうした特徴は、まさにグルノウ「感性調和論」の目的と重なるものである。しかし、単に重なるだけではなく、グルノウ音楽教育は、感性の敏感化とシンボル化の意義に関して、理論的裏づけを与えることができると思われる。「感性調和論」では、有用性や機能性を越えて世界や他者に出会うために、感覚とそれが喚起するイメージに対する敏感性を高めなければならない。そのためには音や色や形などのエレメンタールな媒体をシンプルに感受し、共感覚水準に達するまで経験することが必要となる。なぜなら、その経験は、情動を表現し、象る新たなシンボルが表現媒体に受胎する瞬間に他ならないことを教えてくれるからである。

音・音楽のシンプルな、しかし深い感受経験は共感覚を生み、この共感覚はシンボル生成を促し、「パトス」と向き合うことを可能ならしめるシンボル表現の形成をうながす。共感覚とシンボル生成というキーワードを軸にして、美的経験と人間形成の問題をシンボル論的に転回させる可能性を秘めるグルノウ「感性調和論」は、「感性化トレーニング」に対しても、理論的背景と新しいトレーニング内容を構想する発想の源を提供するものと思われる。

――――― 参考文献

Ackermann, U. (1999). Körperkonzepte der Moderne am Bauhaus. In J. Fiedler/P. Feierabend(Hrsg.), BAUHAUS. könemann Köln, pp.88-95.

Cassirer, E. (2002). Gesammelte Werke Bd. 13, Philosophie der symbolischen Formen, Dritter Teil. Phänomenologie der Erkenntnis, Hamburg.

Düchting, H. (1996). Farbe am Bauhaus. Gebr. Mann Verlag Berlin.

Fiedler, J. /Feierabend, P. (1999). BAUHAUS. könemann Köln.

Gropius, W. (1971). Die Bauhaus-Idee-Kampf um neue Erziehungsgrundlagen. In E. Neumann(Hrsg.), Bauhaus und Bauhaushänsler. Haawag Bern.

Gropius, W. (1994). Idee und Aufbau des staatlichen Bauhauses. In Staatliches Bauhaus 1919-1923. （深川雅文他編『バウハウス―芸術教育の革命と実践―』川崎市民ミュージアム，pp.32-40）

Grunow, G. (1923). Aufbau der lebendigen Form durch Farbe, Form, Ton. In H. Wingler(Hrsg.), Das Bauhaus. DuMont 1975, pp.83-85.

Grunow, G. (1935-a). Von der Wirkung der Farbe auf das sehende Auge. Kunst und Jugend, 15 Heft 7.

Grunow, G. (1935-b). Die Wirkung des Klingenden Tones auf das Hören. Kunst und Jugend, 15 Heft 9.

Grunow, G. (1938-a). Wie Sehweisen und Hörarten einander wirklich verwandt sind Runden. Kunst und Jugend, 18 Heft 2.

Grunow, G. (1938-b). Natürliche Formentwicklung. Kunst und Jugend, 18 Heft 7.

Grunow, G. (2001). Der Gleichgewichtskreis. (Hrsg, von Achim Preiss), VDG Weimar.

Heitmeyer, H. (1920). Ordnung durch Farbe und Klang. Die Tat, Jg. 11, 1919/1920 Bd. II, p. 929ff.

Heitmeyer, H. (1967). Die Grunow-Lehre. Eine Erziehung der Sinne durch Ton und Farbe. Bildnerische Erziehung, Heft 1/1967, Ratigen, pp.1-4.

Klee, F. (1971). Meine Erinnerungen an das Bauhaus Weimar. In E. Neumann(Hrsg.), Bauhaus und Bauhaushäusler, Hallwag Bern.

Mosse, G. L. (1981). The Crisis of German Ideology. Howard Ferting.

Scharenberg, S. (2000). Johannes Itten. Ein Kunstturner prägt das Bauhaus. In A. Krüger / B. Wedemeyer(Hrsg.), Aus Biographien Sportgeschichte lernen, Schriftenreihe des Niedersächsischen Instituts für Sportgeschichte Hoya e. V., Band14, pp.134-148.

Schreyer, L. (1956). Erinnerungen an Sturm und Bauhaus. Deutsche Hausbücherei Hamburg / Berlin.

Steckner, C. (1985). Zur Ästhetik des bauhauses. Stuttgart.

Steckner, C. (1994-a). Die Musikpädagogin Gertrud Grunow als Meisterin der Formlehre am Weimarer Bauhaus. In Das frühe Bauhaus und Johannes Itten. Verlag Gerd Hatje.

Steckner, C. (1994-b). Sinneseindruck und Wahrnehmung sind schöpferische Akte des Geistes. In F. Jürgen / M. Fritz(Hrsg.), Zur Universalität des Schöpferischen. Lit Münster / Hamburg.

Werner, H. (1926). Einführung in die Entwicklungspsychologie. Leipzig.

Werner, H. (1930). Untersuchungen über Empfindung und Empfinden.1. Das Problem des Empfindens und die Methoden seiner experimentellen Prüfung, In: Zeitschrift für Psychologie 114 Bd.

Wick, R. K. (1994). Zwischen Rationalität und Spiritualität. In: R. Bothe, P. Hahn, H. C. Tavel(Hrsg.), Das frühe Bauhaus und Johannes Itten. Gerd Hatje Verlag pp.117-167.

Wick, R. K. (1996). Von der Utopie zur Realität. In R. K. Wick(Hrsg.), Bauhaus. Die Frühen Jahren. Universität Wuppertal, pp.8-19.

Wick, R. K. (2000). Bauhaus Kunstschule der Moderne. Hatje Cantz Verlag.

Wingler, H. M. (1975). Das Bauhaus. Rasch DuMont Schauberg.

Wünsche, K. (1989). Bauhaus: Versuche, das Leben zu ordnen. Wagenbach Berlin.

Wünsche, K. (1990). Das Bauhaus "als Erzieher". In D. Lenzen(Hrsg.), Kunst und Pädagogik.Darmstadt,

アンリ・ワロン（1983）．身体・自我・社会．浜田寿美男訳編，ミネルヴァ書房．

岡崎香奈（2000）．音楽療法士養成教育における感性化トレーニングについて．音楽療法研究第5号．臨床音楽療法協会．

羽田喜子，岡崎香奈（2004）．音楽療法研修生のための感性化トレーニング体験．国立音楽大学音楽研究所年報 第17号，国立音楽大学音楽研究所．

浜田寿美男（1994）．ピアジェとワロン．ミネルヴァ書房．

深川雅文他編（1994）．バウハウス—芸術教育の革命と実践—．川崎市民ミュージアム．

真壁宏幹（2003）．子どもの"美的経験"はいかに語りうるか．市村他編，

経験の意味世界をひらく．東信堂．

真壁宏幹（2005）．「生成する聴取―ミメーシスと「シンボルの受胎」（カッシーラー）―」『「美的なもの」の教育的影響に関する理論的・文化比較的研究』（平成14-16年度科学研究費補助金・基盤研究（B）（1）研究成果報告書．

真壁宏幹（2006）．「美的経験・教育・自己形成―『シンボル生成』としての美的経験をめぐって」，田中／舟山／米山／山本編『「教育」を問う教育学』．慶應義塾大学出版会．

向井周太郎（2003）．向井周太郎著作集．美術出版社．

森岡正芳（2002）．物語としての面接．新曜社．

リチャード・シトーウィック（2002）．共感覚者の驚くべき日常．草思社．

「替え歌」から「つくり歌」と「歌掛け」へ
——多くの日本人に受け入れられる療法モデルを求めて

牧野英一郎
Eiichiro Makino

はじめに

　日本の音楽療法を、「替え歌」から考えてみよう。多くの日本人に受け入れられる音楽療法のかたちを探るためである。

　いま見渡せば、日本の音楽療法（的活動も含む、以下同）の現場で最も多用されている技法は「歌」であろう。これは、「楽器」が主体の欧米とは異なるようで、留学帰りの音楽療法家はとまどうようだ。日本の福祉施設や老人病院あるいは精神科病院の多くは、近年の音楽療法ブームのはるか以前より、合唱・コーラスと称される大集団での活動を行なっていた。留学帰りでなくとも、そのような場に身を置き、請われて合唱の指揮や伴奏などをしている音楽療法家なら、日本人にかくも好まれる「歌」と音楽療法の関係について、一考に価すると思われるのではないか。

　ここでは、「歌」という、日本人に身近な対象を、「替え歌」という切り口から考える。「替え歌」とは卑俗な一面もあるが、元をたどれば日本人の自己表現の原点とも言え、音楽のみならず文学の源流にも連なっている。日本人にとっての歌とは、音楽とは、等の根本問題を考える上で豊富な材料を提供してくれる。そのうえ、現代の臨床での音楽療法的場面で手軽に実行でき、結果や効果も実感できる。つまり深い歴史的・文化的背景を持ち、治療的な力を考えさせ、理論と実践とをたやすく往復できるので、多くの日本人に受け入れられる音楽療法モデルを考える上で、「替え歌」はまことに好都合な視点を提供してくれる。さらには、現代日本の商業化された音楽文化を捉え直す視点をも提供してくれるという、幾重にも味わい深いテーマなのである。

問題の提示

(1)「素直な替え歌」が存在する

　「替え歌」とは「ある歌の旋律に他の歌詞をあてはめたもの」と『広辞苑』にある。筆者が思い浮かぶものは、子供が大人を揶揄する歌、大人が酒席で盛り上がる歌、芸能人のパロディソング等であったし、少なからぬ読者もそうではないか。だが、本稿が論じるのは、そのように捻ったものではなく、もっと素直なもののことである。個人が自分の思いを声に出し、自分の言葉を既存の節にのせて歌う、自己

表現の手段である。当初は筆者もそのような替え歌が存在するとは思っていなかった。まして音楽療法と関係するとは思わなかった。筆者にとって眼から鱗（うろこ）が落ちた個人的体験を述べることがこの問題の理解を促すと思われるので、以下の順で進めたい。

1) そのような「素直な替え歌」が存在して、しかも音楽療法と関係しそうだ、との思いを筆者が抱くに至った経緯を通じた問題の提示
2)「素直な替え歌」を歌う事例の現地調査と文献研究を報告
3) 療法モデルとして「素直な替え歌」すなわち「つくり歌」と「歌掛け」の提唱
4) 臨床現場で「つくり歌」と「歌掛け」を試みた結果からの考察

「素直な替え歌」が存在し、それが音楽療法と関係しそうだと筆者が気づいた契機は、今から10年以上前の、阪神・淡路大震災後の「心のケア」で行なわれた『神戸復興節・歌詞募集プロジェクト』であった。その経緯は既報したが（牧野, 1996）、「替え歌」という本稿のテーマに直結する面に絞り、あらためて述べよう。

(2)「素直な替え歌」の力に気づく ──『神戸復興節』

筆者は阪神・淡路大震災後の精神保健ボランティア活動に参加し、いくつもの偶然の末、『神戸復興節（こうべふっこうぶし）』という歌の歌詞を、被災者たちから募集するプロジェクトに関わった。これは、大正12年の関東大震災後に流行したバイオリン演歌「復興節」を元歌とする替え歌づくりである。提唱者は神戸市で精神科の診療所を営む女医で、震災後は精神保健ボランティア団体を率いていた小林和（こばやしかず）氏であった。『神戸復興節』誕生の直接の契機は、筆者がボランティア活動の打ち上げの場でバイオリン演歌メドレーを披露し、偶然『復興節』を演奏したところ、小林医師が替え歌づくりを提案したことからであった。すなわち、『復興節』の元歌である関東大震災後、演歌師・添田さつきが作ったという歌詞、

　うちは焼けても　江戸っ子の　意気は消えない　見ておくれ
　アラマ　オヤマ　たちまち並んだバラックに
　夜は寝ながら　お月さま眺めて　エエゾ　エエゾ
　帝都復興　エエゾ　エエゾ

を筆者がバイオリンを弾きながら歌っていくと、精神科医・心理療法士・看護師・ケースワーカー等によるボランティアたちから、「今と同じやんか」「神戸復興エエゾエエゾや」といった歓声があがり、同医師が「替え歌募集しましょうよ」と叫んだのである。こうして『神戸復興節・歌詞募集プロジェクト』が新聞・ラジオ等でスタートした。小林医師の期待通り、5人の被災者から歌詞が寄せられ、それ

図1◆『復興節』楽譜（添田，1982: p.286）

復興節

♩=90

うーちは やけても えどっこの いーきは きえない
みて おくれ アラマ オヤマ たちまち ならんだ
バラックに よーるは ねながら おつきさま ながめて
エーゾ エー ゾ てーいと ふっこう エーゾ エー ゾ

をつづり合わせ『神戸復興節』と名付けられた歌が、震災後半年経った平成7年7月2日、神戸市中央区大倉山の仮設住宅の初演コンサートで披露された。新聞（地元および全国紙）、ラジオ、テレビで取り上げられ相当の反響となった。

阪神大震災後の音楽イベントは確認されただけで400件以上と言われ（仲，1996，1997，1998）、震災を歌った曲も多く発表されたが、いずれもプロの作曲家・作詞家の手によるものであり、被災者の言葉を歌うものは類がなく、明るいニュース・美談としてマスコミが取り上げやすかったことにもよろう。そしてこのプロジェクトを音楽療法的活動と考えれば、それなりに効果があったと言える。『神戸復興節』に接した被災者は、その歌詞を書き写して他の被災者に示す、さらなる歌詞づくりを知人に呼びかける、踊りの振り付けを考える等の行動をとっており、集団療法としての反応があった。個人的にも、歌詞を寄せた5人の被災者のうち、妻が即死し自分も妻の四十九日に脳卒中となり長期入院したC氏は、「一瞬の梁の下なるわが妻は呼べどかえらぬ生き地獄なり」と短歌にする心境であったが、入院中プロジェクトを知り応募し、自作の歌詞が歌われるのに立ち会い、「あれで救われた」と5年後に再建した仕事場で語っている。当日、初演コンサート会場でC氏は皆と一緒に「あんな地震がなんどいや　瓦礫の下にも心が残る」と、亡き妻への思いを秘めながらも声高々と歌った。筆者は、悲惨な事実を自分の言葉で表わしても、節にのせて歌うと気持ちは別の世界に浮上するのだ、と感じ入った。これが筆者が「自分の思いを既存の節にのせて歌う」「素直な替え歌」というものが存在していると気づく契機となった。そして、そのことに、理屈ぬきの歌の力、癒しの力があるよう

第13章 「替え歌」から「つくり歌」と「歌掛け」へ

だ、と思い音楽療法との関係を考え始めたのであった。

　ライフラインが途切れても
　つながりあえた　神戸っ子
　WE　LOVE　KOBE
　失くしたものは　多いけど
　同じくらい大切なものを
　これから　見つけよう
　神戸復興　ガンバレー　ガンバロー

　　　　《A氏》（明石市・34歳。男性。会社員。大倉山の近くの実家が被災した）

　瓦礫踏み越え飛び越えて
　今日もゆくゆく　神戸っ子
　ファイト　ファイト
　長く険しい道やけど
　ナップザック背負った　足音響くよ
　ファイト　ファイト
　神戸復興　ファイト　ファイト

　　　　《B氏》（兵庫区・36歳。女性。西宮で全壊し傾いた兵庫区の実家に住んでいる）

　あんな地震がなんどいや
　瓦礫の下にも心が残る
　……間奏（黙想）……
　ブルーシートのテント村
　救援物資を分け合って何くそ
　神戸の復興だ
　頑張れ神戸　がんばれ神戸

　　　　《C氏》（高砂市・67歳。男性。兵庫区で全壊し妻死亡、本人負傷。
　　　　　　　　49日に本人脳梗塞、現在療養中）
──以下、第10番までつづく（神戸復興節の歌詞〔部分〕牧野，1996：p.59）

　替え歌とは簡単で強力な音楽療法技法ではないかと考え始めた筆者は、文献研究やフィールドワークを始めた。あらためて『神戸復興節』を考えると、なぜ小林医

師が、被災者の心のケアの手段として「替え歌」を考えたのか、という疑問が湧いてくる。当時の筆者は「替え歌」というものにあまり良いイメージを持っていなかったからである。だが、震災後約2年間、同医師は24時間電話相談を自ら担当するなど多忙であった。『神戸復興節・歌詞募集プロジェクト』など活動のほんの一部にすぎず、過労気味の彼女に「何故、替え歌募集を即座に提案したのか」なぞと問うこと自体はばかられた。

　その問いを発することができたのは震災から約6年後、復興がすすみ瀟洒な街並みを取り戻した神戸・元町の、改装成った彼女の診療所に於いてであった。筆者は数年間抱いていた問いを発した。なぜ「替え歌募集しましょうよ」と即座に声をあげたのか？　小林医師の答えは「替え歌は、誰でもつくるものだと思っていた」というのである。驚いた筆者は、初めて同医師の音楽歴を詳しく尋ね始めた。そして奄美群島の「徳之島」生まれと知り、さらに驚いた。

療法モデルを求めて

(1) 「素直な替え歌」を求め徳之島へ ── 現地調査①

　ちょうどその頃、筆者はまさにその徳之島への何度目かの短いフィールドワークから帰ってきたところであった。すでに音楽療法ブームが始まっていたが、筆者はクラシック音楽モデルや、欧米直輸入の音楽療法モデルが無批判に横行する状況に疑問を抱いていた。日本の大多数の人々に無理なく受け入れられる音楽療法モデルを求め、既述の経緯で「自分の言葉を既存の節にのせて歌うことの力」が気になっていた。文献等より奄美群島とくに徳之島には日本人の歌の原型があるらしい、と知り医業のかたわら通い始めていたのである。

　鹿児島県大島郡徳之島は、奄美大島の南にある面積248平方キロ、人口約3万人の島である。沖縄・奄美とひとくくりにされがちだが、民俗音楽学者小島美子氏は、奄美大島から徳之島にかけての地域は、日本列島のなかでも古い層の文化が、独自の成熟と洗練を遂げたところという（小島, 1997）。歴史的には奄美群島の文化は本土と沖縄の影響を受けつつ独自の熟成を遂げ、それは音楽文化において特筆すべきものであるようだ。徳之島出身の民俗学者・松山光秀氏は「仏教も神道も深くは浸透せず、誕生から死後まで自分たちで儀礼を行なわねばならなかった。それも歌で」という。同島の歌は豊富であり、生まれてから死ぬまでの人生の節目で歌われ、歌で昔の物語（悲恋、冒険、等）を伝え、歌で教訓を与え、歌で人の噂話をし、噂されぬよう人は行ないを慎むので歌が道徳ともなる。音楽療法の観点から注目されるのは病人を囲んで歌う「トゥギ（伽）歌」という音楽行動だが、さらには歌で死者を慰め、死者の霊やカミと歌で交信し、歌で他者を呪い、歌で呪い返すなど、本土の都市での商品化された音楽に馴らされた者にはとても考え及ばぬほど多様な歌の文化である。歌というものがいかに多様な「はたらき・機能」を担えるかのモデル

のような島である。

　奄美音楽研究家・小川学夫氏は、奄美大島・徳之島・沖永良部島・与論島などの奄美群島における歌のありかたを、「五つの、ない」と表現している。すなわち、①プロがない、②楽譜がない、③正調がない、④流派がない、⑤歌詞の固定がない——である。これらの点は、本土はもちろん今では沖縄にも「ある」のだという。奄美では、今も歌というものがまさに生まれる瞬間というべき、共同体的・即興的な創造性が保持されている（酒井, 1996：p.281）という。

　歌う機会を「歌遊び」といって、三線（徳之島ではサンシルと呼ぶ）という三味線の伴奏で歌う。複数の者が一緒に歌う斉唱よりも、一人が短い一遍の歌詞を独唱すると、他の一人が合いの手を入れてハヤシたり、歌い返したりすることが多い。つまり歌掛けないし対話（ディアローグ）形式の歌が多い。ひとつの歌の旋律に対し、歌詞は何十編分もあり、それを記憶している人々は、そのとき適当と思われる歌詞を一人一編ずつ歌っていく。そこに大きな楽しみが待っている。例えば「ちゅっきゃり節」という歌は、最初に「徳之島ちゅっきゃり節、アレたっきゃりなさるかや（徳之島の一切《ちゅっきゃり》節を）二切りにできるかね（あなたも歌わないかね）」という誘い文句で歌い出されるのが通例で、他のだれかが歌い返す歌詞もだいたい決まっている。その後もしばらくは慣例通りの順序で数編歌われるが、やがて各自が記憶している歌詞を思い思いに一遍ずつ歌いだす。すると、偶然あるいは意図的に、前後の歌詞の連なりから、新しいストーリーが生まれる。これが第一のレベルでの即興の楽しみである。さらに興が乗ってくると歌詞の一部をその場に即して替えたり、あるいは大部分を即興的に新しく作って歌い返す人も出てくる。おしゃべりのような対話形式なので「素直な替え歌」も生れやすい。そしてこれが第二のレベルでの即興の楽しみとなる。その場ならではの即興的な歌詞の楽しみが二重にあるのだ。こうして、歌の掛け合いは盛り上がり、「ちゅっきゃり節」だけでも一晩中続いたという。こんなふうに常日頃から歌と言えば掛け合っているのだから、病人が出れば囲んで掛け合う「トゥギ（伽）歌」となるのも当然であろう。

　筆者は徳之島に数回訪ね、酒井正子氏のご紹介により地元の歌者（ウタシャ）たちによる「歌遊び」の場にも触れさせていただいた。その平成12年5月2日、徳之島町目手久の徳島博敏氏宅での「歌遊び」の場での音楽的感銘は、筆者個人のクラシック実演鑑賞歴に照らせば、リヒテル、ベームに並び、ウィーンでのニューイヤーコンサートに迫るものであったが、ここでは替え歌論に絞る。徳之島方言を解さないので、帰宅後、酒井氏の著書（酒井, 1996：pp.148-182）で、歌詞の意味と楽しみの構造を理解した。そしてようやく、小林医師の脳裏にあった替え歌とは、この気軽なおしゃべりのような、互いに即興的に歌を掛け合う文化から発想されたものだったのか、と想像できるに至ったのである。それが本土の多くの替え歌とは似て非なることも。(図2)

図2◆徳之島の歌遊び

　さて、話を小林医師に戻す。彼女が3歳の時、一家は鹿児島に移ったが、親戚たちは徳之島の習慣通り、祝い事というと彼女の家にやってきて、歌ったり踊ったりしていた。それは既述のような、即興的な替え歌が生まれる徳之島の歌の掛け合いの文化であったので、見聞きして育っていた彼女の「歌」の観念は、当然、本土一般の「固定した歌詞と旋律を専門家が作り、プロの歌手が歌うのを真似して歌う」と異なることとなった。彼女は替え歌とは誰でもするものだと思い、本土ではそうではないことを、『神戸復興節』後のそのときまで、すなわち筆者が質問するまで気がつかなかったというのである。本土での学生時代でも、その時々の流行歌の節で、「体育祭の歌」を作ったり、教授の名前を折り込んだ「教授数え歌」を作っていた。その時流行している歌を口ずさんでいるうちに、例えば3番までの歌を歌い終わると、同じ節に自分の言葉が「ああ今日はしんど」といったふうに「ついちゃう」ので、まるで4番があるかのように歌い続けたという。通常はその場限りだが、イベントの前になるとしっかりした替え歌を作りたくなり、そういう場合は書いて推敲したという。友人たちも影響されて替え歌を作って楽しむようになったので、彼女は、替え歌とは誰もが作るものと思っていた。そして、替え歌とは、①個人としては自分自身の言葉で手軽にできる感情表現であり、また、②何人かで歌えば、集団としてまとまりができてくる、という印象を抱くに至った。

　震災後、精神保健ボランティア活動を主催し、避難所訪問、仮設住宅訪問、電話相談などを行なった。多くの被災者が他人に言えない悩みをもち昼も夜も相談してくる。その一方で、自分よりもっとひどい目に合った人がいるから、と遠慮して、

第13章……………「替え歌」から「つくり歌」と「歌掛け」へ

相当な悩みを抱えているのに、なかなか言えず苦しんでいる方々も多いことが気になった。何かよい方法はないものかと考えていたとき、偶然出会った筆者がたまたま弾き歌った『復興節』に触れたのである。脳裏に閃いたのは、関東大震災の被災者を励ましたという歌の替え歌を作れば、今の震災後の現実に圧倒され沈黙しがちな被災者が、自分の感情を表現できるのではないか。そして、孤独だった被災者同士が皆で歌えば「自分はもう一人じゃない」という連帯感を育むきっかけになるのではないか、ということであった。彼女が「替え歌募集しましょうよ」と叫んだ背景には、生まれ育った徳之島の音楽文化と、精神科医としての意図があったのである。

　その後の経過は既述の通りで、5人の被災者から集まった歌詞をつづり合わせた『神戸復興節』ができたのだが、同医師は実は意外だったということを6年経って初めて口にした。彼女は、もっと多くの人々からの素朴な言葉が寄せられてくると期待していた。しかし郵送されてきた文章は予想より少なく5人からであり、内容を見て「替え歌ではなく『作品』が寄せられてきた」と思った。わずか2週間の募集期間で応募してきた方々なので無理はないのだが、日頃から詩や脚本を書いたり、「○○市の歌募集」に応募し当選したり、文芸同人誌を発行したり、ペンネームを持ったりという文筆活動を行なっている方々ばかり、いわばセミプロ的な文筆家たちであった。小林医師が思い描いた「被災者が自分の思いを口にし、それがまた他の被災者たちを結びつける」といった素朴な口頭レベルを超えた、文筆で表現する方々である。もちろん応募者も皆被災者であり、既述のとおり相当の反響と効果があり、筆者にとっては「書いたものをそのまま節にのせた替え歌を歌っても、自分の言葉を歌うこととなり、癒される」と教えられる機会となった。彼女の抱いた意外感も多忙な活動に紛れていき、6年後の筆者の問いまで、この問題は忘れられていたのであった。

　ちなみに、歌というものに小林医師のような態度で、歌詞が固定しないものとして接する人が、徳之島には今でもいると知る機会があった。平成11年の正月に同島北部、金見部落の「年の祝い」という、還暦、古希、米寿などの高齢者を祝う席に参加させていただいたときのこと、さまざまな芸能（同島民謡はもとより沖縄舞踊、本土のカラオケ等も）に混じり、ある40歳台くらいの女性が、「祖母に捧げる歌を歌いますからよく聞いてくださいね」と紙片を片手に歌い出した。「ちいさな部落に生まれた○○　あだ名は△△で……」それは『高原列車は今日も行く』の節にのせた祖母の一代記であった。その場に即して作った自分の言葉を歌っただけで、こうも感銘が違うのか、と筆者は感じ入った。本土ではせいぜい「ハッピーバースデートゥー○○」に名前が入るくらいで、こんな幸せな誕生祝いを貰う人はいるだろうか。

以上のように、筆者が「自分の思いを既存の節にのせて歌うだけで癒しとなる」という教訓を『神戸復興節』で得られたのは、歌詞も旋律も固定された本土の歌とは異なる、徳之島にある歌の掛け合いの文化が源であると知った。小林医師の呼ぶ「替え歌」は、卑俗なものを想起しやすい本土文化の筆者とは異なることも理解した。卑俗屈折のニュアンスは全くなく、単に「自分の言葉を既存の節で歌う」ことを指していると知った。その頃から、実は本土のあちこちにも、このような「替え歌」が存在していることに気づき始めた。

(2)「素直な替え歌」の歴史 ── 文献研究①

古くは多くの日本人が、「自分の言葉を既存の節で歌う」という意味の「替え歌」に、親しんでいたことを想起させるテレビ番組が、一年に一度ある。正月半ば、皇居正殿松の間から中継される「歌会始」である。周知のようにその年のお題を読み込んだ和歌を公募し、選ばれた一般からの十名、さらに召人、皇族、そして天皇皇后両陛下のお歌が、旧華族出身の、一人の講司と数人の講頌たちにより朗唱される。その節は決まっており、楽譜もある。

図3◆和歌披講譜：青柳隆志, 1999

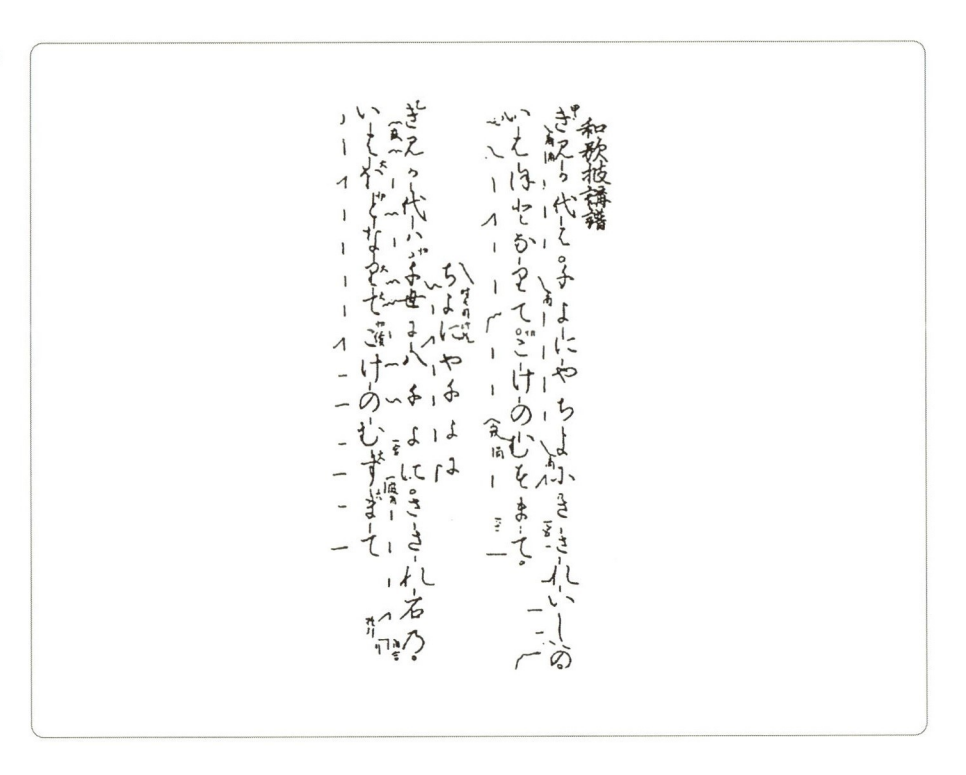

図3は、和歌披講譜といい、室町時代のものである。例として挙げられた和歌は「君が代」で、歌詞の左側の髭のような記号が楽譜にあたり音高や旋律型を示している。「君が代」が、古くから和歌の代表とされていたことを示す一例だが、ここでは歌い方を示す際のモデルという役割である。すなわち、歌詞は「君が代」でなくとも三十一文字の和歌ならば、この節づけで歌えば歌えますよという、替え歌づ

くり誘導装置とも言えよう。

　古代から多くの日本人が、蚕が糸を吐き繭を生すように営々と作り続けてきた和歌。集成された有名な歌集だけでも万葉集、古今和歌集、新古今和歌集をはじめ枚挙に暇なく、今日の我々はそれらが印刷されたものを黙って読んでいる。黙読している。だが、それがはたして原典に忠実な鑑賞法なのだろうか。そう問うのが「歌会始」である。和歌は今のように黙読するばかりでなく「歌会」といって、声に出して歌う場合もあったのだ。そのような場合旋律は皆が知っている何か適当なものが最低一つあればよかった。捻った技巧もあろうから全てが素直とはいえないかもしれないが、すくなくとも「自分の言葉を既存の節にのせて歌う」こと、すなわち「替え歌」にほかならない。こう見ていくと歌会始や昔の歌会のような機会は、本稿の観点からの表現をお許し願えれば、替え歌大会とも思えてくる。

　さて、替え歌＝「自分の言葉を既存の節にのせて歌う」、が生まれやすい状況はどのようなものだろうか。元歌を意識しつつ一人静かに作ることもあろうが、徳之島や歌会始で見たように、交互に、あるいは大勢で歌い合うといった場面こそ生まれやすいのではなかろうか。「歌を掛け合う」と呼ばれてきたこの種の場面の系譜をたどると、「歌掛け」あるいは「歌垣（うたがき）」等と呼ばれる古代風俗に行き着くのである。

(3) 「歌掛け・歌垣」の系譜─文献研究②

　『万葉集』巻九に「筑波嶺に登りて嬥歌会（かがひ）を為る日に作る歌一首」と題され、高橋連蟲麿（たかはしのむらじむしまろ）によるという歌がある。

```
鷲の住む　筑波の山の　裳羽服津（もはきつ）の
その津の上に　率（あども）ひて　未通女壯士（をとめをとこ）の
行き集（つど）ひ　かがふ嬥歌会（かがひ）に
人妻に　吾（あ）も交はらむ　あが妻に　他（ひと）も事問（ことど）へ
この山を　領（うしは）く神の　昔より　禁（いさ）めぬ行事（わざ）ぞ
今日のみは　めぐしもな見そ　言も咎（とが）むな
```
　　　　　　　　　　　　　（万葉集, 巻九, 1959, p.395）

　すなわち、筑波山に、ある特定の日に、男女が上り、「嬥歌会（かがひ）」を行なう。これは歌の掛け合い、歌垣のことという。男女が歌を歌い合う＝掛け合ううちに「私は人妻と交わるから私の妻に誰か相手してくれないか、それは昔からこの山を支配する神さまが、この日だけはお許しなのだから」という歌である。同様の状況は、『肥前国風土記・逸文』杵島山の条（風土記, 1958, p.515）にも見られる。

郷閭の士女、酒を堤へ、
琴を抱きて、歳毎の春と秋に、手を携へて登り望け、
楽飲み歌い舞ひて　曲盡きて帰る、
歌の詞に云はく、
あられふる杵島が岳を　峻しみと
草採りかねて　妹が手を執る
是は杵島曲なり。

このように、特定の日に特定の場所に男女が集まり、歌を掛け合い、気の合ったカップルができ性の結びがなされる、ということが、古代には各地で行なわれていたらしい。国文学史研究で「歌垣」と呼ばれる風俗である。日本人の生活の古型を探る日本民俗学の先達の一人として柳田国男と並び称される折口信夫は、外来のカミ（まれびと）が土地の乙女と歌を掛けながら結婚するといった神話的イメージを提示（折口, 1976：p.318）している。膨大な事例を集めた「歌垣の研究」の渡邉昭五氏によると、歌垣には農作物の実りを若い男女の交わりで促す呪術という側面があり、「歌垣的機会」は、正月、田植え、今日の潮干狩りや七夕、盆踊り、市場にまで及んだ（渡邊, 1994：p.3）という。すなわち、今日残る年中行事の随所に、歌垣の痕跡が見られるというのである。

現在インターネットで「歌垣」を検索すると、「歌垣サミット」と称して佐賀県白石町、大阪府能勢町、茨城県つくば市の3カ所が名乗りをあげているが、それはたまたま万葉集、風土記のような古記録に残った場所にすぎず、古くより日本中で人々の暮らしの節目を彩るハレの場面に「歌垣的機会」が見られたことになる。歌垣が、国文学・民俗学方面で関心を集めたのは、単に現代人の郷愁を誘うのみならず、そこで歌われた歌こそ和歌の源流すなわち日本文学の源流であるという認識からであろう。ただし、これらは文字で書かれた資料のみの研究である。折口氏のカミと乙女も、渡邉氏の男女も、いったいどのように歌を掛け合ったのだろうか。音楽面には触れられておらず、いわば歌声の聞こえない歌垣論と言えなくもない。

歌声の聞こえるよう、歌垣の実態に迫るには、文化人類学・音楽民族学的フィールドワークに頼ることとなる。すると、中国雲南地方の少数民族の風俗に行き着くようである。小島美子氏によれば、貴州省天柱県渡馬に住む少数民族のトン族には「蓮花坪（リエンホワピン）」という行事のなかに、「爬坡節（パーポージェ）」という毎年決まった日に小高い丘に登り、若い男女が歌を掛け合う祭があるという（小島, 1997：p.85）。2万人が集まり、木陰や岩陰で、男女が歌を歌い合い、やがて一対一で掛け合う映像（小島, 1994）を見ると、万葉集や風土記に記された歌垣もかくの如きかと思えてくる。この地方から日本にまで至る照葉樹林帯文化の産物の一つ

が歌垣であるという。

　国内では、まずは沖縄・奄美が歌垣を求めるフィールドワークの舞台となる。すなわち、歌の掛け合いに接して、歌垣、そして和歌の誕生を探るヒントを得ようとするわけだ。筆者は既述の徳之島行きの際、日本文学研究者・真下厚氏に出会い、『万葉集』からいわば音が聞こえてくるようになった。すなわち、歌垣のような場での歌の掛け合いを、徳之島の歌遊びのような、奄美・沖縄の歌文化から類推すると、『万葉集』における次の事象が理解できるという（真下, 2002：p.41）。有名な歌のみ鑑賞される『万葉集』だが、原典をひもとき、有名ではない歌も見ていくと、類歌、すなわち「似た歌」があるという。例えば。

　　かくにのみありけるものを猪名川の奥を深めて吾が思へりける（16・3804）
　　かくにのみありける君を衣ならば下にも着むと吾が思へりける（12・2964）
　　海の底奥を深めて吾が思へる君には逢はむ年は経ぬとも（4・676）
　　広瀬川袖漬くばかり浅きをや心深めて吾が思へるらむ（7・1381）

　このような歌をどう理解するか。文学的なさまざまな立論がなされてきたが、同氏によれば万葉集は歌われたものという点を忘れてはならず、歌の掛け合いの場で、相手の歌った歌の一部を替えて歌い返す徳之島などの例と同様と考えれば理解できるという。筆者はおもわず、『万葉集』のすくなくともある一部は、"替え歌歌詞集"なのか、と膝を叩いてしまった。さらにこのあたりの学びを進めると、日本の多くの短詩型文学に見られる上句と下句が対立しつつ上下で完結する形式（上下句対立形式）は男女の歌掛けから、と土橋寛氏が指摘しておられ、これは定説のようだ（酒井, 1996：p.171）。一首の和歌を数人で斉唱する歌会始の「和歌披講」のはるか以前は、一首を二人で半分ずつ作る掛け合いだったのか。徳之島の歌遊びの光景がまた浮ぶ。そうならば、和歌の伝統的手法とされる「本歌取り」も、既存の和歌を単に言葉だけでなく、旋律にのせたものを思い浮かべ、歌掛けの場で一部替えて歌い返すときのように作っていたことが原型と思われる。南島の歌文化がなぜ日本文学の源流を探る手掛かりと目されるのか、国文学には素人の筆者なりの実感がじわり湧いてきたのであった。

(4)「即興のゲーム」秋田の掛唄大会──現地調査②

　さて、沖縄・奄美を離れ、本州でも歌の掛け合い、しかもすべて即興の歌詞での掛け合いが行なわれる地域がある。筆者は小島美子氏の紹介する（小島, 1997：p.88）秋田県仙北郡六郷町と同県横手市金沢の二つの「掛唄大会」に伺った。どちらも神社の境内で夜を徹して続けられる歌の掛け合いである。一種の競技となっており、即興で言葉を『荷方節』にのせて歌い合う。ここでは伴奏楽器はなく、声のみである。日本の民謡のリズムは、拍節が明確な「八木節」様式と、自由リズムでコブシ

をきかせる「追分」様式がある（小泉文夫氏）とされるが、『荷方節』は後者に属するので、通常1分20秒くらいかかる。そこに自分の言葉をのせて二人の歌い手が交互に歌い合う。審判団が勝負あった、と笛を吹くまで続けられる。勝負がつくとまた次の二人が登場し、勝ち星の多い人が優勝者となる。筆者が拝見した平成11年8月23日の六郷町熊野神社境内でのものは、神事のあと午後11時頃開始。日付が24日となった午前2時頃には、夏虫すだく真夜中に次のような歌の掛け合いが繰り広げられていた。

　　　　　　今年の夏は残暑が厳しく　働いたあとのビールの美味さ

と60歳くらいとおぼしき男性（A）が歌い出す。七七七五で文字にすれば短いが、例えば「美味さ」を「うーーまぁぁぁ、あぁぁぁんぁぁぁーーさぁぁぁーー」と産み字を出して朗々と延ばし、艶と張りある声を聞かす。「今年の」から「美味さ」まで約1分間かかった。すると、相手役の50歳くらいの男性（B）が、若いだけにもっと声量と伸びある声で、

　　　　　　ビール飲みたしお金はないし　俺は麦茶で我慢する

と歌い返す。やはり約1分かかる。たがいに譲らず以下のように、

　　　（A）麦茶で我慢とあなたは言うが　それでよければ金などいらぬ（1分）

　　　（B）麦茶飲み飲み働く私　ビール飲むにはまだ足りぬ（1分15秒）

といよいよ美声を響かす。「足りぬ」の「り」だけでも「りぃぃぃぃーーーいぃぃぬー」とたっぷり10秒以上かける。

　　　（A）ビールを飲みたきゃおら家さ来てよ　サッポロにアサヒに山ほどある

と誇らしげに歌う相手に（B）は、

　　　　　　六郷の清水で作った麦茶　アサヒサッポロ目ではない

と切り返したところへ審判団の笛が吹かれ、「勝負あった」となる。この場面を撮影したビデオを、東京の勤め帰りの人々が集うカルチャーセンターで上映したところ、何人もが溜め息をついた。民謡王国秋田ならではの美声への感嘆とともに、自分の言葉をかくも見事に歌い合うことへの羨望を洩らす人が多かった。勝負は声

量、歌の技巧にもよるが、歌詞の機知によるものが多いようだ。日本語は、文末まで聞かないと意味が確定しないので、「いない」か「いる」か聞き取って、相手が産み字を延ばしている間に、切り返す歌詞を考え歌い返すわけである。当然、歌詞はすべて即興となるが「自分の言葉を既存の節で歌う」ことが、機知あふれるゲームとなっているので、自分の感情を素直に歌う自己表現の手段としての「素直な替え歌」とは言えないであろう。

　白々と夜が開ける頃掛け歌大会は終わり、静寂が訪れまた虫の声が聞こえ出す。審査員がしばらく協議した後優勝者が決定し、優勝旗授与などが行なわれる。だが、筆者が一夜の掛け歌大会にもまして驚いたのは、終了後の社殿内での朝食会であった。一夜の激闘の労をねぎらう懇親会と直会を兼ねたような席で、また即興の歌が始まるのである。「あれだけ上手いのだから優勝するのは当たり前」といった意味の優勝者を讃える歌がひとしきり続いた後、歌の楽しさを讃え、それをもたらす神徳を讃えたりする歌詞が出始める。これは「素直な替え歌」である。このあたりを表わす歌詞も記録されていた。

　　　　掛けは良いもの　自分の気持ち　荷方に託して　歌いきる

　宮崎隆氏によると、現行の「掛唄大会」が始まったのが六郷町は昭和28年、横手市金沢は大正15年ないし昭和2年という。現在行なわれているのはこの二ヵ所だが、近年まで行なわれていたものはいくつもあり、東北地方の「掛唄」の記録は秋田県はじめ各県十数ヵ所の神社等に及ぶ（宮崎, 2003：p.227）。多くは現行の二ヵ所同様、祭礼の夜籠もりの際であったという。昔の夜籠もりは掛け歌のみならず男女の見合いの場でもあったそうで、歌垣的情景と無縁ではなさそうである。曲も荷方節に限らずさまざまで、自分の得意とする歌にのせてもいたという（秋田県教育委員会, 1999：p.65）。例えば「昔は夜を明かして『おばこの歌（秋田おばこ節？）』を文句を替えて掛合を行なった」という（渡邊, 1994：p.545）。また、歌を掛ける様式もいろいろあり、福島県会津の「ウタゲイ」での歌の掛け合いは、（イ）踊りながら、（ロ）お題を出し連歌式に、（ハ）品物を題として置いて、（ニ）既存の物語を即興の歌詞で、（ホ）暇乞いも即興歌の応酬で、等といくつもの種類があった（宮崎, 2003：pp.226-227）。このような、結婚相手選びではなく、遊びやゲームとして歌を掛け合う文化土壌から、現在の審査員によるコンクール様形式が生まれたものと思われる。東北地方以外の掛け歌は、宮崎氏の報告する鹿児島県串木野市、富木耐一氏の報告する静岡県榛原郡佐沢薬師（秋田教育委員会, 1999：p.76）等にもあったようで、調べればまだまだ出てきそうである。

　現在行なわれており、歌の掛け合いの音楽療法的意義を如実に考えさせられる例が、手島育氏が報告している新潟県北部聖籠町の高齢者による「歌のまわりっこ」（手島, 2005）であろう。これは、各自が順繰りに思い思いの歌を「ハァ、お次の

番だよ」と囃され歌い合う。既存の流行歌をそのまま歌う人もあれば、前の人の歌った民謡を替え歌にして自分の言葉で歌う人もいるし、他の人が歌っているものを自分も好きな歌なら一緒に歌ったりもする。この「歌のまわりっこ」は小正月等の夜籠もりがもとという。また、自分の言葉を既存の節にのせて歌い気持ちを表わすことは盆踊りのときにもあったそうで、「盆踊りのときは、いたづらな歌とか、男が女にあこがれる歌、歌のまわりっこよりも、普段はない男女のやりとりがあった。今でも高齢者が盆踊りの話になると色めき立つ」という。男女の結婚のきっかけという歌垣のような情景は、現在の高齢者の青年時代まではあったとわかる。このような「自分の言葉を既存の節にのせて歌う」人の中には、自分の思いを表現するために元歌の歌詞を替えるのみならず、旋律まで変化させることもある（手島, 2004：p.88）という。

とくに音楽療法から注目されるのは、次のような場面である。ある高齢女性は、戦死した夫の弟と再婚したことをずっと気にしており、「歌のまわりっこ」の場で『真室川音頭』の節にのせ、「好きでもないのに一緒になってくれたのではないか、嫌なら嫌といってほしい、もとの18に戻れば別れます」という意味の、複雑な心情を歌った。同じ立場の女性たちを含む周囲が「アまったぐだ、まったぐだ」「旦那さんに歌ってみなよ」等と囃すと、現夫への想いを歌う新たな歌詞を再び『真室川音頭』の節で歌い、周囲の喝采を浴びつつ汗だくで現夫へのユーモラスな歌詞を途中まで歌うが、笑い出して歌えない。周囲から2人が出て『ヤットン節』の節で、「どんな不細工でも自分の妻なら他人に手を引かれると腹がたつ」という歌詞を歌うと彼女も顔をくしゃくしゃにして唱和するといった場面（手島, 2005：pp.44-47）である。

手島氏自身が撮影したビデオ映像も拝見し、言語的コミュニケーションやカウンセリングでは得られぬ個人の感情表現と、集団での癒し合いが濃密にあることを理解した。ただちに浮かんだのは、新潟から1500キロメートル南西の徳之島生まれの小林和医師が、「替え歌は、①個人としては自分自身の言葉で手軽にできる感情表現であり、②何人かで歌えば集団としてまとまりができてくる」と考え、震災後の心のケアの手段にと考えたことであった。「替え歌」とくに思いを込めた「素直な替え歌」は単独で存在するばかりではなく、集団、それも「歌の掛け合い」の場と密な関係があり、その場自体が音楽療法的であることを教えられた。

以上に限らず、各地の民謡や盆踊り歌などは、今でこそ歌詞は印刷されたものを見ながら歌っているが、近年まで、現在60歳くらいの方々の青年時代あたりまでは、自由に自分の言葉を歌い合う替え歌大会の趣があったようだ。読者も地元の民謡を調べればその様子が伺えよう。単に「盆歌」といった地味な名で呼ばれている歌に注目である。その地域でしか歌われないので、全国放送用の説明的な曲名（津

第13章 「替え歌」から「つくり歌」と「歌掛け」へ

軽〇〇節、越中△△節、××町小唄といった）のついていない歌、すなわち昭和初期に作られた「新民謡」等ではなく、もっと古くからの歌を調べていくと、数多くの歌詞が見出されるであろう。盆踊りで盛り上がり、興が載った人々が歌を掛け合い、即興的に新しい歌詞が次々生まれてきた様子が浮かばないだろうか。そして、そのような機会に、歌にのせてしか胸の思いを伝えられなかった男女の姿も。なお、歌でなければ本音を言えなかったのは、忍ぶ恋の男女だけではなかった。「泣く子を川に捨ててしまいたい」とこっそり子守歌の節にのせて歌っていた貧しい子守少女たちのことは小島美子氏がよく説く（小島, 1997：pp.11-12）ところだが、前述の手島氏が紹介する「歌のまわりっこ」の高齢女性たちも、そんな子守少女であったのかもしれない。

民俗世界の口頭伝承レベルではなく、日本の音楽の近代化・西欧化の牙城である東京音楽学校でも「自分の言葉を既存の節で歌う」ことが行なわれていた。すなわち、明治期には「作歌」といって、西洋クラシック音楽に、翻訳ではなく無関係な内容の日本語の歌詞をつけて歌うことがあった。例えば「箱根八里」の作詞家・鳥居忱は、ヘンデルの「メサイア」の有名な「ハレルヤコーラス」に、「神武東征」と題した歌詞を付け、明治34、37、39年の卒業演奏会で歌わせていた。「天晴れよ、めでたや。天晴れよ、めでたや。肇国　中津国は、美地……」（橋本, 1996）と。そもそも明治初期の小学唱歌の濫觴は、アイルランド民謡等に訳詞ではなく、原義と無関係な日本語の歌詞をつけた替え歌を作ることから始まった。藩閥政府に反対する自由民権運動の壮士たちが歌った壮士節は、一つの旋律にメッセージ性の高い歌詞を次々と替え歌づくりしているうち、何十編分もの歌詞が残っている。

著作権の概念が浸透し、著作権料金の授受を含む制度が法的強制力をもって整備され、人々が作詞家と作曲家が作った歌を歌うスター歌手の真似を競うようになるまで、また知識人たちが、「原典に忠実」「原作者の意図に忠実」を称揚するまで、状況はかくの如しであった。それだけ日本人にとって替え歌とは、自分の気持ちを表現するための身近な手段であった。誰でも、適当な旋律さえあれば、自分の言葉をのせた、と言ってよかろう。

現在では、自分の言葉で替え歌を歌うどころか、カラオケで分厚いリストに首を突っこむ「既存の歌に託するしか本音を暗示できない日本人」となったように見える。今日のカラオケ人気は、日本人がかくも屈折しながらも、「歌で自己表現する」という行動は忘れ難いことを示しているのではないか。いまこそ、カラオケ画面の歌詞から離れ、自分の言葉をカラオケにのせて歌う、伝統に目覚めた者は出現しないのだろうか。

療法モデルの提唱

(1)「替え歌」から「つくり歌」へ

　さて、音楽療法家の中には以上のような背景を知らなくとも、現場で多くの人々が喜ぶ活動を試行錯誤するうちに、いつの間にか替え歌を試みた方も多かろう。ただし、「替え歌つくりましょう」という若い女性音楽療法家に対し、含み笑いした年配男性たちが卑俗な歌詞の歌を歌い出し、困惑したという話もよく聞く。替え歌とは俗に言うエッチな歌との認識がかなり広く存在しているようだ。だから本稿では「素直な替え歌」と呼んできたのだが、このような歌を呼ぶのに、もっと適切な呼び方はないものだろうか。かつて筆者がこの問いを発して、「つくり歌」と答えたのは音楽療法家、永井順子氏であった。また、小島美子氏によれば、宮崎県椎葉村には、客を迎えるために新しい歌詞を作るといった興味深い習慣があるが、ここでも「つくり歌」という呼び方をするという（小島, 1999：p.7）。これらに鑑み、捻らない素直な替え歌、自分の言葉を既存の節にのせて歌うという日本の伝統を思わす歌は、「つくり歌」と呼ぶことにしよう。

(2)「つくり歌」と「歌掛け」——日本的音楽療法モデルとして

　そして、「つくり歌」の生まれやすい状況、すなわち一人が歌い、また別の人が歌うという徳之島の「歌遊び」や新潟の「歌のまわりっこ」のような歌の掛け合いを「歌掛け」と呼ぼう。「掛け唄」と呼ぶ地域も宮崎隆氏によれば多いが（宮崎,2004）、ここでは歌よりも場に着目する意味を込めた、日本的音楽療法研究上の用語としてこう呼ぶ。もちろん男女の結びつきまで暗示しそうな歴史的な香りある歌掛けは、とくに「歌垣」と記そう。

　さて、現代日本でも、男女が交互に歌いあう、「歌掛け」の形がいかに連綿たる人気を保っているかの例として、『銀座の恋の物語』などのデュエット曲の人気を小島美子氏は挙げている（小島, 1997：p.87）。それに筆者は『紅白歌合戦』という"国民的行事（?）"の存在を加えたい。現代のこれらを見ても、「歌掛け」とは、まずは和歌の発生に関わり、万葉集の時代から連歌・連句・三味線や箏の組唄等の芸術表現に影響し、多くの人々が自分の気持ちや本音を表わす手段であった民謡においても盛んであり、都市化・商業化された音楽文化の現代に至るまで連綿と続く、日本人の好む音楽行動上のパターンと言って差し支えあるまい。このパターンについて宮崎氏は「(掛け歌の) 発生の要因は、たしかに古代の歌垣や『山入り』『浜降り』といった伝統習俗の中に考えられるかもしれないが、時代時代に人々の関心と要求を組み込んで新しく創造されていく『うた』の現場の新しい名称だったのではないか」と、古くからの伝統としてより、その場に即して現場で新しく創造されるという面に焦点を当てた理解を促している（宮崎, 2004：p.413）。先人の真似をした

つもりではないのに、なぜかあるパターンで行動してしまうなら、その場にいる者の内に組み込まれているものであろう。昨今流行りの遺伝子とかDNAといった機械論的表現ではなく、ユング心理学でいう「元型（archetype）」のような、人の心の深層に根ざしながらその場の状況に連なった、文化の型とも言うべき存在であろう。

　ではこれを音楽療法的な臨床現場で使えないだろうか、と音楽療法家なら考えてよかろう。筆者はこれまで、日本人の伝統的な音・音楽との関わり方から音楽療法のヒントを探ることを提唱し（牧野, 1991：pp.62-71）日本の伝統文化の中で、音や音楽が病気治しや癒しと関連する行為の研究などを行なってきたが、そのような研究の目的は、今日の臨床現場での実践にヒントを与えるモデルを提供し、その有効性を現代の現場で検討すること等と述べた（牧野, 2000：p.31）。すでに提唱した"日本的音楽療法モデル"は「もののね」「歌舞い」（牧野, 2000：p.31）であったが、それらに並ぶモデルとして、ここに「つくり歌」と「歌掛け」を候補に挙げ、臨床現場で検討してみよう。

臨床現場での検討

(1) 病院内での「つくり歌」の試み

　筆者が、自分の勤務し運営する内科・精神科の病院内ではじめて「つくり歌」を試みたのは、平成9年のことであった。既述のような経緯でその治療的意義への思いを深めていたが、どのように、患者さんたちに、「つくり歌」を勧めるのか、いきなり歌詞を作りましょうと言っても、応じる方がいるだろうか。そんな疑問に当然突き当たった。

　答えは、意外に早く見つかった。毎年の夏の行事、盆踊り大会の終わりに、患者・職員皆で歌を歌っていたのだが、夜8時近くの野外であり、歌詞を大きな紙に書いても見えにくいという問題が浮かんだ。では、書く必要のないくらいの短い歌詞ならよいではないか。だが、そんな歌詞の歌はどこにあるのか。そこで思いついたのが「つくり歌」であった。誰でも知っているメロディ、例えば夏なので、「海は広いな大きいな」という唱歌の節に自分の言葉をのせて歌えばよい。そして、肝心なその歌詞は自分たちで作ってはどうか。だが、いきなり作れと言われても、内科・精神科の患者さんのみならず、職員だって、誰だって躊躇するだろう……。そこで、もう一つ思いついたのが、まだ残っている七夕の笹竹についている短冊であった。「早く退院できますように」といった患者さんの願望が多数書かれている。これだけは、どんなに無口で感情表出の少ない高齢者あるいは精神疾患の方でも、ほとんどの方が書いていらっしゃるのである。幼いときからの習慣の力、文化の力といえよう。「これを歌えばよい」とひらめいた。節を知らず書かれたものを再構

成して歌うという点で、『神戸復興節』と同じレベルであるが、「自分の言葉を既存の節にのせて歌う」屈折しない素直な替え歌であり、東京ではこれでも画期的な音楽行動と言えよう。

　こうして、盆踊り大会の最後に、自分たちの歌を歌うひとときが挿入された。筆者が何枚かの短冊とバイオリンを携えて患者さんたちの前に進み、

　　　早く退院　いたしましょう　　早く退院　いたしましょう

と歌詞を告げ、バイオリンで前奏を弾きはじめ「はいっ」と皆で歌ってもらうわけである。原曲が、

　　　海は広いな　大きいな　　月が昇るし　日が沈む

と七五七五調なのに比し、七五を二回繰り返すだけだから誰でも覚えられ、歌詞を書いた紙などいらないわけである。数枚の短冊を歌ううちにたいへん盛り上がる。特に、統合失調症の50歳台男性の、

　　　大きな大福　食べたいな　　大きな大福　食べたいな

は歓声があがり、「糖尿病！」と混ぜ返す躁病男性の声も聞こえる。すかさず筆者は、
　　　それは糖尿が治ってから

と、『海』の後半、「月が登るし日が沈む」のメロディーにのせて歌い返す。その場に即して即興的な、ささやかな歌掛けのつもりであったが、あまりに医者らしいことに気づき慌てて、

　　　料理教室で　作りましょう

と作業療法プログラムを念頭に歌い直す。その他、

　　　彼と遊びに　行きたいな　　彼と遊びに　行きたいな

と、歌垣の伝統を感じさせるものもあれば、

　　　立派な人に　なりたいな　　立派な人に　なりたいな

と、現在の境遇に比し、胸を突かれるものもある。たった数枚の短冊を歌い、たいへん盛り上がったひとときとなった。これは、7月末の盆踊り大会のときであった。1回限りでは終わらず、以後、7月に入り七夕の季節となると、多くの短冊がぶら下がった笹竹を囲み、目にとまった短冊を筆者のバイオリンとともに皆で歌うことが習わしとなり、今や新しい年中行事ができた感がある。そして、年を経ても毎年歌い継がれているのが、「大きな大福」の歌である。試みに読者も、「海は広いな大きいな」の節にのせて、ここで歌ってみて頂きたい。

　　　　　大きな大福　食べたいな　　大きな大福　食べたいな

　文字で読むだけと、声に出し、節にのせて歌うのとでは、たいへん印象が異なることを、おわかりいただけるだろうか。「おおきーなーだいふーくー」と歌っていくと、なんとも言えぬ幸福感が湧いてくるのではあるまいか。これが歌の力と言えよう。そして、いつ、どこで歌ってもうれしく、少なくとも不快感を与える歌ではない点、巷に商品として流れる歌に優るとも劣らないと言えまいか。かくして、統合失調症で長期に入院を余儀なくされたある男性の願いごとから発した歌が、集団により歌い継がれていく。そして毎年の「七夕の笹竹を囲み歌う会」は、初めにこの歌が必ず歌われ、次々その場で生まれた歌が歌われる「歌掛け」の場の如きものとなる。徳之島の歌遊びが想起され、小林医師の、「替え歌」は、①個人にとっての自己表現、であるとともに、②集団としてはまとまる、という状況が病院内に生まれた。

　入院患者にとって食べ物の願いは多い。内科に脳梗塞後遺症後のリハビリのため入院中の男性の短冊から、

　　　　　思いっきり腹一杯の　生ビール　思いっきり腹一杯の　生ビール

という歌が生まれた。面白いといってはご本人に申し訳ない。書かれた文字だけ読めば痛ましい感も湧き、自分も飲んでは悪いかな、といたたまれぬ気持ちにまでなる。が、一緒に歌ってしまうと、本人も皆もなにやら満ち足りてしまう。紛らわしただけといえばそれまでだが、歌うことで「ま、それはそれ」というような、腹に収めた落ち着きを得るのも事実である。これも歌の力と、本音は歌で、という伝統とを思わされる。

　その他、「早く歯と痔が治るよう」「喘息腰痛よくなるよう」等の病気治し願望の歌は多くなる。このように「つくり歌」と「歌掛け」は、音楽療法的手段としての可能性が示されたので、今後は、このような大集団の療法的場面以外でも、知見の集積が期待される。

(2) その場ならではの即興性＝「即場性」

「つくり歌」と「歌掛け」は相当喜ばれた。とくにその場で即興的な歌詞ができると盛り上がった。それはなぜなのか。即興的な歌といえば、フィールドや民俗資料に戻ると、既述の秋田県の掛け歌大会のような歌合戦タイプ以外にも、気になるかたちがある。「既存の節にのせて歌」ってはいるが、「自分の言葉」かは不明な歌のことである。すなわち、北は青森県のイタコやゴミソ、南は奄美・沖縄でユタなどと呼ばれるシャーマンたちの歌である。彼らは短い旋律を繰り返しつつ、何ものかと交信するらしい。その節にのってくる歌詞は自分の言葉というよりカミ・ホトケ（先祖）の言葉と観念されている。真偽はともかく、興味深いのは、この種の歌が、即興的な替え歌がなぜ喜ばれ、座が盛り上がるかを考えるヒントを与える点である。すなわち、人はその場ならではの即興的な歌詞が飛び出すと、これらシャーマンの歌に接したときのように、人智を超えた者の存在に思いを馳せるのではなかろうか。

ただし、その場ならではの「つくり歌」が「歌掛け」の場で生まれることを表わすのに、「即興性」と言うと、一人の天才が、どこにいようが誰といようが関係なく、音のみを霊感の閃きに従い一個の作品として構築するというクラシック音楽的なニュアンスが強いので、「その場ならではの即興性」という意味を込め「即場性」と表わし、音だけでなくその場における言葉、出来事、他者との関係、等をも含んだ即興であることを示す。

さて、話を現場に戻す。七夕の短冊のように前もって書いたものを再構成して歌うのではなく、その場で歌詞ができないだろうか。そう思っていたら、筆者が頼んだわけでもないのに他の職員たちが行なっていた。精神科病棟での音楽セッション、大きな模造紙に書かれた歌詞を、看護師の誘導でピアノに合わせ患者さんたちが歌う。

　　　春が来た　春が来た　どこに来た
　　　山に来た　里に来た　野にも来た

と、おなじみの歌詞を歌ったあと、彼女は患者たちに、「ほかに来てほしいものは？」と問い掛けた。一人の患者が「寿司」と言うのを聞き、「春が来た、を、寿司が来た、にしてみましょう」と宣し、「じゃ、お寿司がどこに来たらいいかしら」と問う。「病院に来た」「テーブルに来た」等と患者たち。結局ピアノの前奏の後、以下を皆で歌うこととなる。

　　　寿司が来た　寿司が来た　どこに来た
　　　病院に来た　テーブルに来た　口に入った

文字で書くとこれだけだが、場の雰囲気は、たいへん盛り上がる。まさに、今、ここにしかない、自分たちの歌が生まれるのだ、というこのワクワクする嬉しさ、楽しさを、比べられるものがあるだろうか。世間で行なわれている音楽療法的セッションは、予めプログラムを決めたものが目につくが、一つでもこのような「即場性（その場ならではの即興性）」を生かした工夫があると対象者たちの受けが違う。教室のような固定した雰囲気が流動感ある歌掛けに変わる、と言えよう。

後で、なぜ替え歌を思いついたか看護師に聞くと、音楽セッション担当者たちと、何か楽しい「あそび歌」でもできないか相談して、と言う。音楽歴を問うと彼女は、東京都だが西部の山岳地帯に育ち、子供のころから歌が好きで、小学校時代は山道を登校しながら大声で歌い、替え歌もしばしば、ときには旋律まで作っていたという。専門的音楽教育を受けたわけではない（あるいは、受けなかったからこそ？）彼女は歌を固定的に捉えず、「自分の言葉を既存の節にのせて歌う」習慣を保持していたのだ。その後、彼女は音楽セッション仲間の一人と結婚した。子供にも「あそび歌」を教えるという。歌垣の伝統は現代の若者にも生きており、次代にも継承されるようだ。

考察

(1)「替え歌」の分類

ここで、これまでに登場した「替え歌」を整理してみよう。単に「ある歌の旋律に他の歌詞をあてはめたもの」と広辞苑はいうが、小林医師が「替え歌」と「作品」を区別し、筆者が秋田の掛歌大会を即興であるがゲームと感じたように、いくつかに分類できることに気づく。分類の尺度は、一つは表現意図であり、(1) 個人の感情の表現が主なのか、(2) 人々に作品として鑑賞されることを意図しているのか、という「個人－集団」の尺度である。もう一つは、歌詞生成の時点であり、(1) その場ならではの即興で即場的に生まれたものか、(2) すでに出来ていて、記憶の中ないし文字に固定されたものを呼び起こしたのか、という「即場－既成」の尺度である。二つの尺度による**図4**を念頭に、既出の「替え歌」を振り返ってみよう。

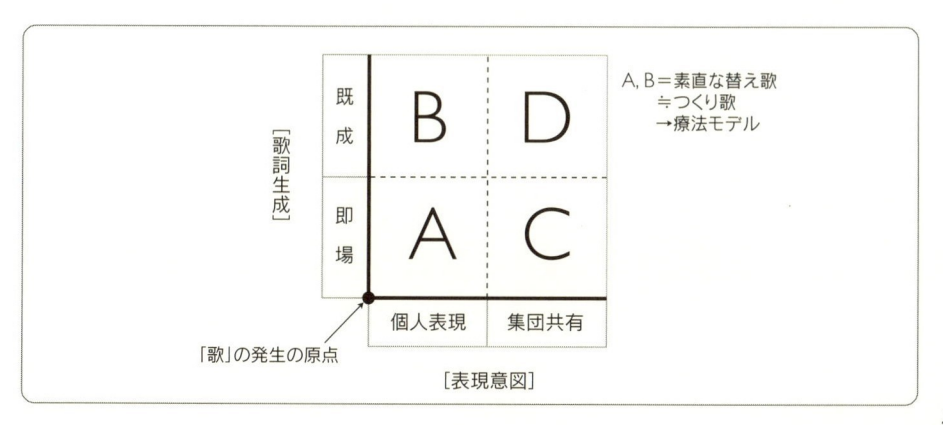

図◆4「替え歌」分類

当初、筆者の持つ「替え歌」のイメージは、卑俗な宴席のものや芸能人のパロディソングなどであり、これらはDに属していたことになるが、阪神大震災後の小林和医師との出会いで、卑俗屈折していない「素直な替え歌」(A、B) を知った。徳之島生まれの小林和医師は親戚達の歌の文化を見聞きして育ち、大震災後、素朴な感情表現のAのつもりで『神戸復興節・歌詞募集』を提唱したが、神戸市民から寄せられたものは公表すべく推敲されたDであった。なかには「瓦礫の下にも心が残る」という一節のように個人の感情が表われたBもあり、これを歌うだけでも癒しになると筆者は感じ、「素直な替え歌」すなわち「A、B」を求める現地調査と文献研究を始めた。そのなかで、個人の素直な感情表現Aと、秋田の掛歌のように即場的だが個人の感情表現ではなくゲーム化され人々に受けて共有されることを意図した作品Cとの差も感じた。
　本研究で出会った多様な「替え歌」は、図に基づいて以下のように分類できる。

(A) 自分の感情の素直な表現が主で、口頭で、その場ならではの即興で歌うものは、小林医師が被災者に求めていた歌、徳之島の歌遊び（トゥギ歌を含む）で即場的に生まれる替え歌、万葉集時代の「嬥歌会（かがひ）」の掛け会い歌、「歌のまわりっこ」の夫への心情を歌う歌、昔の盆踊りや夜籠もりでの異性への歌、昔の子守少女が仕事のつらさを歌った歌、当院内での音楽セッションの場で生まれた「寿司が来た」等である。

(B) 自分の感情を素直に表すが、すでに出来ているものは、神戸復興節の『瓦礫の下にも心が残る』、徳之島の、歌謡曲の節に載せた祖母の一代記「ちいさな部落に生まれた〇〇」、当院の七夕の短冊を歌う「大きな大福」」などで、文字化された歌詞を見ながら歌うことが多い。

(C) 口頭でその場で作られるが、個人の感情表現が主目的ではなく、人々に受けて鑑賞されることを意図したものは、秋田の掛け歌大会、福島のウタゲイといったゲーム感覚のものが相当しよう。

(D) 人々に鑑賞される作品としてすでに出来上がっているものは、徳之島の、一つの節に多くの歌詞があり人々の記憶内に共有されているような、口頭伝承での保存の場合と、和歌披講、『神戸復興節』の大部分、明治時代の作歌、初期の小学唱歌のような、文字での推敲を経た作品であろう。既述した俗に「替え歌」と呼ばれる宴席での卑俗なものや、芸能人のパロディーソングも (D) に入ろう。

　このような歌の文化が、昔から各地で行なわれてきたし、現在でも多くの人の内に潜在していることが今回わかった。そしてこれらを目立たなくさせていたのは、

第13章............「替え歌」から「つくり歌」と「歌掛け」へ

音楽が「作品」として、「ステージ」により、固定化し、評価されたり、売買される対象となった近代の音楽のありかたそのものであることも、調査の随所にうかがえた。

　そもそも、現代日本人が「歌」と呼んでいるほとんどのもの、歌謡曲にせよポップスにせよ、プロの作詞家と作曲家が新たに作り著作権により歌詞と旋律が固定されたものが、この図には含まれない。そのような「固体」としての歌の氾濫に覆われた下に、A～Dのような「流動体」としての歌、より人々の日常の感情のゆらぎに近いもう一つの歌の文化が、地下水脈のように存在していたのである。このことを知れば、歌を考える上での新しい視点を得ることとなろう。それは歌の多い日本の音楽療法を考える上でも有益であろう。考える第一歩は、本当はこの対象者が歌いたいのは、もっと直接自分の言葉を節にのせた歌なのではないか、との問いを発してみることであろう。

　さらに（A）～（D）は固定的ではない。いったん即場的に発せられた歌詞（A）は人々に記憶されれば（B）となり、人々の鼓膜を振動させたとたん共有され（C）となる。そして（B）が人々の注目を喚起すれば（D）であるし、（C）も記憶・記録されれば（D）となる。（C）、（D）になりやすいがゆえに小林医師の言うように個人的にして集団的となりうる。すなわち（A）（B）（C）（D）は固定された枠組みではなく点線のように通じ合うのだが、その揺籃の地はAといえよう。（A）すなわち自分の言葉をその場で歌うという行動がもとである。もう一歩考察すれば、（A）での表現意欲が強ければ、旋律まで自分で替えたり、作ってしまうことすらある。手島氏の報告する新潟の老女のように。あるいは、自分の言葉に自由に節をつけて歌い大人から「わらべ歌」と呼ばれる子供の歌のように。これが「歌」の発生の原点ではないだろうか。これも図に記入しておこう。

(2) 音楽療法モデルとしての「つくり歌」と「歌掛け」

　「つくり歌」は、「替え歌」の捻ったニュアンスを避けた経緯より、（D）の卑俗な部分以外は含み得る語だが、音楽療法モデルとしては図の原点に近い（A）と、即場ではないが自己表現が主である（B）を意味するものとしよう。既述の『神戸復興節』での「瓦礫の下にも心が」の発見（B）に加え、徳之島の「トゥギ歌」、秋田の「歌のまわりっこ」などの民俗事象（A）がそれを示唆した。さらに臨床現場で七夕の短冊を歌うという（B）を試みると喜ばれ、その場で歌詞「寿司が来た」が生まれる（A）と雰囲気は大いに盛り上がったことも支持してくれるだろう。

　このように、「つくり歌」、とくに（A）、（B）に音楽療法モデルとしての可能性が示された。筆者が当初「自分の思いを既存の節で歌う」「素直な替え歌」として注目した類である。とはいえ、臨床現場で、いきなり「つくり歌」を実行できるだろうか。民俗事象では徳之島の「歌遊び」、新潟の「歌のまわりっこ」で見たように、歌い手・聞き手・囃し手が流動的に役割交代できるような仲間同士という雰囲気の「歌掛け」の場、とくに、即場性（その場ならではの即興性）のある場で、

「つくり歌」は生まれやすい。生まれれば、個人的にして集団的という立体感ある雰囲気が醸し出される。臨床現場にこのような「歌掛け」の雰囲気をいかにもたらすかが今後の課題であろう。なお今日の現場で行なうときは、著作権のない節で行なうほうが安全であろう。

「つくり歌」と「歌掛け」は、伝統と多くの民俗事例という、時間的、空間的に広範に存在している根拠（エビデンス）をもち、現代の臨床現場でも、個人にとっても集団にとっても有用性が検証されつつあるので、多くの日本人に受け入れられる療法モデルとなり得よう。「替え歌」から「つくり歌」と「歌掛け」への発見の過程は、筆者が既に提唱した日本的音楽療法研究上の方法論、すなわち「文献研究と採訪調査（フィールドワーク）、そして臨床現場での検討」に沿うこととなった。その結果もたらされた「つくり歌」と「歌掛け」という音楽療法モデルの有用性が示唆されたので、これらは日本の伝統文化を踏まえた音楽療法モデル「日本的音楽療法モデル」と言えよう。この語は、他民族に「つくり歌」や「歌掛け」がないという意味ではない。それを論じる資料を筆者は持っていない。現在の日本の音楽療法界に、クラシック音楽モデルや欧米直輸入療法モデルを無批判に適用しようとして、対象たる多くの日本人を困惑させている光景がなお見られる現状への、筆者なりのささやかな意見表明である。

おわりに

本稿の結論を一言でいえば、「つくり歌」と「歌掛け」のすすめであるが、現場で単に「替え歌しましょう」と言うと、卑俗な替え歌づくりと誤解され、既述の危険に陥りやすい。そうならぬよう、参加者の素直な自己表現の契機となるよう、筆者の個人的体験から考え始めた本稿がお役に立てば幸いである。

謝辞

本稿執筆に際し、多くのご教示を頂いた小林和氏、小島美子氏、酒井正子氏、宮崎隆氏、手島育氏に深く感謝します。そして、現場で生き生きと示唆してくれた武蔵野中央病院の患者さまと職員にも。

[読者の皆様へ]
皆様のなかには、すでに現場で「つくり歌」と「歌掛け」を実践しておられる方も、本稿を読む間に、色々思いついて試みようという方もいらっしゃることでしょう。また、お住まいの地域の民謡と昔の歌詞を調べようと思われた方もいらっしゃるでしょう。そのようなこと、日本的音楽療法モデルに関することなど、何でも以

下にお伝え下さい。筆者も知る限りお教えします。古くて新しいこの分野を一緒に勉強いたしましょう。

　　FAX：0422-32-3617
　　Eメール：mch-cond@ah.wakwak.com
　　〒184-8585 東京都小金井市東町1-44-26 武蔵野中央病院内

―――― 参考文献

青柳隆志（1999），和歌披講譜考．『和歌の披講』プログラム．伝統文化鑑賞会．
秋田県教育委員会（1999）．金沢八幡宮掛け歌行事．
折口信夫（1976）．折口信夫全集第十五巻，民俗学編1．中公文庫．
小島美子（1994）．歌垣の故郷．『音楽から見た日本人，第4回』NHK人間大学．
小島美子（1997）．音楽からみた日本人．日本放送出版協会．
小島美子（1999）．椎葉の民謡－四季のめぐりとともに－．CD『現地録音による椎葉の民謡』添付解説書．ビクターVZCG-8064～5．
酒井正子（1996）．奄美歌掛けのディアローグ．第一書房．
添田知道（1982）．演歌の明治大正史．刀水書房．
仲万美子（1996）．神戸新聞に掲載された震災後の表演関連記事．表演芸術，第4号．財団法人兵庫現代芸術劇場．
仲万美子（1997）．神戸新聞に掲載された震災後の表演関連記事．表演芸術，第5号．財団法人兵庫現代芸術劇場．
仲万美子（1998）．神戸新聞に掲載された震災後の表演関連記事．表演芸術，第6号．財団法人兵庫現代芸術劇場．
手島育（2004）．リサさんの替え歌－聖籠町浜地区集落の現地調査から．音楽教育実践ジャーナル，第2巻，1号．
手島育（2005）．聖籠町浜地区集落　高齢者の歌唱行動とその意味．新潟大学大学院教育学研究科，平成17年度修士論文．
牧野英一郎（1991）．日本人のための音楽療法－伝統的な音との関わり方を出発点として－．日本バイオミュージック研究会誌，第6巻．
牧野英一郎（1996）．『神戸復興節』をめぐって．日本バイオミュージック学会誌，第14巻1号．
牧野英一郎（2000）．日本的音楽療法試論．国立音楽大学音楽研究所年報，第14集．
橋本久美子（1996）．鳥居忱の音楽論および作歌についての一考察．『箱根八里と作詞家・鳥居忱』展覧会解説書．栃木県壬生町立歴史民俗資料館．
肥前国風土記逸文，風土記．岩波書店．1958年．（1972年第15刷）．
真下厚（2002）．声の歌と『万葉集』『文学・語学』173号，全国大学国語国文学会．
万葉集，巻九．日本古典文学体系．岩波書店．1959年．
宮崎隆（2003）．東北の掛歌－新しき即興文化－．講座日本の伝承文学9，口承伝承の世界．三弥生書店．
宮崎隆（2004）．『掛歌』呼称考．日本歌謡研究大系下巻歌謡の時空．和泉書院．
渡邉昭五（1994）．歌垣の研究．三弥井書店．1981年（1994年再版）．

音楽雑誌にみる音楽療法関連文献

屋部 操
Misao Yabe

　国立音楽大学音楽研究所音楽療法研究部門のウェブページに音楽療法分野の国内誌および和図書の目録を公開することで、この分野における情報の組織化を試みて7年になる。当然のことであるが、公開したからには保守管理に費やす時間が減ることはない。一方これだけでは、この分野の情報の組織化としては充分とはいえない。ここでは、これまで音楽雑誌に掲載された音楽療法関連の文献を一覧することにした。作業はすでに終刊している『音楽教育研究』（音楽之友社）から開始し、それ以外の音楽雑誌についても調査を試みた。これらの雑誌に取り上げられた記事の一覧が、日本における音楽療法の発展を振り返る一助につながることを期待したい。

はじめに

　近年、国立国会図書館NDL-OPACでの雑誌記事索引検索の公開など、ウェブ上のアクセス条件は飛躍的進化を遂げている。国立の研究機関の独立法人化に伴うサービスの拡大もあり、今では特定の研究教育機関に所属していない者であっても、個人でかなりのレベルの文献を入手できるようになってきた。音楽療法士また音楽療法士を目指す者が、卒業後も研鑽を重ねていく上で、こうした文献収集をめぐる条件の向上は、特定機関に所属していないというハンディを克服し得る、歓迎すべき変化と言える。国立国会図書館と国立情報学研究所の二大書誌データベースのほかにも、各専門主題の研究機関独自の情報公開が続き、"音楽療法"という、既存の枠組みでは分類しにくい分野における情報収集にとって、歓迎すべき展開となっている。今でこそ情報検索において「音楽療法」という検索語は有効で、「音楽療法」という件名標目も与えられているが、この言葉が情報検索の世界に認知されるまでには、先人の地道な努力があって今日につながっていることを忘れてはならない。例えば障害児に対する音楽活動は、世に「音楽療法」という言葉が認知される以前から続けられていることであり、そうした分野の主題検索における索引語としては、現在であれば「音楽療法」という索引語が付与されるであろう記事に対して、「障害児教育」しか付与されていなかった時代がある。おそらくこの先この分野において、これまでを振り返るような研究が生まれてくるであろうが、過去の文献を探索する作業においては、「音楽療法」という検索語で検索できないからといって、その時代に「音楽療法」が行なわれていなかった、または、音楽療法に関する文献が

第14章　音楽雑誌にみる音楽療法関連文献

存在しなかったということにはならない、という、情報の組織化の流れ、情報検索世界の事情を承知しておく必要がある。

国立国会図書館の雑誌記事

国立国会図書館での雑誌記事の索引作業における大きな変化に、1996年に大幅に対象誌を拡大したということがある。それまで音楽領域の商業誌は『音楽芸術』『音楽教育研究』だけが採録対象とされていたが、この方針の大転換によって、この年から『音楽の友』『音楽現代』『ムジカノーヴァ』『ショパン』といった商業誌の記事が検索できるようになった。音楽関係誌の記事採録年の一覧は参考資料として巻末にまとめておくとして、以下に今回採録記事の調査を行なった音楽関係誌の採録年を掲げる。ウェブ上の情報を転記したもので、誌名・出版社の次は国立国会図書館の請求記号である。

『音楽芸術』（音楽之友社）Z11-208 *5(1)[194701]～56(12)[199812]*

『音楽現代』（芸術現代社）Z11-624 *26(7)[199607]～*

『音楽の友』（音楽之友社）Z11-216 *6(9)[194809]～10(12)[195212],54(7)[199607]～*

『音楽学』（日本音楽学会）Z11-215 *1(1)[195501]～*

『ショパン』（ショパン）Z11-1490 *16(7)(186)[199907]～20(12)(239)[200312]*

『ムジカノーヴァ』（音楽之友社）Z11-469 *27(7)[199607]～34(12)(394)[200312]*

『礼拝と音楽』（日本基督教団出版局）Z11-619 *(90)[199608]～*

初号から採録されているタイトルと、1996年から開始されたタイトルがあることを、ここであらためて確認しておきたい。というのも、文献検索をしていると、即座に返される文献の一覧を目にすることで満足し、自分がデータベースから何を探し、また何を探さなかったか、という採録ソースの問題については、ややもすると意識を向けにくいきらいがあるからである。

今回の調査では、従来の雑誌記事索引に採録されていた雑誌『音楽教育研究』（のちに『季刊音楽教育研究』と改題）が、ウェブ上では公開されていないことが分かった。データは存在するので、いずれ公開されるかもしれないが、日本における音楽療法の歴史をたどる上で重要な雑誌なので、今回はこのタイトルを重点的に調査した。

雑誌『音楽教育研究』に掲載された音楽療法関連記事

『音楽教育研究』は音楽之友社より発行された雑誌である。創刊号（1956.12）か

ら9巻3号（1966.3）までは『器楽教育』。9巻4号（1966.5）から17巻6号（1974.6）までは『音楽教育研究』。17巻7号（1974秋）から36巻4号（1993秋）までは『季刊音楽教育研究』というタイトルであった。購読者層の狭い雑誌が苦戦を強いられるようになる90年代早々に終刊している。

今回はこの雑誌に掲載された音楽療法とその関連記事を調査した。ただし各号の目次ページから探しただけなので、目次に掲載されていない記事については調査していないことをお断りしておく。今回の作業では、日本における音楽療法の発展を検証できるよう、この雑誌についてだけは採録対象主題を音楽療法に限定せず、音楽心理学、障害児教育など音楽療法の周辺領域の主題にも拡げて採録を試みた。以下にその一覧（**表1**）を掲げる。

表1◆

巻号	年月次	標題	著者	収載頁
7(7)	1964.7	音楽心理学からみた音楽教育	桜林 仁	p.24
9(5)	1966.6	実験心理学からみた音楽鑑賞	桜林 仁	p.91-98
9(9)	1966.10	特集：心理学的にみた音楽的能力の発達		p.64-72
10(1)	1967.1	特集：幼児における音楽教育をめぐって		p.78-85
10(5)	1967.5	音楽と心理 1 人間にとって音楽とはなにか	桜林 仁	p.130-133
10(6)	1967.6	音楽と心理 2 環境音楽 － BGM	桜林 仁	p.130-133
10(7)	1967.7	音楽と心理 3 音楽による人間形成	桜林 仁	p.130-133
10(8)	1967.8	音楽と心理 4 医療と音楽	桜林 仁	p.131-134
10(9)	1967.9	音楽と心理 5 音楽の精神分析	桜林 仁	p.132-135
10(10)	1967.10	心理学的にみた鑑賞力の発達（特集：音楽の鑑賞力とは何か）	梅本尭夫	p.78-86
10(10)	1967.10	音楽と心理 6 ある精神分析的音楽観	桜林 仁	p.131-134
10(11)	1967.11	音楽と心理 7 幼児旋律の発生を探る	桜林 仁	p.132-135
10(12)	1967.12	色音符・形音符の効果	波多野誼余夫	p.40-44
10(12)	1967.12	音楽と心理 8 音楽的才能を探る	桜林 仁	p.131-134
11(1)	1968.1	音楽と心理 9 音楽の学習	桜林 仁	p.128-131
11(2)	1968.2	音楽する心を育てる（特集：教育の場における「音楽する心」を育てるための条件	桜林 仁	p.56-62
11(2)	1968.2	音楽と心理 10 演奏研究の科学化	桜林 仁	p.130-133
11(3)	1968.3	音楽と心理 11 音楽鑑賞の心理と生理	桜林 仁	p.130-133
11(5)	1968.5	児童のリズムの識別	荒木瑞江ほか	p.53-59
11(5)	1968.5	音楽と心理　最終回　音楽の社会心理学	桜林 仁	p.130-133
11(8)	1968.8	音楽的能力の測定	波多野誼余夫	p.41-45
11(9)	1968.9	音楽におけるパターンの再認とその能力におよぼす経験の効果	波多野誼余夫	p.110-114
11(12)	1968.12	音楽の協和に関する心理学的接近	国安愛子	p.120-128
12(3)	1969.3	音楽の好みは変えうるか	波多野誼余夫	p.112-116
12(4)	1969.4	てい談・音楽療法とは（特集：特殊教育における音楽の位置）	J.ロブソン／桜林 仁／高萩保治	p.60-69
13(1)	1970.1	音楽の認知の機構	波多野誼余夫	p.128-132
13(3)	1970.3	和音感教育の実験心理学的研究（一）	増山明夫	p.24-31
13(3)	1970.3	教育測定によってわかるものは何か（特集：音楽科にとって評価とは何か）	梅本尭夫	p.58-65
13(4)	1970.4	和音感教育の実験心理学的研究（二）	増山明夫	p.22-32
13(5)	1970.5	和音感教育の実験心理学的研究（三）	増山明夫	p.24-37
13(6)	1970.6	唱法についての心理学的考察（特集：教育のなかの唱法）	梅本尭夫	p.30-37
13(8)	1970.8	和音感教育の実験心理学的研究（四）	増山明夫	p.12-23
13(10)	1970.10	発達心理学からみたリズム感覚の成長（特集：日本人とリズム）	関 計夫	p.66-73
14(4)	1971.4	精神薄弱児にとって音楽教育とは何か（中間特集：障害児への音楽指導のあり方）	栗林文雄	p.96-107
14(7)	1971.7	障害児音楽教育前進への提言	栗林文雄	p.12-23
14(10)	1971.10	《手記》盲学校での一年五ヵ月	清見淳子	p.124-131
14(11)	1971.11	読譜の心理（特集：読譜指導のタイミング）	梅本尭夫	p.56-63
14(11)	1971.11	《手記》施設での音楽教育	栗林文雄	p.132-139
14(12)	1971.12	幼児の発達過程と英才教育（特集：英才教育と音楽）	山松質文	p.72-79
15(2)	1972.2	聾学校「律唱科」の成立と変遷(1)	村尾忠廣	p.40-51
15(3)	1972.3	聾学校「律唱科」の成立と変遷(2)	村尾忠廣	p.34-45
15(4)	1972.4	聾学校「律唱科」の成立と変遷(3)	村尾忠廣	p.12-24
15(5)	1972.5	聾学校「律唱科」の成立と変遷(4)	村尾忠廣	p.28-40
15(6)	1972.6	聾学校「律唱科」の成立と変遷(5)	村尾忠廣	p.50-61
15(7)	1972.7	《障害》を突破する音楽教育	国井 博	p.32-38
15(7)	1972.7	聾学校「律唱科」の成立と変遷(6)	村尾忠廣	p.40-49
15(8)	1972.8	精神遅滞児と音楽	栗林文雄	p.30-37
15(8)	1972.8	聾学校「律唱科」の成立と変遷(終)	村尾忠廣	p.46-57
15(9)	1972.9	幼児における旋律形成の発達的研究(1)	大畑祥子	p.41-51
15(10)	1972.10	幼児における旋律形成の発達的研究(2)	大畑祥子	p.22-33

巻号	年月次	標題	著者	収載頁
15(11)	1972.11	幼児における旋律形成の発達的研究(3)	大畑祥子	p.38-48
15(11)	1972.11	障害児にとって評価とは何か(特集:音楽と「通知表」)	栗林文雄	p.98-105
15(11)	1972.11	盲学校での評価と評定(特集:音楽と「通知表」)	清見淳子	p.126-131
15(12)	1972.12	幼児における旋律形成の発達的研究(終)	大畑祥子	p.40-52
16(3)	1973.3	「音楽療法」の再認識	山松質文	p.12-21
16(3)	1973.3	心身障害児に対する音楽療法の実践	遠山文吉	p.22-33
16(3)	1973.3	音楽教育にとって心理学とは何か(特集:「マーセル音楽教育論」)	千成俊夫	p.74-83
16(4)	1973.4	なぜ音楽を教えるのか	栗林文雄	p.118-123
16(7)	1973.7	《共同調査》幼児の音楽行動の心理学的分析と学習可能性	煎本淑子／小沢ユリ	p.130-143
16(9)	1973.9	幼児の心理とあそび(特集:あそび)	梅本堯夫	p.82-89
17(7)	1974.秋	障害者教育の提起するもの(リレー対談)	鈴木 渉／島袋 勉	p.93-106
18(1)	1975.冬	〈ゴーシュ〉が動物たちから学んだもの(一)	村尾忠廣	p.6-17
18(2)	1975.春	〈ゴーシュ〉が動物たちから学んだもの(二)	村尾忠廣	p.21-33
18(2)	1975.春	所沢市「かしの木学園」	遠山文吉	p.110-117
18(3)	1975.夏	音楽心理学の最近の動向	中村 均	p.108-115
19(1)	1976.冬	音楽療法の現状(潮流)		p.4-5
19(3)	1976.夏	音楽療法を語る:体験的音楽療法史	松井紀和	p.6-18
19(3)	1976.夏	自閉症児の音楽療法をめぐって	山松質文	p.20-27
19(3)	1976.夏	音楽と心	村井靖児	p.28-37
19(3)	1976.夏	音楽を通しての対話:子どもたちから学んだもの	遠山文吉	p.38-47
19(3)	1976.夏	アメリカの現状と日本での治療活動	小平憲子	p.48-55
19(3)	1976.夏	私の試みた音楽療法	西村路子	p.56-67
19(3)	1976.夏	精薄児とリズム感:ブランコトレーニングの訓練効果について	小島久世／佐藤裕子／高橋智恵子	p.68-80
19(3)	1976.夏	音楽療法と音楽教育をめぐって(座談会)	美田節子／高橋八代江／宮下政春／桜林 仁(司会)	p.81-99
19(3)	1976.夏	音楽療法関係資料一覧(1)	斎藤 博／古賀幹敏	p.109-100
19(4)	1976.秋	音楽療法関係資料一覧(2)	斎藤 博／古賀幹敏	p.148-165
20(1)	1977.冬	第2回身体障害者による「みんなの音楽会」を通しての出会い	遠山文吉	p.82-87
20(1)	1977.冬	音楽療法関係資料一覧(3)	斎藤 博／古賀幹敏	p.163-144
21(1)	1978.冬	音楽心理学研究をめぐって	梅本堯夫／桜林 仁／中村均	p.180-191
21(2)	1978.春	オルフと音楽療法	広瀬鉄雄／柳沼輝子／岩本啓司／桜林 仁	p.93-95
21(2)	1978.春	音楽心理学海外研究紹介	林 庸二／中村均	p.96-99
21(3)	1978.夏	ミネソタでの研修:音楽療法(教室から)	栗林文雄	p.66-67
21(3)	1978.夏	音楽心理学海外研究紹介(桜林 仁編)	林 庸二／中村均	p.138-141
21(4)	1978.秋	音楽心理学海外研究紹介(桜林 仁編)		p.146-149
22(1)	1979.冬	聴覚障害児の音楽的リズム認知に関する考察	大橋鉄雄	p.97-103
22(1)	1979.冬	精神分裂病者に対する合奏を用いた音楽療法について	丹野修一	p.104-121
22(1)	1979.冬	音楽心理学海外研究紹介(桜林 仁編)		p.148-151
22(2)	1979.春	精神分裂病の音楽療法:新しい合奏システムをめぐって	村井靖児	p.94-101
22(2)	1979.春	オルフと音楽療法	広瀬鉄雄／柳沼輝子／桜林 仁／清野美佐緒	p.138-149
22(2)	1979.春	音楽心理学海外研究紹介(桜林 仁編)		p.150-153
22(3)	1979.夏	音楽心理学海外研究紹介6(桜林 仁編)		p.106-109
22(4)	1979.秋	音楽心理学海外研究紹介7(桜林 仁編)		p.158-161
22(4)	1979.秋	ある音楽教師の歩み5　障害をもつ児童・生徒たち	松本恒敏	p.168-178
23(1)	1980.冬	障害児教育をめぐって:80年代への私見	遠山文吉	p.40-47
23(1)	1980.冬	再び精神分裂病に対する合奏を用いた音楽療法の試みについて	丹野修一	p.162-167
23(1)	1980.冬	音楽心理学海外研究紹介8 桜林 仁		p.168-171
23(2)	1980.春	オイリュトミー:治療・教育・芸術	坪能由紀子／西原 和	p.146-149
23(2)	1980.春	リトミックを用いた自閉症児の音楽療法	五味克久／坂上ルミエ／吉田一誠	p.150-159
23(2)	1980.春	音楽心理学海外研究紹介9 桜林 仁編		p.162-165
23(3)	1980.夏	音楽学習における遊戯性〈日本音楽教育学会第2回例会から〉	谷村 晃／永田栄一	p.66-72
23(3)	1980.夏	音楽心理学海外研究紹介10 桜林 仁編		p.168-171
23(4)	1980.秋	音楽心理学海外研究紹介11 桜林 仁編		p.160-163
24(1)	1981.冬	音楽心理学海外研究紹介12 桜林 仁編		p.156-159
24(2)	1981.春	発達神経心理学的にみた乳児の聴覚の発達	田中美郷	p.14-23
24(2)	1981.春	音楽心理学海外研究紹介13 桜林 仁編		p.168-171
24(3)	1981.夏	言語障害児のことばとリズム(特集:障害児の発達と音楽)	天野重雄	p.50-57
24(3)	1981.夏	聴覚障害児の音楽教育への挑戦(特集:障害児の発達と音楽)	森 道興	p.58-65
24(3)	1981.夏	視力障害児の音認知と表現技能(特集:障害児の発達と音楽)	中野純寛	p.66-73
24(3)	1981.夏	肢体不自由をのりこえる音楽教育(特集:障害児の発達と音楽)	西川公司	p.74-82
24(3)	1981.夏	精神遅滞児の要求を掘り起こす音楽指導(特集:障害児の発達と音楽)	遠山文吉	p.83-91
24(3)	1981.夏	自閉児の情動を解放する音楽指導：養護学校の日課の中で(特集:障害児の発達と音楽)	伊藤安一	p.92-99
24(3)	1981.夏	音楽心理学海外研究紹介14 桜林 仁編		p.167-170
24(4)	1981.秋	「Psychomusicology」心理音楽学　刊行に寄せて	波多野誼余夫／村尾忠廣	p.142-145
24(4)	1981.秋	音楽心理学海外研究紹介15 桜林 仁編		p.166-169
25(1)	1982.冬	音楽心理学海外研究紹介16 桜林 仁編		p.156-159
25(2)	1982.春	音楽心理学海外研究紹介17 桜林 仁編		p.168-171
25(3)	1982.夏	音楽心理学海外研究紹介18 桜林 仁編		p.144-147
25(4)	1982.秋	音楽心理学海外研究紹介19 桜林 仁編		p.156-159
26(1)	1983.冬	音楽心理学海外研究紹介20 桜林 仁編		p.166-169
26(2)	1983.春	音楽心理学海外研究紹介21 桜林 仁編		p.170-173
26(3)	1983.夏	音楽心理学海外研究紹介22 桜林 仁編		p.170-173

巻号	年月次	標題	著者	収載頁
26(4)	1983.秋	音楽心理学海外研究紹介23 桜林 仁編		p.176-179
27(1)	1984.冬	音楽心理学海外研究紹介24 桜林 仁編		p.176-179
27(2)	1984.春	音楽心理学海外研究紹介25 桜林 仁編		p.166-169
27(3)	1984.夏	音楽心理学海外研究紹介26 桜林 仁編		p.170-173
27(4)	1984.秋	養護学校における音楽の授業と教材	満岡ゆかり	p.93-100
27(4)	1984.秋	音楽心理学海外研究紹介27 桜林 仁編		p.130-133
28(1)	1985.冬	クリエイティブ・ミュージック(自由な音楽創造活動)における評価の問題をめぐって	若尾 裕	p.141-151
28(1)	1985.冬	音楽心理学海外研究紹介28 桜林 仁編		p.172-175
28(2)	1985.春	障害児教育を見すえた改革を	米沢純夫	p.23-30
28(2)	1985.春	障害克服の過程における音と音楽(特集:音楽と発達)	宇佐川浩	p.68-75
28(3)	1985.夏	音楽心理学海外研究紹介29 桜林 仁編		p.162-165
29(1)	1986.冬	障害児・者と音楽のかかわりをもとめて(特集:戦後の音楽教育四十年を総括する)	山松質文	p.29-37
29(1)	1986.冬	音楽心理学海外研究紹介30 桜林 仁編		p.182-185
29(2)	1986.春	創造的音楽療法(クリエイティブ・ミュージックセラピー)とはなにか:クライブ・ロビンズにきく	若尾 裕	p.120-132
30(3)	1987.夏	ProphylaxeとTherapieに役立つ能動的・創造的音楽教育について	小山郁之進	p.124-130
34(2)	1991.春	演奏技能に関する認知心理学的考察1:ピアノ演奏における運動技能の習得を中心に	辻本知子	p.177-186
34(3)	1991.夏	子どもの発達を促進し、障害を克服する力を育てる(特集:戦後音楽科の教育方法を診断する)	遠山文吉	p.39-43
34(3)	1991.夏	もうひとつの音楽教育:養護学校高等部の実践を通して(特集:戦後音楽科の教育方法を診断する)	松樹偕子	p.44-48
34(3)	1991.夏	クリエイティブ・ミュージックその後 イギリス	若尾 裕	p.122-127
34(3)	1991.夏	演奏技能に関する認知心理学的考察2:ピアノ演奏における運動技能の習得を中心に	辻本知子	p.176-184
35(4)	1992.秋	養護学校と学校週五日制:社会参加への飛躍をめざして(特集:どうする学校五日制)	山出智世	p.88-92

　これらのリストにおける「音楽療法」ということばの初出を見ると、12巻4号（1969.4）の「てい談・音楽療法とは（特集：特殊教育における音楽の位置）」（J. ロブソン・桜林仁・高萩保治）であることが分かる。この年（1969年）にジュリエット・アルヴァン女史による公開講座が行なわれている。

　傍証を得るため、国立国会図書館の雑誌記事索引検索によって、論題名で「音楽療法」を検索すると、バーナード・ルースの『音楽療法の長所と短所』（「精神分析」13(8)[1955.7]）が最古の雑誌記事であり、"Music Therapy" を音楽療法としたのは、音楽療法を発展させることに寄与した方たちの訳語ということにはならないのかもしれない。参考までに音楽関係雑誌における音楽療法関連記事のごく古いものとして、雑誌『月刊楽譜』9(6)[1920]に掲載された妹尾幸陽氏の記事『音楽療法（此頃紐育夕報に表はれた新記事）』がある。ここでは特段の説明もなく「音楽療法」という語が出現している。しかし、この記事が最古であるかどうかは今後の調査を待ちたい。

　雑誌『音楽教育研究』の目次を一覧すると、1970年代に入って「音楽療法」という術語の出現が増大していることが分かる。この後10年を経て「音楽療法」が認知され、その位置を定めつつある1985年以降は、音楽教育界の周辺領域への関心は別の主題に移っていくことが目次から読める。

　こうして一覧すると、櫻林仁氏の功績の大きさが明らかになる。櫻林氏の業績については、岐阜県音楽療法研究所より『櫻林仁著作集』（1996）が刊行されており、これは散逸しがちな逐次刊行物への執筆が一覧できる貴重な記録集である。櫻林氏の表記については、データベースが旧字体を使用していないため、表中のデータは新字体となっている。

櫻林仁氏の雑誌文献

『櫻林仁著作集』は氏の逐次刊行物への執筆の一覧であるとともに、日本における音楽療法の発展を確認する資料でもある。氏は記事『音楽療法について』(「日本音響学会誌」35(7)[1979]) において、当時の音楽療法のおよそ10年の歩みを振り返り、

「この頃には、日本の音楽大学も、ぼつぼつ音楽心理学の存在とその重要性に気がつき始め、選択科目ではあるが、アメリカの音楽大学のカリキュラムに真似て、主として教育科で音楽心理学をとりあげる風潮が芽生え始めてはいたのである。しかし、音楽療法の存在に、日本の音楽家や社会人が、驚きの目をそそぐようになったのは、アルバン女史のゼミが、ジャーナリズムを通じて、紹介されたことが契機となった。まさに、ペルリの黒船を想わせる観がある。」

と述べておられる。「黒船」から10年後のこの記事において、「当然のことながら」と前置きして、「『音楽療法士』music therapistの養成と、この職域を確立するための受けいれ社会の理解をめざす啓蒙活動が要望されていく。」(原文のママ)と述べ、研究会を設け、研究誌を発刊し、1978年には『音楽療法入門』(芸術現代社)を発刊するにいたる流れを紹介しておられる。

『櫻林仁著作集』目次のタイトルおよび収載誌に注目すると、次のようにまとめることができる。主題別にみると、1970年代半ばを境に、それまでは心理・教育系の主題が多いのに対し、その後は音楽療法を主題とする記事が多くなっている。収載誌別にみると、1960年代までは心理・教育系雑誌への寄稿が多く、1960年代後半から音楽系の雑誌への寄稿が増え、1970年代からは音楽療法誌が出現している。櫻林氏が日本における音楽療法の発展において、あたかも宣教師のような役割を担っていたとしても、雑誌『音楽教育研究』を別にすれば、いわゆる音楽雑誌への寄稿は非常に少なく、1994年に『レッスンの友』6-7月号に連載された"「音楽療法」ってナニ？"を見い出すにすぎない。この主題領域における発信が、音楽の領域に対してはなされなかった、と見るべきなのか、音楽の領域がこの主題からの発信を受け止めようとしなかった、と受け止めるべきなのか、さらなる検証が必要であろう。

初期の音楽療法に関する図書

1960〜70年代に出版された音楽療法関連の図書を以下に掲げる。

1964： 『音楽で生活をたのしく』玉岡忍著
1966： 『音楽による心理療法：ミュージックセラピィ』山松質文著
1967： 『音楽の精神分析』アンドレ・ミシェル著　桜林仁、森井恵美子

訳
1968：『心身障害児のための音楽療法』ジュリエット・アルビン著
　　　山松質文、谷嘉代子訳
　　　『この子らに音楽を：非行少年との体験的音楽療法』宮下政春著
1969：『音楽療法』ジュリエット・アルヴァン著　櫻林仁ほか訳
1971：『脳性まひ児の壁にいどむ』佐藤千代子著
　　　『精薄教育における授業（1）音楽』小宮山倭編
　　　『音楽による治療教育 上巻：実践的アプローチ』E. セイヤー・
　　　　ガストン編著　堀真一郎、山本祥子訳
1972：『音楽による治療教育 下巻：応用と実験計画』E. セイヤー・ガ
　　　　ストン編著　堀真一郎、山本祥子訳
1973：『一自閉症児の成長記録』勘角嘉代、山松質文著
　　　『心身障害児の音楽療法』P. ノードフ，C. ロビンズ著　桜林仁、
　　　　山田和子訳
　　　『障害児の音楽療法』P. ノードフ，C. ロビンズ共著　桜林仁、
　　　　山田和子訳
1974：『精神薄弱児のためのリトミック』望月勝久著
1977：『自閉症児の治療教育』山松質文著
1978：『音楽療法入門』桜林仁〔ほか〕著
1979：『盲人に音楽を：佐藤国蔵の生涯』鈴木栄助著
　　　『音楽指導書：養護学校（精薄）中学部音楽科教科書指導書〔3〕』
　　　　文部省〔編〕

　和図書で最初の音楽療法の図書は、1966年に出版されている。この図書に続いて、それまでの準備が一挙に成果を問うかのように出版が続いていく。これらの書誌情報の詳細と、これ以外の図書の出版については、「音楽療法関係文献目録　和図書編」(http://www.ri.kunitachi.ac.jp/mt/book/books.htm) を参照されたい。これらの出版の動きと、雑誌記事の掲載動向をあわせて見ると、日本に音楽療法という言葉が認知されていく動きを読み取ることができる。現在では図書の出版においては、オリジナルの著作においても、海外の良書の翻訳においても、この世界は活況を呈しているが、今回調査した雑誌『音楽教育研究』は、音楽療法がそうした時代を迎える前に終刊しているのである。

音楽療法関係誌の刊行

　前段では、音楽療法の世界は、音楽の領域においては主に音楽教育の主題分野の出版物への発信をもってスタートしたこと。またそのスタートは1960年代の後半

であったことを確認した。次にこの領域が独自の定期刊行物を刊行する動きをまとめてみた。

音楽療法関連の逐次刊行物の刊行状況は以下のとおりである。

1971：「音楽心理学年報」（音楽心理学懇話会）創刊（のちに吸収合併される）
1972：「音楽療法研究年報」（武蔵野音楽大学）創刊（のちに別誌を吸収して改題）
1987：「日本バイオミュージック研究会誌」創刊（のちに終刊）
1989：「音楽療法ニュース」（東京音楽療法協会）創刊
1991：「音楽療法」（日本臨床心理研究所）創刊
1995：「音楽心理学音楽療法研究年報」（日本音楽心理学音楽療法懇話会）創刊
1996：「音楽療法研究」（臨床音楽療法協会）創刊（のちに終刊）
1999：「臨床音楽療法研究」（奈良市音楽療法研究会）創刊
2001：「日本音楽療法学会誌」創刊
　　　「近畿音楽療法学会誌」（日本音楽療法学会近畿支部）創刊
2002：「イキイキ音楽療法のしごと場」（あおぞら音楽社）創刊
2003：「theミュージックセラピー」（音楽之友社）創刊

この分野の逐次刊行物の刊行は研究誌から始まっている。2001年に日本音楽療法学会が発足し、学会誌は一誌に統合された。こうした動きの一方で、それぞれの団体が独自の刊行物を発行し始めている。しかし地方の団体や研究会などの定期刊行物の出版状況を把握するのは困難であり、学会がそうした刊行状況を把握していることが望まれる。音楽療法士の資格要件として論文の執筆が義務付けられているため、発表の場の確保のためにも定期的な刊行物を出版することが求められている現状では、どこかがそうした出版情報をおさえている必要がある。これはこの分野の内に対しても外に対しても、求められている責務である。自由に刊行物が発刊されていくことは、この世界の活性化と発展につながる活動といえるが、その乱立は論文の評価の際にも問題となるのではないだろうか。学会が統制することではないものの、日本におけるこの分野のナショナルセンターとして、国内の出版情報を把握していることが、国内外から求められよう。

商業誌が刊行されるということは、その分野における定期的な刊行物に購読者が見込めるという判断があったとみてよい。近年のMOOK二誌の刊行は、まさにそうしたマーケットがあると出版界は判断したことになる。6000人を擁する学会となった音楽療法の世界は、出版界が期待を持ち得る市場となったようだ。専門書の初版は400冊前後であろうから、この世界は確かに市場として期待されるだけの人

口にふくれ上がっている。

次に専門誌・商業誌における関連記事をみていくことで、音楽出版界において音楽療法がどのように扱われてきたかを概観する。

音楽誌に掲載された音楽療法関連記事

ここでは音楽雑誌に掲載された音楽療法関連記事を一覧した。採録は2007年3月末までである。前掲の資料同様、目次をみてまとめただけであり、目次に掲載されていない記事については調査できていない。初出記事の年代順にタイトルを掲げた。繰り返しになるが、こうした資料を作成したのは、現在ここに掲げる記事の多くが索引化されていない、または、「音楽療法」というキーワードで検索できないことによる。リストはホームページにも公開し、音楽療法関係文献の参考資料としたい（表2〜12）。

表2◆音楽芸術

巻号	年月次	標題	著者	収載頁
10(7)	1952.7	音楽と心理学（特集：学問と音楽）	渡辺 護	p.34-40
14(2)	1956.2	社会心理学と音楽	城戸浩太郎	p.42-47
18(5)	1960.5	ファーンズワース著「音楽の社会心理学」（海外の音楽書紹介）	福田達夫	p.105-106
25(4)	1967.4	音楽の精神分析〈アンドレ・ミシェル著〉より	桜林 仁	p.28-30
36(4)	1978.4	自然と音楽：松風・虫の音・あしらい（特集：日本人の音感覚）	吉川英史	p.26-29
54(3)	1996.3	音楽を捉えなおす認知科学：自在な道具的知としての	伊藤 乾	p.84-89
56(8)	1998.8	癒しの神アスクレーピオスはいま蘇る：音楽療法の原点と源流に佇む（特集：音楽における癒しとは〜音楽療法の現在）	海老澤敏	p.18-26
56(8)	1998.8	音楽はどうして治療になるのか（特集：音楽における癒しとは〜音楽療法の現在）	村井靖児	p.27-33
56(8)	1998.8	音楽療法に関する文献（特集：音楽における癒しとは〜音楽療法の現在）	村井満恵	p.34-37
56(8)	1998.8	音楽の癒す力（特集：音楽における癒しとは〜音楽療法の現在）	石井誠士	p.38-41
56(8)	1998.8	精神分裂病の世界と音楽（特集：音楽における癒しとは〜音楽療法の現在）	阪上正巳	p.42-49
56(8)	1998.8	音と音楽の違い（特集：音楽における癒しとは〜音楽療法の現在）	安永 徹	p.50-57

表3◆音楽学

巻号	年月次	標題	著者	収載頁
23(2)	1977	精神分裂病患者に対する音楽療法の新しいシステムの試みについて——新しい楽器合奏システム（音楽学会第28回全国大会総覧—1977(昭和52)年10月8日〜9日)—(研究発表要旨)	丹野修一	p.150-155
35(3)	1989	音と音楽の持つ治療手段としての特質（日本音楽学会第40回全国大会総覧）	丸岩恵子	p.213-215
37(3)	1991	臨床における対話としての音楽：痴呆性老人への音楽療法（日本音楽学会第42回全国大会総覧・研究発表要旨）	稲田雅美	p.185-186
40(3)	1994	音と音楽の持つ治療手段としての特質：コミュニケーション機能について（日本音楽学会第45回全国大会総覧）	山下恵子	p.225-226
45(2)	1999	音楽のストレス軽減効果：内分泌学的研究	山下政子	p.143-152
47(3)	2001	音言語による心のコミュニケーション——音楽療法における"テンポ"を通して〔含 質疑応答〕（日本音楽学会第52回全国大会(札幌)総覧—研究発表要旨）	佐治順子	p.247-249

表4◆日本音響学会誌

巻号	年月次	標題	著者	収載頁
62(9)	2006.9	小特集「何故音楽は心に響くのか？」にあたって（小特集：何故音楽は心に響くのか？：音楽への科学的アプローチの現状）	西口磯春	p.672-675
62(9)	2006.9	音楽を聴くということの心理的意味を考える：心理学からのアプローチ（小特集：何故音楽は心に響くのか？：音楽への科学的アプローチの現状）	谷口高士	p.682-687
62(9)	2006.9	音楽認知の脳内メカニズム：神経心理学からのアプローチ（小特集：何故音楽は心に響くのか？：音楽への科学的アプローチの現状）	佐藤正之	p.688-693
62(9)	2006.9	「何故音楽は心に響くのか？」誌上座談会（小特集：何故音楽は心に響くのか？：音楽への科学的アプローチの現状）	山田真司、西口磯春、永岡 都、谷口高士、佐藤正之	p.694-699

表5◆ムジカノーヴァ

巻号	年月次	標題	著者	収載頁
21(1)	1990.1	湖のように澄んだ美しい瞳のK君をレッスンして：ある自閉症児との奮戦記[1]	山崎和子	p.82-86
21(2)	1990.2	湖のように澄んだ美しい瞳のK君をレッスンして：自らを切りかえてK君に対する[2]	山崎和子	p.76-79
23(4)	1992.4	自閉症児K君との出会い（魂の内なるハーモニー[1]）	水野恵理子	p.60-61
23(5)	1992.5	自閉症児K君と音楽（魂の内なるハーモニー[2]）	水野恵理子	p.72-73
23(6)	1992.6	身体と精神をつなぐリズム（魂の内なるハーモニー[3]）	水野恵理子	p.72-73
23(7)	1992.7	音楽的感覚を育てる(1)（魂の内なるハーモニー[4]）	水野恵理子	p.90-91
23(9)	1992.9	音楽的感覚を育てる(2)（魂の内なるハーモニー[5]）	水野恵理子	p.74-75
23(12)	1992.12	音楽の効用（魂の内なるハーモニー[7]）	水野恵理子	p.68-69
24(4)	1993.4	内なる音楽との出会い（魂の内なるハーモニー[9]）	水野恵理子	p.60-61
24(5)	1993.5	障害児とピアノのおけいこ（魂の内なるハーモニー[10]）	水野恵理子	p.66-67
25(5)	1994.5	音楽セラピーの見地から：ピアノが心の灯火に	宮本洋子	p.84-86
30(9)	1999.9	特集：ピアノ・レスナーの音楽療法—いま音楽が人と街を変える！	編集部	p.29-31
30(9)	1999.9	実践レポート 音楽教室で 音楽療法がはじまるとき （特集：ピアノ・レスナーの音楽療法—いま音楽が人と街を変える！）	呉竹英一	p.32-35
30(9)	1999.9	実践レポート 精神科の病院で 深い音楽的交叉が感性を澄ませる「合奏法」 （特集：ピアノ・レスナーの音楽療法—いま音楽が人と街を変える！）	折山もと子	p.35-37
30(9)	1999.9	実践レポート 特養老人ホームで 感じること・体を揺らすことも「音楽」 （特集：ピアノ・レスナーの音楽療法—いま音楽が人と街を変える！）	道元ゆり	p.38-39
30(9)	1999.9	実践レポート ホスピスで 人間最期の瞬間にも音楽は寄り添える！ （特集：ピアノ・レスナーの音楽療法—いま音楽が人と街を変える！）	鏑木陽子	p.40-41
30(9)	1999.9	実践レポート 障害者施設で 「音・振動・波動」が引き出す人のエネルギー、集中力 （特集：ピアノ・レスナーの音楽療法—いま音楽が人と街を変える！）	渡邉紀子	p.42-43
30(9)	1999.9	実践レポート 小学校で 認められたい・受け容れられたい子どもたち （特集：ピアノ・レスナーの音楽療法—いま音楽が人と街を変える！）	澁谷明子	p.44-45
30(9)	1999.9	奈良市の「音楽まちづくり」—福祉最前線！自治体も動く 音楽療法では日本一古く、日本一新しい （特集：ピアノ・レスナーの音楽療法—いま音楽が人と街を変える！）	延 年子	p.46-47
30(9)	1999.9	看護も音楽療法も人間理解力・共感力が大切！—看護の世界から「音楽」にエール！ （特集：ピアノ・レスナーの音楽療法—いま音楽が人と街を変える！）	大村典子	p.48-49
30(9)	1999.9	情報源 音楽療法BOOK 機関（特集：ピアノ・レスナーの音楽療法—いま音楽が人と街を変える！）		p.50-52
32(1)	2001.1	音楽療法「新世紀」の始動を伝えて…—1800人が参集し、人間と音楽と心を問い、語りあった3日間 長良川国際音楽療法セミナー音楽療法国際フォーラム岐阜［第2回全日本音楽療法連盟学術集会］	北島京子	p.76-78
33(2)	2002.2	今月のプレ・トーク番外編 特別インタビュー『音楽療法士』	芹沢一美	p.56-59
33(3)	2002.3	インタビュー音楽療法士岡崎香奈さん「音楽療法を知ると、音楽が豊かになります」～ピアニストと音楽療法について	堀内久美雄	p.74-75
33(4)	2002.4	大きなうねりを形成するために：「第1回日本音楽療法学会学術大会」が伝えたもの	北島京子	グラビア頁.
33(8)	2002.8	音楽療法静岡フォーラム2002 静岡発NPO法人としての音楽療法の取り組み	芹沢一美	p.98-99
34(2)	2003.2	さらなる音楽療法の普及と活用を —第7回長良川国際音楽療法セミナー「これからの音楽療法に求められるもの」	芹沢一美	p.102-103
34(2)	2003.2	静かに熱いメッセージを：名古屋芸術大学客員教授ケネス・エイギン氏講演会より	芹沢一美	p.104
34(4)	2003.4	ピアノ教師のための音楽療法入門　1	石村真紀	p.106-107
34(5)	2003.5	ピアノ教師のための音楽療法入門　2	石村真紀	p.96-97
34(5)	2003.5	音楽療法関連の新刊紹介	芹沢一美	p.98-99
34(6)	2003.6	ピアノ教師のための音楽療法入門　3	石村真紀	p.106-107
34(6)	2003.6	音楽療法ニュース	芹沢一美	p.108
34(7)	2003.7	ピアノ教師のための音楽療法入門　4	石村真紀	p.102-103
34(7)	2003.7	音楽療法ニュース	芹沢一美	p.104
34(8)	2003.8	ピアノ教師のための音楽療法入門　5	石村真紀	p.102-103
34(8)	2003.8	音楽療法ニュース	芹沢一美	p.104
34(9)	2003.9	ピアノ教師のための音楽療法入門　6	石村真紀	p.96-97
34(9)	2003.9	音楽療法ニュース	芹沢一美	p.100
34(10)	2003.10	ピアノ教師のための音楽療法入門　7	石村真紀	p.98-99
34(10)	2003.10	音楽療法ニュース	芹沢一美	p.100
34(11)	2003.11	ピアノ教師のための音楽療法入門　8	石村真紀	p.98-99
34(11)	2003.11	音楽療法ニュース	芹沢一美	p.100
34(12)	2003.12	ピアノ教師のための音楽療法入門　9	石村真紀	p.102-103
34(12)	2003.12	音楽療法ニュース	芹沢一美	p.104
35(1)	2004.1	ピアノ教師のための音楽療法入門　10	石村真紀	p.94-95
35(1)	2004.1	音楽療法ニュース	芹沢一美	p.96
35(2)	2004.2	ピアノ教師のための音楽療法入門　11	石村真紀	p.102-3
35(2)	2004.2	音楽療法ニュース	芹沢一美	p.104
35(3)	2004.3	ピアノ教師のための音楽療法入門　12	石村真紀	p.92-93
35(3)	2004.3	音楽療法ニュース	芹沢一美	p.94-96
35(4)	2004.4	ピアノ教師のための音楽療法入門　13	石村真紀	p.106-107
35(4)	2004.4	音楽療法ニュース	芹沢一美	p.108
35(5)	2004.5	ピアノ教師のための音楽療法入門　14	石村真紀	p.102-3
35(5)	2004.5	音楽療法ニュース	芹沢一美	p.104
35(6)	2004.6	ピアノ教師のための音楽療法入門　15	石村真紀	p.94-95
35(6)	2004.6	音楽療法ニュース	芹沢一美	p.96
35(7)	2004.7	ピアノ教師のための音楽療法入門　16	石村真紀	p.102-103
35(7)	2004.7	音楽療法ニュース	芹沢一美	p.104
35(8)	2004.8	ピアノ教師のための音楽療法入門　17	石村真紀	p.100-101

巻号	年月次	標題	著者	収載頁
35(8)	2004.8	音楽療法ニュース	芹沢一美	p.102-104
35(9)	2004.9	ピアノ教師のための音楽療法入門 18	石村真紀	p.98-99
35(9)	2004.9	音楽療法ニュース	芹沢一美	p.100
35(10)	2004.10	ピアノ教師のための音楽療法入門 19	石村真紀	p.98-99
35(10)	2004.10	音楽療法ニュース	芹沢一美	p.100
35(11)	2004.11	ピアノ教師のための音楽療法入門 20	石村真紀	p.98-99
35(11)	2004.11	音楽療法ニュース	芹沢一美	p.100
35(12)	2004.12	ピアノ教師のための音楽療法入門 21	石村真紀	p.94-95
35(12)	2004.12	音楽療法ニュース	芹沢一美	p.96
36(1)	2005.1	ピアノ教師のための音楽療法入門 22	石村真紀	p.94-95
36(1)	2005.1	音楽療法ニュース	芹沢一美	p.96
36(2)	2005.2	ピアノ教師のための音楽療法入門 23	石村真紀	p.94-95
36(2)	2005.2	音楽療法ニュース	芹沢一美	p.96
36(3)	2005.3	ピアノ教師のための音楽療法入門 24	石村真紀	p.94-95
36(3)	2005.3	音楽療法ニュース	芹沢一美	p.96
36(4)	2005.4	音楽療法ニュース	芹沢一美	巻末p.48
36(5)	2005.5	音楽療法ニュース	芹沢一美	巻末p.48
36(6)	2005.6	音楽療法ニュース	芹沢一美	巻末p.48
36(7)	2005.7	音楽療法ニュース	芹沢一美	巻末p.48
36(8)	2005.8	音楽療法ニュース	芹沢一美	巻末p.48
36(9)	2005.9	音楽療法ニュース	芹沢一美	巻末p.48
36(10)	2005.10	音楽療法ニュース	芹沢一美	巻末p.48
36(11)	2005.11	音楽療法ニュース	芹沢一美	巻末p.48
36(12)	2005.12	音楽療法ニュース	芹沢一美	巻末p.48
37(1)	2006.1	音楽療法ニュース	芹沢一美	巻末p.48
37(2)	2006.2	音楽療法ニュース	芹沢一美	巻末p.46
37(3)	2006.3	音楽療法ニュース	芹沢一美	巻末p.48
37(4)	2006.4	音楽療法ニュース	芹沢一美	巻末p.48
37(5)	2006.5	音楽療法ニュース	芹沢一美	巻末p.48
37(6)	2006.6	音楽療法ニュース	芹沢一美	巻末p.48
37(7)	2006.7	音楽療法ニュース	芹沢一美	巻末p.48
37(8)	2006.8	音楽療法ニュース	芹沢一美	巻末p.40
37(9)	2006.9	音楽療法ニュース	芹沢一美	巻末p.40
37(10)	2006.10	音楽療法ニュース	芹沢一美	巻末p.40
37(11)	2006.11	音楽療法ニュース	芹沢一美	巻末p.40
37(12)	2006.12	音楽療法ニュース	芹沢一美	巻末p.40
38(1)	2007.1	音楽療法ニュース	芹沢一美	巻末p.40
38(2)	2007.2	音楽療法ニュース	芹沢一美	巻末p.40
38(3)	2007.2	音楽療法ニュース	芹沢一美	巻末p.40

表6◆音楽現代

巻号	年月次	標題	著者	収載頁
20(1)	1990.1	ストレス・神経症を克服するための名曲選[1]	塚谷晃弘	p.188-189
20(2)	1990.2	ストレス・神経症を克服するための名曲選[2]	塚谷晃弘	p.172-173
30(7)	2000.7	音楽療法奮闘記:音楽療法って何?	有田昌代	p.169-171
31(10)	2001.10	イヴェント・トピックス 2 2001年度国立音楽大学音楽療法講座	阪上正巳	p.210-211
32(12)	2002.12	シリーズ(財)ヤマハ音楽振興会音楽研究所を訪問して ～「音楽と人間」研究の現状と展望～第1回 サクセスフル・エイジング「高齢者と音楽」		p.134-138
33(1)	2003.1	シリーズ(財)ヤマハ音楽振興会音楽研究所を訪問して ～「音楽と人間」研究の現状と展望～第2回 赤ちゃんはどのように音楽を聴いているのか? 「乳幼児の音楽聴取に関する研究」	道下京子	p.166-169
33(4)	2003.4	シリーズ(財)ヤマハ音楽振興会音楽研究所研究発表「音楽と人間」～新しい音楽教育の可能性を求めて	編集部	p.128-132
37(1)	2007.1	新春特別対談「音楽に生かされているいのち」	日野原重明、井上太郎	p.73-76

表7◆音楽の友

巻号	年月次	標題	著者	収載頁
50(11)	1992.11	村井靖児[1]―心や精神に治療効果を及ぼす音楽の不思議 (安永 徹の「コンサートマスターの部屋」[10])	村井靖児、安永 徹	p.26-29
50(12)	1992.12	村井靖児[2]―人間の知能の発達に大きく貢献する楽器演奏 (安永 徹の「コンサートマスターの部屋」[11])	村井靖児、安永 徹	p.142-145
51(1)	1993.1	村井靖児[3]―経済戦争の中で求められている音楽と音楽療法の殿堂 (安永 徹の「コンサートマスターの部屋」[12])	村井靖児、安永 徹	p.116-119
61(2)	2003.2	福原亜希子さん 藤原優里さん(音楽療法士)(クラシックのお仕事![47])	大山真人	p.116-117

表8 ◆ショパン

巻号	年月次	標題	著者	収載頁
10(8)	1993.8	音楽療法—あるコミュニケーションのかたち	岡崎香奈	p.84-87
11(11)	1994.11	ニューヨーク音楽療法事情	岡崎香奈	p.68-69
11(12)	1994.12	ニューヨーク音楽療法事情	岡崎香奈	p.64-65
12(10)	1995.10	音楽療法事情：音楽は、確実に病いを克服するだけの力を持っている	墨岡孝	p.94
13(5)	1996.5	音楽療法の歴史（特集：ミュージックセラピーへの道—いま望まれる音楽療法）	村井靖児	p.65-66
13(5)	1996.5	現場レポート（特集：ミュージックセラピーへの道—いま望まれる音楽療法）		p.67-69
13(5)	1996.5	音楽療法士になりたい！—先輩からのアドバイス （特集：ミュージックセラピーへの道—いま望まれる音楽療法）	柳田敦子、岡崎香奈	p.70-73
13(5)	1996.5	人が好き、音楽が好き—音楽療法士座談会 （特集：ミュージックセラピーへの道—いま望まれる音楽療法）	赤星多賀子、加藤みゆき、加藤美知子、久松春子	p.74-77
15(2)	1998.2	青年期を迎えた音楽療法：音楽療法ブームを考える	建田人成	p.108-109
16(2)	1999.2	「音楽療法士」養成の新しい学院／東京国際音楽療法専門学院（トピックス）		p.103
16(3)	1999.3	徳島文理大学音楽学部、音楽療法コースを開設（トピックス）		p.89
16(6)	1999.6	大学に「音楽療法コース」誕生	建田人成	p.112-113
17(11)	2000.11	「受験を考える高校生のために」大学の音楽療法コース（トピックス）	建田人成	p.120-124
19(8)	2002.8	音大マイクラス 52 聖徳大学人文学部音楽文化学科音楽療法コース		p.92
20(1)	2003.1	音大マイクラス 56 東京国際音楽療法専門学院 有賀誠門先生クラス		p.36-37
21(10)	2004.10	音楽を使っての治療とは？ ドクター村井に聞く！		p.52-53
21(10)	2004.10	音楽教育と音楽療法の間	北村智恵	p.54
21(10)	2004.10	音楽療法の現場、最前線より	猪之良高明	p.54
21(10)	2004.10	音楽療法を学べる学校紹介		p.55-57
23(5)	2006.5	医療の中における音楽～僕の院内コンサート（Dr.《ピアニスト》上杉の『ピアノ弾いて医ますか？』23	上杉春雄	p.116
23(6)	2006.6	医療の中における音楽2～僕の院内コンサート（Dr.《ピアニスト》上杉の『ピアノ弾いて医ますか？』終	上杉春雄	p.132
24(2)	2007.2	モーツアルトの音楽を聴くと、健康になる？！	吉川元子、和合治久	p.60-62

表9 ◆レッスンの友

巻号	年月次	標題	著者	収載頁
32(6)	1994.6	「音楽療法」ってナニ？むしろ音楽療法が必要なのは日本のレッスンのありかたではないか	桜林仁	p.10-13
32(7)	1994.7	バランスのとれた人間を育てるには音楽が役に立つ（「音楽療法」ってナニ？[2]）	桜林仁	p.23-26
32(7)	1994.7	実践編「誰もが成長していかれる音楽療法」をやっていきたい（「音楽療法」ってナニ？[2]）	生野里花	p.26-30
41(3)	2003.3	カワイ音楽療法セミナーVol.2 開催		p.62-63
41(4)	2003.4	財団法人ヤマハ音楽振興会音楽研究所研究発表「音楽と人間」～新しい音楽教育の可能性を求めて		p.61

表10 ◆礼拝と音楽

巻号	年月次	標題	著者	収載頁
91	1996.11	心の扉をひらく音楽：音楽療法の子どもたち（子どもと共に—いま私たちに問われていること）	生野里花	p.38-43
129	2006.5	死に逝く人により添う音楽：音楽死生学のとりくみ	キャロル・サック	p.18-21
129	2006.5	いのちを伝える音楽：ホスピスでの奏楽奉仕	清瀬雅子	p.22-25
129	2006.5	医療の現場から	岡安大仁	p.30-33

表11 ◆音楽教育学

巻号	年月次	標題	著者	収載頁
28(3)	1999.1	プロジェクト研究B 幼児の音楽的表現—専門教育の視点と保育の視点は対立するか （第29回日本音楽教育学会大会号）	大畑祥子、遠山文吉	p.25-36
29(39)	2000.1	幼児の音楽的表現(2)—子ども理解を実践に生かす （[日本音楽教育学会]第30回大会）	大畑祥子、小川博久、遠山文吉	p.1-6
32(3)	2002.12	「特別講演」音楽のもうひとつの風景：医療現場における音楽療法の可能性を探る	近藤里美	p.1-10
32(3)	2002.12	プロジェクト研究C 音楽療法を音楽教育の問題として考える （[日本音楽教育学会]第33回大会）	南曜子、遠山文吉、久保田進子、近藤里美	p.36-44
36(1)	2006.6	抑うつ的音楽聴取に伴う気分変化の分析：抑うつ傾向と聴取音楽に対する好みの検討	古賀弘之	p.1-8

表12 ◆音楽の世界

巻号	年月次	標題	著者	収載頁
39(4)	2000.4	昭和音楽大学芸術運営学科音楽療法コースのご紹介（特集：音楽大学の新しい展望）	泉山中三	p.18-20
45(1)	2006.1	③音楽療法について（特集：音楽でできるボランティア）	市川志保	p.22-24

取り上げた雑誌の個性もあって、学術的レベルの記事から単なる紹介記事まで多彩であるが、話題の新奇性で取り上げられた初期の時代から、職域の確立を目指す今日までの長い歴史を見ることができる。音楽の領域が本格的に音楽療法について取り上げるようになるのは、90年代からであることは明らかで、しかも音楽療法の世界からの発信は90年代の後半からである。今後はこの領域からの更なる発信が期待される。

　最近の傾向として、ピアノ関係誌において音楽療法関係の記事が取り上げられることが定着してきているようである。これは、専門職としての音楽療法士を養成していこうとする方向とは別に、現実に、今この時、町のピアノ教師に対して、ハンディのある方たちへのレッスンや演奏の依頼があり、かなり実践的なハウ・ツウが求められているという事情に対しての現実的な対応と思われる。こうした仕事に仲間たちで相談しながら取り組むという枠組みの形成は困難で、いきおい現場では一人で奮闘することになり、対象者とコミュニケーションをとることへの当惑が、こうした記事への需要の大きな要素となっている。学会はこうした層に対しても、啓蒙活動を続けていくことが求められているということが、商業誌の紙面構成から読み取れる。

　一方、音楽愛好者向けの音楽雑誌は、音楽療法を話題として取り上げることが下火になっているが、今後は音楽療法サイドから、一般向けに発信していく時代に入ったと言えるのではないだろうか。音楽療法が目指す音楽の質と、いわゆる芸術音楽が求める質との問題については、音楽雑誌が取り上げることというよりは、音楽療法領域から一般に向けて発信していくべき事がらと言えるだろう。

　"『音楽による心理療法：ミュージックセラピィ』（山松質文著）"の発行が1966年、"『音楽療法』（ジュリエット・アルヴァン著、櫻林仁ほか訳）"の発行が1969年。日本における音楽療法の図書の刊行は、ここからスタートした。その後の研究誌の刊行は前述の展開をたどって今日に至っている。音楽療法という言葉を世に知らしめた先達の功績は、若い世代には伝わりにくいことであろうが、こうして時系列に一覧することで、あらためて音楽療法という存在を世に知らしめることに尽くした方々の足跡を確認することができた。

　今回調査したリストが、音楽の領域における音楽療法の発展をたどる資料として活用していただけることを期待したい。

参考資料
国立国会図書館の雑誌記事索引（ウェブ版）収載の音楽関係誌

赤いはりねずみ（日本ブラームス協会）Z11-1711　*(26・27)[1996]*～
インド音楽研究（インド音楽研究会）Z11-2116　*(1)[1989]*～
演奏表現学会年報（演奏表現学会）Z71-K23　*(1)[1998]*～
オルガン研究（日本オルガン研究会）Z11-638　*(24)[1996]*～
音楽（アポロ出版社）Z760.5-O3　*3(8)[194809]～5(2)[195002]*

音楽教育研究（音楽之友社）Z375.76-O2　*(1)[195106]*
音楽教育実践ジャーナル（日本音楽教育学会）Z71-K802　*1(1)[200308]~*
音楽教育学（日本音楽教育学会）Z7-716　*(6)[197612]~*
音楽教育史研究（音楽教育史学会）Z71-E278　*(1)[199812]~*
音楽芸術（音楽之友社）Z11-208　*5(1)[194701]~56(12)[199812]*
音楽現代（芸術現代社）Z11-624　*26(7)[199607]~*
音楽生活（教育出版）Z760.5-O4　*2(2)[195102]~3(1)[195201]*
音楽世界（音楽教育研究所）Z760.5-O2　*2(2)[195105]~3(12)[195212]*
音楽知覚認知研究（日本音楽知覚認知学会）Z11-B436　*6(1)[2000]~*
音楽手帖（音教社）Z760.5-O7　*5(1)[195004]~5(4)[195007]*
音楽の世界（日本音楽舞踊会議）Z11-495　*18(4)[197904]~42(9)(453)[200311]*
音楽の友（音楽之友社）Z11-216　*6(9)[194809]~10(12)[195212],54(7)[199607]~*
音楽療法研究（臨床音楽療法協会）Z19-B828　*(1)[199611]~*
音楽界（川田書房）Z760.5-O7　*3(6)[194809]~4(6)[194907]*
音楽学（日本音楽学会）Z11-215　*1(1)[195501]~*
音響技術（日本音響材料協会）Z16-789　*(1)[197204]~*
楽劇学（楽劇学会）Z11-B177　*(4)[199703]~*
楽想（大丸出版社）Z11-B132　*(1)[194805]*
上方芸能（『上方芸能』編集部）Z11-1433　*(129)[199806]~*
関西楽理研究（関西楽理研究会）Z71-F629　*(18)[2001]~*
季刊邦楽（邦楽社）Z11-690　*(19)[197906]~(75)[199306]*
喜多（喜多流刊行会）Z773.05-Ki1　*(1)[194906]~(11)[195208]*
教育音楽（音楽之友社）Z7-173　*3(9)[194809]~12(7)[195707]*
教育音楽 小学版（音楽之友社）Z7-173　*12(8)[195707]~13(12)[195810]*
教育音楽 中学版（音楽之友社）Z7-174　*1(5)[195707]~2(12)[195810]*
軍記と語り物（軍記・語り物研究会）Z13-788　*(33)[199703]~*
芸能（芸能発行所）Z11-91　*1(1)[195907]~35(10)[199310]*
芸能（芸能学会）Z11-B465　*(1)[199503]~(3)[199703]*
芸能懇話（大阪芸能懇話会）Z11-2055　*(別冊2巻)[199809]~*
芸能の科学（文化財研究所東京文化財研究所）Z42-515　*(25)[199703]~*
芸能復興（明善堂書店）Z385.7-G1　*(1)[195210]~(8)[195504]*
芸能文化史（芸能文化史研究会）Z11-2254　*(13)[1995]~*
芸能史研究（芸能史研究会）Z11-92　*(16)[196703]~*
口承文藝研究（日本口承文藝学会）Z71-L446　*(27)[2004]~*
サウンドスケープ（日本サウンドスケープ協会）Z71-D541　*1[199905]~*
ジャズ批評（ジャズ批評社）Z11-324　*1995(1)[199501]~*
ショパン（ショパン）Z11-1490　*16(7)(186)[199907]~20(12)(239)[200312]*
新音楽教育（白眉社）Z7-B237　*(2)(194904)*
新・能楽ジャーナル（たちばな出版）Z71-E741　*(1)[20000901]~*
シンフォニー（東宝音楽協会）Z760.5-Si1　*(19)[194910]~(20)[194911]*
ダンスセラピー研究（日本ダンス・セラピー協会）Z74-C149　*1(1)[2000]~*
中学教育技術 職家・音楽・体育（小学館）Z370.5-Ky44　*1(4)[195104]~2(9)[195212]*
東洋音楽研究（東洋音楽学会）Z11-381　*(10・11)[195212]~*
日本音楽（日本音楽社）Z11-196　*(12)[194809]~7(12)[195212]*
日本音楽療法学会誌（日本音楽療法学会）Z74-C974　*1(1)[2001]~*
日本音響学会誌（日本音響学会）Z15-15　*26(2)[197002]~26(7)[197007],28(1)[197201]~*
日本歌謡研究（日本歌謡学会）Z13-443　*1(1)[196502]~*
日本芸術療法学会誌（日本芸術療法学会）Z19-749　*34(2)[2003]~*
年刊ワーグナー・フォーラム（東海大学出版会）Z11-2610　*2002[2002]~*

能（能楽協会）Z773.05-N1　2(9)[194809]～7(11)[195311]
能（月曜会）Z11-545　(21)[1996]～(22)[1998]
能と狂言（能楽学会）Z71-J854　(1)[200304]～
能楽研究（法政大学能楽研究所）Z11-664　(3)[197703]～
フィルハーモニー（NHK交響楽団）Z11-115　20(8)[194809]～30(10)[195811]
舞踊教育学研究（日本教育大学協会全国保健体育・保健研究部門舞踊研究会）Z71-C553　(1)[199812]～
舞踊学（舞踊学会）Z11-1500　(18)[1995]～
宝生（わんや書店）Z11-124　1(1)[195201]～1(12)[195212]
ポピュラー音楽研究（日本ポピュラー音楽学会）Z71-B263　(1)[199711]～
民俗音楽研究（日本民俗音楽学会）Z11-1717　(16・17)[199503]～
民俗芸能（民俗芸能刊行委員会）Z11-180　(57)[197610]～
民俗芸能研究（民俗芸能学会（早稲田大学文学部演劇研究室内））Z11-1504　(創刊号)[198505]～
ムジカノーヴァ（音楽之友社）Z11-469　27(7)[199607]～34(12)(394)[200312]
礼拝音楽研究（キリスト教礼拝音楽学会）Z71-H20　(1)[2001]～
礼拝と音楽（日本基督教団出版局）Z11-619　(90)[199608]～
レコード音楽（名曲堂）Z769.05-R1　18(8)[194809]～22(12)[195212]
レコード芸術（音楽之友社）Z11-321　1(1)[195203]～1(10)[195212], 45(9)[199609]～
ワーグナーヤールブーフ（東京書籍）Z11-2610　(1998)[1998]～2001[2001]
Latina（ラティーナ）Z11-529　(509)[199607]～(598)[200312]
MLAJ newsletter（音楽図書館協議会）Z21-1371　20(2)(97)[199909]～23(3)(109)[20030325]
Pipers（杉原書店）Z11-1343　18(11)(215)[199907]～23(4)(268)[200312]

　以上ご覧いただいたように、音楽療法領域では「音楽療法研究（臨床音楽療法協会）」と「日本音楽療法学会誌（日本音楽療法学会）」だけが採録されており、「日本バイオミュージック学会誌」「音楽療法（日本臨床心理研究所）」「音楽心理学音楽療法研究年報（日本音楽心理学音楽療法懇話会）」そのほか近年刊行されている、地方の支部や団体の研究誌などは採録されていない。

音楽療法とは何か

ケネス・E・ブルーシア
生野里花（通訳）

はじめに

　30年も前のことになりますが、私はテンプル大学の音楽療法部門で教え始めました。私たちは学部レベルでの授業から始めました。当時アメリカではすでに音楽療法の4年制プログラムは、かなり確立されていたのです。今日ここで皆さんの顔を拝見していますと、当時大学で音楽療法を勉強しようという学生が私のところにやってきて、音楽療法について質問しようとするときのことを思い出します。どの学生も必ず「音楽療法とは何でしょうか」と尋ねます。そこで私はいつも同じ話を彼らとすることになります。彼らは必ず「私は何よりも音楽が大好きです」と話し始め、「私は人を助けるような仕事がしたいと思っています」「私は心理学に興味を持っています」「私は医者のような仕事もしたいと思っています」と語ります。私はそれを聞くといつも、音楽療法というものの特質が見えてくるように思います。

「音楽療法」とは何か

　まず音楽療法とは何であるかということを皆さんに紹介するところから始めたいと思います。音楽療法とは必ずしも一つのものとは限りません。音楽療法は本当に多種多様な場所で用いられています。そしてまた多種多様な問題を扱っています。それぞれの音楽療法士が開発した技術や方法も多種多様です。ですから音楽療法というのは、非常に豊かで多様な世界であると言えます。そこで音楽療法の定義というものを皆さんにお示しする前に、音楽療法の分野でどのようなことが行なわれているのか、その多様性を知っていただく必要があると思います。また、私自身がこれまで行なってきた実践の内容についてもお話したいと思います。そこから皆さんは自身が経験してきたこととの類似点や相違点に気がつかれることと思います。

　音楽療法を理解するには、あなた方自身にとって音楽とは何を意味するのかということについて考えをめぐらすというアプローチがあります。私が、音楽療法を勉強したいという学生に必ず尋ねることがあります。「あなたのこれまでの音楽にまつわる人生について書いてみてください」というものです。例えば、皆さんは初めて歌を歌ったときのことを思い出してみることができるでしょうか？　お母さんとでしたか、それともお父さんとでしたか？　その歌を憶えていますか？　その歌が

自分にとってどれほど大切なものであったかを思い出せますか？　そして、その歌を歌っていたときに感じていた気持を思い出すことができますか？　また、家族でよく歌った歌を思い出すことができますか？　あなたのお父さん、お母さんは音楽をする人だったでしょうか。もしご両親が音楽を演奏する方であったなら、子供心にその技術についてどう思われましたか？

皆さんは、今後の人生において音楽を学んでいこうと考えていることと思います。なかにはこれまでの人生で心から敬服するような演奏をした人に出会ったことがきっかけになった人もいるのではないかと思います。ご両親のどちらかが、あなたに「音楽を勉強していきたいのか？」と訊かれて音楽を学び始めた人もいることでしょう。初めて楽器がやって来て、それが自分のものとなったときのことを憶えていますか？　私は両親が私にピアノを買ってくれたときのことを憶えています。それはまるで新しい友人が自分の生活の中に現れたような気持で興奮したものです。学校から帰るなりピアノのところに走っていって練習を始めると、全く自分自身の世界に没入していました。ほんとうに素晴らしい時間を過ごしました。

こういったことすべては、自分にとって音楽とは何かということについて語ってくれます。音楽にはどのような力（パワー）があるのでしょうか？　音楽とはどうしてこんなにも人間にとって大切なものなのでしょうか？　あなたが、こんなにも音楽をやりたいと思うのはなぜでしょうか？　皆さんは自分の楽器をマスターしていますね。そしてまたラジオやCDなどで、いろいろな種類の音楽を聴いていますね。初めてのボーイフレンドやガールフレンドに出会った時の自分にとっての歌というものを今でも思い出すことができると思います。

皆さんは現在、学校に通っていますが、そこで練習している楽曲のことについて考えて下さい。その作品を練習するのにどれくらいの時間を費やしているでしょうか？　きっと新しい曲に挑むたびに何か新しい戦いや努力があることでしょう。音楽があなたに挑戦を突き付けてくることでしょう。そして、曲を一つこなすたびに皆さんは何か新しいことを征服していくのです。皆さんの先生も同じように新しい挑戦をあなたに課してきます。こうした戦いや努力を何年も繰り返していくなかで皆さんは何かを達成していきます。何かを達成するためには、自分自身を規律正しく律することや、そのことへのたくさんの愛情が必要ですね。

なぜ皆さんはこのようなことをやろうとするのでしょうか？　おそらく音楽の中には何か重要なものが存在するのではないでしょうか。それがあなたにとって意味のあるものであり、皆さんが音楽を深く愛しているからこそ、音楽家になるためにたくさんの犠牲を払っているのです。

これまでお話したことはすべて、音楽療法の基盤にあることです。何が一人一人の音楽療法士を導いているのでしょうか？　それは各々がもっている自分自身の音楽との関係性なのです。そして音楽が自分自身にとってどれほど大切なものであるかを知っているということがその根底にあります。また、他の人々がどれほど音楽

を愛し、音楽からどれほどの恩恵を蒙っているかを理解することも根底にはあるのです。

▬ 青少年施設での音楽療法

　私が最初に臨床の仕事の場に出た、若い頃の話から始めましょう。私が心理職として就いた最初の現場は、青少年のための施設でした。ここは不登校、不就労、麻薬中毒、不良グループなど、非常に難しい問題を抱えた青少年のための施設で、私の仕事は彼らのカウンセリングをすることでした。彼らに働くことを勧めたり、何か職業訓練を受けるように勧めたり、学校に復学するよう勧めたりするのです。しかし、彼らは自分たちを援助しようとする施設のシステムそのものを信頼していませんでした。ですから、最初の約束の時間には現れて何かカウンセラーと話をしたりはしても、家に帰ればもうそれきり戻ってこないということが続いていました。そこで私は彼らとの話を、音楽についての話題から始めてみることにしました。

「音楽は、毎日何を聴いているの？」
「えーっとさあ、音楽を聴いたりさあ、楽器を弾いたりするんだよ。」
「ああ、何を聴いているの？　何を弾いているの？」

　こうして私が質問し、彼らが答えるというやりとりは彼らにとって大切なことではないかと私は考えました。なぜなら、彼ら自身の世界の一部分を話してくれ、それは彼らにとってとても個人的なことだったからです。そこで私は、彼らのために音楽のグループを作ろうと決心しました。毎回新しい人が来るたびに、「火曜日の夜、音楽のグループをやるのでなんでもいいから楽器を持っておいで。君のギターでも、ベースでも、ドラムでもなんでもいいよ。どうなるか分からないけれど、やってみようじゃないか」と声をかけました。最初の晩には何人かがやって来て、次の週には二倍になり、ほどなく部屋は若者でいっぱいになりました。彼らも気がついたのです、「ここに来ると楽しい」と。
　私は彼らが音楽をやれるように、グループをうまく組織していきました。誰かが曲を選び、誰かがキーを決め、そして誰かは歌ったり弾いたりするかを決めなくてはいけないというようにです。このようなサポートをしていくうちに、音楽それ自体のレベルが上がってきて上手に演奏できるようになっていきました。それのために彼らは家にこもらずに演奏に来ることができるようになり、仲間と会える場を確立していったのです。そのなかでお互いの関係を作り上げ、自分自身の人生についてそれまでよりも関心を抱けるようになっていきました。
　もう一つここで起こったことは、私が彼らの音楽を尊重しているということを彼らが学んだということです。私は彼らを組織立てる援助はしましたが、私自身の音

楽の趣味を彼らに押し付けることは決してしませんでした。座って彼らの演奏に耳を傾けるという役割に徹していました。すると彼らは私を信頼するようになったのです。数カ月後には、私のオフィスには彼らが繰り返して訪れるようになり、その施設のどのカウンセラーよりも多くの若者が集まるようになりました。

しばらくたって、彼らはメーキング・ビデオを始めました。なにしろ毎週よく家で練習してきたおかげで、ほんとうにうまく演奏できるようになったので演奏できる曲を全て集めてビデオにしようというのです。それは自分たちの演奏をバックに、自分たちが撮ったビデオ風景が映し出されるというものでした。そのうちに既成の曲でなくてもいいのではないかということになり、自分たちで作曲も始めるようになりました。何年かすると、彼らは撮影した風景に合わせた音楽を自分たちですべて作るようになりました。こうして彼らの人生は、それまでよりもずっと意味のあるものとなったのです。このグループに参加した若者は、最終的には全員が学校や職場に戻っていきました。これが私にとっての音楽療法の最初のかかわりでした。ここで私が学んだことは、クライエントについていく、彼らを信用してついていくことの大切さであったことが皆さんにも分かってもらえると思います。

精神病院での音楽療法

やがて私は別の職場での仕事も始めました。それは精神病院でした。そこでは患者さんは平均して6週間ほど入院するという規程で、患者さんの年齢層は18歳から60歳くらいでした。治療には三段階あります。第一段階は投薬中心の治療です。何かの理由で神経が参ってしまっているために、まず薬を処方されるのです。第二段階では、薬の服用に慣れてきたところで、言語による療法を併用するようになります。私はこの段階にかかわることになりました。けれどもここでも私は、何から手をつけてよいのか分かりませんでした。そこでまず患者さんに、「音楽について何か関心がありますか？」と話しかけることから始めてみました。すると多くの患者さんが、「入院していると家に置いてきたレコードを聴くことができなくなったのが寂しい」「自分が聴いていた曲を弾いて欲しい」と話すのです。

もちろん、私にはレコードの音楽とそっくり同じように弾くなどということは不可能です。ビートルズやバーバラ・ストライサンドの曲を複製することなどできるはずもありません。そこで私は違う手段を取ることにしました。お宅に電話をして、ご主人か奥さんに今度お見舞いに来られるときにはレコードを持ってきてくださいとお願いをすることにしたのです。そのうえで患者さん同志が集まる機会に、それぞれの患者さんに今度皆に聴かせてあげたいと思うレコードを持ってきて下さいと伝えました。すると信じ難いことが起こったのです。一人の患者さんが、皆さんに聴いて欲しいという曲をかけると、その患者さんが抱えている感情や問題が明らかになっていくのです。そこで私は、一人一人が皆、自分の音楽を持っているのだと

いうことを発見しました。理由はそれぞれでも、その人にとって音楽は大切な意味をもっているのです。それは、過去のことを思い起こす曲であったり、自分がどういう人間であるのかということを表現する曲であったり、ある人に捧げる気持を表す曲であったりします。

　自分にとって大切な曲というものを持ち寄って、それを他の人と分かち合おうとすることで、自分をとても親密な方法で表現するということが起きるのです。他の領域のセラピストたちはこれを見て、自分たちの得る情報よりも、ずっと多くの情報が音楽療法では得られているということに気がつきます。歌というものは、その人にとって大切なものをすべて含んでいるのです。その曲を他の人に向けてかけるとき、あたかもその人が他の人に向かって自分自身を表現しているかのように見えます。

　第三段階は、ファミリーメンバーです。患者さんは自宅に帰り、週一回のサポート・ミーティングを受けるために、家族とともに来院します。精神科の患者さんが家に戻ると、家族との関係においてさまざまな問題を抱えることになるのですが、サポート・ミーティングではこうした問題について双方の意見を聞くことになります。このミーティングは患者さんのグループごと、まとまって行なわれました。あるミーティングで、一人の患者さんが家族に対して「何か歌ってよ」と言いました。そこで思いついたアイディアは、患者さんに彼が愛する家族の一人のために何か歌を持ってきてもらい、またその愛されている家族も、彼のために何か歌をもってきてもらうというものです。そしてみんなで座って、その個人の歌を全員が聴くのです。そしてその歌について、何でも言いたいことを言ってもらいます。こうすることで、患者さんとその家族間のコミュニケーションが増大するのです。そうして続けていると、そこにいるグループ全員が気づいたことは、ある家族が自分の伴侶に対して抱えている問題は、皆が同じように抱えていることだということでした。

■「老人ホーム」での音楽療法

　次の仕事は高齢者を対象とするもので、老人ホームが現場でした。ここでも三段階のケアがありました。アルツハイマーの患者さんの中には、ふだんは家で過ごしてデイ・プログラムにだけ参加する方もいました。ここでの患者さんはすべて正教会のユダヤ人でした。これは1960年代のことでしたので、彼らは世界大戦を生き抜いてきており、その時点では家族と死別したか、離れ離れになって老人ホームに一人で暮らしていました。私はそこでも、彼らと何ができるのだろうと考えなければなりませんでした。そして歌を歌うことから始めてみようとは思ったものの、私には彼らにとっての歌についてはまったく知らないという問題がありました。私はユダヤ人ではありませんから、彼らの歌を知るはずもありません。なぜなら、私は当時28歳で患者さんたちは75歳前後で、しかも私とはまったく異なる文化を持っ

た人たちだったからです。彼らがどんな歌を持っているのだろうかと私は尋ねてみることにしました。彼らは歌の題名を答えてくれました、ただし、ヘブライ語で、ドイツ語で、イタリア語で……。私の知らない曲ばかりでした。
　彼らは「この曲も知らないなんて！　でもまあ、許してあげよう、君はまだ若いのだから……」と口々に言います。そして「仕方がない。教えてあげよう。そうしないと君が職を失ってしまうかもしれないからね」と言ってくれました。彼らは、この若い青年が自分たちの大切な歌を知らないということに対して心から気を遣ってくれました。セッションのときには、彼らは急いでやってきて、ドアを閉めるなり「さあ、次の歌を勉強しよう！」と言うのです。彼らがメロディーを歌い、私がピアノで音を探し、何とかハーモニーをつけてマスターしたとなると、「さあ歌おう」ということになります。私はその演奏がうまくできるまで練習しました。ここで私は興味深いことに気づきました。それは入所している方たちが、自分たちの部屋にいるときには、お互いに話をしている様子がないということでした。
　例えば、ある日私が出勤して、それぞれの部屋に行き「コーウェンさん、こんにちは！　ごきげんいかがですか？　今日は音楽に来てくださいますか？」と挨拶します。するとコーウェンさんは「ええ、もちろん伺いますよ。でも私、今日はハリーさんに怒っているんですよ……」と言います。「ハリーさんが、どうかしたんですか？」と尋ねると「あの人、頭がおかしいんですよ！」と言い出します。「まあまあ、それはさておいて……」と私は言い置きつつ、ハリーさんの部屋に行って「ハリーさん、こんにちは！　今日は音楽に来てくださいますか？」と挨拶します。するとハリーさんは「ええ、もちろん。でも私、今日はコーウェンさんには会いたくないですねえ」とこぼします。「どうしてですか？」と尋ねると、果たして「あの人は、頭がおかしいんですよ！」という答えが返ってきます。
　明らかにコーウェンさんとハリーさんはお互いに相手が狂っていると言っているのです。人間は自分が健康であろうとすると、狂っていると感じた人からは離れていたいとお互いに考えるもののようです。ところが音楽の部屋に来ると、彼らはみんなでこの哀れなイタリア青年を心配してやらなければなりません。彼は自分たちの曲を知らないし、学校に通わなくてはいけないし、ここで職を失うわけにはいかないからです。こうして4カ月ほどの間に私はおよそ百曲ほどのユダヤの歌を覚えることになりました。
　こうした歌を歌っている間に、いろいろなことが起こってきました。最初は私が知っている曲からセッションを始めます。そしてその曲について何か質問を投げかけます。「あなたにとって、この歌はどのような意味があるのですか？　何を思い出すのですか？」。歌い終わると、その歌についての話、自分の人生についての話が始まります。そこで分かったことは、コーウェンさんは、ハリーさんと同じ頃に息子を亡くしているということです。ハリーさんは、コーウェンさんが自分の夫を愛しているのと同じくらい、彼女も彼女の夫を愛しているということも分かりました。そして彼女らの人生において、同じ時期に同じようなことがお互いに起こって

いたのだということが分かってきました。

「1940年ごろ、どんなことがありましたか？ あなたのお子さんはどこにいましたか？ 軍隊にいたのでしょうか？ ご主人はどこにいたのですか？ あなたはどこに住んでいたのですか？」

このような質問を繰り返しているうちに、このグループは急激にお互いに関心を持ち合うようになりました。もっと重要なことは、グループの皆の孤独感が減ってきたのです。

ここで私は、歌というものが人間にとって大切であるということについて、新たな側面を発見しました。初めにお話した青少年たちが、彼らの歌を創作したり、アイドルのまねをして演奏していたことと、精神科や老人ホームでの患者さんたちにとっての歌にはどのような違いがあるでしょうか？ 精神科の患者さんにとって、歌は彼らの人生を包み込むような意味をもっていました。高齢者の方たちにとっての音楽は、グループで歌を一緒に歌うということが、彼らの思い出を通してお互いにつながっていくという意味を持っていたことが皆さんにも理解してもらえると思います。

「精神発達遅滞者施設」でのセッション

私はニューヨークに住んでいる間に、実にたくさんの仕事を経験しました。そして今度はフィラデルフィアに職を得ました。自分の勉強のコースも修了しましたので、どこか別の場所で仕事をしようかと考えていたのです。そして、フィラデルフィアのテンプル大学で音楽療法の教授スタッフを募集していることを知りました。そこでは、教えると同時にペンシルベニア州の施設で実践するという仕事も含まれていました。それは精神発達遅滞者のための施設でした。

私はそれまでに精神病の患者さんやアルツハイマーの方との臨床の経験はありましたが、精神発達遅滞の人との臨床経験はありませんでした。ここでもまた私はすべてを初めから勉強をすることになりました。さて、多くの精神発達遅滞の方というのは歌というものを知りません。知的機能の低い方の場合は歌というもの自体を理解しないということもあります。このために私がこれまで実践してきた三つの対象のための手法はまったく役に立ちません。また、高い知的機能を持つ精神発達遅滞の方であっても、これまでと同じ方法では歌を用いることはできません。なぜなら多くの場合、彼らは歌詞を覚えていることができないからです。なかには歌を歌うことができない患者さんもいます。そこで私は初心に帰り、「クライエントについていく」という原理に基づいて音楽療法を始めていくことにしました。

また、ここで私が相手をした患者である子供たちは比較的高い機能を持った子でもグループで何かを一緒にやるということは難しかったり、座っていることができない、注意を払うということができない、お互いに協力するということができない

といった状態でした。そこで私はこうしたスキルを学び取ってもらうために、音楽を構造化して提示することにしました。

　まず手始めに、私は皆が使えるハンドベル・クワイヤを作りました。ハンドベル・クワイヤでは一人が一音程を受け持ちます。このときまで、ハンドベルはかなり高価な楽器であることもあって施設には2オクターブのハンドベルが、各音1個ずつしかありませんでした。さて、私は一人に一つずつベルを渡し、一列に並んでもらって、メロディーを奏でる試みから始めました。このために子供たちに音階順に並んでもらい、彼らの前で一人ずつを指差して音を鳴らそうとしました。しかし、うまくいきません。そもそもベルが鳴らないのです。そこで私たちはベルを振って鳴らすことを覚えることから始めました。やっと鳴らすことができるようになると、今度は共鳴を止めることを覚えなければなりませんでした。

　次の問題は、私が指を差しても彼らが注意を向けていないということでした。やっと注意を向けることができるようになると、次はメロディーラインに沿って拍子どおりにハンドベルを鳴らすことができないのです。なぜならメロディーということを理解するためには聴かなければならないからです。このとき私が指を差したときに鳴らすというだけではなく、一人一人がお互いにメロディーという関連性の中にあるということを理解できないと、リズムどおりに鳴らすことはできません。一週間に2、3回、こうしたことの練習を重ねていきました。

　さて一通りできるようになると、今度は白い手袋をはめます。すると彼らは何だかとても重要な役割を与えられたという気持になります。さらには衣装も考えてみます。長いガウンをまとってみます。すると子供たちはとても重要な役割を与えられたのだということを感じて、もう少し難しいこともやってみようという気持になります。そこで私はベルに音名があるということを教えます。

　例えば「もう君たちを指さないよ。君はA、君はB、君はC、君はD」と宣言し、黒板に音名でのメロディーを書いて、その音名を指差しながらメロディーを鳴らすことを教えます。そして実際に「さあ、やってみよう。君たちを指さないで、この文字を指すからね。私が君の音名を指したときに鳴らすんだよ。さあ、よく見ていて！」と言いながら、メロディーを指していきます。すると彼らは自分たちの奏でるハンドベルの複雑なリズムに驚かされます。さらに私は「よく注意して。お互いに聴きあって。みんなの中での自分の位置をみつけなければいけないのですよ」というようにアドバイスをしながらセッションを続けていきました。

　さて、私がここで子供たちに教えたこととは何かを思い起こしてみましょう。それは「あなたには、あなたの場所がある」「あなたには役割がある」「あなたは大切な存在です」「あなたは、みんなに合わせます」「みんなは、あなたにかかっています。あなたは、みんなにかかっています。だから注意を払わなければいけません」「一生懸命にやらなければいけません。自分に課されていることをやらなければなりません」といったことでした。

　こうして6カ月ほどでしょうか、和声をつけることができるようになりました。

和声をつけるためには、誰かが2個ベルを持つ必要があります。そしてその子は今度は音名を一度に2個注目しなければなりません。だんだん複雑になってきました。すると彼らは自分たちのことを誇らしく思うようになります。彼らは両親たちに、自分が音楽を演奏しているところを観て欲しいと考えるようになります。白い手袋に長いローブを着て、音名の文字を読んでいるところをです。

そこで私はタレントショーのような発表会を思いつきました。さらにそのアイデアは膨らんでとうとう施設を挙げての大きなイベントを企画し、施設のすべての子供たちの両親を招待することになりました。子供たちが音楽でどのようなことをしているのかを観ようという会です。ここではアートセラピーも行なわれていましたので、その展示も一緒に行ないました。なにしろタレントショーというからには、ハンドベル・クワイヤだけでは到底足りません。

そうこうするうちに、タレントショーが企画されているということを聞きつけた彼らは、それぞれ自分が出演したいと申し出てきます。タレントショーに出られるなら「先生の言うことは何でも聞いちゃおう」といった雰囲気になってきました。そしてハンドベル、ドラム、音積み木、トーンチャイムなどを使って、それまで練習していなかった新しい曲にも挑戦しようとしました。何と、ドラム四重奏、マリンバ三重奏、歌唱、オペラ歌手もどき、口パク演奏。その間に他のグループが伴奏をつけるといったこともできました。

こうしていつしかこの施設全体の音楽文化といったものが育ってきたのです。多様な機能のレベルにある人たちがみんな集まって、それぞれ何かに挑戦し、それまではできないと思われていた新しい何かができるようになり、自分に誇りを感じるようになりました。そして一緒にやるということを学び、音楽を通して身に付けたさまざまなスキルを、教室に戻って他のことにも役立てることができるようになりました。

やがて教室の先生が私のところにやって来て、子供のことについて「このことをどうやって教えたらいいでしょうか？」「この概念を容易に分かってもらうためには、どのようにしたらいいでしょうね？」「この概念を教えたいのですが、あなたの歌のなかにうまく取り込んでもらえないだろうか？」「この概念をミュージックグループのなかで教えてもらえないか？」というように助言を求めるようになりました。

この施設で私は、さらに新しい音楽療法の領域に向き合うことになりました。私たちの施設には自閉傾向や情緒障害をもった子供もいました。こうした子供たちは構造がはっきりした音楽活動は苦手です。そこで、何とかまず音楽に注意を向けてもらうことから始め、次には構造で彼らを圧倒することのないような音楽のなかにまず入ってきてもらうようにしました。そして彼らには自由を与えました。彼らにはグループの活動は不向きだからです。場合によってはごくごく小さなグループで行ないました。彼らのために私は即興という手法を用いることにしました。子供たちの何人かは、椅子に座っていることができません。楽器を演奏するということが

できません。「私と君とが、今向き合っているのだよ」ということを理解することができない子供たちです。ただただ部屋の中を走り回っているだけで、私が彼らを椅子に座らせて引き寄せようものなら、彼らのために何かを弾いてみても、部屋から走り出ていってしまうか、私を叩くか、叫ぶか、泣くか、ということになります。ですから私は彼らに何とか優しく接する方法を考えました。

そこで、最初にこの子供たちに対して始めたのは、即興で音楽を演奏することで、彼らとの間に何か接触を持とうということでした。まず、彼らの動きに合わせてピアノを弾くことから始めました。彼が部屋に入ってきて、とてもゆっくりと動いている、ためらいがちに動いているとすると、こんな風に弾いてみます。

（ピアノ演奏）

こんな風に弾きながら、私は彼らが動きを止めるときを測っています。そしてまた動き始めると、それにピアノでついていきます。もしも休んでいるようであれば、こんなこともしてみます。

（ピアノを演奏しながら）

私が和声をつける方法は、彼らが今緊張下にあるのか、リラックスしているのか、ということを表現することです。縦のテクスチャー（構造）には、軽いものを選びます。そして彼らの行動にだんだんと秩序というものを与えていきます。ただしあまり協和音で解決し過ぎないように気をつけながら、彼らが止まれば動きを止める。そして協和音－不協和音に、軽さ－重さ、緊張－弛緩、方向性－非方向性にコントラストをつけるようにします。何回かこうしたセッションを繰り返すうちに、子供たちは自分のやっていることと音との関係というものを聞き始めます。こんなふうに探るようにピアノのほうへ歩いてきて、ピアノを見、私を見ます。そして私を試すのです。例えば、急に走っていってみるというように……。もちろん私はその行動にピアノの演奏でついていきます。

こうした子供の行動には「ああ、なかなかいいね。これ気に入ったな！」というような意味があります。さらに子供は違う動きを試みても音楽がついてくるかどうか確かめます。ここまでくるのに何週間もかかることもあります。しかしどのケースにも共通しているのは、クライエントとの信頼関係が大切だということです。この信頼関係を勝ち取るためにはセラピストは常に安定していて、同じように接することができる、つまり一貫性を保つことが大切です。

こうした子供たちの次のステップというのは、彼ら自身がピアノを弾きたくなることです。ピアノというものがどれほどのパワーをもっているのか、ということを確かめようとします。そこで彼らは私を椅子から追い出して自分でピアノを弾こうとします。「どいてよ！」という感じですね。一度は彼らに触らせてみます。次に鍵盤の前で、二人が身体的にも接触する近さで、お互いの関係性を築いていくようにします。子供によってはピアノのところに来ない子もいます。そうした子供には「そろそろ準備ができたかな」と思う頃合いに部屋に太鼓を一つ置いておきます。バチは置かずに太鼓だけです。それも表面のなめらかな太鼓を選んで、その子供の

手を傷つけることのないよう注意します。このように、何か新しいものをひとつだけ置くことで子供の注意をひくことができます。太鼓を見つけると子供はゆっくりとこの新しく出現した太鼓の周りをまわって観察します。そして私を見ます。それからその子はどこかへ行こうとします。「私の知ったことじゃないからね」というところでしょうか。私は私で勝手にピアノを弾いています。すると、「あれ？　今日は何で私に注意を向けてくれないのかな？」というような素振りをみせます。そしてその子は私の注意を引くために太鼓を「バン！」と叩きます。

さて、ここからは一人一人の子供とそれぞれ違う関係性を築いていく必要があります。彼らは言語を持っていません。ここで築く関係性、相互性というのは、言葉によらずに彼らが理解できるものでなくてはいけないのです。私は音楽というものは言葉を持たない子供たちにとっての「理解の手段」ではないかと思います。

音楽によるイメージ誘導法

5、6年が経ち、私はあるワークショップに参加しました。それは、「音楽によるイメージ誘導法（GIM）」というものでした。そこでは、全員が床に横になり、目を閉じて自分にとって心地良い体勢をとります。短いクラシックの曲を聴いて自分のイマジネーションを自由に遊ばせるという作業を行ないます。私はそこでヘレン・ボニーが開発した新しいメソッドを学びました。このメソッドは人間のイメージをクラシック音楽と結びつけるというもので、人間の非常に深いところを扱います。たくさんの訓練を積まなくてはいけないものです。この頃私は40歳、音楽療法には15年から20年近く関わってきていました。それでもこのメソッドを使いこなすには3年の歳月を要しました。

このメソッドは、ここにおられる皆さんのような健常者の方にも使うことができるものです。どちらかと言えば夢の作業（ワーク）のようなものです。違った曲によって色々な夢を見るような作業なのです。ボニー先生が開発したプログラムというのは、ある特定の楽曲を目的に応じて選択していくものです。異なるイメージ、異なる夢の作業が行なえるようにプログラムされています。私はこの技法を、私の個人クリニックで実践してきました。またボランティアでしたが、死を迎える最終段階にあるエイズ患者に対しても行ないました。これもまた、これまでお話したものとはまったく異なる音楽療法へのアプローチと言えましょう。

以上で私のこれまでの臨床経験のおおよそをお話したことになります。これほど多様な内容であっても、それでもこれは全米4000人の音楽療法士の中の、たった一人の経験なのです。それぞれが自分の経験で、自分の方法で仕事をしています。このことをみても、音楽療法というものがいかに多様で大きな世界であるかということがお分かりいただけることでしょう。

音楽療法の定義

　次に、私は皆さんに、この多様な側面をもつ音楽療法というものを、一つの組織体系として提示するということで、お話してみようと考えています。そして、今お話したさまざまな実践の方法に境界線を引いてみるという作業をしてみましょう。まず、音楽療法の定義をしていきましょう。

［音楽療法の定義］
- 音楽療法とは体系的な介入のプロセスである。
- 療法士はクライエントを援助する。
- 音楽療法とは、健康を促進するために音楽を経験することを用いる、あるいは音楽の経験を通じて発展する関係性を用いる。
- 音楽療法とは変化への力動的な作用である。

体系的な介入

　「体系的」という言葉が意味するところは、音楽療法士が実践をする場合、そのときふと思いついたことをやってみるといったことでは決してないということです。先ほど私は「クライエントについていけ」と申しました。こうした方法論を確立するについても、そのセッションそのものは体系立っていなくてはならないのです。それはクライエントを準備させる段階があり、次にセッションを実践し、そして最後には閉じる作業をするといったことです。体系立っているというのは、目的に応じて体系立っているのです。音楽の経験を用いるのにも目的があるのです。根底に置くべきことは、クライエントは何を必要としているかということです。どのような方法を用いるにせよ、その方法はクライエントに対処しているものでなければなりません。セッションが構造化されているかということは、クライエントのニーズに添って、問題によって、目標によって、構造化されているかということです。以上のようなことから音楽療法は体系的であるということができます。

　「体系的」ということにはもう一つの側面があります。それは査定の段階があるということです。査定とはこのクライエントの問題がどこにあり、どのような援助を必要としているのかを測るものです。この査定の段階の次に、実際にクライエントとの実践という治療の段階があります。さらには、結果としてクライエントが何か進展をみせたのかという評価の段階があります。また、「体系的」ということに関して、それは私たちが日々音楽療法について集めて組織立てていく、知識の総体というものに基づいているという側面もあります。

　「プロセス」という言葉にも注目してください。プロセスであるということは、

時間がかかるということを意味しています。音楽を使って一回魔法を起こすことではありません。音楽会に行って、ある瞬間に素晴らしい頂上体験をするといった経験はプロセスとは言えません。特に音楽療法におけるプロセスとは言えないのです。それは重要な出来事ではありますが、始めと、真ん中と、終わりがあるというプロセスではないのです。療法というのはプロセスであって、療法士は一歩一歩クライエントと共に歩みを進めていくものです。クライエントのほうも、一歩一歩変わっていきます。先ほどお話した知的障害児のケースのように、私も一歩一歩進んでいったのですが、子供のほうも私との関係性において、一歩一歩進んでいきました。多くの場合、療法というのは非常にゆっくりとしたプロセスを辿ります。

また音楽療法というのは「介入」です。クライエントが何をしようと、そこでどんなことが起ころうと、それは誰かが「介入」しなければ起こり得なかったことでなければなりません。例えば頭痛がしても薬も飲まずに治ってしまったとしたら、それは療法ではありません。何かが自然に治っていく、そこで誰かが何らかの力を起こすことなく治ってしまったときというのは介入とは言えませんし、療法でもないわけです。

「セラピスト（療法士）」の定義

療法士がクライエントを援助するということをお話する前に、まず「療法士」というものを定義しなければなりません。療法士というのは、療法士ではない人とは異なる役割を持っています。療法士とは、教師でも、友だちでも、家族の一員でもありません。療法士はある特定の役割を持っています。その人の人生に介入していくという特別な役割を持っています。療法士とは、他の人では持ち得ないような、その人についての情報にアクセスすることができます。教師が皆さんに対して持つべき情報と、療法士が持つべき情報というのは違うのだということを考えてみて下さい。

療法士というのは、療法士であるための訓練を受けた人です。それは何か特別な能力を持っているということだけではなくて、社会がその能力を認め、何らかの資格を社会から認可されている人なのです。医者にかかるときにはその医者には医療についての訓練を受けていて欲しいと思いますよね。そればかりでなく社会から医師としての免許をもらっている人でなければとも思っているわけです。音楽だけでなく、他のどのような療法においても、自分の人生に介入してもらう以上、自分たちのしていることが何であるか分かっている人であって欲しいですね。そして社会によって、その役割をしてよろしいと認可されている人であって欲しいと願います。

「クライエント」を援助

その対極に位置する「クライエント」とはどのような人でしょうか？ クライエントとは病気の人だとするかもしれません。でも、病気の人がみんなセラピーに来

るわけではないですね。セラピーを受けに来る人が皆、疾病を持っているわけでもありません。何か問題を抱えている人が療法にやってくるのです。これは言い換えると、療法士が提供できる特定的な援助を求めている人ということができます。例えば、皮膚病に罹ったとき、あなたは援助が必要です。皮膚の病気について詳しい、皮膚科の医師のところに出かけるでしょう。あなたの皮膚のトラブルに介入してもらうために、そしてこのことがあなたに利益をもたらすために。

　療法においては人生において何か問題を抱えているとき、例えば「自分に自信が持てないという問題を持っているとき」とか、「演奏の本番前にとてもあがってしまう」とか、こうした問題を解決するには援助が必要です。こうしたことは病気とは違いますね。狂っているということでもないですね。ただ援助が必要なのです。「援助を必要としている人」というのがクライエントの定義であるとすると、どんな人であっても人生のどこかの時期において何らかの援助を必要とすることは起こるでしょう。ですから、クライエントであるということは何ら恥ずべきことではありません。恥ずかしがることはないのです。

　セラピストとクライエントの関係というのは、援助する人と援助される人であると言えるでしょう。ではここで「援助する」という言葉を考えてみましょう。もしも皆さんが私に何か援助を必要としているとき、私には皆さんの代わりを務めることなどできません。それは皆さん自身がすることです。私は助けるだけです。療法士というのは、療法士が変わるのでも、変化を起こすのでもなく、援助するのです。

「健康」を促進

　「療法」の目的についてですが、それは健康を促進することです。健康とは何でしょうか？　いろいろな種類がありますね。身体的な健康、精神の健康、魂の健康、感情の健康——。私たちが健康であるとみなすには、こうしたさまざまな側面が含まれています。人によっては、健康とは病気がない状態だと主張することでしょう。つまり、何か正しくない状態から解放されている状態が健康であるということになります。こうした考え方というのは医学に代表されるモデルと言えるでしょう。私たちが新しく考える健康というのは、単に病気ではないというだけではなく、たとえ病気であったとしてもそれと闘っていける状態にあるということです。健康とは、闘う強さ、抵抗、ウェル・ビーイング（良いあり方）、自分を脅かすものに対して闘っていく力です。人生においては、何か自分を傷つけようとするものから自分を守らなければなりません。このように健康というものを捉えてみますと、実にさまざまな理由から、私たちは多様な種類の健康を必要としているということが分かってきます。

「関係性」の問題

　さて、ここまではどのような療法にもあてはまる定義についてお話してきました。

そしてここで定義していかなくてはならないのは、音楽療法を特定しているものは何かということです。もちろんそれは「音楽を用いる」ということですね。この後、どのように多様な種類の音楽を用いるかということについてもお話していきたいと思っていますが、この定義は音楽療法というものを、非常に特定的に定義しているものなのです。もしここで「アート」という言葉に置き換えれば、それはアートセラピーの定義であり、ダンスと置き換えれば、ダンスセラピーの定義になります。

　先ほどお話したたくさんの実践例を思い出してみて下さい。そこでは音楽が非常に力強い重要な役割を果たしていました。しかし、音楽と同じくらい重要なことはクライエントとセラピストの間に築かれ、発展していった「関係性」の問題です。それは言い換えれば、クライエントと音楽の関係、クライエントと彼の家族の関係、さらにはクライエントと神との関係です。音楽は私たちが人生で持つあらゆる関係というものを築いていく力を持っています。

　関係性というのは、音楽療法においても非常に重要なことの一つです。音楽とは関係です。それは私自身の中の違った部分の関係であるかもしれません。頭で考えていることと実際に弾いていることとの関係、私が聴いていることと他の人が聴いていることとの関係、私と聴いている他の人との関係、演奏者と聴衆との関係、演奏者と作曲者との関係……。たとえ練習室にたった一人でいるときであっても、あなたは関係の中にいます。作曲者との関係、楽器との関係、そして聴衆との関係です。

　音楽を経験するということと、それを通じて発展する関係性というものを用いて私たちはクライエントを変化へと導いていきます。療法がずうっと続いていて、それでもクライエントが変わらないとき、それは療法とは呼べません。もし薬を飲んでも効かないとき、それは療法とは呼べませんね。結果が変化をもたらしていないからです。もちろん治療を受けたということは事実ですが、本当は療法はそこでは起こっていなかったことになります。

　音楽の経験について、その種類と性質を考えてみましょう。音楽の経験には基本的に次の四つの種類があります。それは「作曲をする」「演奏をする」「即興する」「聴く」です。これらが、音楽療法士が実践において用いる四つの方法です。先ほど私がお話したあらゆる技法はここから出てきているのです。

四つの音楽療法技法

「演奏」をする

　最初の例として紹介した青少年施設での実践においては演奏から始めました。このときはもうすでに作曲されている既成の歌から始めました。したがって、それは構造を持っており、彼らの違いをつなぐ媒介として働きました。歌が彼らにとって

の守るべきルールになりました。この歌をうまく演奏しようとすれば、彼らはそれぞれに課せられた課題をうまくやり遂げなければなりませんでした。この場合の音楽療法における技法としての演奏は、クライエントに、そこにある構造の中に入っていくということを求めます。そのためにいろいろなスキルを身につけ、さらにはその構造を生かすために必要なさまざまなスキルを学んでいくということになります。

　「演奏」において重要なことは、音楽に息吹を与えるということです。作品や歌というものは、ふだんは沈黙の世界にあり、演奏者が来て、その曲に一歩踏み込むことで、音を作り出すことで、その作品に生命を与えるのです。しかもそうすることによって、演奏者は作曲者に多くの注意を払いつつも自分自身をも表現していることになります。こういった経験を積むことで、クライエントの方たちに自分を発見してもらうのです。感情を表現してもらいます。作曲者が作り上げたラインの中で自分を表現するのです。ここには人生上のスキルという大変重要なものが存在します。毎日の生活の中で、自分はいったいどのような人間なのだろうということを見つけ出しながら、自分が感じることを何とか表現しながら生きているということは、その生きているという構造の中に自分を当てはめて過ごしているということなのです。

　再創造的経験、言い換えれば演奏するということは、次のような援助を必要とするクライエントに適しています。私の接した青少年たちには構造が必要でした。もうすでに知っている歌というものの中に構造を発見したとき、彼らは自分たちで新しい構造を作っていこうというように変わっていきました。これは作曲経験です。このようにして彼らは演奏者と作曲者の両方を経験しました。それはつまり青年が大人になるということではないでしょうか。最初は初めからある構造の中に生きて、次に自分で新しい構造を作り出す。自分で自分自身の家族というものを創っていくわけです。

「作曲」をする

　さて「作曲する」ということですが、作曲とは何もないところにあるものを作り出すことです。自分の想像力の中から何かを引き出して、それをアイディアとしてまとめ上げ、そのアイディアをレンガのように組み立てながら、音楽という一つの大きな建築物を作り上げるのです。作曲家というのは建築家と似ています。作曲家は楽曲という家を建てます。音楽の場というものを築きます。その家の中に演奏者や聴衆が住むのですね。ですから、音楽療法において作曲という技法を使う対象とは、自分のために新しい空間を建築する必要がある人、自分が住むための新しい家を建てなければならない人です。

「即興」する

　「即興」の場合、考える時間はありません。他の人の曲などではなく、あなた自

身が作曲家であり演奏家です。たった今、この瞬間にやるしかない。いったんドアを開けてしまったからには、どう進むか、たった今何をするかを即断即決するしかないのです。今私が話していることも、その瞬間にそって話をしているのです。一瞬一瞬私は選択をし、方向を決めます。こうして話を続けながら、なんとかそこに全体としての意味を作ろうとしています。即興演奏とは楽しいものでなければならないし、自発的であるべきです。瞬間的で、決断を要し、そして個人的なものです。人生においてもこういった援助を必要とする人に対しては、即興という技法を用いることが適切であると言えます。

「聴く」

最後に「聴く」とか「受容的経験」ということに進みましょう。それが受容的といわれるのには、それなりの理由があります。よい聴き手というのは受容することが上手な人です。そういう人は自分自身を開き、外界のものが中に入ってくるままに受け容れます。本当によく聴くということは、私という自己をあなたのために開いているのです。演奏している人の考えや感情を私の中に入れていくのです。私には身体があり、音によって身体それ自体も影響を受けますし、感情も考え方も影響を受けます。音楽を聴くという行為は、あなたのすべての意識を必要とします。自分がいた場所から解き放たれて、違う場所へと飛んでいきます。このように音楽を聴くという体験はすべて療法的に用いることができるのです。

以上が四つの基本的な音楽療法技法の種類です。そこからどのように選ぶかは、クライエントのニーズによります。こういった一つ一つの音楽経験が人に要求していくこと、それが、クライエントが持っている健康上のニーズとなんとか適合していなければいけないのです。さて、私は皆さんを音楽療法の世界旅行にお連れしたことになります。でもそれはほんの表面に触れただけにすぎません。

質疑応答

質問：音楽療法において使われる音楽の用法についての質問です。"Music in therapy"と"Music as thrapy"という言葉がありますが、先生はこの二つの言葉をどのように違うと捉えておいででしょうか？

ブルーシア：これはかなり上級の質問ですね。私たちは「療法としての音楽（Music as therapy）」という言葉はクライエントが音楽それ自体の中で変化し始めるときに使います。音楽の中で音楽そのものによってクライエントが変化することを言います。「療法における音楽（Music in therapy）」という言葉は、音楽以外の療法において、音楽は何か補助的な援助として用いられていることを指します。音楽以外の療法が行なわれている場面や、療法において音楽ではない側面に焦点があ

るとき、例えばたくさんの話をしているといった場面において、言語によるやりとりのなかで療法的な変化が次第に起きているとき、言語のやり取りを刺激するために音楽を用いることがあります。それが「療法における音楽」です。

例えば、先ほどお話した青少年との実践例は「療法としての音楽」です。彼らはその行動や姿勢などを音楽そのものの中で変化させていったからです。私たちが彼らと言語によるやりとりをしたことで彼らが変化したのではなく、音楽そのものの中で彼らは変わっていきましたね。一方、精神科の病院での実践例では、音楽が彼らの言語によるやり取りを助けています。彼らは言語による療法的やり取りの中で、変化を遂げていきました。これは「療法における音楽」です。

この二つの区別とは音楽が療法の主要な焦点であるか、それとも音楽は他の療法の形態を助けるための補助的な手段であるかということにあります。「療法としての音楽」の分かりやすい一例に、ノードフ・ロビンズの療法があります。そこでは音楽そのものの中でプロセスの変化が起きているからです。

質問：二つ質問します。音楽療法士が仕事を続ける上には"Sabbatical Moment（停滞期）、Transition（移行期）"の時期がたくさんあると思います。その時期に新しい領域のクライエントに向かい合ったとき、色々な気持に対面することになります。そのときに自分自身がそれまで信じていたコンセプトを否定しなければいけなかったりとか、自分の気持をかなり掘り下げていかなければいけないと思いますが、このように非常につらいプロセスを音楽療法士というのは何度も経ていかなければならないものなのでしょうか？ 質問するということがおかしいかもしれませんが……。

ブルーシア：同じような心の旅というのは、音楽に携わる職業であれば、それぞれが経験することになるのではないでしょうか？ もし、私が音楽家としての人生を送っていたら、そういった移行や葛藤を私はバッハを演奏しなければならないという局面において感じるだろうと思います。自分にとって心地よいものではないというものに向き合ったとき、そういった感情は必ず起こります。私がバッハを弾いていると、どうも自分の性格と合わないと感じるときにそういった闘いになります。なぜなら、私はもっと自然にショパンと向き合える人間だからです。けれども私は自分自身を引き伸ばさなくてはいけない。新しい世界に入っていくため、新しいものの考えを取り入れるためにです。

療法においては新しい対象者領域に入るたびに、まったく新しい音楽空間に入っていくような気がするものです。その中で何とか自分にとって心地よい在り方を見つけなければなりません。私が思うに音楽それ自体においては、この柔軟性というのは一つのモデルだと考えます。音楽というものはその楽曲の中に限りない可能性を秘めているからです。曲の基本的なアイデンティティというのは同じかもしれませんが、その同じ曲を異なる演奏者が弾くときには演奏内容が変わりますよね。音楽療法士の場合には、新しい対象者が音楽空間に現れるたびに同じプロセスを辿り

ます。あなたはしっかりとアイデンティティを保ちつつも、この新しい対象者（occupant）との空間を作ってあげることになります。

さらにその上に新しいプロセスがあります。そこでは音楽家としての自分が変わっていきます。こうした小さな移行（これは常に起こっていますね）と大きな移行、高い移行と低い移行。音楽というものの基本的なコンセプトを身につけていれば、どのような療法上の葛藤も乗り越えていけるものです。音楽というのは健康のモデルそのものです。

質問：先ほど精神発達遅滞の患者に対して、"be in consistence" どのような自分がよいのかを決めて接するといったことを言われましたが、それについてもう少し詳しくお話いただけますでしょうか。

ブルーシア：一つ目の質問ととても密接に関わっていることですが、私が一貫性を保つためには、私自身を彼らの空間の中に置かなくてはいけません。その空間において私も心地よく、彼らも心地よいと感じたそのとき、私はもっと強い錨を降ろすことになります。いろいろなクライエントに対して一貫性を保つというだけではなく、一人一人のクライエントに対して一貫性を保つのです。伴奏者のことを考えてみましょう。すべてのソリストに対して、同じテクニックを使うということはできませんね。各ソリストに対して、それぞれ伴奏者としての役割というものが違ってくるはずです。一人の演奏者に対してあなたは一貫性を保って対しますね。この比喩は、あなたの両方の質問に当てはまるものではないかと考えます。伴奏者は時々、ソリストをリードし、準備し、ついていく、そして終わります。

質問：実践の報告の中に、知的障害者の施設でのお話がありましたが、こうした施設には非常に重度の方から、楽器を持てる方までが入所しています。こうしたさまざまな状態の方たちが一つのグループとして活動するときに、その皆さんに共通してできるようなセッションというのはあるものでしょうか？

ブルーシア：不可能だと思います。それは療法ではありません。体系的になり得ないばかりでなく、あなたは特定の対象それぞれのニーズに答えてはいないからです。療法においてグループを組むというのは、何かそのニーズにおいて共通するものがあるからなのです。まったく異なるニーズを持っている人を一つのグループにしても、結局は誰に対しても行なっていないということになります。このようなグループを前にした場合、セラピストとして活動するのは不可能な状態にあると言えるでしょう。施設の長というのは、どうもたくさんの人を一度にやって欲しいというように押し付けてくる場合が多いと思います。しかし、難しいことかもしれませんが何とか「これは療法ではない」ということを施設の責任者の人に伝えて欲しいと思います。どんな療法家が「これをやってみよう」と提案したとしても、異なるニーズを持った人を一緒にしては上手くいかないと思いますよ。

司会：ありがとうございました。今日ここに来られた皆さんが、何か音楽療法について、また音楽について、新しいことを学んでくだされればと願っております。

(講演日：2001年1月18日，於：国立音楽大学)

音楽療法臨床における即興

ケネス・E・ブルーシア
加藤美知子（通訳）

はじめに

　音楽的経験には4種類あります。聴取、作曲、演奏そして即興です。この4つの経験のそれぞれが、4つの性格的に異なる側面を必要とします。どの経験が必要とされるかによって、セラピーにどのように音楽を使っていくかを決めていきます。今日はセラピーにおける一つの側面である即興に注目してみましょう。
　まず「即興」とは何でしょうか。即興にはどのような、人間としての体験が含まれてくるのでしょうか？　皆さんの内の何人の方が即興をなさいますか？　ピアノを弾かれる方は？　ベースは？　コード演奏をなさる方は？　そこにはガイドラインがあって、それに沿って演奏するということがありますね。隙間を埋めていきますね？　では、カデンツァ弾きますか？　チェロを弾く方は？——。
　モーツァルトの時代にはカデンツァは即興でした。何人かのピアニストがそこで即興を始めたのです。ロマン派の時代になってもピアニストが自分の技巧を見せるために即興をするということは行なわれていました。バロック時代に行なわれていたのはベースラインに番号を与えて、その上に音を即興でのせていくというものでした。鍵盤奏者はその記号を基に伴奏をつけていったのです。古典派の時代には、演奏者はカデンツァの部分で即興を行ないました。即興というものが演奏と非常に近い位置にあったわけです。年月が経つうちに、その伝統は失われていきました。さて私は、皆さんが即興についてどのように考えているのかを知りたいと思っています。楽器を手にとって、その場で思いついたままに演奏をするということをしたことがありますか？　たった一つの音を使って。そして次の音に移り、そしてそこで何が起こるのかを見ていく……。
　（ピアノ演奏）
　これが即興です。私は何が起こるのかについて、何のアイディアも持っていませんでした。でも、始めました。そしてそこに音を加えてみて、そこに生まれたアイディアを追いかけていきます。ただ演奏を続け、途中である意味のある音が生まれたのです。さあ、このようなことを皆さんはご自分の練習室でやってみたことはあるでしょうか？

　即興演奏には、私たちが普通の楽曲を演奏をしている時とはある種異なる意味合いがあるように思うことがありませんか？　時には怖くもなるでしょうし、自分が

第16章　音楽療法臨床における即興

何をしていいのか分からなくて不安になることもあるでしょう。やっていることが不適切ではないかと思うこともあります。これから何をするのかということは分かっていません。でもとにかく弾きつづける。わくわくしてくる。何が起こるか分からないから面白い。スキーが好きな人はいますか？　スキーも同じようなところがありますね。丘を滑り降りていくには、その都度新しい冒険が現れます。

即興というのは「今」「ここ」にあるということですね。あなたのベストを試みながら過去の経験を組織化していきます。即興という行為のなかで自己を組織化することでそこに意味が生まれてきます。即興を音楽で行なう場合は、何か失敗をするのではないかという心配は必要ありません。そこにはミスというものがないからです。何かが起こったとき、あなたには選択肢があります。これを意味のあるものにするか、そのままでよいとするか。あなたはその瞬間、瞬間でも考え続けています。何が来ようと何が起ころうとあなたの意志の一つとして自分のものにしていきます。あなたは何が起きようと、それを利用して何でも好きなことをすることができるのです。

料理が好きな人はどれくらいいますか？　家に帰ったときに材料が何でも揃っているとは限りません。「ここにはこれがあるな」と思い、ほかを覗いて「ああ、これもあったなあ」「ああ、これもあった」——。さあ何ができるか料理を始めます。「そうだ！　これも入れよう！」「あれも入れてみようか？」あなたは即興をしています。即興するというのは、いま手元にあるもので何かを作り出すということです。その瞬間何が起ころうと、それを意味あるものに変えていきます。それをあなたの人生に置き換えて考えてみましょう。その時ごとにいろいろなことがあなたに起こります。それにあなたは反応しなければなりません。そこから逃げるわけにはいかない、反応しなければなりません。どれくらいの速さで自分の行為を意味のあるものにしていくか。そして何か否定的なことでも、それを何とかして肯定的なものに変えていくことができます。

私たちが人と対峙するときにはお互いの目を見つめあって話し始めます。そして二人の関係のなかで即興を始めます。ごく自然に目と身体を使い、言葉や声、それに身振り手振りを使って。すべてのことが新しい、これまでには起こったことのないことです。これまでの人生の中で、自分がどうやってその人と関わってきたかという経験はあっても、今ここで起きていることはすべて新しいことです。それは、今この瞬間にあるということを要求します。この時、「今この瞬間この人はどう反応しているだろうか？」「その人に私はどう返していくか？」というように二人の関係を少し高い位置から見下ろしているような見方をすることもあるかもしれません。そして新しい人に出会うと、「相手は何を考えているのか」「どんなことを覚えているのか」「何を言おうとしているのか」と考えます。たとえ同じ言葉を使っても、それは以前に言ったその言葉を繰り返しているのではありません。何か新しいことを話すたびに、あなたは即興しているのだということに気づいていますか？　私たちはまったく同じ文章を話すなどということはあり得ません。言語というのは

論述的な即興です。

　言葉という問題からは離れて音というものについて考えてみましょう。音というものを言語の一つの形として考えてみて下さい。あなたは言語で即興しているのと同じように音で即興していくのです。とてもシンプルな楽器を手に取ってみましょう。これでいろいろなことを伝えることができます。とても微妙なことを伝えることができます。だれかがこんなことを言っているとすると、
　（小さなドラムをバチで優しく叩きながら）
　この人はあなたに何かを尋ねているのでしょうか？　あなたを待っているのでしょうか？　あるいはあなたに誘いかけているか？　いろいろ考えられますね。では、これはどうでしょうか？
　（同じ楽器を、強くたたきつけるように）
　何かを尋ねているのでしょうか？　あなたを待っているのでしょうか？　何かを要求しているのでしょうか？――。この二つのどちらがどのような意味であるのかは分かりませんが、この二つが違ったものであるということは分かります。それぞれが幅の広い意味を持っています。あるいは意味のなかに可能性が考えられます。
　例えば二人で会話を交わすということを考えてみましょう。おしゃべりをするというような感じでいきましょう。
　（参加者の一人にもう一つのドラムとバチを渡し、向き合って座って、お互いに即興を試みる）
　さて、私たちは会話をしました。私たちが何を話したか分かりますか？　分かりませんね？――。でも私たちはお互いに知り合うことができました。彼女は私に反応してくれました。さらにはあれこれと違うやり方で反応してくれました。二人で演奏を続けていくと、お互いにいろいろな演奏方法を発展させていくことができました。今、私たちが（ドラムで）おしゃべりしているうちに、それはまじめな感じになっていきました。
　しかし、そこには遊びという要素もあったことに皆さん気づきましたか？　そうです。私たち二人は単にコミュニケートだけでなく、遊んでもいたのですね。あなた（ドラムを演奏した参加者）は自分のドラムで遊び、私は私のドラムで遊び、私はあなたと遊び、あなたは私と遊んだのです。これは子供たちが遊びながらだんだんと関係を作っていくのと同じようなことです。子供は非言語的に瞬間的にお互い相手が何をしてくるかを見ながら遊んでいます。私はあなたに精一杯の注目をしていましたけど、あなたはこれまでこれほど長いこと相手に注目されるということが最近ありましたか？　それが即興には要求されているのです。お分かりいただけましたでしょうか？では、以上のことを考えながら、次に進みましょう。

▬▬「即興的音楽療法」とは

「即興的音楽療法」とは療法的目的（臨床的問題の査定、治療、評価）のために音楽的即興を用いることである──。

　私たちは自発的に反応しながら徐々に音楽的形式を発展させていきます。今、私たちがここでドラムを使ってやり取りをしている間に、私たちはそれぞれに音楽的なアイディアを持っていました。そしてそのアイディアを投げかけ合っていました。このアイディアのやり取りを通して形式が作り上げられていきました。音楽的な形式が創造されていったのです。Aに対してA、B－B、A－B、A－A－C、B－B－C‥‥。これらのパターンが一緒になって、音楽的なアイディアが音楽的形式を作り上げていきます。私たちは、それを一瞬一瞬にまったく自発的に、それまで存在した音楽的構造というものにまったく関係なく、リズムを作り出して進んでいったのです。私たちは私たちの演奏していること自体を二人の音楽形式のなかに位置付けていきました。

　作曲することと即興することとの違いですが、作曲家は作曲をするその瞬間には演奏はしていません。作曲家の活動は、アイディアを紙に書き写し、また作曲し、そのあと演奏することになります。即興ではこれらの作業が同時に起きます。そして同じことは二度とできません。終わってしまうのです。それを再生することはできないのです。私たちのおしゃべりと同じです。私たちは会話を終えたとき、それがとても素晴らしい対話となったとしても、そのすべてを同じように繰り返すことはできません。あなたの人生におけるもっとも重要な会話であったとしても、再生することは不可能でしょう。それは一瞬に起こったことだからです。ある特定のことはその瞬間にしか存在しないのです。人間であるということは、私たちに刻一刻私たちの意志を実現していかなくてはならないということを要求します。そうであるがゆえに、私たちは常に新しいことをやっているのです。

▬▬「即興療法」の目標

「即興」とは、即時的に（その瞬間において）音楽的形式を創造しつつ、一方で音群をも作り出すプロセスである──。

　即興の定義とは、プロセスの中で音楽的形式を作り上げていくということでした。しかも「自発的に」「演奏しながら」行なうということでした。さて、即興的音楽療法というのは、このような経験を用いながらそれを治療的な目標に生かしてい

ます。では臨床において即興というものを使用することについての治療目標というものを考えてみましょう。

> [即興療法の目標]
> ・感情の表現を促す。
> ・自己とその潜在力について洞察を得る。
> ・相互作用やコミュニケーションスキルを発展させる。
> ・構造の中で個人としての自由を発見する。
> ・人生における問題を解決する創造性を養う。

「感情の表現」を促す

まず「感情の表現を促す」という目標があります。私があなた方くらいの年齢の頃、練習室に行くと、まずピアノの前に座って自分自身をクリアーにし、そのとき私が悲しいなら何か悲しい気持を即興で演奏しました。なぜならそうするほうがその瞬間には私にとって易しいからです。

（ショパンの曲を演奏）

今、ショパンの曲を弾きました。この演奏の間、私はショパンに制限されていました。では、私が本当は何をしたかったかというと、

（即興によるピアノ演奏）

私にも今の演奏が何を意味するのか私自身分かりません。でも私は自分が感じていることを、こうしていくことでクリアーにして行くことができます。私は何かを繰り返しています。左手は繰り返しを……。これが私の悲しみです。ショパンの悲しみではありません。私だけのもの、私だけができる、皆さんにはできない悲しみの演奏。それは誰かより私がうまく弾けるからではなく、これは私の悲しみだからです。これは私の表現方法だからです。これは私が組織化していくやり方です。私たち一人一人は違った方法を持っています。

皆さんにこのようなことをやって下さいと頼めば、皆さんはまったく違ったことをするでしょう。どのような音にするかということは心配しなくてよいのです。あるいは楽譜が何を言おうとしているかということは気にしないで下さい。私が私の楽器と共にある――それだけ考えればいいのです。臨床の場面においては、即興演奏というものは、感情を表現していく上での援助となるのです。

私たちは音楽家として、何か喉までいっぱいになっているようで嫌だと思うことがあるかもしれません。私たちはいつも旋律や和音について心にかけていなければいけないからです。でも子供を見て下さい。例えばまったく音楽教育を受けていない子供が何か単純な楽器を手に取ったとしましょう。彼は思ったままに弾きます。その瞬間の気分のままに、彼は何が悲しいかといったことを考えたりせず心おもむくままに……。

（ザイロフォンを膝に置きバチを逆さまに持って鍵盤を左右に細かくこする）

この楽器がここにあることで、自分がどう感じているかということを表現することを可能にしてくれるのです。その音、それは身体との関係性を持っています。それがDマイナーのコードからの発展であるとか、メロディーは上声でどう動くかなどとは考えません。音であればいい——。

臨床場面で何の音楽的経験も持たないクライエントが来た場合、音楽家から見れば即興などできるはずはないと思われるクライエントでも、皆さんよりもよい演奏をするかもしれません。なぜか？ その人は音楽家よりもよりよく即興できるからです。その人には何の迷うこともないし、間違ってはいけないという強迫もありません。ただ楽器を見て音を出すチャンスだなと思うだけです。それゆえ自分の出す音は心のなかの何か一部を投影することができるのです。例えば結婚していてご主人には言えないことがあっても、これを表現するための方法を持つチャンスが与えられるのです。

私たちは、言葉では表現できないことを楽器で表現します。これは弱点でも欠点でもありません。先ほど私たちがやり取りしたことも、言葉で正確には分からなかったとしても、それはデメリットではありませんでした。それどころかメリットだったのです。彼女は音楽のなかでより大きな勇気を私に見せてくれました。もしこの教室の外で出会ったときに示したかもしれないものよりも、ずっと大きな勇気を。外では何か少しのことしか言ってくれなかったかもしれない。そして私たちがつながるという経験も外ではできなかったかもしれないのです。

自己とその潜在力について洞察を得る

さて自分の気持ちを表現することができたなら、「自分自身を知る」ということが目標です。自分の楽器に向かい、何も考えずにただ弾いてみます。そして驚きます。「ああ、自分がこんなふうに感じていたなんて知らなかった」と。即興をしていて時々起こることは自分自身の新しい側面を発見することです。即興を続けていると、「ああ、自分はこんなことだってできるのだ」ということが分かったりします。その中の幾つかはふだんのあなたは表現しない部分かもしれません。なぜなら即興ではあなたは自由だからです。あなたのなかのどの部分であれ、自由に表現することができます。

相互作用やコミュニケーションスキルを発展させる

次は他の人々と「関係を作る」ということが目標です。皆さんはどのようにして他の人に注意を向けますか？ どのように他の人に耳を傾けますか？ どのように協調するでしょうか？——。誰かと話をしているときに自分がどのように感じているかを伝えようとしても、相手が自分と同じような気持ちで受け止めてくれるとは限りません。相手はそれでも言葉では「分かった」と言うかもしれません。

音楽の場合、私は自分の一つの気持を表現し、相手は自分の気持を表現します。

そして「ああ、あなたは私のことを聞いてくれていないのだなあ」「私たちは一緒にいないなあ」「コミュニケートできていないな」ということが分かります。音楽の中にポジションがないからです。音が私の感情ではない相手自身の感情を表現しているからです。私たちはお互いに演奏し、お互いの感情を交換し合っているのです。ですから自分に注意を向けてくれない人と一緒に演奏するとそれらしい演奏になってしまいます。どのように人とコミュニケートするかということを学ぶには、まず彼らの世界に入っていくということを学び、彼らと「非言語的に」どのように関係を作っていくかということを学ばなければなりません。

構造の中で個人としての自由を発見する

　他者との関係を築くことができたならば、その次の目標は「構造の中で個人としての自由を発見する」ということです。先ほど二人で即興した時にも、そこには楽器から与えられた構造というものが存在していました。演奏する楽器によって可能性は限定されてしまいます。例えば私はこのドラムではメロディーもハーモニーも作れませんし、たくさんの感情を表現することはできません。でもやりたいことはできます。こんなことも、こんなことも……。

　（ドラムの縁を叩いたりこすったり、バチの柄で表面をこすったり、腰で叩いたり振ったりする）

　この楽器自体が一つの構造であり、もう一つの構造は二人で一緒に演奏したということです。私には自分の好きなことが何でもできるという完璧な自由を持っていました。ただしそれはこのドラムという楽器の構造の中での自由です。即興は自分が誰であるのかということを発見していく手がかりになります。自分であるために与えられた構造やルールの中で自分自身を発見していく自由があります。

人生における問題を解決する創造性を養う

　最後の目標は「人生における問題を解決する創造性を養う」というものです。即興とは常に自分が次に何ができるかを考えることです。私に与えられた選択肢は何か——。どれが自分のいま一番やりたいことなのだろうか。東京で地下鉄に乗ってみて考えたのですが、ある目的地に行こうとするとそれにはいろいろな選択肢があります。駅の真ん中に立っていろいろな選択肢の中からどの経路を取るかを決めていきます。これが早いかな？　でもこれは混んでいるなあ。早く着くほうがいいか空いているほうがいいか……。でも音楽ではこうした選択は一瞬のうちに行なわれます。選択の瞬間は次々とやってきます。ですから常に考えていなければなりません。「どこに行こうか」「何が私の可能性だろうか」——これが創造性の核になります。即興とはあなたの想像力を音において訓練していくものなのです。

　例えば、ある人がこの楽器を選んでこのように即興したとします。

　（単調に一定のリズムでドラムを叩き続ける）

　それが臨床の場面であれば、「ああ、この人はこれまでの人生がとても制限され

てきたのだなあ」と思います。他の選択肢はなかった。自分が選択する可能性をあきらめてしまった。人生における選択肢というのはまったくない。このようなシンプルな楽器を与えることで、その人がこれまでどのように自分を閉じ込めてしまってきたかが見えてきます。その人は想像力を失っています。

「人生の質」と「想像力」

　自分の人生の質というものは、自分の想像力の質がどのようなものかということと非常に密接な関係があります。人は自分の人生が今どのようなものであるか、どのような人生が今よりよいものであるかを想像できないとしたら、その人生を今よりよいものにしていくことはできないでしょう。今皆さんが聴いたようなシンプルな即興活動によって、その人の想像力を訓練していくことができます。即興演奏の力が他のさまざまなところに及んでいき、そこから自分のいろいろな感情を表現できるようになっていきます。自分が誰であるか、自分がどのような可能性を持っているのかを発見し、他の人との新しい関係性を作り上げるということを学んでいくことが可能になります。そして前進しつづけることが可能になります。

　私がかつて心理学の授業を取っていたときのことです。それは15週間の授業で毎週いろいろな理論を学びました。精神病理学、心理学の本質とは何か、フロイトの理論、他の理論家の理論——。一つ一つの理論は何が健康であり、何が悪い状態であるのかというように見ていきます。私たちは14の理論を学んだのですが、もちろん混乱してしまいました。最後の授業の日、私たちは先生が入ってくるのを待っていました。そして「いったい心理的な障害とは何でしょう？」と質問したのです。彼は私が決して忘れることのできないことを言いました。病気、障害あるいは疾病とは、療法が「こちらのほうがいいなあ」と取り得る選択肢を持っている時のことだというのです。病気というのは何か間違ったことなのではなく、自分では選ぶことのできる自由または選択肢をもつことができないということなのです。病気であることの結果として、あなたは制限を受けます。ですから健康とは制限がないということなのです。そして即興というのは「こちらのほうがいいなあ」という選択肢を常に探していくという行為なのです。音楽において私たちはより良い音を求めていきます。「これよりも、こっちの方がいいな」「ああ、これはよくないな。でもこちらのほうが好きだ」というように、即興することで自分の制限以上のことを想像する（イメージする）ことが可能になります。

即興療法における「変数」

・器楽的 - 声楽的

・関連的 - 非関連的

・言語による話し合いのあるもの - ないもの

- ・能動的－受容的
- ・独奏－二重奏、集団

　私たちは即興を多様な方法で用いることができます。楽器を使う、声を使う、身体も使います。関連的ということについてですが、音楽をある物語を作っていくことに使います。標題音楽のように、音楽が何かほかのことを意味しているような使い方ですね。一方、まったく計画というものからは自由に即興することも可能です。それをやってみましょう。即興が終わってからそれについてディスカッションすることも、しないこともあります。私たちが先ほど二人で即興したときも、終わった後でそれについていろいろと話し合うこともできました。そうすることで、そこで何が起こったのかについてよりよく理解することができたかもしれません。次の機会にそうすべきなのかもしれません。子供たちとのセッションにおいては、大人の時ほど言語によるディスカッションはしません。いずれにしても私たちは、即興中は演奏に巻き込まれていても、終わった後でそれを振り返ってみることができます。

　誰か私と一緒に音楽をやってみようという人はいませんか？　ドラムとシンバルです。最低1分間は演奏しましょう。

　（演奏）

　今のは非関連的でしたね。器楽的で二重奏で、能動的でした。ではほかの方にお願いしましょう。今度はあなたが好きな楽器をいくつでも選んで下さい。あなたはそれである「ストーリー」を私に話してください。そのストーリーとは「あなたは家に帰ります。でも地下鉄で迷子になってしまいます。やがて家に帰り着きます」。ドアを開け、ソファに座るまでの、その時のあなたの感情を音にしてください。

　（演奏）

　今の即興では「意味」を考えることができます。彼女が演奏していることと、彼女の物語の中における位置づけについての意味です。音楽の意味は物語と合体しています。しかし音楽自体はさほど組織立っていたわけではありません。先ほどの演奏では、音楽的な関係におけるパターンを聴くことができましたね。このように関連的な即興と非関連的な即興では意味が異なります。その人の演奏をあなたがどのように理解するかも当然違ってきます。今のストーリーを私が同じ楽器で演奏してみましょう。私がうまく演奏するということではなく、違った表現が可能だということを聴いてもらいます。

　（演奏）

　私がここで使った「シンボル」は彼女のものとは違いました。こういった種類の即興では演奏後にディスカッションすることにより、より意味が明確になっていきます。そうすることで音楽の中のどこで大切なことが起こったのかを明らかにすることができます。

「即興的療法」の主要モデル

［個人モデル］
・「創造的音楽療法」（ポール・ノードフとクライヴ・ロビンズ）
・「分析的音楽療法」（メアリー・プリーストリー）
・「自由即興療法」（ジュリエット・アルヴァン）

　即興的音楽療法には多様な「モデル」があります。即興演奏のスタイルによって異なった理論が練られてきました。ノードフ・ロビンズは「創造的音楽療法」を作りました。この療法は皆さんの中にもご存知の方がおられることでしょう。創造的音楽療法では私が最初にお見せしたようにクライエントとセラピストが即時的に即興をしていきプログラムもストーリーもありません。

　メアリー・プリーストリーが開発したのが「分析的音楽療法」です。本日の二番目のタイプの即興です。特定のプログラムまたはストーリーのもとでクライエントに即興をしてもらいます。そして終了後にクライエントと演奏について話をしていきます。創造的音楽療法というのはもともと子供たちのために開発されたものでした。分析的音楽療法は大人を対象としています。前者は非関連的です。そして通常ディスカッションは含まれません。後者は関連的であり、言語によるディスカッションを伴います。ノードフ・ロビンズでは二重奏ですが、分析的音楽療法ではクライエントは単独、またはセラピストと二人で演奏します。両者に共通しているのはどちらも「個人セッション」であるということです。

　「自由即興療法」はジュリエット・アルヴァンによって作られました。彼女はこれを自閉症の子供たちを対象に行ないました。彼女が主に用いた楽器はチェロでした。ノードフ・ロビンズではほとんどピアノが使われます。分析的音楽療法ではどのような楽器でも使われます。もっともその5割はピアノかもしれません。自由即興療法ではチェロまたはピアノが使われます。

［グループモデル］
・「実験的即興療法」（ケネス・ブルーシアとアンネ・リオーダン）
・「オルフ音楽療法」（カール・オルフ）

　次にグループの即興的音楽療法に移りましょう。「グループモデル」では個人モデルのようにセラピストが主役ではありません。この点が集団療法と個人療法の違いと言えるでしょう。個人セッションではセラピストは非常に能動的な役割を負います。集団セッションではクライエントがより重要な役割を担います。

　「実験的即興療法」というのは動きと音楽とを組み合わせたものです。グループは始めに何らかの即興をします。このときセラピストが常に参加するとは限りませ

ん。大切なのはグループのメンバーがどのような音楽をするのかを決めていくことです。これには協調性を必要とします。ここでは言葉と音楽を用いて共に作業するということが行なわれます。そしてグループで作った音楽を録音し、次にそれにつける動きを即興します。これには多くの時間を必要とするために通常は丸一日のセッションとなります。

　オルフの即興演奏は主に子供たちのためのものです。先ほどの実験的即興療法は主に大人を対象としています。ではオルフの音楽療法をやってみましょう。この列の皆さんは足を踏み鳴らして下さい。この列の皆さんは膝を叩く、この列の皆さんは手を叩く。

　（即興）

　これがセクションAです。

　次はセクションBです。四人出てきてください。一人ずつがそれぞれセクションAの即興演奏後に何か動作を単独で行ない、次に全員がそれを真似します。これは発達障害の子供たちにとってとても楽しいゲームです。グループごとに分かれることで自分の分担に集中することができますし、一人一人にリーダーになるチャンスがあります。そして全体が構造化されます。これはカール・オルフのアイディアに基づいています。こうして彼は子供のための音楽教育を開発しました。

即興的療法士の主要な任務

[E－A－R]
- 「喚起」する（Evoke）：クライエントを即興に意志的に参加させる
- 「査定」する（Assess）
- 「反応」する（Respond）：即興の最中あるいはあとにクライエントと相互作用をする

　実践的な観点からみると、即興的音楽療法を行なうセラピストには三つの課題が与えられています。即興を「喚起」する、クライエントの反応を「査定」する、音楽的に「反応」していく——。この三つです。これらの三つのステップについてお話していきましょう。

即興を「喚起」する

　まず、クライエントに「即興をするのだ」という状況を作り出す必要があります。クライエントにある種の指示あるいは刺激を与えます。これをうまく行なうには、まず環境を整えることから始めます。今日、私がここに来るにあたって心配だったのは楽器がどのように並んでいるかということでした。私はある特定の並び方を好みます。大人の対象者と行なうときの例を示しましょう。テーブルはここに置きま

す。その上に楽器を置きますが、各人がテーブルの周りを回ることができるだけのスペースをとります。私は参加者に「この楽器が言葉の代わりになる」と伝えます。この楽器を使ってコミュニケートするのだと伝えるのです。

　それではここにある楽器から、皆さんにとって身体が心地よいと感じるような具合のいい楽器を見つけてみてください。皆さんは楽器を自分の延長のように考えたことはありますか？　皆さんは演奏する楽器と自分自身の身体の間に、親密な関係性を築いていますか？――。私がピアノを弾くときピアノは私の指の延長になります。そして私の指が出す音が皆さんに届くのです。フルートを吹くというときは、フルートが私の肺の、私の息の、その先にあると感じます。ですからピアノを弾くこととフルートを吹くことは異なる身体的経験となります。

　ドラムを演奏するときドラムは私の身体の一部です。ドラムが私の身体の一部になっている。私は手で自分の身体の一部として演奏する。ドラムは私の身体です。ですからクライエントにはドラムに触ってみるようにと伝えます。でも「音は出さないで。ただ触ってみるだけですよ」と伝えます。

　私がグループで即興音楽のセッションを行なうときは、全員に自分の身体にとってどの楽器が心地よいかどうか、手にとって心地よい抱え方が見つかるかどうかを一つ一つの楽器について試みてもらいます。こうして自分にアピールする楽器を探して選んでもらいます。そして全員がグループになって座ります。そこで私は「この楽器を使って何通りの音が出せるでしょうか」「何でもいいから体中のいろいろな部分を使って音を探検してみましょう」とグループを促しながら私はデモンストレーションしてみせます。

　このとき私は「さあ見てください。これで私はいろいろなことができます。こんなことも、こんなことも、こんなことだって」（実演）「この楽器と私の身体とでいろいろなことができますね。他の人のことはとりあえず気にしなくていいから自分が探求する音に集中してください」とグループを励まします。というのもこの時点では、誰もが音を出すということについて何かしらの許可を必要としているからです。そして演奏には正しいとか間違っているといったことは何もないことを伝えると、雑音の洪水が起こります。しばらくしてから「さあ、この楽器を使ってグループの皆に対して何かを言ってみましょう」と指示します。この時には「私のやったことを聴きましたね？　私は楽器と自分の身体との間に関係をつけました」と楽器を使って音との関連をつけてみせます。こうして音を通して私はグループの人たちの間に関係を作っていきます。

　「即興を喚起する」というプロセスが理解できましたでしょうか。治療的な状況において私はグループの一人一人の「自分に対する理解」「自分が受けた第一印象」「なぜ今ここで演奏をしているのかについての理解」をできるかぎり慎重に喚起することを試みます。全員が楽器で発言し終えると、一人一人に「何かびっくりするようなことを聴きましたか？」「誰に一番注目しましたか？」「誰かが楽器で言いたかったことに、応えたいことがありますか？」というように尋ねます。こうした質

問をすることでグループの一人一人がお互いの存在に気づき始めます。私はこうしたことのなかにコミュニケーションが存在しているのだということに皆が気づくことを援助しているのです。

次のステップではもう少し深いところに進みます。今度は楽器を使ってグループに対して自分自身について何かを述べ、「説明」してくれるよう頼みます。それは何か秘密のことかもしれないし、その人の質かもしれません。そして一人一人が演奏していきます。全員の演奏が終わると「何か言いたいことがありますか？」「このあなたの即興に何かタイトルをつけたいですか？」と一人一人に尋ねます。ここでは音とその人の人格とを結びつけていく作業が行なわれています。

次に私は皆が一緒に即興をすることができるかどうかを見ていきます。そのためにここで「構造」を与えます。「少し怪しい即興をします。お互いによく相手を見ていなければいけません。できるだけ少しの音でやります。音を持続させてミステリーの雰囲気で。一度に一人の人しか演奏してはいけません。でもほかにはルールはありません。あなたがいつ演奏するかは自分で決めます。順番には進みません。何か次の音が聴こえたら、自分の音を出してください」といったインストラクションを行ない、即興を始めてもらいます。こうして演奏をすると、彼らは自分の出している音が全体の音にどのような影響を与えているのかということに突然気づくことがあります。お互いの存在というものに敏感になります。

即興の場面を喚起するには、まずその環境が組織づけられている必要があります。そしてクライエントが一つ一つのステップを踏めるようになっていることが必要です。「さあ、即興しましょう！」と言って始められるものではないのです。しかし、子供たちの場合には少し違います。私の経験では、大人に即興を促すことのほうが、子供に対することよりも難しいことが多いようです。

「査定」と「反応」は同時に起こる

さて即興が始まると、彼らは何を言おうとしているのかということを聴き分けなければいけません。彼らが音を通じて私たちに何を伝えようとしているのかを聴き取っていく必要があります。それがその時における正式のコミュニケーションであるとしたら、私たちはそのやり方で、そのコミュニケーションの意味するところを知っておく必要があります。

先ほど録音したテープを聞いてみたいと思います。皆さんはピアノを受け持っていると想像してください。覚えていますか？　彼女は最初に座ったとき、待とうとしませんでした。まず私はそこで即興するという場面を喚起しなければいけなかったのです。しかし私はあまり多くのことはしませんでした。即興の実践が始まると、私は彼女のしていることを観察しながら、彼女が何を言おうとしているのか、どういう意味を持たせようとしているのかということを考えていました。

（演奏の冒頭を再生）

最初の二つの音を私が弾きましたね。そこにはビートというものを存在させてい

なかったことに気がつきましたか？　私は下の部分を引き受けました。そこで彼女はシンバルを演奏することにしたのです。シンバルというのは音が持続します。したがってそこにもビートというものは存在しません。

　もう一度巻き戻して聴いてみて、二人のうちのどちらが先にビートというものを持ち込むかを聴いてください。これは私たち二人の駆け引きです。どちらが組織立てる道をつけていくのかに留意して、聴いてください。

　（再生）

　初めは二人が交互に音を出していましたが、あるところで私が彼女と同時に音を重ねたことに気がつきましたか？　これが駆け引きです。そこから私たちはビートと共に演奏するようになりました。ゆっくりゆっくりと彼女の周りをまわっていて、突然彼女に触れた！　そんな感じでした。ここから後はビートがきちんと聴き取れるようになります。

　彼女がやろうとしたことは「私と一緒に進もう」ということでした。彼女は私のリズムを模倣し始めたのです。ですから私は彼女と一緒になるように努めてみました。そこからは彼女は私のリズムを模倣することで進んでいこうとしました。ですから私たちは同じ方向に向かって、それぞれのやり方で一緒に進んでいたのです。こうして関係性の駆け引きを音として聴くことができるというのは素晴らしいことです。このあとの部分で聴いて欲しいのは私たちが同時に音を出している、つまり拍が合っているところ、同時に駆け引きをし合っているところ、そして私たちが同じアイディアを交代で使っている部分があるということです。

　音量ではどんなことをしているのかということも聴いてみてください。大きな音、小さな音をリードしているのはどちらでしょうか？　音量はどのようなときに一緒になり、どのようなときに交互になるでしょうか？　私の言う「同時性」「模倣」というのは即興において人間関係を作り上げていく上での非常に基本的な方法です。音楽場面では常にこれらの要素が使われます。リズムだけではなく、音の大きさ、音色、音高、和音、これらの音楽的要素を使いながら、その瞬間、瞬間の人間的な関係も使って関係性を築いていきます。「同時性」「模倣」その他いろいろな要素に注意してもう一度聴いてみましょう。

　（再生）

　私が即興で学んだことの一つは、音の大きさ、ダイナミクスの点で一致するようにということでした。私は「これを一緒にやれるよ」と彼女に明確に示すためにクレッシェンドを使いました。私たちが一緒にクレッシェンドしていったのを聴き取れたでしょうか。でもリズムという点では、私たちは明確な関係を作ってはいませんでした。音楽療法において、即興するセラピストの観点とはこういったことなのです。私は即興している彼女の演奏に対して反応していきます。彼女が即興しようとしていることを聴き分けなければ反応もできません。ですから即興を扱おうとする音楽療法士の多くは、自分のセッションの録音されたテープを研究します。自分が弾いている間には聴けなかったことがテープでは聴くことができるからです。

「査定する」ということと「反応する」ということが同時に起こるのですね。この二つは常に関連づけられています。どのようにあなたが即興するかを理解するためには、あなたに対して反応するだけではなく、あなたの反応を引き出すということもしていきます。それは完全な円を描くことになります。

　以上は、即興する音楽療法士がどのように考えているかということについての、大変に簡単なまとめでした。これを行なうには長い実践経験が必要です。あなたの音楽の能力を充分に使うことができるためには、そしてそれを即時的に使うことができるためには、聴きながら同時に反応していくには、しかもその時クライエントがよい気分でいられるためには、非常に大きなエネルギーが必要です。音楽的に反応するということは即時的に起こすことであって、「どうしようかなあ」と考えている暇はないのです。

　あるときワークショップをしたことがあります。多くの学生はどうやって演奏したらいいのかということを知りたがっていました。「いつマイナーコードを使い、いつメジャーを使うのですか？」「いつビートがあって、いつビートがない音楽にしますか？」「いつ協和音で、いつ不協和音にしますか？」「いつ柔らかな音で、いつ強い音にしますか？」――。そこで私は彼らに「私は知りません」と言いました。すると彼らは「では、我々はどうやって演奏するのですか？」と怒りました。

　私が皆さんにできる最高の説明は、臨床的な概念や音楽的な概念のすべては頭の中のいろいろな部分に詰まっているのだということです。私がクライエントと仕事をし始めた当初は、本能的に直感で仕事をしなければなりませんでした。まず最初に考えるなどということはできず、すぐに即興しなければうまくいきませんでした。「私は何をしようか……」などと慎重に考えすぎてしまうと、自分自身のことが気になってクライエントに注意を向けることができなくなってしまったからです。ですから私は常にキーボードに手を乗せて、音楽が始まると勝手に指が動くままにしました。コードも音質も考えず、クライエントとの関係性において「その瞬間いいかな？」と思ったことをしました。私が自分自身に不確実なときは、私の指が動き出す用意ができるまで待ちました。いったんスタートすれば、「OK。リズムだ。音質だ。音量だ」「あれ、分からないぞ」「待てよ。ああ、OK、OK」――。これが現実でした。

　即興をする音楽療法士には、自分がどこに向かっているかを知るための一般的な方法などありません。自分の直感を信じられるようになるまでには、実にたくさんの練習が必要です。皆さんが訓練を受けるときには原則を学びます。でも、クライエントとの場に出たときにはそうした原則は脇においておきます。原則は必要なときに出てきます。即興による療法は療法士にとって非常に挑みがいのある仕事です。興味深いものですが、きちんとした訓練を必要とします。では質問をお受けしましょう。

質疑応答

質問：自閉症の子供たちに即興のセッションをしようとしても、彼らが自分の世界に入ってしまっているとき、どうやって即興のセッションにしていけばいいのでしょうか？

ブルーシア：一つには自閉症の子供を対象とする場合、私は楽器を一つだけ、それも触るだけで楽に音の出るようなものを与えます。例えば先ほどのドラムなどです。そして私はピアノを演奏します。場合によっては私も同じドラムを持ちます。私は一つのところにとどまって、あとはその子がしたいようにさせておきます。そして私は子供のやっていることに対して何とか音楽で合わせていこうとします。自閉症の子にとって、あなたがそこに存在するということを受け入れるまでに長い時間がかかるかもしれません。したがって、あなたはとても静かで安定している状態であることが大切です。

子供に向かって働きかけようとしたり、動いたりしてはいけません。子供が楽器のところに来るのを待ちます。楽器がその子にアピールするまで待つのです。あなたの存在が子供にとって脅威にならないように。子供が楽器を鳴らし始めても、すぐには楽器を演奏しません。子供の気持に侵入していかないようにします。

子供が楽器を見つけ楽器との関係性を築くまでに、非常に長い時間がかかることがあります。その後、子供の出す音と私の音との間に関係性ができるかどうかを見ていきます。そして子供と私の間に関係が築けるかを見ていくのです。これは大人のセッションの場合と同じです。身体と楽器との関係、楽器と音との関係、音と音との関係、そして人と人との関係です。時間のかかることです。

質問：即興のセッションでは治療者は準備・計画というものをするのでしょうか？

ブルーシア：一番大切な準備は、その前のセッションの録音テープを聴くことです。初回のセッションでは、私は対象者の一人一人とよく話をします。彼らがどのように反応するかを理解するためです。例えば、彼らがトイレに行くときのやり方など基本的なことも知っておかなくてはなりません。あなたがその人の身体的に近くに来ることが可能かどうかも見ておく必要があります。最初のセッションはとてもゆっくりと行なわなければいけません。セッション終了後、記録を取り、音楽があったとしたら、その音楽を聴きます。こうしたことが次のセッションの準備となります。

質問：音楽療法を行なうにあたっての音楽療法士の人数を教えてください。

ブルーシア：私は一人で行ないます。私が誰かと一緒に組んで仕事をするというのはダンサーと組むときです。彼女はダンスの即興をリードし、私は音楽の即興を

リードします。子供を対象に音楽だけで行なうときには、私はアシスタントを使いませんでした。でもそれは私のスタイルだと思っています。あらゆる点でそれが現実的だからでもあります。なぜなら多くの施設では二人の音楽療法士はいません。ノードフ・ロビンズの音楽療法では一人の子供に対して二人の音楽療法士が関わることが多いのですが、時にはノードフ・ロビンズの療法士であっても一人で行なうということはあるものです。ですからあなたはいずれ一人で行なうのだと考えていたほうがいいでしょう。

質問：たしかにコミュニケーションとしての音や音楽は非常に大切なものです。ただそれはやはり構造をもった音による言語であるわけで、"non-verbal"とはいっても，ある種言語的なものと言わざるをえません。私の質問は，そうした音楽言語をも超えた"non-verbal"、つまり「音楽の真に非言語的なエレメントの即興における重要性」についてです。このことについて何かお考えがありましたら伺いたいと思います。

ブルーシア：これは重要な質問です。これまでに多くの音楽療法士が、音楽について議論をする必要があるのか、ということについて議論を重ねてきました。あなたの質問に関連してですが、こうした議論のもとには音楽それ自体が何かを話しているのか、あるいは我々は誰かがその音楽によって意図したことを理解しなくてはいけないのかという問題があります。さらに複雑な問題としては、私たちが対象とする多くのクライエントが「話さない」ということです。彼らはコミュニケートするものを持ちません。一方で、話すことのできる大人を対象にセッションをすると、彼らは音楽でコミュニケートすることで本当の満足を得ることはなかなか難しいのです。そこで私自身の結論ですが、音楽はある領域においては言語ではコミュニケートできないことをコミュニケートします。そしてある領域においては言葉によるコミュニケーションとよく似たコミュニケートを音楽がします。ある領域においては言葉ではコミュニケートできるけれど音楽ではできない。音楽療法士が挑むべきことは、この三つの領域を常にオープンにしておくということ、そしてその違いを意識できるということです。

黒板に書いてみましょう。（図1）

図1◆

y MUSIC (NON VERBAL)	Xy MUSIC (VERBAL)	X VERBAL

xとyは、異なります。中央のブロックでは一緒になります。ただしそれは特定の領域についてのみ起こります。音楽の価値は、それ以外の手段では何ら表現する手段を持たない人が表現できるというところにあります。お答えになっていますで

しょうか？

　質問：いまお書きになった区別はとても興味深く思われます。私もそんなふうに考えることがあるのですが、問題は図の y についてです。今日のお話では x y についてはとてもよく分かったのですが、y の重要性について十分にお聞きできなかったので、こういう質問をいたしました。しかし y とは一体どういう次元なのか。私の考えでは音楽体験の「強さ」や「リアルさ」の度合いに関わる次元だと思っておりますが議論が必要です。音楽療法士は対象者や自分の音楽体験の強さということを意識することが重要なのではないかと申し上げたかったわけです。どうもありがとうございました。

　　　　　　　　　　　（講演日：2001年1月19日，於：国立音楽大学）

音楽療法士になるために何を学んだらよいか

バーバラ・ヘッサー
岡崎香奈 (通訳)

はじめに

　歴史的にみて、ずっと以前から音楽というのは社会の一部として、文化として存在してきました。いろいろな儀式で、毎日の娯楽として、そして癒しとして使われてきたのです。音楽というものは、私たちの生活のなかで非常に重要な位置を占めています。私たちが音楽家として音楽を用いるということにも、たくさんの可能性があります。演奏家、エンターテイナー、教育者……、しかし今日は癒しということに関わる音楽家として、音楽療法という職業のお話をしたいと思います。音楽療法士というのは、他者の健康や"well-being"を目的に音楽を使用する人のことを言います。その方の身体的、生理的、精神的なものを和らげたり回復させたりという役割を担っています。この職業は私自身も20年以上携わっており、自分としても満足する職業となっています。対象者の年齢がいくつであれ、その方たちと体験を共有することは一度も疲れたり嫌になったりといったことはありませんでした。私は音楽療法士であることに誇りを持ち、また光栄にも思っております。

　今日はお話しながら、たくさんのビデオを皆さんにお目にかけたいと思っています。その中でどれだけ幅広い年齢層や対象者に音楽が使われているかということを皆さんにお伝えしたいと思います。このビデオをお見せする意図は、それぞれの方法論を教えるということではなく、音楽療法というものの多様性を皆様に紹介しようということです。これから見ていただくビデオで実践をしている音楽療法士たちは、ニューヨーク大学の私の同僚たちです。ニューヨーク大学大学院の指導スタッフでもあり、スーパーヴァイザーを担当している人たちでもあります。

　最初のビデオでは、私とアラン・タリーが重複障害児に関わっている場面を見ていただきます。

　(ビデオ上映)

　同じグループで違う日に撮ったものです。ここでは即興で太鼓を叩いている場面をご紹介します。

　(ビデオ上映)

　次は岡崎さんがノードフ・ロビンスセンターでやっているビデオです。個人療法で自閉傾向のある男の子です。

　(ビデオ上映)

　それではまず、私個人として、音楽療法を定義してみたいと思います。音楽療法

では、意図的に音や音楽を活用していくということができます。セラピーとして、また癒しとして、幅広い年齢層に対して、知的、身体的、情緒的、またスピリチュアルな問題を抱えた人たちに対して行なうものです。私は音楽療法というものを非常に幅広く定義したいと考えています。それは「これだけしかない」とか「これが正しい」などと狭く捉えることなく、いろいろな可能性を取り込んだかたちで音楽療法を定義したいからです。音楽療法というのは創造的なプロセスです。それは成長し、変化していくプロセスとも言えます。クライエント、音楽療法士、そして音楽が関わりあっているのです。音楽療法は芸術と科学が融合したものなのです。そしてまた音楽という分野とセラピーという分野が共存しています。

　音楽療法の理論というものは、音楽の原理と療法としての原理を兼ね備えているものなのです。音楽療法士は芸術家であり、感性豊かに治療をするプロセスを理解しながら行なうのです。音楽療法士というのは、音や音楽をその方に合わせて個別に使いながら癒していくという作業をします。私が行なう音楽療法のセッションは非常に創造的なものであり、また安心して自分のいろんな側面を表現できる場なのです。これによってその方の短所だけではなく、長所も見ることができます。音楽療法士が選択する音楽と音楽活動は、その時々に行なわれていることを基にして作り出されていくのです。その音楽や音楽活動というのは、始める前にすべて計画されているわけではありません。そのセッションの時間によって、何がその時に起こっているのかという瞬間をキャッチしながら決めていきます。（音楽療法における）音楽活動というのは、聴く、音を出す、声を出すなどいろいろな方法があります。歌う、楽器を鳴らす、動く、作曲するといったことも含まれます。それぞれの音楽療法士が、対象とする方に合わせて一番適切なものを作り出していくのです。

　いま見ていただいたのはノードフ・ロビンスの音楽療法のアプローチによる、集団療法および個人療法でした。最初にクライエントが音や音楽を使って自分を表現することができるように保証していきます。多くのクライエントは小さい頃から音楽に親しんでいるというわけではないのですから、必ずしも音楽体験のある方ばかりではありません。現在行なわれているさまざまな音楽療法には、多様な分野があるということをご紹介していきましょう。現在、世界各国で音楽療法というものが行なわれており、ワシントンDCで11月に世界大会が開催されたときにも40カ国くらいからの参加者がありました。それぞれの国でたくさんの方法が編み出されているのです。そしてまた新しい対象者のグループも出てきています。そこには幅広いアプローチが存在しています。現存するさまざまな音楽療法のアプローチを、分類し、類型化することが必要になっています。

音楽療法の三つの分野

　今日は、大きく分けて三つの分野についてお話しましょう。一つは「医学」にお

ける音楽。二つ目は「特殊教育」における音楽。三つ目は「音楽心理療法」です。これらそれぞれが多様な要素を含んでおり、それぞれに臨床的目的を持っています。

「医学」における音楽

まず「医学」における音楽とは、患者の身体的なものに対して行なわれる音楽療法のことを言います。音楽がもたらす生理的、身体的効果というのは非常に大きなものがあります。音楽がさまざまな病理や疾病にどのように使われるかも多様です。いくつか例を挙げてみましょう。

例えば、音楽を使って癌患者の痛みを軽減する。脳梗塞のあと言語を取り戻すために歌唱を用いる。吹奏楽器を用いて喘息を治療する。手術室で使用する音楽。回復室で使用される音楽。クライエントが体験していることを支えるべく提供する音楽などがあげられます。また研究の分野で言えば、脳にもたらす音楽の作用という研究、音楽と記憶という研究、アルツハイマーや認知症の患者への音楽療法の研究などがあげられます。

「特殊教育」の中の音楽

次に「特殊教育」の中の音楽についてですが、これは常に変化しつづけている分野です。私の国では音楽教育と音楽療法が混合したものを長い間行なってきました。ここには音楽心理療法とオーバーラップしてくる部分も出てきます。現在アメリカでは障害を持った子供も公立の学校に入れようという動きがあります。普通級の音楽の先生が障害児と関わるということになってきているのです。これまでアメリカでは、音楽の先生というのは障害児にどのように関わるのかということを勉強していなかったので、どのように教えたらよいのかという興味が最近先生たちのなかに起こってきています。特殊教育の中での音楽というのは現在、先生たちにどのように障害児教育を行なえばよいのかを教えるというところにポイントが置かれているように思います。特殊教育の中での目的に合わせて音楽療法をどのように適応させていくのかということです。いくつかそういったゴールを挙げてみますと、認知的・運動的な発達を促すこと、聴覚的・視覚的なものを促すこと、学校に入学する前に勉強の仕方を教えること、そして言語や社会的スキルを身につけることなどがあげられます。こうしたゴールが、特殊教育に関わる先生たちが子供たちに対して持っている目的なのです。特殊教育の現場で働く音楽教師というのは、このようなことがらに配慮しながら音楽療法を行なっていくことが必要になります。私たちの国ではアートフェスティバルといって、障害のある子供たちが発表会をする機会がたくさんあります。重複障害のある子供たちと関わっていくためには、このような特別な技能が必要になってくるのです。

「音楽心理療法」

最後に三つ目の「音楽心理療法」ですが、心理療法というのは心理学的観点に重

きを置いた治療法です。精神的な問題（感じること、対人関係、その人の行動面の問題）について関わっていくということです。音楽心理療法という分野の中では、その対象者の感情的なものであるとか、対人関係における問題に対して治療を行なっていきます。音楽心理療法を行なう人は、さまざまな年齢層の人たちの対象者と共に仕事をすることになります。そしてさまざまな種類の施設で働くことになります。例えば情緒障害のある子供たちの学校、精神科の病院、老人ホーム、一般病棟のなかでも心理療法的アプローチを使って対象者と関わることなどです。

　今申し上げました三つの分野というのは本当に幅広いもので、現在アメリカにおいて音楽療法を教えている大学は、この三つの中のどれかを専門的に教えているという傾向があります。私の教えているニューヨーク大学で私と同僚たちは「音楽心理療法」を教えています。音楽療法士として働くには多くの分野で活動できる能力を持っていなければなりません。しかし自分が非常に興味のある特定の分野を深めていくということも重要です。

多様な音楽療法の分野

　さて次に、多様な種類の音楽療法を紹介していきましょう。ニューヨーク大学（NYU）の関係者がほとんどですので、音楽心理療法の分野が多く見られます。注意深く見ていくと特殊教育における音楽や、医学における音楽というものも入っていることが分かります。アルツハイマーの患者さんに音楽心理療法を行なおうとしても、身体的な部分に関わる必要が出てきますので、その辺りがオーバーラップしているということも考えられます。同じような事が、例えば癌専門病院で、医学の中での音楽療法と心理療法が同時に行なわれるということもあります。心理的なサポートをするために身体的なことを最初に行なわなければならないという要素があるからです。ある程度自分が専門とする分野があるとしても、他の分野も把握しながら進めていかなければなりません。私たち人間というのは、心と身体と精神が一つとなった個体であるので、総体としての人間を見ていくことが大切なのです。

　ビデオを見ながら皆さんに考えていただきたいことがあります。それはこのような音楽療法を行なっていくために、どのようなことを学んでいったらいいかということです。どのような技術や知識が必要か、どのような人間性を持つ必要があるか、ビデオを見た後で、皆さんからそのお答えがいただけるとうれしいです。

　（ビデオ上映）

　この映像の中ではデボラ・サーモンが病院で音楽療法を行なっています。映像からも分かるように音楽を行なっていく時に、少し言語を使って話をするということもあるのです。次のビデオでは、彼女が音楽とマッサージをどのように一緒に用いているかというところを見てください。マッサージをしながら、美しい場所を思い

描いてもらうようにしています。対象者が快い場所を想像してもらうよう誘導していきます。彼女はここではフランス語で対象者と関わっています。
　（ビデオ上映）
　次のはコニー・トメイノという同僚のビデオです。アルツハイマーの患者さんに関わっている場面ですが、この患者さんは記憶障害があり今起こったことをすぐに忘れてしまい、コニーに日に三度会っても初めて会うように挨拶をします。しかし、今のことは忘れても昔覚えた歌は全部歌詞を覚えていて歌うことができます。その歌は彼女のこれまでにとって、とても重要な歌だったのです。
　（ビデオ上映）
　次はラファエル・ピカエリという同僚の音楽療法士が行なっている精神科外来センターでの実践です。患者さんたちは統合失調症と診断されています。ですから対人関係に問題のある人が多いのです。非常に治療も難しい人たちです。でも皆さん非常に音楽を愛しています。
　（ビデオ上映）
　患者さんの顔がよく見えないのが残念ですね。最後のビデオになりますが、ローレン・グリーンスタインという人の実践場面です。彼女だけはコロラドで仕事をしています。彼女はトーニングという特殊な技法を使っています。トーニングという技法の中では、声の振動を使っています。
　（ビデオ上映）

　ここまでさまざまな種類の音楽療法を見ていただきましたね。先ほど質問した中に、どんな人間性が必要かということがありましたが、マイクを廻しますのでどなたか発言してくださいますか？　どういった資質が必要だと思いますか？

　参加者：患者さんに対する優しい心とか……。
　ヘッサー：本当にそれは重要なことですね。それについてはまたお話したいと思います。ほかには何か？
　参加者：相手の気持ちと一緒にいるということで、共感すること。
　ヘッサー：よい観察ですね。
　参加者：献身的であること。
　参加者：お互いの信頼性と、相手に安心感を与える……。
　ヘッサー：そうですね。私が言おうとしていたことを皆さんが答えてくださいました。みなさんよい勉強をしておられるのだと思います。
　参加者：人間性ということとは少し違ってくるかもしれませんが、ビデオを見ていて患者さん一人一人のエネルギーがみんな違って見えたんですね。で、それをしっかりキャッチして返していくことが必要な力かなと思いました。
　ヘッサー：精神科の患者さんに対するエネルギーと、子供に対するエネルギーと、癌の患者さんに対するエネルギーは本当に違いましたね。ではそのエネルギーを感

じるためにどのような質がセラピストとして必要でしょうか？

参加者：患者さんだけではなくあらゆる人に対して、その人がどのような人であるかを感じる心、かな？

ヘッサー：他者に対してオープンである、ということですね。ほかには？　たくさんあります。一生かけていく作業でもあります。このような仕事をできる人間になるために一生をかけて勉強していくのです。これから皆さんが言われた「質」について、少しお話を深めていきたいと思います。

音楽療法士の資質

　いま、皆さんそれぞれがお答えになられたことが、まさに私がお話しようと考えていたことなのです。私は学生たちに対して、「他者に対して心を開く」ということを訓練できると考えています。新入生を取るときにはそういったタイプの人を選ぶことが多いです。「質」については、皆さんが言われたことと少し違った視点から考えてみましょう。それはリスニング＝聴く作業という視点です。これは耳だけで聴くということではなく、心で聴くという作業になります。また心を聴くということは、その人の心の旅路に参加するということなのです。体験に対して深いところでオープンでなければいけないのです。対象者が喜びにあっても、痛みの中にあっても、それは同じことです。私たちはクライエントに対して、自分の心を柔軟に動かしていくことが必要なのです。私たちは音楽家として毎日の生活の中で、こうしたことを心の中で発達させていっているのですが、音楽家というのは聴くことに対して自分を調律していかなければならないのです。私たちは音楽の振動やリズムなどに興味を示します。毎日の生活の中で演奏するときにそれを感じると思います。その中で感性を発達させていくことが大切なのです。

「自分の中に静けさを持って聴くこと」

　聴くことを発達させるためにはどうしたらよいでしょうか？　本当によく聴くという作業は自分の中に静けさを持たなければいけないということです。しばしば私たちは自分自身のことに直面して、自分のことばかりを考えてしまいがちで、他の人が言うことを見逃したり聞き逃したりします。また相手が感じていることに速く反応しすぎてしまうと、逆に相手に対して表現する場や時間を奪ってしまうこともあるのです。自分たちが持っているやり方をよく考え、それをひとまず置いておくことも必要です。自分の固定した考えを取り除くことで、他者をよりよく、より敏感に知覚することができます。私にとって心を聴くという作業と、それを行なうというセラピストとしての資質は非常に重要なことであり、ビデオでみていただいたセラピストの皆さんそれぞれがこうした資質を持っているのです。

「暖かさ」と「誠実さ」

ここで皆さんが言ってくださったことをまとめますと、音楽療法士がそこに存在すること、「存在（being）」という言葉にまとめられるかもしれません。音楽療法士の存在というのは、その存在自体がコミュニケーションになっているのです。話をしていようと、音を鳴らしていようと、身体を動かしていようと、ただじっとそこに座っていようと、音楽療法士の存在というものがコミュニケーションの手段になっているのです。特に痛みの中にある人たちというのは非常に敏感になっていて私たちを見抜いています。存在するという重要さの質が、いま皆さんが言われた、暖かさ、優しさ、誠実さということです。そしてそれは誠実であること、共感するということです。

では「暖かさ」とか「おだやかさ」ということについて考えてみましょう。暖かさとかおだやかさというのは、その場を安全で安心できる場所にしていきます。対象者の方（クライエント）が、その場が安心できる場所であるということを確信したときに初めていろいろな自分の側面（パーソナリティ）を表すことができるのです。時には他の誰にも話したことのないことをセラピストに話すこともあるのです。したがってクライエントの方を受容するという暖かさは、非常に重要な要素なのです。

次に「誠実さ」ということです。誠実さということについて私がお話したいのは、音楽療法士として自分ができること、自分がやって居心地のいいことをするということです。これは真実さ、真正さを伝えるということなのです。ちょっと自分をだまして表現したりするというようなことは、クライエントに対して不安感を与えてしまうものです。例えば無理して笑いかけてしまったりとか、不適切に身体をさわってしまったりとか、本当に自分の心から出ていないことをすると、必ず対象者というのはそれを察知してしまうものです。かといって音楽療法士がその時に感じている自分の感情すべてを出してしまってよいということではありません。セラピーの意図・目的というのは、あくまで対象者の方が中心であり、対象者のニーズが何であるのかということが一番の根底にあるのです。ですから対象者の方を援助するという目的で行なうべきです。私たち音楽療法士が行なうことは、常に誠実・真正でなければいけません。

「共感」

さて「共感」です。これはほんとうに重要な要素であり、アメリカの心理学者であるカール・ロジャーズが非常に美しい言葉で「共感」ということを説明しています。「もし、その共感をセラピストがクライエントに与えることができるなら、クライエントは自分のその世界の中で寂しさを感じることはないであろう」というものです。誰かが自分の体験していることを分かってくれている、誰かが理解してくれていて自分を価値あるものとして受け容れ、ケアしてくれているのだという気持が生まれてくるということです。共感するということは、セラピストがクライエン

トの世界に入っていこうとするその努力のプロセスなのです。音楽療法士としてクライエントが何を考えているのかとか、何を感じているかということを分かろうとすることが必要です。私たちがいつも持っている価値観を、ちょっと横に置いてみるということも必要になります。そしてクライエントの観点からものを見るということですが、これは非常に難しく微妙なプロセスでもあります。他者の観点からものを見るというのはとても難しいことです。でも私たちはそれをやっていかなくてはならないのです。そのクライエントに言語があるのであれば、言語によって「こうしたことを思っていますか？」とクライエントに質問することもできます。

　こうしたことを音楽、音楽的技術をもってすることも可能です。先ほど男性の癌患者さんのビデオがありましたが、セラピストは彼に合った音楽を見つけ、それを通じて彼の世界に入っていこうとしていました。彼にとって非常に重要な意味を持つ歌を通して、セラピストが彼の世界に参加していったのです。そのアイディアは患者さんのほうから提示されていました。音楽療法士が「この人にはこれが必要だ」と考えて用意したものではなかったのです。実は皆さんに見ていただいた映像のほとんどが、クライエントの側から出てきたものを用いるという展開となっていたのです。

「人間的質」を訓練する

　音楽療法士を養成するときには、多様な側面からその人を育てていくことになります。音楽の技術や技法が必要なことはもちろんですが、「人間的質」ということを訓練することが、私個人としては非常に重要であると考えています。例えば大変優れたピアニストで、しかも音楽療法の知識がたくさんあっても人間的質がなければよい臨床はできないかもしれないからです。したがって私にとっては、人間的成長ということが音楽療法士を養成する上で非常に重要な分野というふうに考えています。ですから私の大学の学科では、この人間的な成長ということに重点を置いて学生たちを訓練しています。私にとって学生一人一人が、その養成プログラムの中で成長していくということは非常に重要な意味を持ってくるのです。

音楽療法士に求められる音楽スキル

　では、これから音楽療法士になるのに必要な音楽技術についてお話しましょう。みなさん、音楽療法士にはどのような音楽技術が必要でしょうか？　音楽療法士としての音楽スキルというものを、皆さんはどのように観察されたでしょうか？

　参加者：いろいろな音楽を知っていて、いろいろな音楽を好きであること。
　ヘッサー：そうですね。そしてそれはたくさんの種類がありますよね。特にニューヨークのような都市には多彩な人種がいるので、とても幅広くなってきます。病

院にはほとんどの民族が入院していると言えます。すべての民族の音楽を知るというのは不可能ですが、これは非常に重要なポイントだと思います。私は音楽療法士になって28年になりますが、未だに学ぶべき音楽があり、未だにこの仕事に携わりながら学んでいます。他には？　どんなことでもよいですよ。

参加者：そのときのクライエントの状況に対応して、内容を変えていく即興性が必要だと思います。

ヘッサー：そうですね。ありがとうございました。私が教えているアプローチの中で、この即興性というのは非常に重要です。音楽療法士の中には、そのアプローチによってはまったく即興を使わない方もおられますが、私にとってはその瞬間、瞬間に対応するために即興というのは非常に重要な要素となっています。幅広い歌のレパートリーを持っているということも重要ですし、実際に存在する音楽を自由自在に弾きこなすことができるということも含まれます。

先ほどの癌患者の方についても、セラピストがあの歌を知らなければ対応はできなかったわけです。「その歌は知りませんので今度までに勉強してきます」と言ったのでは、その瞬間への対応はできていないことになります。また楽譜を探すのに手間取ったりしても、その瞬間を逃してしまうことになるのです。

参加者：私はピアノをやっていますが、ピアノがないところでもできるためには持ち運びのできる楽器を演奏できることも大事なことだと思いました。

ヘッサー：そのとおりですね。アメリカではギターをよく使います。日本で和音が出せる持ち運びの可能な楽器というのは何ですか？　ギターは使いますか？　ピアノ以外にどのような楽器を使うのでしょうか？　ほとんどの施設にはピアノはありませんから、それに代わるものとして何があるのでしょうか？

参加者：オムニコード！

ヘッサー：そうですね。歌の伴奏をするためには、どうしてもそうした和音の出せる楽器というものが必要になります。オートハープという楽器は皆さんご存知ですか？　先ほどのビデオではアコーディオンも使っていましたね。アメリカの音楽療法士の能力基準としてはピアノとギターが弾けることと書かれています。日本では皆さんが一番使いやすいものを基準にされるとよいと思います。ほかに音楽的スキルで何かお気づきになったことがありますか？

参加者：繊細な曲であればその繊細さを表現する力を持っていること、重々しい曲であればテクニックによって重々しい空間を作っていくという技術だと思います。

ヘッサー：そうですね。本当にそれは重要なことですね。ときどき機械的に音楽を演奏する人がいるものですが、セラピストというのは表現豊かに演奏するということをしなくてはなりません。ほかには？

参加者：日本的なものとか、ビデオの中にもあったようなアラビア風とか、モードの持つ力やリズムが人間に与える影響について、そうした理論的なものが生理的なものにどのような影響を及ぼしているのかということを知識として持っていることが大切だと思います。

ヘッサー：おっしゃるとおりですね。音楽療法について、スキル、技術を学んだ後は、その技術をどのように音楽を使って生かしていけるかという勉強に移行していくことになります。先ほど言われたようなさまざまなスタイルやモードについての技術を身につけた後で、それがどのように対象者に影響を及ぼしているのかということを把握していくことが重要です。

自分自身で体験していく

私がこういったことを勉強するのに一番よい方法だと思うのは、自分自身で体験していくということです。もし皆さん自身が音楽が自分に与える影響であるとか、自分が音楽によって癒された経験があればそれを相手の方に応用していくことができるのではないでしょうか。ですから私の大学のプログラムでは学生すべてにクライエントになってもらい、2年間グループ音楽療法を受けるというクライエントとしての音楽療法体験を提供しています。自分たち自身がどのような表現ができるかということを自分自身で体験すること、自分自身が音楽を使ってどのように他の人とコミュニケーションできるかということ、音楽が自分自身にとってどのような癒しになるかということを探索します。これは学生たちにとって容易な作業ではありません。音楽はコミュニケーションの手段となり得ると口では簡単に言えますが、実際に自分で体験してみるとその困難さを身体で体験することになるからです。学生たちがクライエントとして自分たちが経験することと、教科書や講義で習う理論とを自分の中に統合していくのです。

これからお見せするビデオでは、大学の学生たちがどのようなことを音楽療法グループでやっているかを見ていただきます。音楽療法というのは患者さんだけでなく、私たちすべての人間に非常に有効なものだと思います。最初の映像ではグループの一人が、その日その人に起こった感情を表そうと模索しており、他のメンバーはそれを援助しているというものです。二番目の映像では、グループメンバーの二人はどちらもピアニストですが、ピアノで対人関係を模索しているというもので、すべての音楽はその瞬間、瞬間に即興で演奏されています。

（ビデオ上映）

これを見ていただくと、私の大学の学生たちが、音楽でどのように対人関係を模索したり、自分自身を模索したりという経験をしているかということが少しはお分かりいただけたかと思います。

「自己成長」の役割

　現在、世界音楽療法連盟では音楽療法士になるために「自己成長」がどのような役割を持つかということについてさまざまな論議がなされています。音楽的スキルや能力はもちろん必須のものですし、音楽療法的な基礎理論も必要です。社会学、生理学、心理学といった臨床的な知識も必要です。こういったことについては意見の一致をみているのですが、まだ自己体験をどのようにプログラムに取り入れていくかということについては賛否両論があります。現在、連盟では新たな必須の課題として自己成長という項目を入れようとしています。もちろんこれは、学術的なことや臨床的訓練も合わせた上で行なうというものです。学生たちの音楽療法グループをリードしていく人材が必要になってくるわけですが、どの国にも学生たちを指導できる人がいるわけではないということも課題の一つとなっています。

　最後に、現在ニューヨーク大学（NYU）ではどのような教育が行なわれているかということについて少しお話したいと思います。NYU大学院音楽療法学科には現在修士課程、博士課程併せて70人ほどの学生がいます。2～3年の修士課程の最初の一年は初級レベルのトレーニングを行ないます。人生経験のある学生を受け入れ、一年の間に基本的なことを学んでもらいます。ここでいう基本的なことというのは、アメリカの音楽療法協会が作成した音楽療法士に必要な能力基準（competency）というリストを網羅しています。修士を得るためには更に二年目の勉強が必要です。二年目には自分の専門的な分野を選んでいきます。自分が考える音楽療法へのアプローチとか、自分の価値観に合ったやり方、そして対象者の領域を決めて専門的に研究していくのです。そのいくつかのアプローチの一つはノードフ・ロビンスのアプローチであり、その場合はNYUと提携しているノードフ・ロビンス音楽療法センターに行って訓練を受けることになります。そしてクライヴ・ロビンス、アラン・タリー、ケネス・エイギンといった人たちの下で勉強していきます。
　NYUでは、この他にも用意されている多くのアプローチの中から選択することが可能です。その場合は各アプローチに精通しているスーパーヴァイザーの下で現場での臨床経験を積むことになります。臨床の現場としては特殊教育の現場や病院の施設など多様な施設があります。一年目にある程度初級レベルでの音楽療法士としての職業的能力を網羅した後で、二年目には音楽家として各々の学生が一番やりやすい形の音楽療法を見つけられるように専門的研究をさせていくというステップを踏んでいきます。

　最後にノードフ・ロビンスのアプローチについて、「四つの太鼓」というプログラムの映像をお見せしましょう。これは私とアラン・タリーが行なっているグループです。
　（ビデオ上映）
　最後のグループは即興を使ったものです。小さな女の子がその場で自発的に「さ

よならの歌」を作るという場面です。ロックンロール・グッドバイという曲を作りました。セラピストは私とアラン・タリーです。
　（ビデオ上映）
　この女の子は初めて歌ったのですが、彼女がロックンロールっぽく歌を歌うということも私たちは知りませんでした。このとき初めて彼女が自発的に歌ったのでびっくりしました。身体のなかからロック音楽が溢れていたのが皆さんにも見て取れたと思います。障害があっても本能的な音楽の能力に関して、子供たちは大きな可能性をもっていると思います。

　この辺でお話は終わりにします。何か質問がありましたらお受けしましょう。今日はたくさんお伝えしたいことがありましたが、今日お話したことが皆さんがこれから音楽療法士になっていく上で何かのお役に立てるとうれしいです。一つか二つ質問をお受けします。

質疑応答

　質問：即興性を伸ばすということをどのように学べばよいでしょうか？
　ヘッサー：それについては、それを教えてくださる人を見つけることが必要でしょう。音楽療法での即興の基礎を知っている人から教えてもらうということです。NYUの中には臨床的な音楽の使い方というクラスがあり、そこで即興を教えます。そのクラス担当の岡崎さん、お願いします。

　岡崎：その授業について少しご説明しますと、基本的に臨床で用いる即興を学ぶということを勉強します。さまざまなスタイル、モード、旋法、音階（スペイン風、全音音階とか）の音楽に触れて、頭だけでそれを知るだけではなく、実際にそれを体験し、それを自分のなかで耕していくという非常に実践的な授業を行なっています。そこで自分たちが体得したことが、どのように臨床の現場に応用できるかということをディスカッションしながら授業を進めています。
　ヘッサー：また次のステップとして臨床的即興という授業もあります。この授業での最初のステップでは、学生たちに音楽の表現において自分自身を解放するということをさせます。不安になることなく、自由に自分を表現することを行なうのです。この授業は音楽療法士として非常に経験豊かなアラン・タリーが一年かけて教えます。授業では臨床の場で即興をどのように応用するのかということを学生たちはじっくりと学びます。もし皆さんが先生を見つけることができず、自分自身でそうした作業をしなければならない場合は、技術的には先ほど申しましたさまざまなスタイルの音楽やレパートリーを増やしていくということから始めるとよいと思います。

質問：他者に対して心を開くという訓練をされるということですが、NYUではどのようなプログラムを行なっておられるのでしょうか？

ヘッサー：それは非常に難しい質問です。それは特定のあるクラスというのではなく、すべてのクラスで行なうことです。理論を教える授業ではそのようなことにはあまり触れないかもしれませんが、最適なクラスとしては先ほど申しましたミュージックセラピーグループの体験の中で行なわれるものでしょう。またフィールドワークとかインターンシップとか、実際の臨床の現場でスーパーヴィジョンを受けることになります。そして一対一で探索しながら、自分のなかを見つめていくということをするのです。スーパーヴィジョンでは教師やスーパーヴァイザーは学生のモデルになっていきます。そしてディスカッションや一緒に音楽を作っていく中で、モデリングを行なっていくのです。色々な人の仕事を観察して、自分のプロセスの中にどのように応用していくかということです。よろしいでしょうか？　私もそのことをいつも考えています。

本当に今日は皆さまありがとうございました。

(講演日：1999年3月8日，於：国立音楽大学)

音楽療法と審美性
── The Field of Play

キャロライン・ケニー
岡崎香奈（通訳）

── 音楽療法と先住民族の世界観

　本日の講演ですが、最初に短いポエム（詩）から始めたいと思います。詩というのは音楽療法ではよく使われるもので、音楽療法をよく表現できるものでもあります。講演の中でもたくさん使って参りますけれども、最初に一つの詩から始めたいと思います。

> 聖なる山は私の目を太陽に向けさせる
> そして私の身体をつかまえて踊りに誘う
> 鷲や熊、私に仲間を捧げてくれる
> 小さく黄色い花々は羽を生やして
> そして私は思い出す、忘れかけた何かを
> 絶望とは移り変わる季節である、ということ
> 河のように、それはすべてを抱きかかえてくれる

　この短い詩は、私自身と母なる大地を結びつけてくれる詩であります。私たちはこの母なる大地の美しさ、大地の力、エネルギー、このようなものと共にあることで孤独を感じることはないのです。私たちは絶望のときにあっても、何かを失ったときも、孤独なときも、そして何かに苦しんでいるときも、このような自然の要素と一緒にいることで生き返ることができ、そしてエネルギーを吹き込まれることがあるということです。大地というものは、美しさというものが私たちの栄養になるということを教えてくれます。この美しさは私たちに最大限、生きるということを思い出させてくれます。この「美しさが栄養である」という考え方は、先住民族の世界観の核となる一つの要素になっています。これは決して表面的な美しさとか芸術ということではなく、もっと深いところでの人間が生きていくための繋がりを表しているものです。

　ナバホ族には一つの祈りがあります。このナバホの祈りも非常に大きな自然観、そして美しさの世界観というものを私たちに教えてくれるものです。その詩を読み

ます。『フィールド・オブ・プレイ』の97頁にも載っています。

　　美しさを前に　私は歩む
　　美しさを背に　私は歩む
　　美しさを仰ぎ　私は歩む
　　美しさを下に　私は歩む
　　東から　美しさは蘇り
　　南から　美しさは蘇り
　　西から　美しさは蘇り
　　北から　美しさは蘇る
　　天空から　美しさは蘇り
　　大地の底から　美しさは蘇り
　　私のまわりで　美しさは蘇る

　この「美しさが蘇る」ということは、健康またはよい状態が蘇ることに共通しています。そして私たちは誰かに関わっていくとき、その方が美しさの中を歩いて、美しさの中にいて、そして健康が美しさの中で息づいて、それを取り戻すことができるようにしたいと思って行なっています。

　こういった美しさのことに関連することで、もう一つ重要なことがあります。これは頭で理解することではなく感覚的なもので、それは「感覚」をもっとも重要視するというもう一つの先住民族の世界観の重要な要素になっています。そのバランスを取るために、私たちは自分たちの感覚が最も充実したかたちで、もっともアンテナの張ったかたちで感覚を維持していることが重要になってきます。私たちはその重要さを決して軽減させてはいけないのです。この美しさのバランス、そして一貫性を保つためには私たちの身体、感覚、魂、心を必要とするのです。ここでさらに考えていかなければいけないことは「ホリスティック」──全体性を見ていくこと、そういったホリスティック・アプローチです。これは非常に多様で複雑な視点から人間を見ていくという考え方です。

　今申し上げた三つの原理。一つは「美しさは栄養である」ということ。二つ目は「感覚をもっとも重要視する」ということ。三つ目は「全体性 "Wholism" を重要視する」ということ──。この三つが私の音楽にとても影響し、私の音楽療法の仕事にも影響し、この「フィールド・オブ・プレイ」という自分の研究に行き着いたのです。

音楽療法の研究について

音楽療法の場で起こっていること

　ここで「研究」ということについて簡単にお話したいと思います。音楽療法の研究というのはとても重要な事柄だからです。近ごろ私たちは研究の中で「EBM」（Evidence Based Medicine）という言葉を耳にします。しかし残念ながら、いろいろな議論があるにせよ、EBMで音楽療法のことを立証していくことでは、音楽療法全体をカバーしていくことができないという難しい問題があります。このEBMと言いますのは、どちらかというと経済的な要素を多く含んだ動きに非常に密接に関連しており、そこには人間が関与する「ケア」という要素があまり含まれていないことが多いのです。

　EBMに対してはいろいろな批判がありまして、例えばジャニス・モルス（看護学）、パティ・ラザー（教育学）も、このことに対していろいろな意見を述べていらっしゃいます。もちろんこうした実践研究者たちから、私たちはたくさん学ぶことがあります。私自身このEBMに関しましては、いろいろな資源になると思っています。そして私の臨床または先住民族に関する仕事においても、いろいろな側面で力になることはありますが、私自身は全体的・ホリスティックなアプローチを取っています。

　ここで「エヴィデンス」ということをもう一度考えてみますと、エヴィデンス自体の考え方が非常に制限されているのではないかと思い、このエヴィデンス（証拠・根拠）の特質というものが何であるかということをさらに拡げていきたいと思いました。先ほど申しました先住民族の研究におけるホリスティックな考え方と言いますのは、実際の人間の体験が非常に複雑であるということを教えてくれます。決してその体験というものは、実験室で体験できるようなものではないということもはっきり申し上げることができると思います。人間というのは非常に複雑な存在であるために、実験状況を設定して簡単にコントロールできるものではないのです。また人間は予測のつかない存在でもあります。人間というのは常に変化するので、観察するのも難しいことになります。人間は機械ではありませんので、簡単にパーツに分けて、部分部分を見ていくということはできないのです。

　音楽療法での人間の変化というものは、ほとんどが表面には出てこないもので、非常に深いところ、魂のレベルまたは心のレベルで行なわれていることが多いわけです。ですから私たちは実際に音楽療法の場で起こっている体験を、言葉で表現するということに非常に難しさを感じるということがあると思います。数で表す、または統計学では本当の人間の深い部分で起きている本質は見えないわけなのですね。EBMだけではすべてが分からないということが言えます。私たちには物語りや芸術、質的な研究がさらに重要になってくると思います。これをやることで音楽療法の深い部分で起こっている事柄を、私たちはより深く理解することができるわ

けです。

「知識の樹」

　これからいくつかの図や絵をお見せします。これは私が研究方法を教えるときに使う図です。この図は私が行なっている先住民族の研究にも共通しておりますし、ほかの研究方法にも共通しています。これは桜の木かもしれませんね。私は「知識の樹」（図1）と呼んでいます。

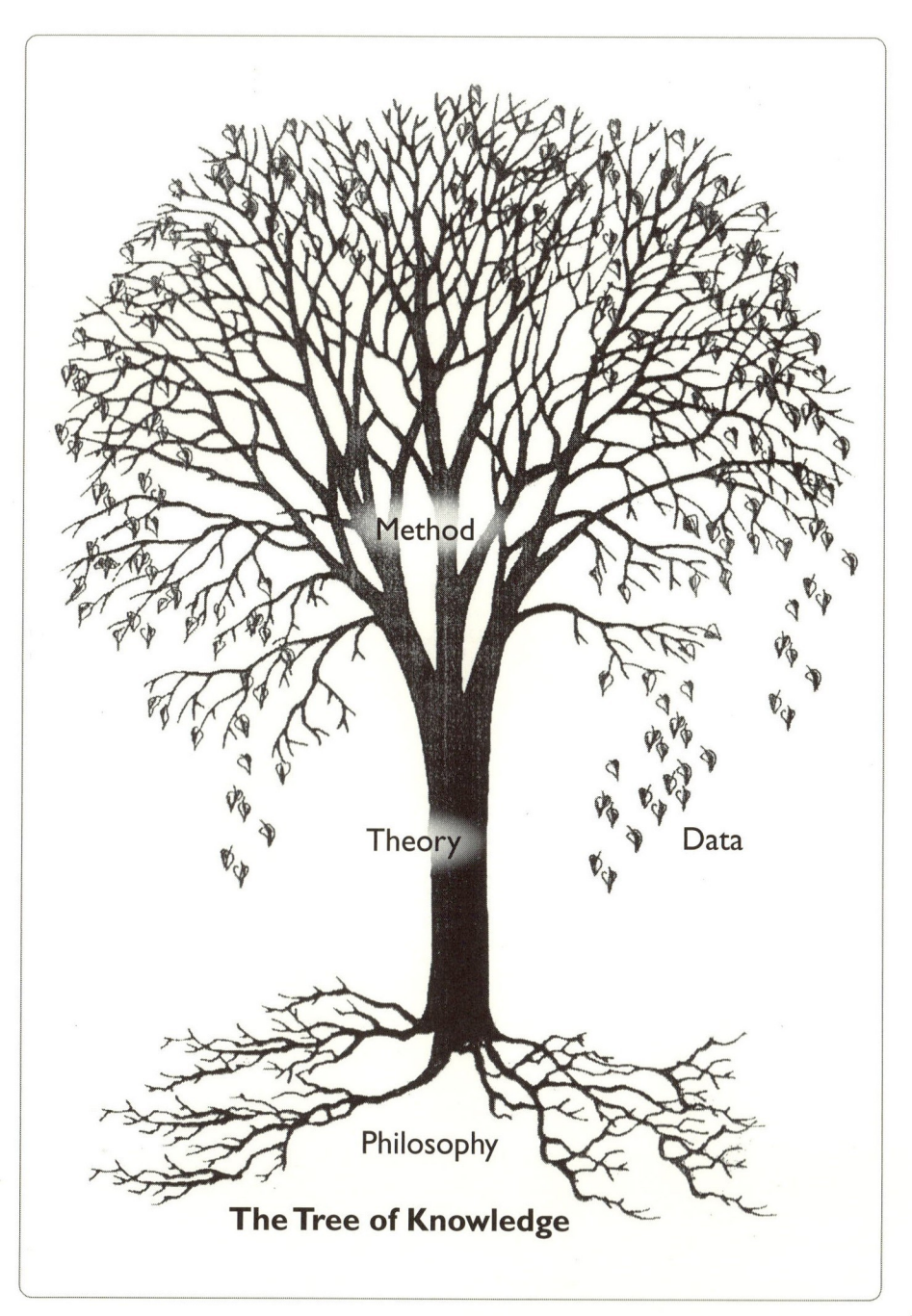

図1◆「知識の樹」

知識全体を見ていきますと、根の部分に「哲学（Philosophy）」があります。この哲学というものは私たちが目にしたり意識したりできない、語られない部分かもしれませんが、「必ず何かが存在する」、その見えないところにしっかりと生えているものであるということができます。皆さんが研究をする場合に、いろいろな哲学や考え方の本を読んだときに、自分の考え方と共感するまたは共鳴するものがあると思うのです。また自分自身の価値観であったり心情であったり、または仮説であったり、それぞれが自分が生きてきた背景からくる考え方というものをお持ちだと思います。特に文化的な要素、今いる社会または自分が生まれ育った社会の中でどういった価値観を持っているのかということも関連してきます。またおばあちゃんから教えてもらった知恵といったものも関連してくるかもしれません。ですからこの「哲学」というのはとても影響の強いものなのです。決して人目に触れたり、人がたくさん語ったりすることではないかもしれないのですが、実はとても大きな影響力を持っていると思います。

　そしてこの根の部分の上に樹の幹がありますが、それが「理論（theory）」になります。理論というのは哲学から生まれ出てくるものなのです。優れた理論の下には哲学があるということです。

　枝の部分が「方法（method）」です。理論から方法が枝分かれして、展開されていくということです。そして私たちが研究をしていくと「データ（data）」というものが出てきますが、それが葉っぱの部分になってくるのですね。音楽療法の臨床をなさっておられる方の場合は、音楽療法の臨床をすることによって得られた結果がこのデータになっていくわけです。

「知の可能性の車輪」

　さて、ここで先住民族の世界観でもう一つ重要なことに「impermanence（無常）」と言いまして、物事が永続しないということが含まれています。葉は永久に枝に付いているわけではなく、必ず枝から落ちるときがきます。そこには変化を伴った力動・力が存在するわけです。固定されている（スタティックな）ものではなく、永続しない（ダイナミックな）変化がそこにあるということです。葉っぱが地面に落ちて肥料になって、さらに新しい哲学や哲学的な考え方に栄養を与えることができるのです。いろいろな世代間の問題がありますけれど、若い方もたくさん貢献することができるわけです。慎重に理論や方法を考えて、振り返っていくことで非常に実りある結果が出てくることがあります。それぞれが成長し、成熟していく経過の中で、その理念を表現していくことも重要なことなのです。私たちが生きているということの上でとても重要なことは、変化をもたらす源であり、その力を持っているということです。一つの図をお目にかけます（**図2**・次頁）。

第18章 音楽療法と審美性

```
                    Theoretical
        Experimental              Phenomenological
    Evaluation                          Hemeneutic
    Grounded        Wheel of
    Theory          Inquiry             Ethnographic
                    Possibiities
        Action                          Narrative
            Arts-based          Historical/
                    Case Study  comparative
```

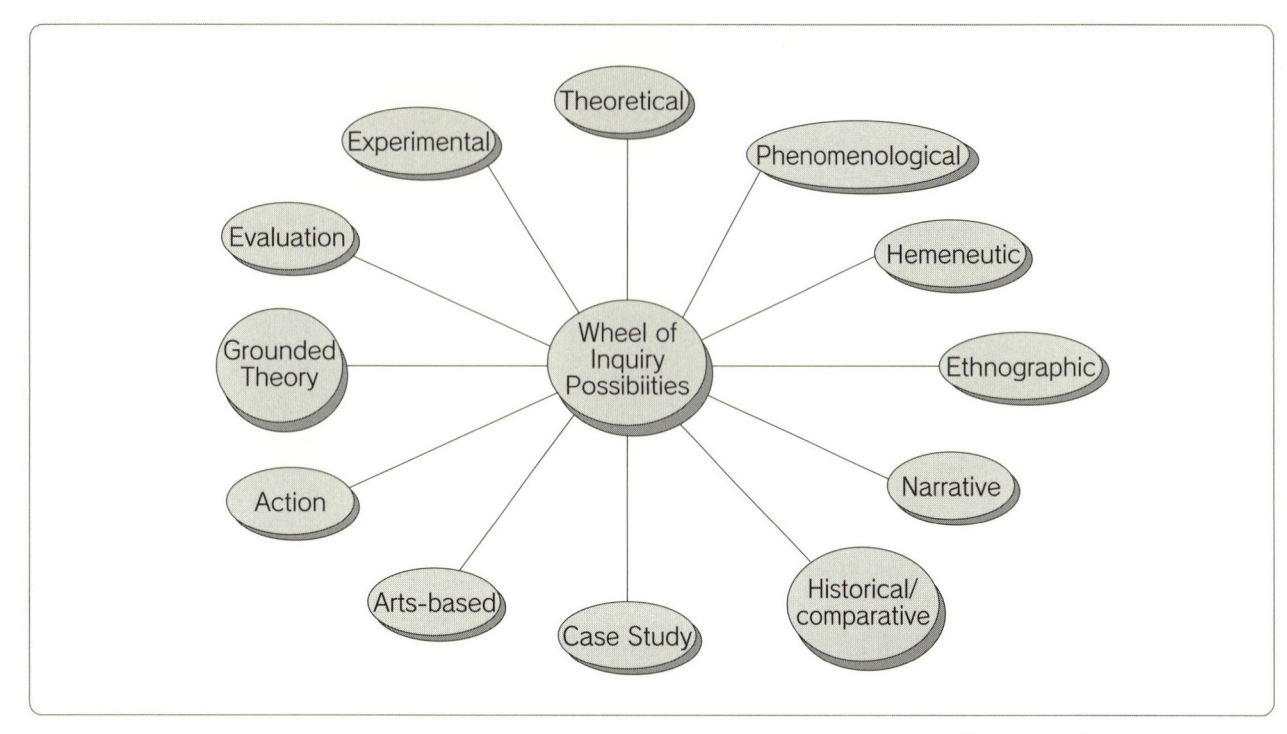

図2◆「知の可能性の車輪」

　研究方法には先ほど申しましたEBMも含まれます。しかしご覧になってお分かりのように、これは研究全体の中のほんの一部でしかありません。私たちは音楽療法における人間の存在ということを研究していくためには、頭をオープンにしてさまざまなことにトライしていかなければいけないと思います。私はこれを「知の可能性の車輪」と名づけました。ここであえて「可能性の」としたのも、私たちはすべてを知り尽くしているわけではないので、そこにまだまだ知りえることがこれからも存在するのではないかという意味で名づけました。

　左上から「実験的（Experimental）」、次が「理論的（Theoretical）」、その次が「現象学的（Phenomenological）」、これは実際の直接的な現象を知るということです。「Hemeneutic（解釈学的）」、解釈学というのは非常に古くからある方法です。そして「Ethnographic（民族誌学）」、エスノグラフィー的とも言われます。

　「ナラティヴ（Narrative）」──「NBM」と言われているナラティヴな研究は研究者がそこで起きていることをどれだけしっかりと語りとして説明できるかという能力に関わっています。

　「歴史的／比較的（Historical／comparative）」──歴史的な研究というのは音楽療法の分野においてはあまりなされていないのですが、非常に重要なもので、自分の臨床が歴史的にどこに位置づけられていくのかということを考えているということにおいても重要なものです。

　「ケース・スタディ（症例研究）」はほとんどの職業で一番多くなされているのではないかと思います。

「アーツ－ベースド（Arts-based）」——芸術を基本とする研究方法は非常に新しい分野で、現在まさに発展途上なのです。音楽に拘わらず、例えば絵画であったり、ほかのすべての芸術媒体を使う方々がこのような研究方法を取り上げるといいのではないかと思います。来年の一月にセージ出版社（Sage Publications）というところから『Arts based研究法』のハンドブックが出版される予定です。

「Action Research」は、日本語でもアクション・リサーチと呼ばれています。この方法も面白いもので、参加者自身がプロセスの中で研究をしていきます。ですから何か起こった後にそれを研究するのではなく、実際の臨床のプロセスの中で実際に参加者が変わっていくという方法です。

「Grounded Theory」も、このままグラウンデッド・セオリーというふうに日本語でも訳されています。これは例えばインタビューをしたときに、それをどのように分析するかという非常にしっかりした手法です。

「評価（Evaluation）」は、音楽療法がほんとうに効果的なのかということを検証する研究が行なわれます。これはたいへん重要な研究と言えます。

皆さん、これをキャンディーのお店と思ってください。皆さんが優秀な研究者になればなるほどたくさんのキャンディーから選択する、選択肢が増えるということです。ですからEBMだけが物事を検証する方法であるというようにヘゲモニーを持たせてしまう、支配させてしまうということはとても危険なことだと思います。いろいろなその他の研究方法を知っていることで、私たちは物事をいろいろな側面から見ることができるわけですね。一つずつをやるのではなくて、チームでいろいろな研究方法にトライするというのも、エキサイティングで楽しい作業になると思うのです。このEBMを研究の中で支配させることには、人間が何かを見る、または人間の価値観や物事に対する視点を狂わせてしまう危険があります。

この図は、先ほど私が申しました三つの重要な原理に関係してきます。それは世界観における美しさの可能性ということですね。美しさが栄養であるということ。先ほどのキャンディーのように。そして感覚をもっとも重要視するということ。これは研究においても、自分たちの感覚を使うということがとても重要になってきます。そして三つ目の全体性の重要性というのも、いろいろな考え方を研究において包括して一つのものにこだわらない。そのことで多様性を見出すということです。

「The Field of Play」理論

研究のことはこのくらいに致しまして、実践のことに移り「フィールド・オブ・プレイ」の理論について少しご説明して参りたいと思います。先ほど申しました先住民族の持つ健康観、世界観である「無常」とは、すべて物事が常に変化していく、そのプロセスに着目するということです。私が敬愛する先住民の研究をしている方

の一人にジェイムス・ヤングブラッド・ヘンダーソンという方がいらっしゃるのですが、その方は「物事が変わらないというふうにみなすということは、すべてを混乱させることにつながる」と述べています。ですから私たちも音楽療法に関わっていくときに、常に変わりゆく力動に注意を向けていかなければならず、その変化している経過・プロセスに着目して、決してその結果だけにしばられないということが重要だと思うのです。

よく先住民族の方と話をしていると、自分の考えを述べていたりするときに、彼らは「どういうふうに感じたのか？」と訊くのです。彼らにとって「感じる」ということは表面的なものではなく、非常に深いものなのです。彼らにとって「感じる」ということは非常に大きな思想であって、単なる「情動」や「感じ」ではないのです。彼らのいう "Feeling" という言葉にはエネルギーが含まれているのです。音楽療法においては、皆さんとクライエントとの関係性のなかにどれだけ重要なエネルギーが存在しているかということがあると思います。

もう一つ重要な原理として、いまご説明したことに似ているのですが、私たちがよく言う「あなたが何をするか？」ということが重要なのではなくて、「あなたが誰であるか」ということが重要である、それは「あなたの存在」というふうによく言います。ここでは人間としての存在の重要性ということが言われています。「フィールド・オブ・プレイ」の理論の中で、そしてこの理論に基づいた実践において、私は人間のそのときの状態というものを見ることができます。それはたとえクライエントが音を出していなくても、音を出す前のその方の存在を感じるということなのです。私たちはこれを時折「プレ・ミュージック」── 音楽の前と言います。音楽的な表現もその人の状態ですけれども、音楽的な表現をしないときもその人の状態であるということです。クライエントもセラピストの存在を感じ、クライエントがセラピストのエネルギー、姿勢、いままでの体験、価値観、誰であるかを感じているということです。もちろんこのようなことは昔から、作曲家や音楽家においても言われていることです。音楽は私たちの人生の何かを表現する一つの手段になりうるということがあるわけです。音楽療法でも同じことが言えます。

もう一つの重要な原理は、音楽は特別な知識になり得るということです。言葉で得られる知識というものもありますし、音楽を通じてしか得られない知識というものもでてくるわけです。ときどき音楽で知り得た知識を言葉にすることが難しい場合に、詩を用いるほうがより音楽の体験に近い場合があります。なぜなら先ほど知識と申しましたが、これは感覚的な知識であり、音楽は耳から聞いたり、感じられたりするという感覚的な知恵であり知識であるということです。これに加えて重要としている原理は、即時性と自発性の二つです。これは非常に複雑な概念なのです。先住民族の世界観の枠組みとは離れますが、これを探索することは重要です。GIMのヘレン・ボニーも即時性の重要さを述べていますけれども、彼女は変容するとき

に必要なのが音楽の即時性であるというふうに言っています。スイスの哲学者であるジョン・ゲイザーは「音楽の瞬間というのは、本当にその時にしか存在しない今」というふうに言っています。音楽療法でも感覚が息づくこと、感覚が創造すること、生み出されることは臨床の現場においても起こっています。

　自発性のことについて私の先人は「いつかあなたは紙を見ることなく、自分の口から話すことができるようになるよ」というふうに言ってくれました。「そういうスピーチが、一番いいスピーチなのだよ」と言ったのです。というのも紙を見ながら話していると、そこで感じていることが伝わらなくて、感覚的なものがなかなか通じないということが起きてきます。私はこのときに自分の直感というものをよく使います。私はその直感を感じながら反応するのですが、私はその直感というものを次のように定義しています。それは「非常に洗練されたかたちのロジック」というものです。音楽療法では私たちは本当に直感を使いこなさなければいけない状況にあると思います。直感をどう使うかというのは教科書には載っていません。

　あと二つの重要な原理をお話します。一つは、「儀式の感覚」ということですね。儀式というものは、私は自分なりに「新しいことに対する空間を作るための反復されたもの」というふうに定義しています。ですから、これを音楽療法で言えばクライエントに安全な、安心していてもらえる場所を反復することで感じてもらうことです。それは例えば旋律のパターンであったり、和声であったりということです。そして、そういったもので安全な空間を提供しながら、そこから自由さ、そして新しいことに向けての勇気を引き出そうとしていくわけですね。
　もう一つは「意識の状態の重要性」ということです。我々の意識というものは常に変化しています。ですから私たちは今の意識の状態がどうかということをしっかり分かって、それを尊重しなければいけません。そして音楽療法の臨床がどの状態で行なわれているかということを理解し、把握することが重要なのです。

　最後にまとめとして「美しさは私たちの生命を落ち着かせてくれる」ということについて──。人間が形成される、人間が成長していくときにはこの美的な体験がとても重要な要素になってきます。例えば音楽療法の患者さんやクライエントがこの音楽療法に来たときに、彼らはすでに感覚的なものは持っているわけです。ですから、音、色彩、質感、パターン、そして身体のいろいろな特性、そういったすべてのものが障害や病気を治すということができます。私たちは音楽療法士として、この生態学的なアプローチを練り上げていく好機を持っているのです。この生態学的なアプローチというのは私たちに生命とエネルギーをもたらし、それは相互関係において行なわれるわけです。お互いの関係性の中だけではなくて、自分と母なる大地との関係性のなかでも同じことが行なわれるということです。
　さて、私の結論を述べさせていただきましたので、ここでしばらく質問をお受け

しまして、その後実際にピアノでプレゼンテーションしてみたいと思います。

質疑応答

質問：分からない言葉があったのでもう一度お聞きしたいのですけれども、最後のお話の中にあった「生態学的」という言葉をもう少し具体的に、どういったところを指すのかというのを教えていただけたらと……。

ケニー：もともと「生態学的」というのはエコロジーという言葉から来ているのですが、これはすべて地球または自然に関連した事柄なのです。我々の先住民族というのは、非常に自然に密着した形で生活をしていますので、なにかその考え方であったり、哲学であったり、そういった枠組みというのがこういった「生態学的」なものに根ざしているということなのです。

植民地化される前の非常に古い先住民族の時代においては、自分たちが生き延びるためにはその自然というものを知り尽くしていないと生き延びることが不可能だった、ということなのですね。そういった技法というのが別にバーチャルなものではなくても、実際にそれが必要だったからそこにあったということです。今は非常にテクノロジーが発達していますので、そこまでする必要はないのですけれども、元を辿れば自然といわゆる共生するという考え方に立脚していたということです。

現代ではややもするとテクノロジーの発展によって、私たちは地球、大地を必要としないとまで思ってしまうことがありますね。でも、我々は大地に住んでいますので、大地と無関係に暮らしていくことはできません。近ごろではテクノロジーの発達によって、先住民族の人々でもどのように自分たちが生きていったらいいかということを悩んだりもします。しかし、この考え方はまさに基になる原理的なものですので、そこに必ず戻らなければいけないと考えています。

「フィールド・オブ・プレイ」での理論的な仕事においても、私のイマジネーションは必ず最終的には地球、大地に戻るのです。私はすべての人類というのは「生物的な領域である」と考えています。先ほど、状態、またはコンディションのことをお話しましたけれども、例えばデイジーのお花畑であったり、海であったり、何でもいいのですけれども同じようなシステムがそこに存在するのですね。ですからどのような生物でも、どのような人種でも、地球または大地、自然と密接に関わっているということには変わりはない。共通点があるということなのです。よろしいでしょうか？　とてもいい質問をしてくださってありがとうございました。

質問：フィーリングというお話のなかで、セラピストとクライエントの間にどれだけ重要なエネルギーが感じられるかというお話がありましたが、実際そのエネルギーというのはどういったことなのか？　というか、どういったことで感じるのかというところをちょっとお伺いしたいのです。

ケニー：とてもいい質問をありがとうございました。これはもしかしたら経験を積むことで学べることかもしれません。例えばチャーリー・パーカーが昔言っていたことは「スケールを毎日、朝晩練習して、上からも下からも練習して、そして実際に本番をやるときにはすべて忘れてしまいなさい」ということを言っています。それと共通することがあるかもしれません。先ほど私が、音楽療法では非常に感覚的で直感的なことが働くということを申しました。これからデモンストレーションをすれば、よりそれがお分かりになるかもしれませんが、実際にそのエネルギーを感じるためには、自分でリスクを犯すことも必要なのですね。そのためには、例えばスーパーヴィジョン、香奈（岡崎）さんのような音楽療法士からいいスーパーヴィジョンを受けて、自分がそこで起こっていることを学ぶということ、そしてさらに自分で自分の精神を落ち着かせてもう一度振り返ってみること。そういったことが重要になってきます。自分の精神を落ち着かせることによって、開けてくるものがあると思うのです。そしてエネルギーであるフィーリングを感じ取ることができると思います。

質問：先ほど先住民族のところで、必ずどういう風に感じるのかということを訊くというふうにお話されたのですけれど、それプラスどういう風に、プラスどこで感じたのか、ということが非常に……。例えばセッションをする上でも、関係性を作っていく上でも非常に大切になるのではないかというふうに、聞かせていただいて感じたことです。例えば大地との関係性を持っていくということも、例えば大地の上に触れるということ、それから環境、あるいは自然に触れるということで、どういうふうに自分自身の身体というようなものに触れていくのかということが、非常に大きなポイントになるのではないかとちょっと感じたんですけども、そのあたりはいかがでしょうか？

ケニー：まさにおっしゃるとおりだと思います。と言いますのも、やはりどこにいても何か動くときには、必ず音が発生するということがあると思います。直接触れる、またはそこからの振動が震えるということでも、どのようなかたちでも人間の、例えば身体の中の内臓であったりとか、例えば呼吸であったりとか、動き方にすべて関係してくるということがあると思うのです。この20年間ほど人間の身体に及ぼす、または人間のエネルギーに及ぼす振動について研究されていますけれども、すべてこういったものは大地とのさまざまな関係の中での、先ほども言った前音楽的な体験に結びつくのではないかというふうに私は思っております。

この「フィールド・オブ・プレイ」の中でも「身体」ということについて書いていますが、身体自身が理論を感じるということを書いています。これは芸術と科学の融合でもありますので、それは隠喩として書いているのですけれども、その身体性ということにも少し触れてはおります。今日は「フィールド・オブ・プレイ」について深くご紹介することは時間の関係でできなかったのですが、この「フィールド・オブ・プレイ」はもともと実際の臨床家の方たちのために書かれましたので、

さらにいろいろな哲学とか、そこの背景にある考え方とかいうものをお知りになりたければ、ぜひ参考文献または引用文献をお読みいただければいいかと思います。大変優れた重要な質問でした。ありがとうございます。

デモンストレーション

　では、デモンストレーションをしましょうか。今からやることは、私がよく学生をトレーニングするときに使う手法です。いろいろな音楽の特質を感じて、学生を感性化していくプロセスの上で、イマジネーションを創造的に使うという意味で使っている手法です。アヤネさん（参加者）とこれからピアノを弾きます。聴いていらっしゃる皆さんは、二人のピアノで鳴った音がこのピアノの脚を通じて床にきて、音が水になって床をずーっと皆さんのところに流れていって、そして皆さんは足から水を感じていって、体に水が上ってきて、そして手の指先まで音の水がきます。そして音の水が、音楽に、どんな特質があるかということを、音の水に書かせてください。皆さんが頭で感じるのではなくて、感じたままに音の水にまかせて書いてみてください。ですからイメージでも、動詞でも名詞でも形容詞でも、何か絵を書きたければ絵でも、何でもいいです。
　（ピアノ即興）

　ケニー：アヤネさんがいま感じたことを先に言いますか？　それとも皆さんの意見を先に聞きますか？　と伺いましたところ、先にご自分で感じたことをおっしゃるということです。
　アヤネ：かなり、とても緊張したんですが、先生と一緒に即興演奏をしているとだんだん楽しくなってきて、ちょっとずつ先生との心の距離が縮まったような感じがして、すごく貴重な体験というか、楽しい体験ができました。
　ケニー：アヤネさん、非常に勇気を持って出て来てくださいましてありがとうございました。一緒に弾けてとてもうれしかったです。さあ、これから5分くらいお隣の方、前後の方で自分が何を書いたか、お互いに見せ合ってディスカッションしていただけますか？
　（参加者それぞれにディスカッションを繰り広げる）

　ケニー：はい、では水が何を書かせたか、どなたか一人二人発表していただけますでしょうか？　イメージや質を共有するというのはとても大事なことだと思います。
　参加者：色としては半透明というイメージで、ちょっと濁った水が出てきた感じを覚えました。その流れが曲線を描いたり、あるいは直線、折れ曲がるものを描いたりしながら流れてきて、最後にはそれが組織化されていって一つのシェイプにな

るイメージを持ちました。
　ケニー：ありがとうございます。私たちに非常に素敵な贈り物をくれましたね。もう時間も参りましたので、私の講演をそろそろ終わらせていただきますが、もう一度、今日お招きいただきました感謝を申し上げたいと思います。そして今日お集まりの皆さまにぜひ、グッドラックとお伝えしたいと思います。「音楽療法を続けていくと絶対後悔することはないです」——ということが私のメッセージです。どうもありがとうございました。

(講演日：2006年7月6日，於：国立音楽大学)

音楽療法とコミュニティ

ブリュンユルフ・スティーゲ
井上勢津・岡崎香奈 (通訳)

音楽療法における文化とコミュニティ

　今日は文化・コミュニティという二つの概念をご紹介しようと思っています。ご承知の通り、最近までこの文化とかコミュニティという問題は、音楽療法の分野ではまったく研究されておりませんでしたが、欧米ではここ数年で状況が変わり、音楽療法の分野でもこれらのことが積極的に議論されるようになりました。今日はこれから私がノルウェーで実践しているいくつかのアイディアをご紹介いたします。皆さんにはご自分の置かれた状況の中で、そのアイディアをどのように応用していくかということを考えていただけたらと思います。なぜなら音楽療法というのは時代や場所の違いによって変化するものだからです。

　簡単に私がどのような状況においてこのことを考えているかについてお話いたします。私の住んでいる国・ノルウェーはヨーロッパの北部に位置しており、人口460万人ほどの小さな国です。東京都の約3分の1の人口ということですね。ノルウェーの音楽療法は1960年代から始まりました。日本でもちょうど同じ頃から音楽療法という言葉が使われるようになったとお聞きしました。私は1983年に音楽療法士養成の第4期生としてその教育を終えましたが、その時点でノルウェーの音楽療法士は合わせて24人でした。その24人のうち21人がオスロに、1人が別の町に住んでおり、そして残りの2人がオスロから西へ行ったところのサンダーネという人口2000人ほどの小さな町で働くことになりました。

　私はサンダーネで音楽療法士としての仕事を始めた一人ですが、この小さな町で求められる音楽療法は、ノルウェーの首都であるオスロという大都会で求められている音楽療法とは違うのではないかと考えました。その頃、私はサンダーネの町の知的障害者施設に入所している方たちが、地域との関わりを持ちたいと希望していることを知りました。彼らの希望というのは、例えば町の合唱団であるとか、マーチングバンドであるとか、そういった地域の音楽活動の一員として参加したいということです。幸いなことに町の規模が小さく、合唱団やマーチングバンドの人達とのコミュニケーションを取るのは物理的に容易だったので、いろいろな情報を伝えたりしながら、障害者が参加することを受け入れてもらえるように働きかけました。

これはある意味で私の音楽療法観を変化させるような過激な考え方でありました。というのも、それまで私が受けてきた音楽療法の教育では、音楽療法はある一定の個人またはグループに焦点を当てるもの、そしてセッションルームのような室内で行なわれるべきものであると理解していたのです。それがこの小さな町では、個人よりも地域との取り組みを中心にやっていかなくてはいけませんでした。このことで私は二つのことを学びました。一つは、音楽療法とは場所によって変化するものであるということ、もう一つは文化やコミュニティという概念について私自身がもっと学ばなければいけないということでした。それ以来20年にわたって文化・コミュニティということについて研究してきました。ほとんどこのテーマだけに時間を費やしてきたといっても過言ではありません。

文化とは何か・何をするか

　それでは「文化」をどのように定義するかということについてお話いたします。これは実はほとんど不可能と言えるほど大変なことであると、始めに言っておきましょう。文化の定義はこれまでにも数多くあるのですが、ここでは私自身の考える定義を使います。私の言う定義がベストであるとか、すべてをカバーするということではなく、私自身の理論的な背景を説明するために私の定義を使いたいと思います。

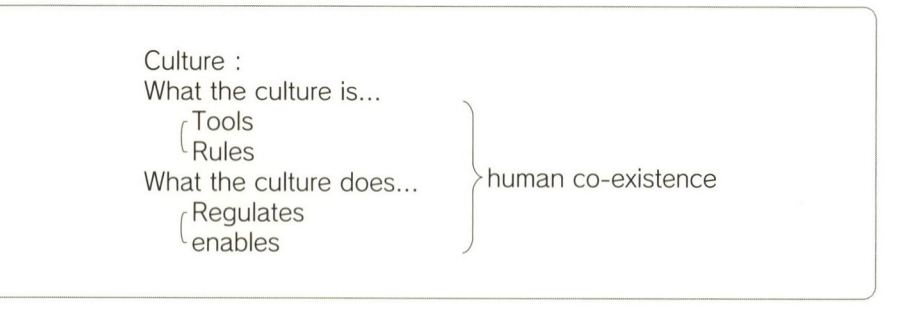

```
Culture :
What the culture is...
    ┌ Tools
    └ Rules                    ┐
What the culture does...       ├ human co-existence
    ┌ Regulates                ┘
    └ enables
```

　文化は道具、またはテクノロジーを含んでいると考えられます。それは金づちという道具であったり、MDプレーヤーというようないろいろな種類の道具を指します。しかし、他の種類の道具もあります。例えば言語や音楽などがそうです。そして次は規則、例えば慣習というものがあります。日本人はよくお辞儀をしますが、そういった慣習やルールを指します。どのようにお辞儀をするのが一番いい形なのかということは私には分かりません。その国の文化によって慣習が違い、それをいつ、どのようにやるのか、また何をやってはいけないのかということは、それぞれに異なります。いまお話した道具、それから慣習や規則が文化とは何かというときに語られる二つの要素です。

次に「文化は何をするか」ということについてお話いたします。"enable"というのは「可能にする」という意味です。例えば言葉という道具を使ってそれをどのように規則的に、構造的に使うかということを知ったときに、言葉によるコミュニケーションが可能になります。また、文化には"regulate"——つまり「規制する」「調整する」という働きもあります。枠組みを作る、例えば靴を脱がないといけない所を土足で歩くとそれはルール違反ということになりますね。実は昨日、私はそのルール違反をやってしまいました。"regulates"は肯定的な側面と、独断的な側面というアンビバレントな二つの側面を持っています。この枠組みがなければ世の中が非常に混乱したものになってしまいます。またこの枠組みが悪く利用されれば、人間を抑圧してしまうこともあります。例えばお金持ちが貧しい人々を抑圧する、あるいは男性が女性を抑圧するというような構図も生まれてきます。ですから私たちは文化なくしては生きていくことはできないのですけれども、その文化には美点や肯定的な面ばかりでないということを認識することも必要だと言えます。

「人間が共存すること」

　文化とは何か、何をするかということについてお話しましたが、その焦点には「人間が共存すること（human co-existence）」ということがあると思います。人間は一人で存在することはあり得ないですね。これは日本の文化でも同じだと思います。これまでの音楽療法の理論において、文化ということに対する議論がなかったのはなぜだろうと私は強く思うわけです。

　では、文化について具体的な例えを使って説明していきたいと思います。皆さん、川を想像してみてください。川の中には魚が泳いでいます。魚は川についてどの程度知っているでしょうか。魚は川から岸に上がって川を見下ろすことはできませんね。魚は川の中で生活しています。魚が生きていくためには川の存在が必要です。ここで皆さんは二つのことがお分かりになると思います。一つは文化とは常に人とともにあって、人と文化を分けて考えることができないということ、すべてのことは文化の一部分であるということです。もう一つは、文化があまりにも身近にあるために、私たちはともするとその存在を忘れがちになるということです。私は魚になったことがないので分からないのですが、魚はきっと川の存在を忘れているだろうと思います。なぜかというと、川はいつもそこにあって、それがごく普通のこととして生きているため、川があるということにすら魚は気づかないのです。

　最近はさまざまな文化が情報として入ってきており、いわゆる「マルチ・カルチャリズム」と言われるような、非常に多様な文化の世界が作られるようになってきました。東京やロンドンなどの世界の大都市には世界中からたくさんの人々が集まり、さまざまな人種の方々が住んでいます。私の住んでいるサンダーネという人口

2000人ほどの町でも以前に比べると大勢の外国人が生活しています。先ほどの川の話に戻りますが、川の支流が合流するところ、そこでは向こうから来る水は冷たかったり、また違う方向から来る水は温かだったり、泳いでいる魚も大きさや種類が異なるものが混ざり合っている状態になります。音楽療法の領域で文化を考えることがなぜ必要かというと、音楽療法というのは多様な文化的背景を持ったクライエントの、それぞれのニーズに合わせて対応できなければならない、そういったところに音楽療法士の能力が問われてくるからなのです。

人間を四つのレベルで捉えてみる

ここに図を描いてみました。人を生物学的に捉えてみます。私たちはそれぞれが身体を持っていて、それがうまく機能することで生命を維持できています。これは非常に普遍的なもので、世界中どこへ行ってもそのことは変わりません。人類は人種が違ってもその生物学的な面では変わらないといえます。つまり肌の色や髪の毛の色、目の色が違っていても、その生物学的概念において全く同じです。同じように母親がいて父親がいて、というように同じものをシェアしていると考えていいでしょう。

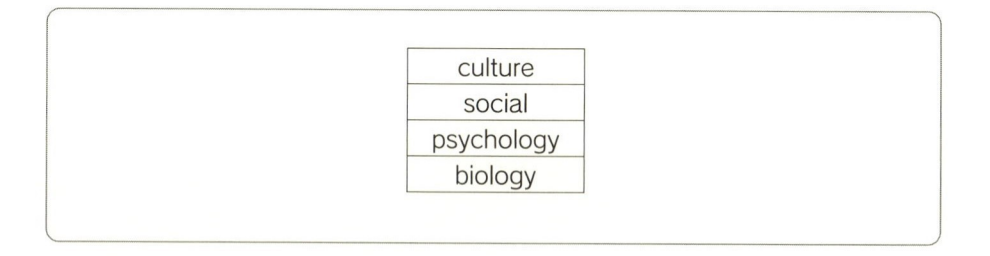

```
culture
social
psychology
biology
```

これから皆さんに、人が音楽を学習・獲得する「ミュージック　メイキング（music making）」ということに対する生物学的な基盤についてお話したいと思いますが、これは普遍的なものです。この生物学（biological）的な基盤の上に三つの層があります。まず「心理的（psychological）」なもの、次に「社会的（social）」なもの、それから「文化的（cultural）」なものです。この四つをそれぞれ別々に学んでいるということは、ある種悲劇のように私は感じています。理論的にはこの四つを分けることは可能ですが、人間はそこを分けて生きている訳ではないですね。身体なくして文化だけで生きることができないように、文化があっても生命を維持することができなければ生きていくことはできません。これら四つの層はお互いに結びついているのです。

ここで皆さんに二つほど、簡単ですが大切な例をお話いたします。一つは「人間の言語」についてです。行動主義的心理学者のフレデリック・スキナーは、人間の言語の獲得は、「刺激と反応」という彼自身の理論を通して行なわれると考えまし

た。例えば外国語を習得するとき、成人が数十年も掛かってしまうところを、子供はほんの2、3年で習得できてしまいます。なぜ2、3年で可能かというと、子供の場合は生物学的なところで言語を獲得する「レディネス（準備ができ上がっている状態）」ができていると考えるからです。それは家庭の中で言語がどのように使われるかということも関係しますが、子供の中にすでに言語を学ぶ準備ができているのだと考えられます。

同様にすべての子供には音楽に対して何らかの準備がされているのです。例えば生まれたばかりの乳児や生後二週間の乳児はどのようにして母親や父親とコミュニケーションを取るのでしょうか。そこにはまだ言語は存在していませんが、音やリズム、動きを通して赤ん坊はコミュニケートするのです。そこにはすでに先ほどお話した生物学的なレディネスができ上がっているのです。それは「コミュニケーションのような音楽」の一種であり、音楽そのものではありませんがそれと非常に近いものです。この音楽に対する生物学的なレディネスを「原音楽性（proto musicality)」とも呼んでいます。

日本でお生まれになった皆さんにとっては日本語の扱いは簡単ですね。同じようにアフリカの音楽リズムは私たちにとっては複雑で難しいものですが、アフリカの文化の中で生まれ育った人々にとってはそれほど難しいリズムではありません。

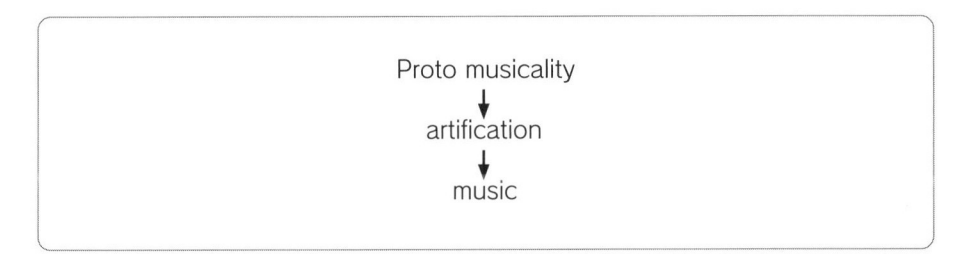

```
Proto musicality
      ↓
  artification
      ↓
    music
```

子供は「原音楽性」という音楽に対するレディネスが備わった状態で生まれてきます。そして生れ落ちたその時から文化を学習していくわけですが、その学習する過程において「原音楽性」はその文化を通して「アート」のようなものに変化（artification）していきます。このように音楽に対するレディネスはその子供の育つ文化によって異なり、その違いによって音楽の性質や音楽に対する嗜好が決まるのです。

音楽療法における音楽に関する三つの概念

いくつかの概念をお話してきましたが、これから音楽療法の事例を少しご紹介しようと思います。この事例によってセッションにおける実践的なアイディアをご覧いただけるかと思います。その前にここで音楽療法における音楽に関して三つの概

念をお話いたします。

「手段としての音楽」

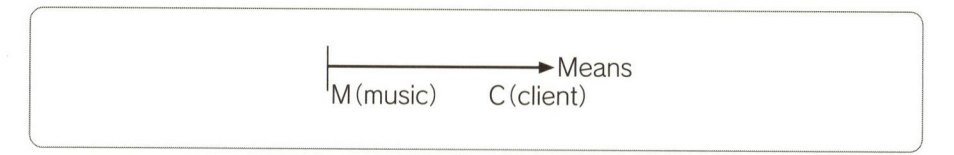

```
        |————————→ Means
        M(music)  C(client)
```

最初は「手段としての音楽」ということですが、これは音楽が何かを刺激していくという意味を持っています。一方向の作用です。これは医療的な音楽療法や行動主義的音楽療法において通常見られるように、音楽を聴いてリラックスするというようなことです。例えば音楽は痛みを緩和したり、刺激を与えたりして私たちに作用しますが、それは薬としてではなくて、何かそれに替わるものということです。

「媒体としての音楽」

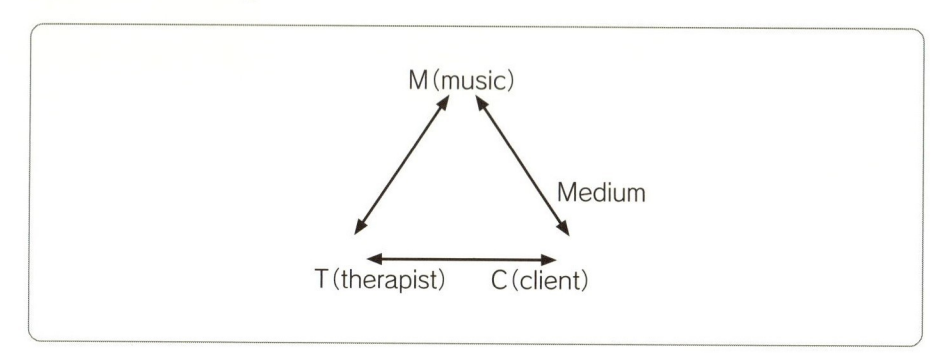

```
            M(music)
           ↗       ↘
          ↙    Medium
         ↙         ↘
    T(therapist)←→C(client)
```

二つ目は、コミュニケーションにおける「媒体としての音楽」です。大切なことは音楽が刺激として一方向に働くのではなく、双方向のコミュニケーションであるということです。いわゆる関係性と言われるものが核になる概念です。例えばクライエントとセラピスト相互の関係が音楽が介在することによって変容していくことです。つまり「媒体としての音楽」はコミュニケーションに重点をおくものであり、コミュニケーションを大きく育て発展させていく、関係を構築していくという形を持っています。これまでの音楽療法の文献においては、この二つが音楽療法における音楽に対する主な考え方でした。例えばアメリカにおける医学的、あるいは行動主義的な音楽療法においては、最初の「手段としての音楽」というのが主流を占めています。二つ目の「コミュニケーションにおける媒体」は、ノードフ・ロビンズ音楽療法や、ヨーロッパにおける心理療法的音楽療法において主流になっているものです。

「コミュニティとしての音楽」

三つ目は、文化とかコミュニティというものに注目した「コミュニティとしての音楽」です。音楽を社会的・文化的な環境（milieu）として扱うということです。

これは音楽が何かに参加することへの招待となると考えてください。ここでは英語の「participation（参加）」という言葉の概念が非常に重要になります。日本語でどのように表現するのか分かりませんが、それは排除することなく包括的にという意味であり、コミュニティに貢献できる可能性を与えて、そこに寄与することで還元される機会を与えるという意味を持っています。つまりコミュニティの中で積極的・主体的な役割を持つということです。これら音楽における三つの異なる概念は健康や不健康、それに病理的な困難などにも関わりがあります。最初の「手段としての音楽」という方法では、障害や疾病、機能的な困難を抱えているクライエントに対して、どのような音楽を使っていくかということ、またはいろいろなスキルや能力を引き出すためにどうしたらいいかというように音楽を使っていくという考え方です。

　従来の医療では、悪いところを治すという考え方が主流です。もちろんこういう考え方は私たちの健康を保つために必要なことで、私たちが病気になったときの医学の力というのは本当に大きな役割を持っています。しかし、こういった見方は人間の一部分だけを見るという傾向があります。また最近では人間をどう捉えるかということにも議論が及んできています。例えば社会から孤立した状態であったり、仕事に対する能力的な問題であったり、仕事上の人間関係、あるいは対人関係からくる病気なども最近では多くなってきています。風邪のような単純に生理学的な病気ではなくて、人間関係が原因で起こる病気が新しいタイプとして増加しています。このような病気は、従来の医学的な治療という概念ではなかなか治りにくいこともあります。このような場合に、心理療法という治療法が世界各地で出てきたこともここに関係していると思います。

　このような病気が孤立やコミュニティからの疎外感によるものであるとすれば、私たちがその問題を援助するにあたって、コミュニティと接点を持たせてあげるような方向性を持たなければいけないと考えられます。そこで「コミュニティ音楽療法」というものも出てきたわけです。つまり個人だけに焦点を当てるのではなく、その個人がどういう状態にいるかという環境も含めた個人を考えていく必要性があるわけです。この点において先ほどの三つ目の概念のコミュニティに参加するための誘いかけという役割の音楽が、健康を引き出すということに繋がっていくのだと思います。

音楽療法の事例

（演奏を流す）
　皆さんがいまお聴きになっているのは、私のクライエントの演奏です。仮にジェリーという名前にしておきましょう。年齢は45歳、彼は20年以上の間、精神科病

院で入退院を繰り返してきた状況にある方です。彼の生育歴や病歴について詳しくお話はしませんが、簡単に説明すると彼は非常に大変な幼少時代を過ごした後、青年期になってさまざまな精神障害の症状を呈するようになりました。彼は抑鬱的で不安焦燥感が非常に強い状態にありました。こういう状況にはありがちなことですが、ジェリーはアルコールを摂取するようになり、10年前くらいからですがアルコール依存症になってしまいました。そのために症状が悪化し、常時身体の硬直から抜け出せない状態でした。

彼はまず言語による心理療法を10年間受けました。しかし薬物治療による影響のためか、ジェリーは彼自身の感情をうまく表現することが難しい状態でありました。音楽療法を始める時に重要なことは、クライエント自身が音楽療法に対してどのような考えを持っているかということです。ジェリーが音楽療法を始めてから最初の数回のセッションは、一方通行の音楽療法というイメージを彼自身が持っていたと思います。しかし彼は音楽というものを媒体だと考えていました。彼は怒りの感情が非常に強いクライエントだったために、例えばドラムのような打楽器をものすごく大きな音で叩けば自分の怒りが発散できるのではないかと期待をしていたようでした。私は彼の考えを尊重して彼とのセッションを試してみたのですが、実際には彼にとってうまくはいきませんでした。ジェリーの叩く大きな音に私もピアノの大きな音で対応したのですが、何かうまくいきませんでした。そこには大音量の騒音と怒りがあったのですが、コミュニケーションというものがなかったのです。それからまた数回繰り返してみましたが、やっかいなことに、ジェリーに対する音楽療法はそこで行き詰まってしまいました。

そこで私はもっとコミュニケーションが取れる形になるように二人の役割を交代させる、つまりジェリーがピアノを弾き、私が太鼓をたたくという提案をしてみました。私はドラムのたたき方を知らないし、ジェリーもピアノを弾いた経験がありませんから、こうすることで私たちは対等になることが可能になりました。音楽療法ではいろいろな楽器を使いますが、対等になることは重要なことであり、ジェリーの場合も非常に効果的に作用しました。そして徐々に関係性が展開され、即興演奏が成り立つようになり、相互の関係が広がっていきました。これが個人の内面的成長や新しい対人関係の構築を目指す、いわゆる心理療法的な音楽療法のアプローチであると言えるでしょう。この心理療法的音楽療法の問題点、例えばクライエントの抱える困難についてであるとか、可能性についてなどについてはもっと詳しくお話したいのですが今日は割愛します。ではその後、ジェリーがコミュニティとの接点を持つために私たちがどのようにしていったかということをお話いたします。

━ セッションルームからコミュニティへ

図を使って説明すると、一番中心の円が音楽療法のセッションルームで、これが

最小単位の部屋ということになります。しかしコミュニティという観点から考えると、セッションルームの中だけでなく、もっと広いコミュニティへと伸びていくべきであると思います。二つ目の円は、例えば精神障害者の施設などでグループを作って一緒に演奏するといった場合です。そして三つ目の円は、地域の施設で他の人たちと一緒に演奏をするといった場合になります。最後の円は、コミュニティの一員として参加するという場合がこれに当たります。クライエントがセッションルームから視野を広げていって、コミュニティを考えていくということがここで行なわれているのです。

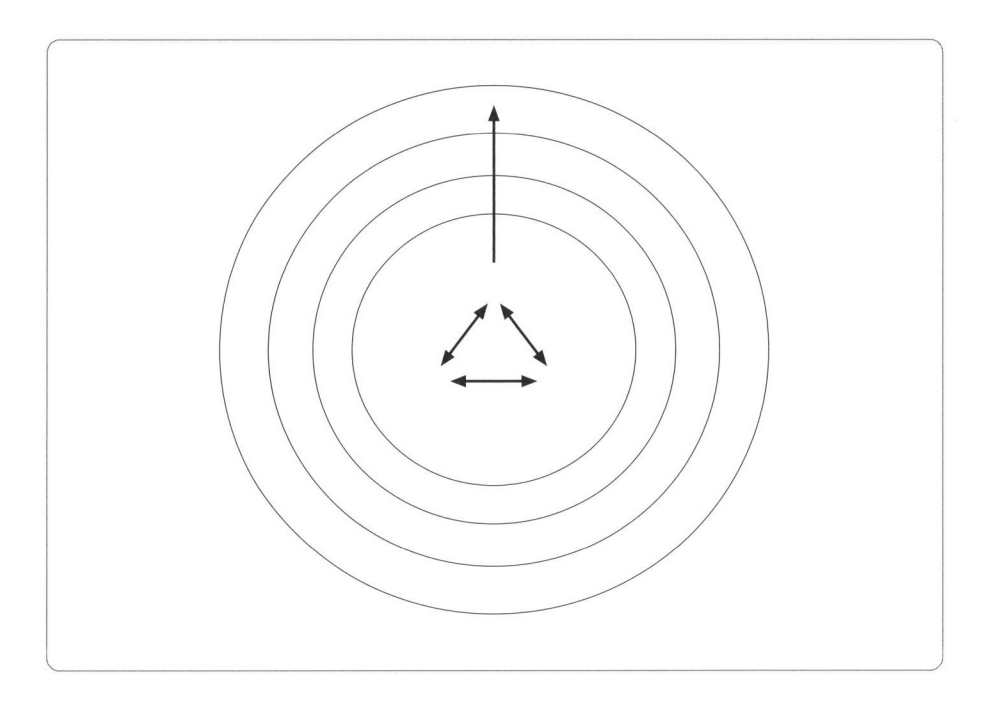

ジェリーの場合でいうと三つ目の円くらいまではかなり順調にいっています。現在はコミュニティの一員として演奏する段階なのですが、そこで少し困難を抱えている状況です。それでは中心の円から現在までのジェリーの具体的な経緯をお話いたします。最初の、中心の円のところではジェリーと私しか存在しなかったわけです。そこでは本当にさまざまな即興をいたしました。既存の音楽ではなく、それぞれが音を出し合い、即興し合うという作業が行なわれました。そして二つ目の円に移る時に新しいメンバーが加わることになりました。使われる音楽も即興以外に既存の音楽、コミュニティで皆がよく耳にする音楽を使いました。そうする中でいろいろなスキルを習得するという作業が行なわれました。先ほど文化は物事を可能にする、調整する、枠組みを作るとお話をしましたが、それがちょうどこの部分になります。

二つ目の円に移る時に新しく加わった音楽療法士はダン・ゴルムリーというアメリカのギタリストです。ダンがまず最初に「何をしたいか？」とジェリーに尋ねると、彼は「ボブ・ディランの "Don't think twice" という曲を歌いたい」と答えまし

た。彼はその曲がとても好きで「これ知ってる？　弾くことができる？」と訊いてきました。これから聴いていただくのは最初に三人で演奏した時のものです。ダンはギターで何調にしようか、どんなテンポにしようかとか、まだ何も分からない状態から模索していた段階のものです。ここで皆さんには、特にジェリーの声を聴いていただきたいと思います。彼自身がどんなふうに声で表現していて、その声がどのように変化していくか、特に歌の一番から二番にかけてどのように変化しているのかを注意深く聴いてみて下さい。

　（演奏を流す）

　彼の声に何を聴きとることができましたか？　ぜひ皆さんの感想を聞かせてください。

　参加者：一番の歌い出しのあたりは、知っている歌をメロディーに合わせて歌詞のとおりに歌うっていう感じに聴こえたんですけど、だんだん進んでいくうちに、自分の思いって言うんですか、「俺はこう思ってんだ」っていうのがこもっていて、それが歌の楽しさでもあるんでしょうけど、本当の歌になっていたなあっていう気が私はしました。

　私もこれを聴いていて同じように感じました。今もう一度聴いてみて、その時には聴こえなかった新しい彼の感情的な部分を聴くことができたように思いました。私たちは演奏をやってみて、一番から二番への彼の声の質の変化に非常に励まされたという思いがありました。実はセッション中にこの録音を聴いた時に、ジェリーは「それは止めて欲しい、自分が歌っているのを聴きたくない、自分の声がよくない」と拒否したこともあったのです。つまり、私たちが感じたこととジェリー自身が感じたことには相違点があったのですが、それは私たちの感じたことが間違っているということではなく、こういったものには感じ方の違いがあるということだと思います。うつ状態で不安の強い患者さんにはこのように音楽を退けてしまうことがよくあります。どうしても拒否的になるために、もっと喜びの経験を見つけるということを、ジェリー自身は学習しなければいけないと私たちは考えています。彼の発言には矛盾があって、自分の声がよくない、非常に緊張したからもう聴きたくないと言っています。しかし、この発言は実際には彼が歌を歌った後のものです。ジェリーはいつも大体二番くらいで歌い終えるのですが、歌の中ではもっと歌いたいと彼は表現していたのです。もっと歌いたいと言いつつ、後で録音を聴くとそれを拒否するというような二面性があったということだと思います。

　二人から三人になっただけでもこれだけの違いが出てきたのですから、もっと大人数のグループになる、あるいは違う種類の音楽になると、また異なった反応が出てくることが考えられるでしょう。ある時、この曲を最後まで歌ったことがありました。歌った後、ジェリーはかなり疲れた様子だったのでダンがソロギターの部分を演奏しました。そのときジェリーはそれを聴きながら少しリラックスした表情に

なったことを記憶しています。今から4分間の録音を聴いていただきます。最初にギターのソロがあってジェリーが歌います。少し疲れているなと私は思ったのですが、音楽の勢いに乗って「もっと続けて欲しい」というジェリーの思いが表れているのが分かると思います。私はジェリーは疲れているなと思いながら、ここで何を加えれば変化をもたらすことができるか、そのことによってまた違った可能性を引き出すことができるだろうかと考えました。音楽療法ではいいタイミングということが時々ありますが、この時がそうでした。私たちはニ長調で演奏していたのですが、たまたまそこにあったDのブルース・ハープも加えることにしました。ブルース・ハープというのはハーモニカのことで、ジェリーはこの楽器は初めてでしたが、耳で聴いて音を出すことができました。では全部で10分間の録音から中ほどの4分間の部分を聴いていただきます。

（演奏を流す）

　足で叩いているのが分かりますか？　ジェリーがこれをやっているんです。これは新しいことです。彼がやっている……喜んでいる。ここでジェリーがブルース・ハープを演奏するところをお聞かせしたいと思います。セラピストの私としてはジェリーがどんな音を出すだろうか、もしうまくいかなかった時にはせっかくの経験が否定的なものになってしまうのではないかという懸念を持っていました。でも、そう思っていた私は驚かされたのです。

（演奏を流す）

　笑っているのが聞こえましたか？　ジェリーの笑い声です。喜びの表現ですね。彼の音楽療法にとって非常に重要な瞬間であり、分岐点になった瞬間でした。ジェリーは今こそ、幸福なその状況をここで感じることができたのです。私はジェリーは少し休憩を取ったほうがいいだろうと思い、ギター・ソロをダンに続けるよう提案しましたが、ジェリーは演奏を続けたかったのですね。ダンではなくて、ジェリーがブルース・ハープのソロを続けました。それで7回ほども続けたのです。

（演奏を流す）

　この事例からいくつかの点が浮かんでくると思います。まず、ジェリーとの音楽活動はコミュニケーションとしての音楽として行なわれました。心理療法的な音楽療法はクライエントの抱える問題と取り組む活動をします。しかし、ジェリーの場合はさらにもう一つ進んだものが必要でした。彼は自分の持っている潜在的能力を発見することや、ポジティブな経験をすることを必要としていました。この事例の出発点で、私は彼がロックミュージックに非常に興味を持っていたことに注目しました。クライエントは皆、自分なりの音楽の歴史を持っており、私たちはそのことを忘れてはなりません。そういった背景、歴史を通してジェリーの可能性を探ることができるのです。

　音がよく響くということが主たる問題ではないし、たとえ部分的によく響いたとしてもそれでは充分とは言えないと思います。なぜなら音楽を続けるという、彼自身の経験が重要だからなのです。実際彼は音楽を楽しむということを学びたかった

のです。この音楽を楽しむということが、これまでの音楽療法の文献の中では全く忘れられていました。皆さんはご存知のように日本語の音楽という言葉には、単語自体に音を楽しむという意味が含まれていて、これはとても素晴らしい言葉だと私は思っています。この音楽を楽しむということについては、さらに深く研究を進めていかなければいけないと考えています。

　さて、ジェリーにとって必要なことは音楽を楽しむこと、そして文化的なスキルを身に付けて活動の場をさらに外へ向けて広げていくことでした。今、皆さんと一緒に聴いた演奏のあと、ジェリーはもう少し大きなバンドを作って活動することになりました。それが三つ目の円に当たるものです。この事例では最初は従来からの音楽心理療法に近い形でスタートしたのですが、それがより広がってコミュニティ音楽療法へと進んで行ったのです。コミュニティ音楽療法は、ともすればこれまでの心理療法的音楽療法と対峙しているものと考えられています。しかし、私はコミュニティ音楽療法と従来の音楽療法がお互いに不足している部分を補い合うことによって、音楽療法がもっと自由で柔軟性のあるものになるだろうと考えています。

コミュニティ音楽療法の重要性

　今日、皆さんにお話したことはこの2、3年で話題になってきたことであり、国際的に見ても非常に新しい考え方です。この分野の研究を推進していくためにはさらに理論的展開や研究が必要です。音楽療法はこれまであまりに個人に焦点を当て過ぎてきました。もっとコミュニティについて研究しなければいけないと考えています。その理由はいくつかありますが、一つは近代的な社会において人々は孤立感を感じる状況にあり、彼らにはコミュニティが必要です。そういった人々はコミュニティを失っているからです。また、アフリカのような第三世界においてもコミュニティ音楽療法が非常に注目されるようになっています。このような状況において文化はコミュニティとの繋がりを持っていて、もしそこで個人に焦点を当てた音楽療法を行なうとすれば、音楽療法は特別な限られた人のものになってしまうでしょう。

　例えばメルセデス・パブリチェヴィックなどのアフリカで働く音楽療法士たちは、コミュニティ音楽療法に大変な興味を持っています。それは彼らが抱えている問題や状況とコミュニティ音楽療法が非常に合致しているからです。なぜコミュニティ音楽療法が必要かというと、例えばヨーロッパならばボスニアや北アイルランドでは戦争や紛争が起きていますが、そこでは人々が傷つけられているだけでなく、コミュニティもまた傷つけられているのです。北アイルランドで活動しているデビッド・スチュアートという音楽療法士は、どうすれば傷ついたコミュニティを再建できるかということと取り組んでいます。

最後になりましたが、今、私はアメリカやヨーロッパが、日本やアジアの国々が持っているコミュニティから学び、友好関係を築いていくことを心に描いています。そのためにもインターネット・フォーラム"Voices"や国際的なフォーラム、他の分野のさまざまな学会などの国際的な場を通してお互いに情報交換をしたり、ディスカッションをしていきたいと思っています。

(講演日：2004年9月9日，於：国立音楽大学)

ノルウェーの音楽療法事情

井上勢津
Setu Inoue

はじめに

本日はノルウェーの音楽療法事情についてお話いたします。まず初めにノルウェーの音楽療法の歴史、教育のシステム、組織という三点から概観いたします。そのあとノルウェーの音楽療法の特徴である教育現場における音楽療法、理論重視、コミュニティ音楽療法というこの三点に関して私の経験を踏まえてお話いたします。

それでは最初に少しノルウェーについてお話いたしましょう。皆さんノルウェーというと何を思い浮かべられますか。フィヨルド、夏の白夜、冬のオーロラ——このような大自然を思い浮かべられる方や日本でもお馴染みの水産物を思い浮かべられる方もいらっしゃるでしょう。あるいは冬季オリンピックでのノルウェー選手の活躍が印象に残っていらっしゃる方もおられるかもしれません。またノルウェーといえば、他の北欧諸国と同様に福祉国家として知られています。

ノルウェーの面積はほぼ日本と同じです。人口が2003年1月現在で455万人余です。これは日本と同じ面積の中に、東京の約3分の1の人しか住んでいないということになります。大体1平方キロメートルあたり13人と言われています。もちろん北のほうは寒くて居住には適していませんので、人口は都市部に密集していることになります。言語はノルウェー語を話しています。また北極圏にはサーミ＝イヌイットの人たちが住んでいます。彼らはノルウェー語とは異なる独自の言語を話しています。宗教はキリスト教の福音ルーテル教派です。国王がいますので立憲君主制になっています。

先ほども申しましたように、1平方キロメートルあたり13人しかいない国ということは、一人ひとりに常に焦点が当たっている社会であるということです。一人ひとりの声をじっくり聞く余裕のある国ということが言えると思います。また、福祉国家として高負担・高福祉と言われておりますが、まさにその通りだと思います。ちょっとした洋服などを買うと23～24％の消費税がついています。また所得税として所得の50％を支払っている人もいます。

福祉を支えるものとしては、その高い税率のほかに、北海油田や天然ガスがあります。こうした天然資源からの収益も福祉を支える財源となっています。ノルウェーに住んでいて感じることは、高負担・高福祉というものが国民の権利と義務の非常に良いバランスの上に成り立っているということです。福祉を受けるというのは

第20章　　　　　ノルウェーの音楽療法事情

権利であると同時に、義務を果たすこととの引き換えでもあるのです。

ノルウェーの音楽療法の歴史

表1◆

	ノルウェー		日本
1950s	特殊教育における「音楽」の重視 北欧全体／音楽療法への関心		
1960	北欧音楽療法連盟設立		
		1962-	初の音楽療法関係書籍出版 （主にアメリカの文献紹介）
		1967-	アルヴァンによる音楽療法ワークショップ実施
			東京の各音楽大学に音楽療法研究会設立
1970-	ノードフ＆ロビンズによる音楽療法ワークショップ実施		障害児教育、精神医学、心理学の分野での研究会設立
1972	ノルウェー音楽療法協会NFMT設立・学会誌musikkterapi創刊		
1978	Østlandet音楽院（現ノルウェー国立音楽大学）／音楽療法コース開設		
1981	NFMT／ノルウェー音楽評議会Norsk Musikkråd加盟		
1983	グロッペン・プロジェクト開始		
		1986	日本バイオミュージック研究会設立
1987	ソグン・フィヨルダーネ県に県立音楽療法センター設立	1987-	東京音楽療法協会等、各地に研究会設立
1988	ソグン・フィヨルダーネ大学／音楽療法コース開設		
1991	第1回北欧音楽療法学会開催（サンダーネ） Nordic Journal of Music Therapy創刊		
1992	政府による音楽療法士資格認定開始		
1993	オスロ大学／修士課程開設		音楽大学・専門学校に音楽療法コース（専修・特別）開設
1995	NFMT／ヨーロッパ音楽療法連盟加盟	1995	臨床音楽療法協会設立 全日本音楽療法連盟設立
		1996	連盟による音楽療法士資格認定開始
1997	第1回ノルウェー音楽療法学会開催（オスロ）		
1999	ノルウェー国立音楽大学／博士コース開設		各地の大学に音楽療法コース（学士）開設
2000	ソグン・フィヨルダーネ大学／修士課程開設		
2001	インターネットフォーラムVoices開設	2001	日本音楽療法学会設立 学会による音楽療法士資格認定開始
2003	第4回北欧音楽療法学会開催 音楽療法コース／大幅変更		

（参考：村井靖児著「音楽療法の基礎」音楽之友社）

では、ノルウェーの音楽療法の歴史から見ていきます。年表をご覧ください。
（**表1**・左）

　1950年代から2003年までの流れを見ますと、三つの時期に分けられると私は考えています。まずは準備にあたる時期、次に国内での音楽療法を充実させていった時期、さらに国際化に向けて動いた時期の三つです。

　まず「準備の時期」を見てみましょう。1970年くらいまでに北欧全体において音楽療法への関心が高まり、特殊教育において音楽が重視されるようになりました。この時期、北欧音楽療法連盟が設立されます。1970年代にはノードフ＆ロビンズの両氏がノルウェーを訪問しています。この時のビデオはお二人がそろって写られたビデオの本当に最後のうちの一つですので、これはノルウェーの音楽療法だけではなくて、世界の音楽療法界にとって非常に価値のあるビデオとなっています。その後、音楽療法コースが大学に開設されました。これが1978年のことです。現在のノルウェー国立音楽大学は、かつてはエストラン音楽院と呼ばれており、ここに音楽療法コースが開校されました。当時、すでに海外で音楽療法を学んだ人が、数人おりました。そのうちの一人であるE. ルードがリーダーとなって、オスロで音楽療法の教育を開始しました。

　1980年代に入りますと、1972年に設立されたノルウェーの音楽療法協会が国の予算の下に入りました。ノルウェー音楽評議会に加盟すると自動的に国の予算が降りてくることになり、このような方法でノルウェー音楽療法協会は国からの助成を受けることになったのです。そして1983年から西ノルウェーのサンダーネで「グロッペン・プロジェクト」が開始されました。これは障害を持った人々への音楽活動の提供を目的としたプロジェクトですが、実はこれが現在世界の音楽療法の中で一つの潮流となっている「コミュニティ・ミュージックセラピー」の源流となったものです。この「グロッペン・プロジェクト」の成果の一つとして、1987年に、まずサンダーネがあるソグン・フィヨルダーネ県に県立音楽療法センターが設立されました。そして1988年にソグン・フィヨルダーネ大学音楽療法コースが、人口たった2千人の町サンダーネに開設されました。私はここで音楽療法を学びました。ここまでが二番目の時期、国の中の音楽療法を充実させていった時期ということができると思います。このあとを見ていただくとお分かりのように、北欧音楽療法学会が開催されたり、ヨーロッパ音楽療法連盟に加盟したり、少し前後しますが「北欧音楽療法誌」（Nordic Journal of Music Therapy）が創刊したり、2001年にはインターネットフォーラム"Voices"を開いたりしています。ここが第三期にあたる国際化の時代と言うことができると思います。

　参考のために日本の流れを年表に併記してみました。日本のほうが音楽療法に関して早く動き出しているのがお分かりになるかと思います。ただ、現在の様子を見

てみると少し差があるように思われます。これはノルウェーが全国の統一組織を最初に作ったこと、次に教育機関を作ったこと、つまりそれらがどの時点で行なわれたかということが決定的であっただろうと思います。またノルウェーにとってはルードという極めて優れた先見の明のあるリーダーを得ることができたことも、非常に大きなことであったと思います。ノルウェーは、非常に短期間のうちに音楽療法を確立することに成功した国であるということができるでしょう。しかし先日、ルードと話をしたところ、「まだノルウェー社会が本当に音楽療法を受け入れるまでには50年かかる」「まだ自分たちは長い道のりの始めの段階が終わったところにいるだけだ」と言っておりました。

ノルウェーの音楽療法教育

次に少し、教育機関でどのような教育をしているかということをお話したいと思います。先ほども述べましたように、ノルウェーでは現在二つの教育機関が音楽療法コースを開設しています。一つはオスロにあるノルウェー国立音楽大学、もう一つが私が通いました西ノルウェーにあるソグン・フィヨルダーネ大学です。昨年、ノルウェーの大学全体で大改革が起こりまして、カリキュラム等が大きく変更されましたが、これは音楽療法の分野にも影響をもたらしました。これまでは学部が終わった後に2年間の音楽療法のコースに所属し、音楽療法士の資格が得られたのですが、今は「音楽と健康」という名前の1年の準備コースに2年間の修士課程を加えた、3年の教育に変わりました。最初の1年目の「音楽と健康」というのは、音楽療法士を目指さなくても入学することができるコースです。例えば健康というものに注目をしている人もそこに入ることができますし、何か自分の研究でこのテーマが必要な人たちもそこには加わっています。そしてその中から厳しい選抜があって、その上の大学院に上がるようになっています。

二つの大学は、同じカリキュラムによって共同で運営されています。これがノルウェーの大きな特徴だと思います。ノルウェー国立音楽大学が、カリキュラムやスタッフィング（どの先生をどこに配置するかということ）に対して責任を持っています。先ほどから名前が出ていますルードはノルウェー国立音楽大学の教授ですし、この9月に来日するブリュンユルフ・スティーゲはソグン・フィヨルダーネ大学の準教授です。

全国の統一組織としては、先ほどお話しましたように、1972年にノルウェー音楽療法協会が設立されています。週に2回しか事務局を開けないという状況ですが、特に困ったことは起こっておらず、むしろインターネットをフルに活用して、直接メールでメンバーに情報が届くようなシステムになっています。協会から送られてくる情報は研究会や研究グループに関するものやリクルート情報などです。「今ここに音楽療法士の空きがあるからどうですか？」といった情報がメンバー220人ほ

どのところに送られてきます。どこにいても音楽療法士の募集が一目でわかるようなシステムになっています。これは音楽療法士の質を向上させるのに極めて重要なことだと思います。ノルウェーの社会は終身雇用制の社会ではありませんので、音楽療法士もステップアップするために職場を変えていきます。

教育現場における音楽療法

このようにしてノルウェーでは音楽療法が確立されてきたのですが、それを特徴づけているものが三つあると先ほどお話しました。まずは、一つ目の特徴である教育現場での音楽療法からお話いたします。現在ノルウェーでは60％から70％の音楽療法士が教育現場に就労していると言われています。日本の状況と照らし合わせると、60％から70％が教育の場、つまり学校で就労しているというのは非常に大きなパーセンテージではないかと思います。なぜこのような状況になったかには、歴史的な事情があるようです。先ほどご覧いただいたように、音楽療法コースを設立した段階ですでに、特殊教育分野での音楽教育や音楽療法への関心がありました。またはノードフ＆ロビンズ両氏による音楽療法を実際に体験し、その影響が非常に大きかったと思われます。また最初に音楽療法コースの教員になった人たち、それから学生になった人たちが、双方ともバックグラウンドが何らかの形で子どもと関わる仕事であったことも大きな理由となっています。最初に教育カリキュラムを作ったのはルードですが、彼自身が、当時ノルウェーの音楽療法のカリキュラムというもの自体が、教育に対して指向性をもっていたと言っています。

また、ノルウェーの社会というのは"integration（統合）"が進んでいます。つまり90年代初めまでに、障害者がすべて自分の地域に戻るということが完成され、子どもたちは多くの場合統合学校に通っています。つまりノルウェーでは障害を持った子どもも、持たない子どもも同じく地域の学校に通っているのです。もちろん、大都市のなかでは特殊学校、日本でいう養護学校というようなものもあるのですが、多くの障害を持つ子どもたちは居住地域の統合学校に通っています。障害を持つ子どもとかかわる専門家は音楽療法士だけではなく、特殊教員、理学療法士、臨床心理士もすべて統合学校に勤務しています。つまり特別なニーズを持った子どもが集まってどこか施設で音楽療法を受けるのではなく、多くの場合、統合学校の中で音楽療法が行なわれています。このような状況によって、60％から70％の音楽療法士が教育現場で就労していることになります。

では、まず私が実習で体験した実践の例をお話しましょう。私が参加した音楽療法のセッションは次のようでした。クライエントは二人、11歳の知的障害をもつ男児と12歳の女児でした。女児は、生後8カ月で急性骨髄性白血病と診断され、治療のために受けた放射線による後遺症として神経心理学的な問題を数多く抱えて

いました。セッションは週1回2時間でした。最初の1時間は二人のクライエントと音楽療法士、特殊教諭と音楽療法学生（私）でした。活動の内容は会話、音楽ゲーム、身体運動を伴う活動に加え、次の時間の準備でした。

　次の1時間は、それぞれが所属するクラスのクラスメイトとの活動でした。統合学校ですのでクライエントは各々自分のクラスがあります。クラスメイト二人ずつ計4人が参加しました。この時間はウォーミングアップを少しした後に、主にバンド活動を行ないました。楽器は電子オルガン、ドラムス、ベースギター、リコーダー、アコースティックギター等です。毎回2、3曲がとり上げられました。

　クライエントたちは健常の子どもたちの中で何ができたのでしょうか。先ほど申し上げたように、最初の1時間にバンドの中での自分の役割を理解するようにプログラムが組み込まれています。ですからクラスメイトとの活動にクライエントも機能的に参加することができるのです。それは特別な方法ではありません。皆さんがよくご存知の方法、例えば鍵盤に色のテープを貼って楽譜にも貼ってみる、あるいはギターの弦を開放弦にし、ギターのフレットに色のテープを貼ってみる、何か自分たちの特別なサインを作ってそれを見たらこの音を弾くといった、本当にごくありふれた方法です。私はこの2時間の使い方はとても有効であり、またノルウェー的であったと思っています。

　ここで申し上げたいのは、2時間目というのが音楽療法の本当の目的のある時間であるということです。つまり"socialization（社会化）"ということが音楽療法の目的であって、最初の1時間はそこに向かういわば準備活動であったのです。このような考え方とそれを基にした実践形態がノルウェーでは非常に多く見られます。これは、クライエントと何らかの補助的な活動を事前に行ない、クライエントのもつ機能を強化しておけば、社会活動に参加できるという基本的な考え方によっています。これは音楽療法にとどまらずノルウェーの福祉を支える基本的な考え方です。

　ノルウェー語をはじめとするスカンジナビア語では、障害を持った人に対する言葉として「機能を妨げられている人々」という言葉を使っています。つまりその人に欠陥や劣るところがあるのではなく、本来その人が持っている機能が社会や環境によって妨げられていると考えているのです。例えばこのセッションのクライエントの二人は数の把握に問題を持っていました。音楽療法に一緒に参加したクラスメイトたちはこの状態をどうしたらいいだろうと考えます。そして障害を持つ人々に対して彼らの機能を妨げることのない友人・隣人になっていく、またもっと積極的に何か補助的な活動を行なうようになっていく――。このことの積み重ねが高福祉の社会を形成していくのです。ノルウェーの音楽療法では、欠けているスキルを身につけることが音楽療法の主たる目的ではないのです。もちろん、あることをできなかった人がそれを克服していくということは重要なことです。しかし、これは音楽療法のプロセスの一段階であって、音楽療法の目的ではないのです。

　実際、健常なクラスメイトのほうに問題が多いこともあります。例えば集中力が

ない、注意力がない、一定のテンポが刻めない、人ときちんと話ができないなど、問題をもつ子どもたちも多くいました。こうしたことを考えると、音楽療法は障害を持たない、いわゆる健常の子どもたちにも非常に重要なものだと考えられます。いじめやクラス内の対立などの問題解決に音楽療法士が入り込むということは、ノルウェーでは珍しいことではありません。音楽療法士や学生にはこのテーマ、つまり健常な子どもたちに対して音楽療法がどのように機能するのか、クラスの環境を整えるために音楽療法はいかに有効であるのか、ということで研究を行なっています。

　このように音楽療法士が学校に入り、障害を持たない子どもたちと活動できるのは、ノルウェーの雇用体制が大きく関わっていると思います。ノルウェーの場合、多くの音楽療法士はさまざまな仕事をしています。例えば、音楽療法士として50％、音楽教諭として30％、国語教諭として20％の収入を得ているといった状況です。このような就労形態では学校の中に音楽療法プロジェクトを作ることも、また他の科目や活動にも音楽療法的な考え方を取り入れることも可能です。昨今の日本の教育現場を見てみると、こうした場にこそ音楽療法士が必要なのではないか、この分野にこそ音楽療法士が入っていくべきではないかと私は思っています。

━━「理論重視」の教育

　ノルウェーでは音楽療法の中で理論研究というものが非常に重要な位置を占めています。これが先ほど三つあるといった特徴の二つ目です。音楽療法教育の中でも「理論」に多くの時間が割かれます。音楽療法を通して哲学的に考えること、そして音楽療法を理論的に語ることが重視されています。私がソグン・フィヨルダーネ大学の1年目に受けた音楽療法理論の内容をご紹介しましょう。

　1時間目は「音楽療法への導入」というテーマで、音楽療法がどういうグループに対して、どういう人たちに対して行なわれるのか、その目的は何か、仕事の形とは何かということが学生の考えを引き出す形で行なわれました。次の時間は「理論と実践の関係について」、3時間目は「音楽の概念について」です。音楽とは何かという根源的な問いについて議論が行なわれました。4時間目は「健康・疾病、そして療法について」、5時間目は「コミュニケーションとは何か」でした。6時間目は「成長するとはどういうことなのか、また価値や創造性とは何か」ということがテーマとなりました。7時間目には「どういう形で音楽療法は目的を設定していくことができるのか」を、8時間目には「音楽療法とは何か」を議論しました。

　2学期（春学期）の1時間目には「なぜ音楽なのか。実習の経験から何かを語りなさい」という課題が出され、さらに「音楽療法における音楽学的な議論」について概要を述べながら議論が進みました。2時間目は「療法における音楽の機能」、3時間目は「人間観と音楽への理解」、4時間目は音楽学的な議論に関する議論、例

えば「音楽とはなにか」「なぜ音楽なのか」「音楽・価値・創造性とはなにか」「音楽とその意味について」「音楽とコンテクストについて」「出来上がった作品と作品を作ることの意味について」などが話し合われました。5時間目は「音楽のなかで成長していくということと社会化（socialization）」がテーマでした。6時間目は「相互作用（interaction theory）」、7時間目は「記号論的に音楽を考える」、8時間目は「音楽を使用するとはどういうことか」が議論されました。

いかがでしょうか、私はなかなか充実した内容ではないかと思っています。もちろん、音楽療法学生にとってこれらすべてを理解することは決して容易なことではありません。しかし、音楽療法とは何か、音楽とは何かという問いは、私とは誰なのか、人間とは何なのか、なぜ生きているのかという問いと同様に、音楽療法士が常に自問し続けるべき問いなのです。

「コミュニティ音楽療法」── 文化中心的音楽療法

ここで二つのノルウェーらしい理論的研究を見ていきましょう。これがノルウェーの特徴の第三番目に当たるものです。ノルウェー語では、「愛らしい子どもにはいくつかの呼び名がある」と言います。この言葉は主に各地で呼び名が違う伝統料理に使われるのですが、スティーゲが音楽療法で使うのを聞いたことがあります。「コミュニティ音楽療法」「文化中心的音楽療法」「生態学的音楽療法」は、ある意味で同じ考え方に則っていながら、違った意味合いを持っていることのたとえでした。

これらの考え方において重要なことは「音楽療法室の扉が常に開いている」ということです。もちろんこれは例えですが、コミュニティの構成員すべてに対して、音楽療法がオープンであるということを意味しています。つまり音楽療法は特定のクライエントに対するだけのものではなく、それを取り巻く環境に対しても行なわれているのです。ここでいう環境はコミュニティ、施設全体、学校などです。つまりクライエントに対して音楽療法を行なっているだけでは変化というものは十分にもたらされないのです。ここではクライエントがどのように変化をしていくかということと同時に、コミュニティなどの環境に音楽療法がどのように働いていくのかということが問われているのです。

先ほど歴史をお話した際に、サンダーネのグロッペン・プロジェクトについて触れました。このプロジェクトはまさにこのような考え方に基づいて行なわれました。また、文化中心的音楽療法は理論的なアプローチ、コミュニティ音楽療法はその実践の領域を指している、つまり同じものを違った側面からみているとスティーゲは語っています。音楽療法士はコミュニティ音楽療法という形で音楽療法士として働いて、それを文化中心的音楽療法というアプローチから考えることができるのです。

今日、私が取り上げたいのは生態学的音楽療法です。これはノルウェーの音楽療法士のトリグヴェ・オースゴールによって提唱された考え方です。彼は1990年頃からオスロのホスピスや病院で、いわゆる死と向き合うクライエントたちとセッションを行なってきました。特に小児癌や白血病の子どもたちとの「ソングライティング」を研究テーマとし、この分野では世界を代表する研究者です。

彼の事例研究の一部をご紹介します。一人の急性骨髄性白血病の少女が詩を書き、「曲をつけて」と音楽療法士（オースゴール）に頼みます。曲のタイトルは「Sä kom en dame」で、日本語にすると「ひとりのレディがそうやって来た」になります。これは女性看護師が注射器を手に持ち、作り笑いをしながら自分の病室に入ってきたということを意味しています。少女は注射が大嫌いです。看護師は「大丈夫よ、怖くないから」という作り笑いをして病室に入ってくるわけです。

まず、少女がこの詩を書いて、音楽療法士に曲をつけてと頼みます。アレンジは療法士と少女の父親が一緒に行ないました。その時この少女は、口に炎症があって歌うことができません。音楽療法士が歌ってカセットに吹き込みます。少女の両親は毎朝このカセットを病室で少女に聴かせます。少女は小学校の先生がきた際には力を振り絞ってテープを取ってと母親に囁きます。先生はテープを学校に持って帰ってクラスルームで聴かせます。クラスメイトがお返しにテープを作って少女に送ります。テープには僕たちは君ほど歌を作るのが上手ではないというメッセージと共に、学校で習う歌や学校の近況、他愛のないジョークなどが吹き込まれています。

クリスマスに両親はそのテープをコピーして、友人や親戚に送ります。半年後、少女は声を出すことができるようになり、母親は「あなたがこんなに美しい声を持っていたことを忘れていたわ」と半ば泣きながら言います。少女には弟がいますが、姉を訪ねることは許されていません。ある日両親に「僕も歌を作ったよ」と言います。それは姉が作った歌の替え歌で、「血液検査しましょう」というくだりが「おならをしましょう」という歌詞になっています。弟はエレキギターを弾く真似をし、この自分のバージョンを歌います。クライエントはテープでこの弟のバージョンを聴き、大変喜びます。

その後、音楽療法士は、医師と看護師で構成される小児病棟合唱団で指揮をして欲しいと頼まれます。この際、この歌をこの合唱団用にアレンジします。男性スタッフはクライエントの部分を、女性のスタッフはレディの部分を歌います。最後の歌詞の「注射をされる前には、私は失神した」というところで、男性医師が全員失神をしたふりをして倒れる、というパフォーマンスです。

ここで重要なことは、まず音楽療法がクライエントだけではなく、クライエントを取り巻く環境に対して働きかけているということで、そのことがクライエントを含む環境の生活の質を向上させることにつながっているということです。少女の歌声を聴くだけではなくて、今、お話をしたさまざまなプロセスを経ていくことがどんなに家族にとって楽しいものであったか、想像に難くないことです。また、死と直面している子どもを持つ家族やその友人にとって、このような時間がいかに重要

であるのかということも、容易に理解できることでしょう。

　オースゴールによると、このような活動で重要なのは、まずそれが美的な経験であること、自己表現になっていること、達成感が得られること、そしてそれが何よりも喜びであると語っています。この事例では病院とそれを取り巻く環境が一つのコミュニティとして捉えられています。「生態学的音楽療法」はトリグヴェ・オースゴールが環境療法の視点から自らの音楽療法を理解し、理論づけたことによっています。

おわりに

　最後に現在の動向をお話して終わりにいたします。先ほどノルウェーの音楽療法の特徴は三つあると申しましたが、現在では教育現場だけではなく、精神的な領域にも音楽療法はかなり導入されています。音楽療法学生には精神科専門の看護師も相当数います。また、オスロではルードを中心にGIMの研究も進んできています。小児病棟やホスピスで働く音楽療法士も各地にいます。

　また、プロジェクトに対して国が予算を出すという動きも出ています。例えばサンダーネでは、いま二つのプロジェクトが動いています。一つはまさにこのコミュニティ音楽療法です。ノルウェーの国立リサーチ・カウンシルが5年間のプロジェクトのために予算を出し、4カ国のコミュニティ音楽療法を比較検討しています。音楽療法に新しい何らかの方向性を出していくことを目指したプロジェクトで、ノルウェー、イギリス、イスラエル、南アフリカの4カ国が調査対象国となっています。もう一つは精神的な領域のプロジェクトで、資力指向的音楽療法という方向性を追究するプロジェクトです。クライエントの持っている（または残された）資力（リソース）に注目した形の音楽療法です。ルードが語っているように、ノルウェーの音楽療法はまだ始まりの段階が終わったところなのかもしれません。しかし、日々新しい方向性を見出し、着実に前進しているように思われます。

（講演日：2004年6月10日，於：国立音楽大学）

あとがき

阪上正巳
Masami Sakaue

　本書は、国立音楽大学音楽研究所音楽療法研究部門が8年間にわたる活動を閉じるにあたっての記念論文集である。活動を閉じるといっても、国立音大の音楽療法関係部門が縮小されるということではなく、むしろ事情は逆である。この間、平成16年度の学科再編に伴って、従来2年間であった「音楽教育専修音楽療法コース」が、1年次から4年間続く「音楽文化デザイン学科音楽療法専修」となった。コースとしても3年次から〈音楽療法士コース〉が新設され、卒業後さらに2年間学べる〈アドヴァンスト・コース〉も存在する。加えて平成19年度には、修士のみならず博士課程まで音楽療法で履修できる大学院教育が用意された。たしかに研究所の活動は幕を閉じるのであるが、それに代わって大学における音楽療法教育および研究の比重は以前にも増して大きくなったわけで、本書は、研究所活動の記念であると同時に、本格的な療法士養成教育システムの門出を祝う出版物であると考えることもできる。

　この論文集の企画はその変革の年、平成16年に始まった。「はじめに」にもあるように、この数年間に研究所で行われた音楽療法連続講演会の講師の方々に講演内容を論文化していただくか、あるいはテープを起こして講演記録とさせていただくことをまずお願いした。研究所のスタッフについては、新たな論文を執筆するか『音楽研究所年報』に掲載された論文に手を加えるかを選んでもらい、各自一編ずつを提出することとした。研究部門が当初の予定より2年長く存続したこともあり出版が遅れたが、そのおかげでこの間の講演記録も合わせて収録することができた。集まった論文と講演記録は20編を数える。結果として予想以上の大きな書物となったが、幸いなことに人間と歴史社のご理解とご協力を得ることができ、3年の準備期間を経て、ここに本書がようやく陽の目を見ることが出来たのである。

　収録された論文と講演記録の内容は実に多彩である。これはもちろん音楽療法の臨床と研究における本来的な多様性を映し出すものだが、内容があまりに多岐にわたるため、一部にはややまとまりを欠くと感じられる向きもあろう。そこで以下に、これら多様な内容を整序する視点をいくつか提供して読者の便をはかりたい。

　まずは本書の構成に関して。目次をご覧になってお分かりのように、本書は性格の異なる3部から成っている。第Ⅰ部「臨床と教育」は文字通り実践現場からの報告で構成されており、すべて音楽療法士の筆になるものである。臨床場面・教育場面の違いはあるが、いずれも臨床的現実の生々しい声を伝えている。第Ⅱ部「音楽療法研究」は、これと対照的に、音楽療法士でないが種々の程度に音楽療法と関わりをもつ他領域の専門家たちの論文集である。音楽療法における学際的議論が幅広く展開されている。第Ⅲ部「講演」には、主として海外の音楽療法士・研究者による講演原稿を集めてある。K・ブルーシアら錚々たる論客たちにより、音楽療法に関する基本的、あるいは先端的なトピックや問題が刺激的に語られている。性格の異なった多くの文章を前にして、本書をどのように構成するか当初はずいぶん迷ったものだが、このように本書を章分けすることでスッキリと納得されたことが記憶にある。専門性・学際性・国際性と

あとがき

いうふうに、研究所の活動が有していた、いい意味での幅とバランスがここに示されているのではないだろうか。

次には、本書の各論文がもつ〈新しさ〉という性格を挙げておきたい。本書はタイトルに音楽療法の「現在」を謳っているが、その英訳は"The Edge of Music Therapy"である。"Edge"には、道や絶壁などの「端、へり、きわ」という意味がある。この言葉には、本書が音楽療法の現在の状況を反映しているという意味のみならず、臨床・教育・研究に関する議論の「先端」を指し示しているといういささかの自負がこめられている。

たとえば臨床面では、障害児や高齢者の臨床に関する重要な成果（遠山、門間）が収められているばかりか、わが国ではまだ少ない精神分析的方向性をもつ現場からの考察（稲田、古平）を読むことが出来る。同様にまだめずらしい訪問音楽療法に関する報告（中野）や、近年世界のトピックとなっているコミュニティ音楽療法の紹介（スティーゲ、井上）、さらに最近邦訳が出版された"Field of Play"という臨床の「場」に関する著者自身の講演（ケニー）もある。このほか音楽療法における音楽を精神病理学的に理解しようとした論考（馬場）も、世界的にみてなお数の少ないものである。

教育面では、私たちが参照すべきニューヨーク大学（ヘッサー）やノルウェー（井上）の養成教育の一端を本書で知ることが出来るが、とりわけヘッサーも触れていた「感性化トレーニング」をわが国で初めて実践した体験記（岡崎＆羽田）は、このトレーニングの重要性が欧米で強調されているだけに貴重な報告である。「感性化トレーニング」に関して言えば、本書には、ドイツの美術学校バウハウスにおける音楽教育を扱いながら、音楽療法における「感性化教育」や「自己体験」セッションに有益な示唆を与える教育学からの議論（真壁）のあることも付け加えておく。

研究面でもこの領域の新しい動向の紹介や学際的でチャレンジングな試みが肩を並べている。新しい動向としては、近年この領域で注目の的となっている二つの理論構想、すなわちB・スティーゲの「文化中心音楽療法」（スティーゲ、井上）とK・エイギンの「音楽中心音楽療法」（林）が本書に両方とも取り上げられているのは特筆すべきことであるし、最近話題にされることの多い「研究方法論」の問題に関しても、実証的な科学研究に限定されないさまざまな質的研究方法論が提示されている（ケニー）。一方、学際的議論という観点から見れば、上記の教育学への接続（真壁）に加えて、心理学的方法論を音楽療法にどう生かすかという重要な問題へのヒント（谷口）を読むことが出来る。また、わが国の民俗芸能のフィールドワークや伝統文化に関する文献検討と臨床現場を繋ぎつつ日本人に親和的な療法モデルを模索する試み（牧野）は、今まさにわが国の音楽療法界に求められている研究方向であろうし、ドゥルーズ＆ガタリという現代思想から音楽療法の音楽に関する美学・哲学的考察を行った論考（若尾）も、西洋中心の音楽療法観に再考を迫る、すぐれて学際的な試みといえる。そもそも音楽が人間に及ぼす多面的な影響を考究しようとする「臨床音楽学」という新たな学問体系（阪上）は、音楽療法の基礎学として、こうしたさ

まざまな学際的議論の土俵を整備すべく構想されたものである。研究面としてもう一点、わが国でいまだ十分に取り組まれていない書誌学的研究（屋部）が本書に掲載されているのも、新しい研究方向を指し示したものと評することができる。

　さて、本書の多様さを整序するもう一つの視点は、各論文のもつ本質論的な性格ということが出来るだろう。読者は、ここに収録された論文のなかに実証主義的な科学研究、あるいはいわゆる「量的研究」がほとんどないことに気づかれると思う。もちろん筆者はそうした研究の価値を否定するものではなく、実践の性質や対象によっては必須の研究方法であることを認識している。音楽療法という比較的新しい臨床活動の普及や社会的認知を図るためにも実証研究は有効な研究方向であり、日本音楽療法学会誌などにこの種の報告が数多く掲載されているのは周知の事実である。しかしながら、音楽体験や治療実践を構成する現実が客観的な実証可能性を超える性質を有することは言うまでもなく、医学的治療や西洋中心的思考に対する音楽療法のオルターナティヴな出自を考えれば、そして療法士養成や資格に関する議論が喧しくなってきた昨今の状況を考えれば、むしろ音楽療法や音楽療法士という専門職のオリジナリティやアイデンティティを問う本質論こそがいま求められているのではないか、という考えも説得力をもつ。

　本書には、音楽療法や音楽療法士、そして音楽に関する本質的問題に取り組もうとしている論文が非常に多い。冒頭の稲田論文をはじめ、いちいち著者名を挙げることはしないが、わが国の音楽療法の「現在」のコンテクストのなかで、たとえば「音楽療法とは？」、「音楽療法士の専門性とは？」、「人間にとって音楽とは？」、「音楽の審美性とは？」などという素朴かつ根本的なテーマが、本書のあちこちで論じられ相互に響き合っているのを読者は確認されることと思う。さきに述べた専門性、学際性、国際性、あるいはテーマの新鮮さとともに、こうした本質論的視線が、一見雑多とも見えるこのアンソロジーを貫いていることを、是非ともここで強調しておかなければならない。

　本書にも登場するスティーゲはその著書の中で、音楽療法を自国ノルウェーのフィヨルドに喩えている。一見それは静かな湖のように見えるかもしれないが、実は他のフィヨルドやその外に拡がる果てしない大海につながっている。つまり、音楽療法という臨床そして学問は、一個の閉じた世界を形成するのではなく、他のさまざまな学術分野や、さらには人間の知の大海にまで通じているというのである。スティーゲのこのフィヨルドの喩えからすれば、本書は、上に述べた特徴をもつとはいえ、まことにささやかな一掬いに過ぎないものではある。だが、この一掬いの水にも、時には嵐ともなる海の現実と、それがつながるさまざまな世界の成分が含まれているはずである。本書によって音楽療法の複雑多様な現実と、それがつながる近接海域、さらにはその外に拡がる知の大海の気配がわずかなりとも伝えられているとすれば、編者の一人として、難産の末に本書を世に送り出す甲斐があるというものである。

　いくつか補足的な情報を記しておきたい。1999年から2006年までの、研究所スタッフによる関連論文

あとがき

は、「国立音楽大学音楽研究所年報・第13集〜第20集」に掲載されている。目次はネット上（http://www.lib.kunitachi.ac.jp/mokuji/onken/onken.htm）にあり、ここに収録されなかった論文や、出版に間に合わなかった論文を読むことが出来る。また同年報第13集の別冊には、「音楽療法関係文献目録　：和図書編・雑誌記事編」があるが、その後の増補も含め、音楽研究所音楽療法研究部門のホームページ（http://www.ri.kunitachi.ac.jp/mt/index.htm）で内容を見ることができる。

　研究所主催の音楽療法連続講演会には、本書に寄稿下さった方々以外の講師もお招きした。連続講演会のタイトル、期日、場所などは研究所の上記ホームページに記録があるので参照されたい。とくに、ドイツ在住の音楽療法士・多田 von Twickel 房代氏には、年度を跨ぎ2度にわたって貴重なお話を伺った。事情により今回文章の掲載は叶わなかったが、講演内容に関連する記事を、第6回日本音楽療法学会仙台大会（2006年8月）における招待講演の記録として読むことが出来る。あわせてご覧いただければ幸いである（「みみを澄ます—からだとこえ—」日本音楽療法学会誌、第6巻第2号、109-114頁、2006）。

　本書の出版にあたっては多くの方々にお世話になった。まず、ここにご寄稿くださった連続講演会講師の先生方に心から御礼申し上げるとともに、出版の遅れをお詫びしたい。一方、原稿を頂くことは出来なかったものの、興味深いご講演を賜った有賀誠門先生、宇佐川浩先生、折山もと子先生、小島美子先生、栗林文雄先生にも同様の感謝を捧げたい。また「刊行に寄せて」をご執筆いただいた聖徳大学の村井靖児先生、当研究部門の活動を暖かく見守ってくださった高野紀子・国立音楽大学学長と礒山雅・音楽研究所長、そして出版に関わる諸手続の労をとってくださった杉江知都子・学長事務室長にも深甚なる謝意を表するものである。

　最後になったが、人間と歴史社の皆様には最大限の感謝をお伝えしたい。音楽療法に変わらぬ関心と情熱を寄せられている佐々木久夫社長、不統一な書式を統一する重労働を担われた山本聡氏、いつもながら洗練された手さばきで本書をデザインしてくださった妹尾浩也氏、また、校正を担当された鯨井教子氏、井口明子氏のご尽力を含め、全社を挙げてのご協力がなければ、当然のことながらこの記念出版物が世に出ることはなかった。編者を代表して心からの御礼を申し上げる次第である。

2007年3月31日

音楽療法の現在
The Edge of Music Therapy

2007年5月25日　初版第1刷発行
2010年7月 1日　　　第2刷発行

編著者	国立音楽大学音楽研究所音楽療法研究部門
編集委員	遠山文吉、阪上正巳、岡崎香奈、中野万里子、屋部 操
発行者	佐々木久夫
装幀・デザイン	妹尾浩也
発行所	株式会社人間と歴史社 〒101-0062　東京都千代田区神田駿河台3-7 電話　03-5282-7181（代）
印刷	株式会社シナノ

©Kunitachi College of Music 2007 Printed in Japan
ISBN978-4-89007-166-1
乱丁・落丁本はお取替えします。定価はカバーに表示してあります。

音楽療法関連図書のご案内

振動音響療法 ―音楽療法への医用工学的アプローチ
トニー・ウィグラム, チェリル・ディレオ●編著　小松 明●訳
4,200円（税込）　A5判上製　353頁
音楽療法への新たな視点！ 癒しと治療の周波数を探る！ ―音楽振動は、旋律、リズム、和声、ダイナミックスなどの音楽情報をもっており、1/fゆらぎによる快い体感振動である。聴覚と振動がもたらす心理的・身体的治療効果に迫る！

響きの器
多田・フォントゥビッケル・房代●著　2,100円（税込）　A5判上製　218頁
人間は響きをもつ器―。そのひとつひとつの音に耳を澄ませることから治療がはじまる。ドイツで音楽治療を学び実践する著者が、人生の諸場面で感じとった音を言葉にうつし、東洋と西洋の間、古と現代の間、医学と芸術の間に架けるものとして、「音楽」のもつ豊かな可能性を示唆する。

即興音楽療法の諸理論〔上〕
K.ブルーシア●著　林 庸二ほか●訳　4,410円（税込）　A5判上製　422頁
音楽療法における〈即興〉の役割とは！ 25種以上におよぶ「治療モデル」を綿密な調査に基づいて分析・比較・統合し、臨床における即興利用の実践的な原則を引き出す！

障害児教育におけるグループ音楽療法
ノードフ&ロビンズ●著　林 庸二●監訳　望月 薫・岡崎香奈●訳
3,990円（税込）　A5判上製　306頁
グループによる音楽演奏は子どもの心を開き、子どもたちを社会化する。教育現場における歌唱、楽器演奏、音楽劇などの例を挙げ、指導の方法と心構えを詳細に述べる。

音楽療法最前線 増補版
小松 明・佐々木久夫●編　3,675円（税込）　A5判上製　394頁
心身のゆがみを癒し、修復する音楽療法とは何か。当代きっての研究者が振動、1/fゆらぎ、脳波、快感物質など現代科学の視点から音楽と生体のかかわりを説き明かす。糸川英夫、筒井末春、武者利光氏ほか9名による対談を収録。さらに全日本音楽療法連盟認定の音楽療法士認定規則、専攻コース・カリキュラムのガイドラインを補追し、資格認定の手続きから申請書類、申込方法、審査基準を紹介！

第五の医学　音楽療法
田中多聞●著　2,625円（税込）　四六判上製　349頁
医師、薬物中心の医学の中で、全人的医療の一環として位置づけられる音楽療法とは何か。その理論と実際を、我が国における音楽療法の先駆者であり、実践者として知られる著者が、二十余年にわたる臨床と研究をもとに集大成。スクリーニングから精密検査、治療に至る音楽療法の処方を全て紹介した注目の書！

魂から奏でる ―心理療法としての音楽療法入門
ハンス=ヘルムート・デッカー=フォイクト●著　加藤美知子●訳
3,675円（税込）　四六判上製　496頁
生物・心理学的研究と精神分析的心理療法を背景として発達・深化してきた現代音楽療法の内実としてのその機能、さらに治療的成功のプロセスを知る絶好のテキストブック。

原風景音旅行
丹野修一●作曲　折山もと子●編曲　1,890円（税込）　菊倍判変型並製　48頁
自然と人間の交感をテーマに、医療と芸術の現場をとおして作曲された、心身にリアルに迫る待望のピアノ連弾楽譜集。CD解説付。

音楽で脳はここまで再生する ―脳の可塑性と認知音楽療法―
奥村 歩◆著　佐々木久夫◆構成・編
交通事故で植物状態に陥った脳が多彩な音楽刺激によって奇跡的な再生を遂げていくプロセスを描きつつ、脳に秘められた驚くべき可塑性と音楽の力を最新の脳科学で解き明かす！ 音楽療法の評価法を付説。
定価：2310円（税込）　四六判上製　275頁

音楽療法スーパービジョン〔上〕
ミシェル・フォーリナッシュ◆編著
加藤美知子・門間陽子◆訳
音楽療法に関するスーパービジョンを体系化！ 音楽療法の実践・教育への新たな視点を提示！ 文献・倫理・文化的アプローチから、専門家前段階のスーパービジョンまでを展望！ 音楽療法指導者必携の書！
定価：2625円（税込）　A4判並製　226頁

音楽療法事典 新訂版
Lexikon Musiktherapie
Hans-Helmut Decker-Voigt　Paolo J Knill　Eckhard Weymann
ハンス=ヘルムート・デッカー=フォイクト◆他編著
阪上正巳・加藤美知子・齋藤考由・真壁宏幹・水野美紀◆訳
現代音楽療法に関する世界的動向・歴史的背景を網羅。各種医学、心理学、教育学、社会学、民俗学、哲学、美学、音楽心理学などの視点から〈なぜほかならぬ音楽療法なのか〉について多角的に論及する。　定価：4,200円（税込）　四六判上製函入 443頁

［実践］発達障害児のための音楽療法
E.H.ボクシル●著　林 庸二・稲田雅美●訳
あらゆるクライアントに適用可能な人間学的モデル！
数多くの発達障害の人々と交流し、その芸術と科学の両側面にわたる、広範かつ密度の高い経験から引き出された実践書。理論的論証に裏打ちされたプロセス指向の方策と技法の適用例を示し、革新的にアプローチした書。
定価：3,990円（税込）　A5判上製　310頁